高等职业教育机电类专业新形态教材

机 械 制 造 基 础

主　编　汪晓云

副主编　韩鹰飞　黄琳莉

参　编　李迎飞　万　军　熊慧珺　岳风雷

主　审　武　峰

机械工业出版社

本书内容由金属切削加工的基础知识（包括金属切削机床的基础知识、金属切削刀具的基础知识和金属切削过程中的基本规律3个单元）、金属切削加工方法（包括外圆表面加工、平面加工、内孔表面加工、表面精加工和其他加工5个单元）、机械加工工艺规程的制订（包括机械加工工艺规程的基础知识、机械加工工艺规程的制订步骤、典型零件的加工工艺、机械加工质量分析4个单元）、机床夹具设计（包括机床夹具的基础知识、机床专用夹具的设计过程2个单元）、机械装配工艺（包括机械装配工艺的基础知识1个单元）5个模块组成。

本书内容脉络清晰，语言通俗易懂，并配备《学生工作页》，以知识系统和技能系统两方面为抓手，强调以学生为主体的"教、学、做"一体化，线上线下混合教学，突出操作及设计过程的程序化、规范化。

本书可作为职业院校机械类和近机械类相关专业的教学用书，也可供机械类、机电类专业技术人员参考。

为便于教学，本书配套有电子课件、素材资源、二维码链接的视频、在线开放课程资源等，选择本书作为教材的教师可登录 www.cmpedu.com 网站，注册后免费下载。

图书在版编目（CIP）数据

机械制造基础／汪晓云主编. --北京：机械工业
出版社，2024.9（2025.7重印）. --（高等职业教育机电类专业新形态教材）. -- ISBN 978-7-111-76209-6

Ⅰ. TH

中国国家版本馆 CIP 数据核字第 20240D6D60 号

机械工业出版社（北京市百万庄大街22号　邮政编码100037）
策划编辑：王英杰　　　　　　　　　　责任编辑：王英杰
责任校对：张勤思　张雨霏　景　飞　　封面设计：张　静
责任印制：刘　嫒
北京富资园科技发展有限公司印刷
2025年7月第1版第2次印刷
184mm×260mm · 19印张 · 463千字
标准书号：ISBN 978-7-111-76209-6
定价：55.00元（含工作页）

电话服务　　　　　　　　　　网络服务
客服电话：010-88361066　　　机　工　官　网：www.cmpbook.com
　　　　　010-88379833　　　机　工　官　博：weibo.com/cmp1952
　　　　　010-68326294　　　金　书　网：www.golden-book.com
封底无防伪标均为盗版　　机工教育服务网：www.cmpedu.com

前　言

"机械制造基础"是机械类或近机械类相关专业的一门专业基础课程,主要培养学生在普通机床上进行机械加工、工艺编制及夹具设计等的机械加工能力及设备使用能力。

本书按照职业教育课程的教学特点,从知识系统和技能系统两方面出发,强调以学生为主体的"教、学、做"一体化,突出操作过程及设计过程的程序化、规范化。在知识系统性和全面性的基础上,本书对传统内容体系做了相应的调整,相关理论知识以支撑技能训练为主,把"够用为度"作为内容取舍的主要标准,并保留各种加工工艺中重要、先进的理论部分,内容通俗易懂。

本书针对课程的特点,通过学情分析选取了教学内容,主要包括金属切削加工的基础知识、金属切削加工方法、机械加工工艺规程的制订、机床夹具设计、机械装配工艺 5 个模块,使学生能够形成正确选用机械加工设备,完成零件加工工艺的制订、加工制造、装配等职业能力。

本书通过配套的《学生工作页》,以项目驱动学生完成学习内容,并将知识点碎片化到项目中的各个细节,充分体现工作过程导向的理实一体化学习特点,符合职业院校学生的学习特点和认知规律。

本书注重立体化建设,除《学生工作页》,还配有电子课件、素材资源、二维码链接的视频、在线开放课程资源等,旨在提高教学服务水平,为高素质技能型人才的培养创造良好的条件。

本书建议学时如下:

教学内容		计划学时数/节	教学内容		计划学时数/节
单元 1	金属切削机床的基础知识	4	单元 9	机械加工工艺规程的基础知识	2~4
单元 2	金属切削刀具的基础知识	4	单元 10	机械加工工艺规程的制订步骤	6~8
单元 3	金属切削过程中的基本规律	4	单元 11	典型零件的加工工艺	2~4
单元 4	外圆表面加工	4~6	单元 12	机械加工质量分析	2~4
单元 5	平面加工	4~6	单元 13	机床夹具的基础知识	6~8
单元 6	内孔表面加工	4~6	单元 14	机床专用夹具的设计过程	4~6
单元 7	表面精加工	4~6	单元 15	机械装配工艺的基础知识	2~4
单元 8	其他加工	2~4	总计		54~78

　　本书由武汉船舶职业技术学院汪晓云任主编，武汉工程职业技术学院韩鹰飞、武汉职业技术学院黄琳莉任副主编，武汉船舶职业技术学院李迎飞、万军、熊慧珺，武汉船用机械有限责任公司岳风雷参加编写。其中，汪晓云编写了单元1~单元5、单元7、单元9、单元10、单元12和单元14，韩鹰飞编写了单元11，黄琳莉编写了单元6，李迎飞和岳风雷编写了单元8，万军编写了单元15，熊慧珺编写了单元13。

　　本书在编写过程中得到了许多同行和专家的帮助和大力支持，参考了许多院校老师编写的教材和资源，在此一并表示衷心的感谢。

　　由于编者水平有限，书中难免有不妥和错误之处，恳请各位读者和专家批评指正。

编　者

二维码清单

名称	二维码	名称	二维码	名称	二维码
2-1 车外圆合成速度		3-6 积屑瘤		5-1 周铣平面	
2-2 工件表面:车削		4-1 CA6140 车床结构		5-2 面铣平面	
2-3 切削用量及切削层参数		4-2 立式车床		5-3 立式升降台铣床	
2-4 刀具角度		4-3 切断刀		5-4 铣床分度头	
2-5 刃倾角对排屑影响		4-4 车端面		5-5 平口钳	
3-1 切削过程中的金属变形		4-5 车台阶轴		5-6 逆铣和顺铣	
3-2 带状切屑		4-6 车退刀槽		5-7 角度铣刀加工	
3-3 挤裂切屑		4-7 钻中心孔		5-8 铣断	
3-4 单元切屑		4-8 普车钻孔		5-9 三面刃铣刀铣台阶	
3-5 崩碎切屑		4-9 车螺纹		5-10 立铣刀铣台阶	

（续）

名称	二维码	名称	二维码	名称	二维码
5-11 铣键槽		7-1 磨削加工		9-1 阶梯轴单件生产工艺过程	
5-12 铣 T 形槽		7-2 磨外圆		9-2 阶梯轴大批量生产工艺过程	
5-13 铣半圆键槽		7-3 无心外圆磨		9-3 多工位加工	
5-14 铣成形面		8-1 铣齿轮		10-1 试切法加工	
5-15 牛头刨		8-2 展成法		10-2 调整法加工	
5-16 牛头刨床操作		8-3 滚齿加工		10-3 自动控制法	
5-17 牛头刨床工作原理		8-4 插齿加工		10-4 刀尖轨迹法	
5-18 龙门刨		8-5 剃齿加工		10-5 仿形法	
5-19 插削		8-6 珩齿加工		10-6 成形法	
6-1 钻床钻孔		8-7 磨齿加工		10-7 展成法	
6-2 钻孔攻丝		8-8 拉削加工		10-8 直接找正法	
6-3 麻花钻刃修磨		8-9 研磨外圆		10-9 按划线找正法	
6-4 深孔钻（枪钻）		8-10 研磨内孔		10-10 用夹具安装	

（续）

名称	二维码	名称	二维码	名称	二维码
10-11 砂型铸造		12-6 冷校直		13-9 螺旋夹紧	
10-12 金属型机器造型过程		12-7 补偿或抵消原始误差（立铣头）		13-10 偏心压板夹紧机构	
10-13 压力铸造		13-1 六个自由度		14-1 可涨心轴	
10-14 模锻		13-2 可调支承		14-2 圆柱心轴	
10-15 加工余量		13-3 浮动支承		14-3 车床夹具	
12-1 导轨在水平面和垂直面内误差		13-4 工序基准为内孔上母线时的定位误差		14-4 铣床夹具	
12-2 工艺系统的刚度		13-5 工序基准为内孔下母线时的定位误差		14-5 钻床夹具	
12-3 误差复映规律		13-6 工序基准为外圆母线时的定位误差		15-1 台式钻床装配	
12-4 夹紧力变形		13-7 外圆用 V 形块定位误差分析			
12-5 毛坯制造产生的内应力		13-8 夹紧装置			

目 录

模块1

金属切削加工的基础知识

单元1

金属切削机床的基础知识

1.1 金属切削机床的分类及型号

1.1.1 机床的分类

机床的规格品种繁多，为便于区别及使用、管理，需加以分类，并编制型号。

机床的分类方法很多，最基本的分类方法是按机床的主要加工方法、所用刀具及其用途进行分类。根据国家标准《金属切削机床 型号编制方法》（GB/T 15375—2008），将机床分为车床、钻床、镗床、磨床、齿轮加工机床、螺纹加工机床、铣床、刨插床、拉床、锯床和其他机床共11类。每一类机床又按使用范围、主要结构及布局型式等不同，分为10个组，每一组又划分为10个系（系列）。

除上述基本分类方法外，机床还可以根据其他特征进行分类。

按照工艺范围宽窄，机床可分为通用机床、专门化机床和专用机床三类。通用机床的工艺范围很宽，通用性较好，可以进行多种零件不同工序的加工，但结构比较复杂，主要适用于单件、小批量生产，如卧式车床、卧式镗床、万能升降台铣床等。专门化机床的工艺范围较窄，只能进行某一类或几类零件的某一道或几道特定工序的加工，如凸轮轴车床、曲轴车床、齿轮机床等。专用机床的工艺范围最窄，只能用于某一零件某一道特定工序的加工，适用于大批量生产，如加工机床主轴箱的专用镗床、加工车床导轨的专用磨床等。汽车制造中大量使用的组合机床就是专用机床。

按照质量和尺寸不同，机床可分为仪表机床、中型机床（一般机床）、大型机床（重量达10t及以上）、重型机床（重量达30t以上）和超重型机床（重量达100t以上）。

按照自动化程度不同，机床可分为手动机床、半自动机床和自动机床。

此外，机床还可以按照加工精度、机床主要工作部件（如主轴等）的数目进行分类。随着机床的发展，其分类方法也将不断地增加。

1.1.2 通用机床型号

机床型号是机床产品的代号，用于简明地表达该机床的类型、主要规格及有关特性等。我国通用机床的型号由汉语拼音字母和阿拉伯数字按一定规律排列组成。型号中的汉语拼音字母一律按其名称读音。下面以通用机床为例予以说明。

机床型号由基本部分和辅助部分组成，中间用"/"隔开，读作"之"。基本部分按要求统一管理，辅助部分由企业决定是否纳入机床型号。机床型号的表示方法如图1-1所示。

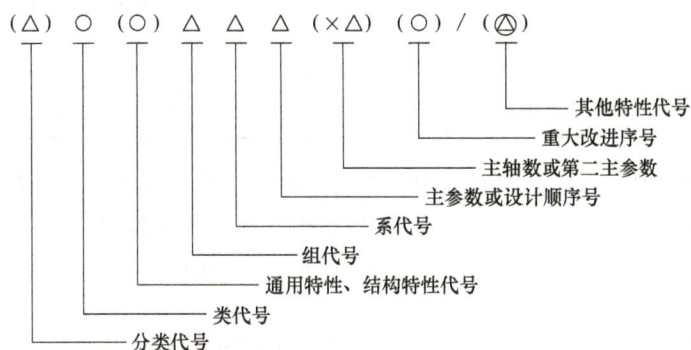

（△）○（○）△ △ △（×△）（○）/（◎）

其他特性代号
重大改进序号
主轴数或第二主参数
主参数或设计顺序号
系代号
组代号
通用特性、结构特性代号
类代号
分类代号

图 1-1 机床型号的表示方法

图1-1所示的机床型号的表示方法中符号的含义如下：

1）有"（ ）"的代号或数字，当无内容时，则不表示；若有内容则不带括号。

2）有"○"符号的，为大写的汉语拼音字母。

3）有"△"符号的，为阿拉伯数字。

4）有"◎"符号的，为大写的汉语拼音字母或阿拉伯数字，或两者兼有之。

1. 机床的分类及类代号

机床分为若干类，其代号用大写的汉语拼音字母表示，按其相应的汉字字意读音。必要时，每类可分为若干分类。分类代号在类代号之前，作为型号的首位，并用阿拉伯数字表示。第一分类代号前的"1"可以省略。机床的分类和类代号见表1-1。

表 1-1 机床的分类和类代号

类别	车床	钻床	镗床	磨床			齿轮加工机床	螺纹加工机床	铣床	刨插床	拉床	锯床	其他机床
代号	C	Z	T	M	2M	3M	Y	S	X	B	L	G	Q
读音	车	钻	镗	磨	二磨	三磨	牙	丝	铣	刨	拉	割	其

2. 通用特性代号、结构特性代号

机床的这两种特性代号用汉语拼音字母表示，位于类代号之后。

（1）通用特性代号 通用特性代号有统一的规定含义，它在各类机床的型号中，表示的意义相同。当某类型机床，除有普通型外，还有下列某种通用特性时，则在类代号之后加通用特性代号予以区分。如果某类型机床仅有某种通用特性，而无普通型式者，则通用特性不予表示。

当在一个型号中需要同时使用两至三个普通特性代号时，一般按重要程度排列顺序。

机床的通用特性代号见表1-2。

（2）结构特性代号 对主参数值相同而结构、性能不同的机床，在型号中加结构特性代号予以区分。根据各类机床的具体情况，对某些结构特性代号，可以赋予一定含义。但结构特性代号与通用特性代号不同，它在型号中没有统一的含义，只在同类机床中起区分机床

表 1-2　机床的通用特性代号

通用特性	高精度	精密	自动	半自动	数控	加工中心（自动换刀）	仿形	轻型	加重型	柔性加工单元	数显	高速
代号	G	M	Z	B	K	H	F	Q	C	R	X	S
读音	高	密	自	半	控	换	仿	轻	重	柔	显	速

结构、性能不同的作用。当型号中有通用特性代号时，结构特性代号应排在通用特性代号之后。结构特性代号用汉语拼音字母（通用特性代号已用的字母和"I""O"两个字母不能用）表示。当单个字母不够用时，可将两个字母组合起来使用。

3. 机床的组、系代号

将每类机床划分为 10 个组，每个组又划分为 10 个系（系列）。组、系划分的原则为：在同一类机床中，主要布局或使用范围基本相同的机床，即为同一组；在同一组机床中，其主参数相同、主要结构及布局型式相同的机床，即为同一系。

机床的组、系代号分别用一位阿拉伯数字表示，组代号位于类代号或通用特性代号、结构特性代号之后，系代号位于组代号之后。

4. 主参数代号和设计顺序号

主参数是机床最主要的一个技术参数，它直接反映机床的加工能力，并影响机床其他参数和基本结构的大小。对于通用机床和专门化机床，主参数通常以机床的最大加工尺寸（最大工件尺寸或最大加工面尺寸），或与此有关的机床部件尺寸来表示。机床型号中主参数用折算值表示，位于系代号之后。当折算值大于 1 时，则取整数，前面不加"0"；当折算值小于 1 时，则取小数点后第一位数，并在前面加"0"。

某些通用机床，当无法用一个主参数表示时，则在型号中用设计顺序号表示。设计顺序号由 1 起始，当设计顺序号小于 10 时，由 01 开始编号。例如，某厂设计试制的第五种仪表磨床为刀具磨床，其型号为 M0605。

5. 第二主参数的表示方法

为了更完整地表示出机床的工作能力和加工范围，有些机床还规定了第二主参数，例如，卧式车床的第二主参数是最大工件长度。以长度、深度值表示的第二主参数（如最大工作长度、最大切削长度、最大行程和最大跨距等），均采用"1/100"的折算系数。以直径、宽度值表示的第二主参数，均采用"1/10"的折算系数。以厚度、最大模数值和机床主轴数表示的第二主参数，均采用实际数值表示；若机床为单轴，则可省略，不予表示。当折算值大于 1 时，取整数。当折算值小于 1 时，则取小数点后第一位数，并在前面加"0"。

第二主参数如果需要在型号中表示，则应用折算值表示，置于主参数之后，用"×"与主参数分开，读作"乘"。

6. 机床的重大改进顺序号

当机床的结构、性能有更高的要求，并需按新产品重新设计、试制和鉴定时，才按改进的先后顺序选用 A、B、C 等汉语拼音字母（"I""O"除外），加在型号基本部分的尾部，以区别原机床型号。凡属局部的小改进，或增减某些附件、测量装置及改变装夹工件的方法等，因对原机床结构、性能没有作重大的改变，故不属重大改进，其型号不变。

7. 其他特性代号

其他特性代号是机床型号的辅助部分。其中同一型号机床的变型代号，一般应放在其他特性代号之首位。因加工需要常在基本型号的基础上对机床的部分性能结构作适当的改变，为与原机床区别，则在原机床型号的尾部加变型代号。变型代号用阿拉伯数字1、2等顺序号表示，并用"／"与原机床型号分开，读作"之"，如 MB8240/2 表示 MB8240 型的半自动曲轴磨床的第二种形式。

例 1-1　MG1432A 型号的含义如图 1-2 所示。

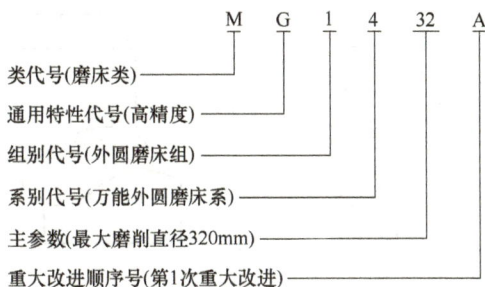

类代号(磨床类)
通用特性代号(高精度)
组别代号(外圆磨床组)
系别代号(万能外圆磨床系)
主参数(最大磨削直径320mm)
重大改进顺序号(第1次重大改进)

图 1-2　通用机床型号含义示例

例 1-2　T4163A 是工作台面宽度为 630mm 的立式单柱坐标镗床，经第一次重大改进。

1.1.3　专用机床型号的编制

专用机床型号的表示方法如图 1-3 所示。

1. 设计单位代号

若设计单位为机床厂，则设计单位代号由该厂所在城市名称的汉语拼音的第一个字母（大写）及该厂在该城市建立的先后顺序号或该厂名称的汉语拼音的第一个字母（大写）联合表示。

若设计单位为机床研究所，则设计单位代号由该研究所名称的汉语拼音的第一个字母（大写）表示。

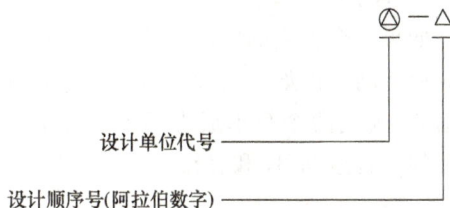

设计单位代号
设计顺序号(阿拉伯数字)

图 1-3　专用机床型号的表示方法

2. 设计顺序号

按各机床厂和研究所的设计顺序号排列，由 001 起始，位于设计单位代号之后，并用"-"隔开。

例 1-3　上海机床厂设计制造的第 15 种专用机床为专用磨床，其型号用"H-015"表示。

以上是通用机床和专用机床型号编制方法的主要内容。其详细内容可查阅 GB/T 15375—2008《金属切削机床　型号编制方法》。

1.2　金属切削机床的运动

机床在进行切削加工时，为了获得具有一定几何形状、一定加工精度和表面质量的工件，刀具和工件需做一系列的运动。按照功用的不同，常将机床在加工中的运动分为表面成形运动和辅助运动两大类。

1.2.1 表面成形运动

机床在切削工件时，使工件获得一定表面形状所必需的刀具与工件之间的相对运动，称为表面成形运动，简称成形运动。

形成某种形状表面所需要的表面成形运动的数目和形式取决于采用的加工方法和刀具结构。例如，用尖头刨刀刨削成形面需要两个成形运动（见图1-4a），用成形刨刀刨削成形面只需要一个成形运动（见图1-4b）。

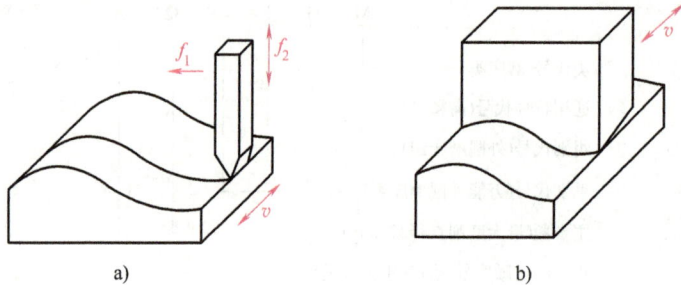

图 1-4　形成所需表面的成形运动

a）尖头刨刀刨削　b）成形刨刀刨削

表面成形运动按其组成情况不同，可分为简单成形运动和复合成形运动。

1. 简单成形运动

如果一个独立的成形运动是由单独的旋转运动或直线运动构成的，则称此成形运动为简单成形运动。例如，用尖头车刀车外圆（见图1-5a）时，工件的旋转运动 B_1 和刀具的直线移动 A_2 就是两个简单成形运动；在磨床上磨外圆（见图1-5b）时，砂轮的旋转运动 B_1、工件的旋转运动 B_2 和直线运动 A_3 是三个简单成形运动。

2. 复合成形运动

如果一个独立的表面成形运动是由两个或两个以上的旋转运动和（或）直线运动按照某种确定的运动关系组合而成的，则称此成形运动为复合成形运动。例如，车螺纹（见图1-6a）时，工件的等速旋转运动 B 和刀具的等速直线运动 A 之间必须保持严格的相对运动关系，即工件每转1转，刀具直线移动的距离应等于被加工螺纹的导程，从而将 B 和 A 这两个运动组成一个复合成形运动；用尖头车刀车回转体成形面（见图1-6b）时，有严格速比关系的两个直线运动 A_{21} 和 A_{22} 组成一个复合成形运动。

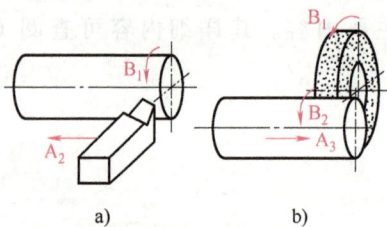

图 1-5　简单成形运动

a）车外圆　b）磨外圆

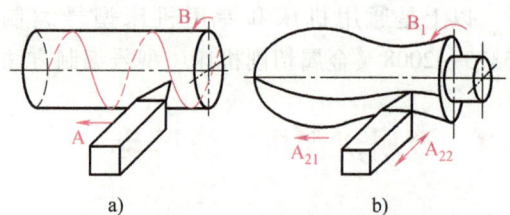

图 1-6　复合成形运动

a）车螺纹　b）车回转体成形面

常见的工件表面加工方法，按表面的成形原理可分为四大类：轨迹法（如车外圆）、成形法（如用成形车刀车成形面）、相切法（如铣平面）和展成法（如滚齿）。

1.2.2　辅助运动

辅助运动是机床在加工过程中除成形运动外的其他所有的运动，其与表面成形过程没有直接关系，但为表面成形创造了条件。辅助运动的种类有很多，一般包括切入运动、分度运动、操纵和控制运动、调位运动、各种空行程运动等。例如车外圆，除了工件旋转和刀具纵向直线进给运动是表面成形运动外，其他的运动如刀具的靠近、切入、退离等都是辅助运动。

辅助运动虽然不参与表面成形过程，但在机床的整个加工过程中是不可缺少的，同时它往往对机床的生产率和加工精度也有重大影响。

1.3　金属切削机床的传动与运动联系

1.3.1　机床的传动形式

为了实现加工过程中所需要的各种运动，机床必须具备三个基本部分：执行件、运动源和传动装置。

执行件是执行机床运动的部件，如主轴、刀架、工作台等，其任务是装夹刀具和工件，直接带动它们完成一定形式的运动，并保证运动轨迹的准确性。

运动源是为执行件提供运动和动力的装置，如交流异步电动机、直流电动机、步进电动机等。

传动装置是传递运动和动力的装置。利用传动装置把执行件与运动源或一个执行件与另一个执行件联系起来，使执行件获得一定速度和方向的运动，并使有关执行件之间保持某种确定的运动关系。按照传动介质的不同，机床的传动装置可分为机械传动、液压传动、电气传动和气压传动等形式。根据机床的工作特点，有时在一台机床上往往采用多种传动形式的组合。

1.3.2　机床传动链

在机床上，为了得到需要的运动，通常用一系列的传动件（轴、带、齿轮副、蜗杆副、丝杠副等）把动力源和执行件或两个有关的执行件连接起来，用以传递运动和动力，这种传动联系称为传动链。

传动链中的传动机构可分为定比传动机构和换置机构两种。定比传动机构的传动比不变，如带传动、定比齿轮副、丝杠螺母副等。换置机构可根据需要改变传动比或传动方向，如滑移齿轮变速机构、交换齿轮机构及各种换向机构等。

1.3.3　机床传动系统图

根据执行件所完成运动的作用不同，传动系统中各传动链分为主运动传动链、进给运动传动链、展成运动传动链和分度运动传动链等，其传动关系可用传动系统图表示。

传动系统图是一种简单的示意图，用于表示机床各传动链和传动机构。它只表示传动关系，不代表各传动元件的实际尺寸和空间位置。

分析传动系统图的一般方法是：根据主运动、进给运动和辅助运动确定有几条传动链；分析各传动链的两个端件；按照运动传递或联系顺序，从一个端件向另一个端件依次分析各传动轴之间的传动结构和运动传递关系，列出传动路线表达式等，以查明传动路线以及变速、换向、接通和断开的工作原理。

如图 1-7a 所示为某机床主传动系统图，其传动路线表达式为

$$\text{电动机}-\frac{\phi110}{\phi194}-\text{I}-\begin{bmatrix}\frac{36}{36}\\\frac{30}{42}\\\frac{24}{48}\end{bmatrix}-\text{II}-\begin{bmatrix}\frac{44}{44}\\\frac{23}{65}\end{bmatrix}-\text{III}-\begin{bmatrix}\frac{76}{38}\\\frac{19}{76}\end{bmatrix}-\text{IV（主轴）}$$

1.3.4 机床转速图

由于机床传动系统图不能直观地表明每一级转速是如何传动的，以及各变速组之间的内在联系，因此在机床传动分析过程中，还经常用到另一种形式的图——转速图。转速图用简单的直线来表示机床分级变速系统的传动规律，通常作为分析和设计机床变速系统的重要工具。

如图 1-7b 所示为该传动系统的转速图。图中，间距相等的竖线表示各传动轴，各轴的排列次序要符合传动顺序，从左向右依次在竖线上标出的轴号 I 、II 、III 、IV 要与传动系统图中的各轴对应，而最左边的 0 号轴代表电动机轴。

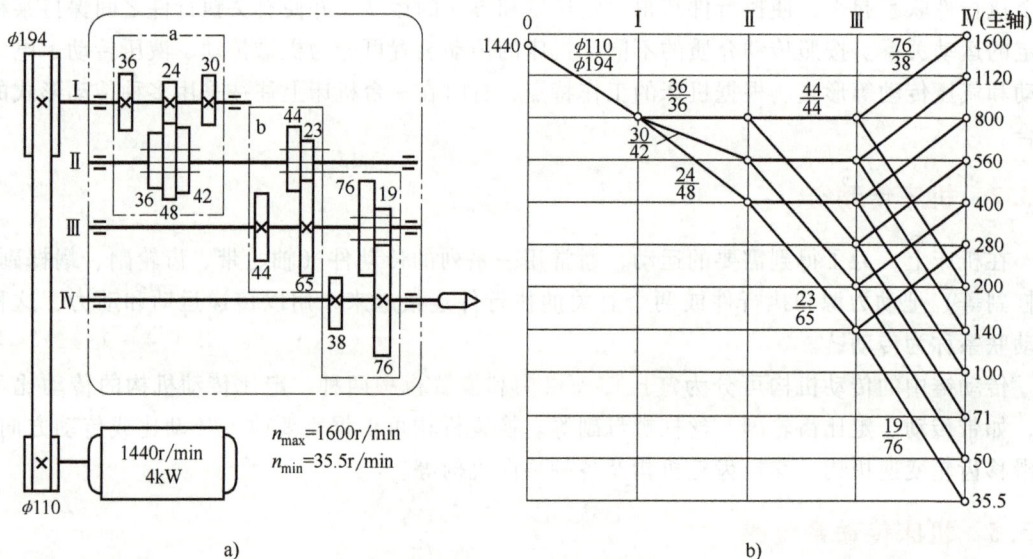

a)

b)

图 1-7 机床主传动系统

a）传动系统图　b）转速图

1.3.5　机床的选择

机械加工是在机床上完成的且依赖于加工机床的选择，因而合理选择机床是机械加工的重要前提，选择时应注意下述几点。

1）机床的主要规格尺寸应与加工零件的外廓尺寸相适应。即小零件选择小机床，大零件选择大机床，使设备得到合理使用。对于大型零件，在缺乏大型设备时，可采用"蚂蚁啃骨头"的办法，以小干大或设计专用机床加工。

2）机床的精度（包括相对运动精度、传动精度、位置精度）应与加工工序要求的加工精度相适应。对于高精度零件的加工，在缺乏精密机床时，可通过设备改造，以粗干精。

3）机床的生产率与加工零件的生产类型相适应。如单件小批生产选用通用机床，大批大量生产选用生产率高的专用机床。

4）机床的选择还应结合现场的实际情况，如车间排列、负荷平衡等。

单元2

金属切削刀具的基础知识

2.1 零件表面的形成和切削运动

2.1.1 切削运动

金属切削时，刀具与工件间的相对运动称为切削运动。切削运动分为主运动和进给运动。

（1）**主运动** 切下切屑所需的最基本的运动，称为主运动。在切削运动中，主运动**只有一个**，并且它的速度最高、消耗的功率最大。如图 2-1a 所示，铣削时刀具的旋转运动为主运动；如图 2-1b 所示，磨削时砂轮的旋转运动为主运动；如图 2-1c 所示，刨削时刀具的往复直线运动为主运动。

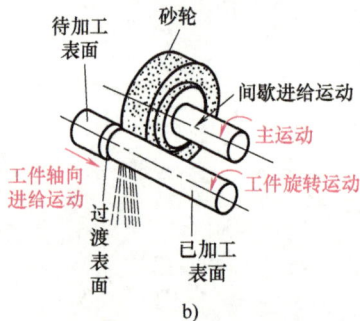

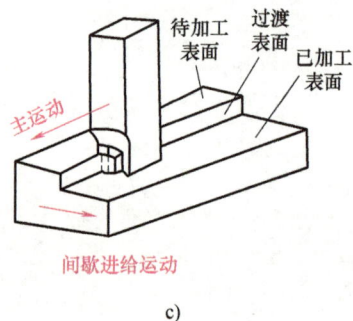

车外圆合成速度

图 2-1 各种切削加工和加工表面
a）铣槽 b）磨外圆 c）刨平面

（2）**进给运动** 使多余材料不断被投入切削，从而加工出完整表面所需的运动，称为进给运动。进给运动**可以有一个或几个，也可以没有**。如图 2-1b 所示，磨削外圆时工件的旋转运动、工作台带动工件的轴向移动以及砂轮的间歇运动都属于进给运动。

2.1.2 工件表面

在切削过程中，工件的旋转运动为主运动，车刀连续纵向的直线运动为进给运动，工件上存在三个变化着的表面，如图 2-2 所示。

（1）**待加工表面** 工件上即将被切除的表面，称为待加工表面。

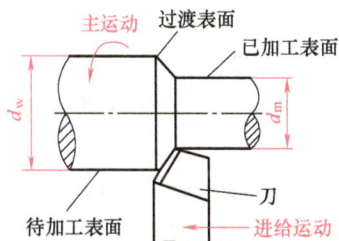

图 2-2　车削运动

（2）**已加工表面**　工件上多余金属被切除后形成的新表面，称为已加工表面。

（3）**过渡表面**　过渡表面是指在工件切削过程中，连接待加工表面与已加工表面的表面，或指切削刃正在切削着的表面。

2.2　切削要素

2.2.1　切削用量

切削用量是切削运动各参数的总称，包括切削速度、进给量和背吃刀量三要素，如图 2-3 所示。切削用量是调整机床运动的依据。

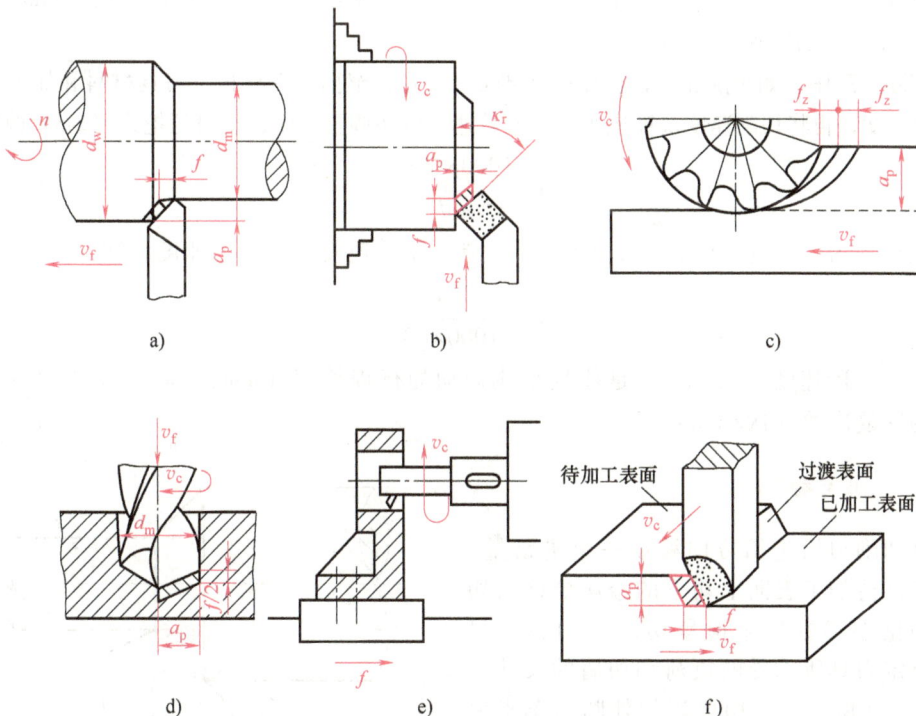

图 2-3　各种切削加工的切削运动及切削用量

a）车外圆　b）车端面　c）铣平面　d）钻孔　e）镗孔　f）刨平面

1. 背吃刀量 a_p

背吃刀量是指待加工表面与已加工表面之间的垂直距离。车削外圆时，

11

$$a_p = \frac{d_w - d_m}{2} \tag{2-1}$$

式中，d_w 是待加工表面的直径（mm）；d_m 是已加工表面的直径（mm）。

2. 进给量 f

在工件（或刀具）每转一转或每运动一个行程时，刀具与工件之间沿进给运动方向的相对位移，称为进给量，单位是 mm/r（用于车削、镗削等）或 mm/双行程（用于刨削）。

进给运动还可以用进给速度 v_f 或每齿进给量 f_z 来表示。进给速度 v_f 是指在单位时间内，刀具相对于工件在进给方向上的位移量，单位是 mm/min。每齿进给量 f_z 是指当刀具齿数 $z>1$ 时（如铣刀、铰刀等多齿刀具），每个刀齿相对于工件在进给方向上的位移量，单位是 mm/z。进给速度 v_f、进给量 f 及每齿进给量 f_z 的关系可表示为

$$v_f = fn = f_z zn \tag{2-2}$$

式中，n 是工件（或刀具）转速（r/min）。

3. 切削速度 v_c

在单位时间内，工件或刀具沿主运动方向的相对位移，称为切削速度。

若主运动为旋转运动（如车削等），则其计算公式为

$$v_c = \frac{\pi dn}{1000 \times 60} \tag{2-3}$$

式中，v_c 是切削速度（m/s）；d 是完成主运动的工件（或刀具）的最大直径（mm）；n 是工件（或刀具）的转速（r/min）。

在实际生产中，如车削加工，往往是已知工件直径，根据工件材料、刀具材料和加工要求等选定切削速度，再将切削速度换算成车床主轴转速，以便调整车床，这时可把式（2-3）改写成

$$n = \frac{1000 \times 60 v_c}{\pi d}$$

若主运动为往复直线运动（如刨削），则常用平均速度作为切削速度，即

$$v_c = \frac{2L n_r}{1000 \times 60} \tag{2-4}$$

式中，v_c 是切削速度（m/s）；L 是往复直线运动的行程长度（mm）；n_r 是工件（或刀具）每分钟的往复次数（次/min）。

2.2.2 切削层参数

刀具切削刃沿进给方向移动一个进给量 f 时，从工件待加工表面上切下的金属层称为切削层。切削层参数用来衡量切削层的截面尺寸，它决定刀具所承受的负荷和切屑的尺寸大小。如图 2-4 所示，可用典型的外圆纵车来说明切削层参数。

（1）切削厚度 h_D 切削厚度为加工表面 Ⅰ、Ⅱ 之间的垂直距离。若主切削刃在基面内的投影与工件轴线之间的夹角为 κ_r，则计算公

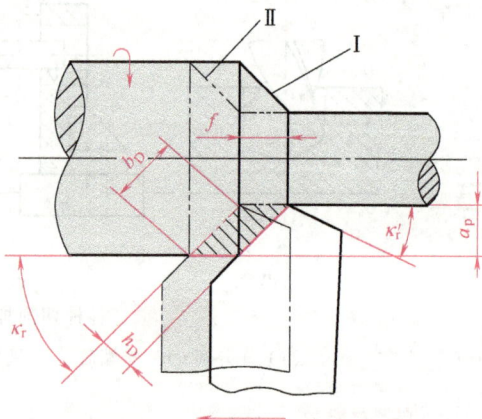

图 2-4 外圆纵车时的切削层参数

式为

$$h_D = f\sin\kappa_r \tag{2-5}$$

（2）切削宽度 b_D　切削宽度为沿主切削刃方向度量的切削层尺寸，计算公式为

$$b_D = \frac{a_p}{\sin\kappa_r} \tag{2-6}$$

（3）切削层面积 A_D　切削层面积为切削层在基面内的截面面积。其计算公式为

$$A_D = h_D b_D = f a_p \tag{2-7}$$

2.3　刀具切削部分的组成及刀具角度

2.3.1　刀具的类型

金属切削刀具是完成金属切削加工的重要工具。刀具的分类方法很多，根据用途和加工方法的不同可分为切刀类、孔加工刀具、螺纹刀具、齿轮刀具、磨具类、组合刀具、数控机床刀具等。

2.3.2　刀具切削部分的组成

金属切削刀具的种类很多，结构各异，但它们的切削部分却具有共同的特征。外圆车刀是最基本、最典型的刀具，下面以外圆车刀为例来说明刀具的几何参数。

外圆车刀由切削部分和刀杆组成。刀具中起切削作用的部分称为切削部分，夹持部分称为刀杆。切削部分（又称刀头）由前刀面、主后刀面、副后刀面、主切削刃、副切削刃和刀尖所组成，如图 2-5 所示，其定义分别为：

（1）前刀面 A_γ　刀具上切屑流过的表面，称为前刀面。

（2）主后刀面 A_α　主后刀面简称后刀面，是刀具上与工件的过渡表面接触并相互作用的表面。

（3）副后刀面 A_α'　刀具上与工件的已加工表面相对的表面，称为副后刀面。

（4）主切削刃 S　前刀面与主后刀面的交线，称为主切削刃，担负着主要的切削工作。

（5）副切削刃 S'　前刀面与副后刀面的交线，称为副切削刃，协助主切削刃切除多余金属，形成已加工表面。

（6）刀尖　主切削刃和副切削刃汇交的一小段切削刃，称为刀尖。为了改善刀尖的切削性能，常将刀尖做成修圆刀尖或倒角刀尖，如图 2-6 所示。

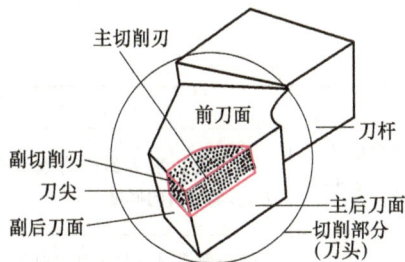

图 2-5　车刀切削部分的组成

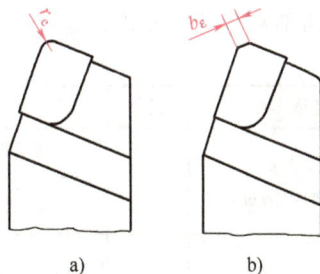

图 2-6　刀尖

a）修圆刀尖　b）倒角刀尖

2.3.3 刀具角度的参考平面

刀具要从工件上切除金属，必须具有一定的切削角度，这些角度确定了刀具的几何形状。为了确定和测量刀具角度，必须建立空间坐标系，引入坐标平面。我国一般以正交平面参考系为主，也可用法平面参考系和进给、切深平面参考系，如图 2-7c 所示。

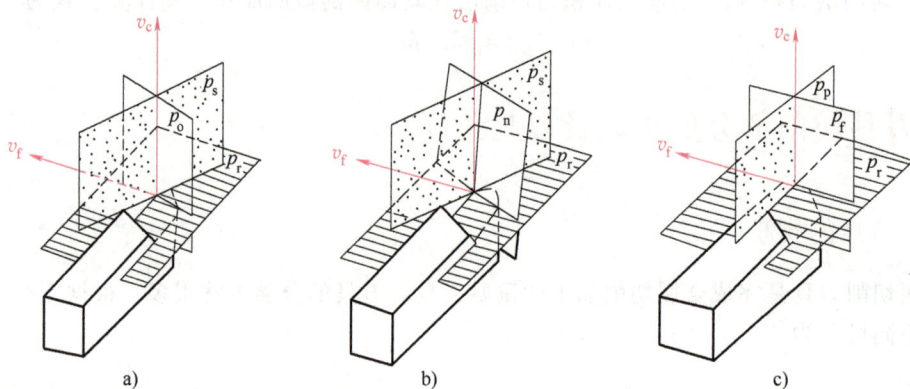

图 2-7 刀具标注角度参考系

a）正交平面参考系 b）法平面参考系 c）进给、切深平面参考系

（1）**基面 P_r** 通过主切削刃上选定点，垂直于假定主运动速度方向的平面称为基面。车刀切削刃上各点的基面都平行于车刀的安装面（即底面）。安装面是刀具制造、刃磨和测量时的定位基准面。

（2）**切削平面 P_s** 通过切削刃上选定点，与切削刃相切并垂直于基面 P_r 的平面称为切削平面。

（3）**正交平面 P_o** 通过切削刃上选定点，同时垂直于基面 P_r 和切削平面 P_s 的平面称为正交平面，也称主剖面。

2.3.4 刀具的标注角度

刀具角度

刀具的标注角度是刀具设计图上需要标注的刀具角度，它用于刀具的制造、刃磨和测量。

本书仅介绍正交平面参考系的标注角度。以外圆车刀为例，正交平面参考系由坐标平面 P_r、P_s 和 P_o 组成，刀具的主要角度有以下六个，如图 2-8 所示。车刀切削部分几何角度的定义、作用见表 2-1。

表 2-1 车刀切削部分几何角度的定义、作用

	名称	代号	定义	作用
主要角度	主偏角（基面内测量）	κ_r	主切削刃在基面上的投影与进给运动方向之间的夹角。常用车刀的主偏角有 45°、60°、75°、90° 等	改变主切削刃的受力及导热能力，影响切屑的厚度
	副偏角（基面内测量）	κ_r'	副切削刃在基面上的投影与背离进给运动方向之间的夹角	减小副切削刃与工件已加工表面间的摩擦，影响工件表面质量及车刀强度

（续）

	名称	代号	定义	作用
主要角度	前角 （主正交平面内测量）	γ_o	前刀面与基面间的夹角。前刀面与基面平行时，前角为零；前刀面在基面之下时，前角为正值；前刀面在基面之上时，前角为负值	影响切削刃的锋利程度和强度、切削变形和切削力
	主后角 （主正交平面内测量）	α_o	主后刀面与主切削平面间的夹角。刀尖位于后刀面最前点时，主后角为正值；刀尖位于后刀面最后点时，主后角为负值	减小车刀主后刀面与工件过渡表面间的摩擦
	副后角 （副正交平面内测量）	α_o'	副后刀面与副切削平面间的夹角	减小车刀副后面与工件已加工表面间的摩擦
	刃倾角 （主切削平面内测量）	λ_s	主切削刃与基面间的夹角。刀尖位于主切削刃最高点时，刃倾角为正值；刀尖位于主切削刃最低点时，刃倾角为负值	控制排屑方向。当刃倾角为负值时可增加刀具切削部分的强度，并在车刀受冲击时保护刀尖
派生角度	刀尖角 （基面内测量）	ε_r	主、副切削刃在基面上的投影间的夹角	影响刀尖强度和散热性能
	楔角 （主正交平面内测量）	β_o	前刀面与主后刀面间的夹角	影响刀具切削部分的截面的大小，从而影响刀具切削部分的强度

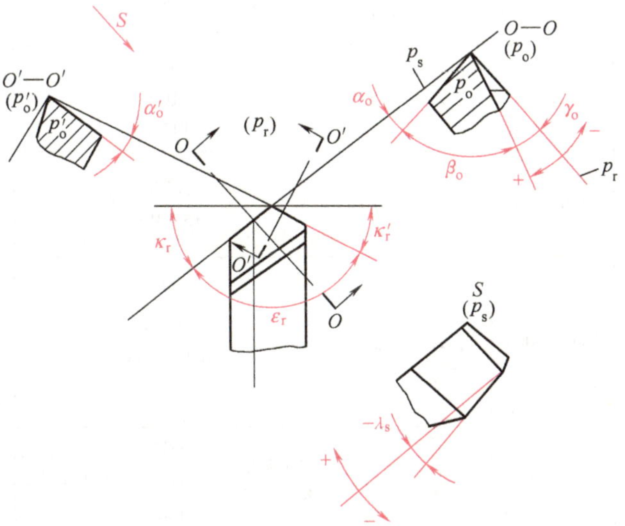

刃倾角对排屑影响

图 2-8　外圆车刀正交平面参考系标注角度

　　在车刀切削部分的几何角度中，主偏角与副偏角没有正负值规定，但前角、后角和刃倾角都有正负值规定。

　　在切削过程中，因刀具受安装位置和进给运动的影响，使原标注坐标系参考平面的位置发生变动，会造成刀具的工作角度不等于其标注角度。

2.4　刀具材料及其选用

　　刀具的切削部分和刀杆可以采用同种材料制成一体（如高速钢车刀）；也可以采用不同

材料分别制造，然后用焊接或机械夹持的方法将两者连接成一体。下面主要介绍刀具切削部分的材料。

2.4.1 对刀具材料的基本要求

刀具切削部分在切削过程中要承受很大的切削力和冲击力，并且在很高的温度下工作，经受连续和强烈的摩擦。因此，刀具切削部分材料必须具备高硬度、良好的耐磨性、足够的强度和韧性、高的热硬性、良好的工艺性和经济性。此外，刀具切削部分材料还应有良好的导热性和较好的化学稳定性。

这些要求有些是相互矛盾的，如硬度越高、耐磨性越好的材料，韧性和抗破损能力就越差。因此，在实际工作中应根据具体的切削对象和条件，选择合适的刀具材料。

2.4.2 常用刀具材料的种类、性能和用途

在切削加工中常用的刀具材料有工具钢（包括碳素工具钢、合金工具钢、高速钢）、硬质合金、陶瓷、立方氮化硼及金刚石等，其中高速钢和硬质合金为目前最常用的刀具材料。常用刀具材料的主要性能和应用范围见表 2-2。

表 2-2 常用刀具材料的主要性能和应用范围

种类	硬度 HRC	热硬温度 /℃	抗弯强度 /($\times 10^3$MPa)	常用牌号		应用范围
碳素工具钢	60～64	200	2.5～2.8	T8A T10A T12A		用于手动刀具，如丝锥、板牙、铰刀、锯条、锉刀、錾子、刮刀等
合金工具钢	60～65	250～300	2.5～2.8	9SiCr CrWMn		用于手动或机动低速刀具，如丝锥、板牙、铰刀、拉刀等
高速钢	62～70	540～600	2.5～4.5	W18Cr4V W6Mo5Cr4V2		用于各种刀具，特别是形状复杂的刀具，如钻头、铣刀、拉刀、齿轮刀具、丝锥、板牙等各种成形刀具
硬质合金	74～82	800～1000	0.9～23.5	钨钴类（K类）红色	YG8 YG6 （切铸铁） YG3	用于形状简单的刀具，如车刀、铣刀、刨刀等的切削部分；或用于其他刀具镶片
				钨钛钴类（P类）蓝色	YT30 YT15 （切钢） YT5	
				钨钛钽钴类（M类）黄色	YW1 （切各种 YW2 金属）	

1. 高速钢

高速钢是含有 W、Mo、Cr、V 等合金元素较多的工具钢，又称锋钢或白钢，其性能见表 2-2。与硬质合金相比，高速钢的塑性、韧性、导热性和工艺性好，特别是可以制造形状复杂的刀具，但它的硬度、耐磨性和耐热性较差，故常用于制造低速刀具和成形刀具。由高

速钢制造的刀具的加工材料范围很广泛，如黑色金属和有色金属等。

2. 硬质合金

硬质合金通常是通过粉末冶金方法制成的，由硬质相（高硬度、难熔的金属碳化物，如 WC、TiC、TaC、NbC 等）和黏结相（金属黏结剂，如 Co、Ni）经高压成形后，再在 1500℃的高温下烧结而成。

硬质合金的硬度高，耐磨性好，能耐高温，化学稳定性和热稳定性好。因此，它允许的切削速度比高速钢高 4～10 倍，刀具寿命比高速钢高几倍到几十倍，能切削淬火钢等硬材料。但硬质合金的抗弯强度低，韧性差，不耐冲击和振动，制造工艺性差，不适于制造复杂的整体式刀具。

硬质合金可分为 P、M、K 三类。

（1）K 类（钨钴类）　K 类硬质合金抗弯强度高，韧性较好，主要用于加工铸铁等脆性材料、有色金属及非金属材料。它不适合加工钢材，因为在 640℃时会发生严重黏结，使刀具磨损，寿命缩短。K 类硬质合金的主要成分为 WC 和 Co，代号为 YG，以红色标记。代号后面的数字表示黏结相 Co 的质量分数，常见的牌号有 YG3（精加工）、YG6（半精加工）、YG8（粗加工）等，分别代表 Co 的质量分数为 3%、6%、8%。此数字越大，则 K 类硬质合金的韧性越好，抗弯强度越高，但硬度越低，耐磨性越差。

（2）P 类（钨钛钴类）　P 类硬质合金比 K 类硬度高、耐热性好，在切削塑性材料时的耐磨性较好，但韧性较差，易崩刃，一般适用于加工塑性材料，如钢材等。它的主要成分为 WC、TiC 和 Co，代号为 YT，以蓝色标记，一般不用于加工含 Ti 的材料。代号后面的数字表示硬质相 TiC 的质量分数，常见的牌号有 YT5（粗加工）、YT15（半精加工）、YT30（精加工）等，分别代表 TiC 的质量分数为 5%、15%、30%。此数字越大，则 P 类硬质合金的硬度越高，耐磨性越好，但抗弯强度越低，韧性越差。

（3）M 类（钨钛钽钴类）　M 类硬质合金可以用于加工铸铁及有色金属，也可用于加工钢材，因此常称为通用硬质合金，主要用于加工难加工的材料。它的主要成分为 WC、TiC、TaC（NbC）和 Co，代号为 YW，以黄色标记。

硬质合金主要用来制造刀具的切削部分，通常通过焊接或者连接的方式镶嵌在刀具上。

3. 新型刀具材料

近年来，随着高硬度难加工材料的出现，对刀具材料提出了更高的要求，推动了刀具新材料的不断开发。新型刀具材料主要有涂层刀具、陶瓷、立方氮化硼（CBN）、金刚石等。

金属切削过程中的基本规律

3.1　金属切削过程中的金属变形

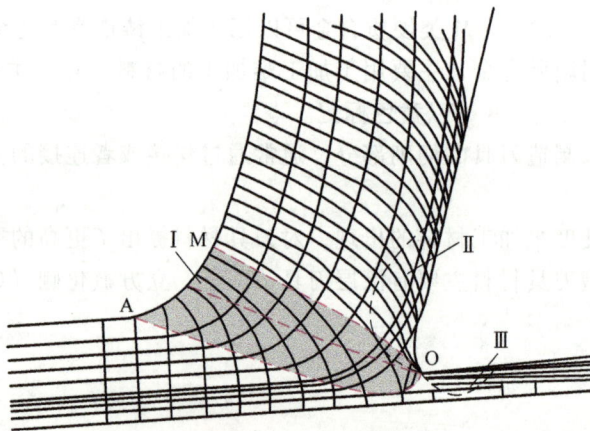

3.1.1　金属切削过程中的三个变形区

在切削塑性金属时，切屑的形成过程就是切削层金属的变形过程。根据切削过程中整个切削区域金属材料的变形特点，可将刀具切削刃附近的切削层划分为三个变形区，如图 3-1 所示。

（1）第一变形区　即 AOM 区域，也称金属的剪切变形区。

（2）第二变形区　切屑受到前刀面的挤压和摩擦，使靠近前刀面的切屑底层金属晶粒进一步塑性变形，呈纤维化。

（3）第三变形区　已加工表面受到切削刃钝圆部分及后刀面的挤压和摩擦，使切削层金属发生变形。

切削过程中
的金属变形

图 3-1　切削变形区

这三个变形区汇集在切削刃附近，相互关联，相互影响，称为切削变形区。切削过程中产生的各种现象均与这三个区域的变形有关。

3.1.2　切屑的类型

在金属切削过程中，刀具切除工件上的多余金属层，这些被切离工件的金属称为切屑。

由于工件材料及切削条件不同，所以会产生不同类型的切屑。如图 3-2 所示，常见的切屑有四种类型：带状切屑、挤裂切屑、单元切屑和崩碎切屑。

（1）带状切屑 如图 3-2a 所示，带状切屑通常是在加工塑性金属材料，切削厚度较小，切削速度较高，刀具前角较大时得到的。形成这种切屑时，切削过程平稳，已加工表面表面粗糙度值较小，但切屑连续不断。因此，需采取断屑措施，可通过减小前角、加宽负倒棱，降低切削速度等措施促进卷屑，在前刀面上磨断屑槽促进断屑。

带状切屑   挤裂切屑

（2）挤裂切屑 如图 3-2b 所示，挤裂切屑变形程度比带状切屑大。这种切屑通常是在加工塑性金属材料，切削厚度较大，切削速度较低，刀具前角较小时得到的。在形成挤裂切屑时，切削过程中会产生一定的振动，已加工表面较粗糙。

单元切屑   崩碎切屑

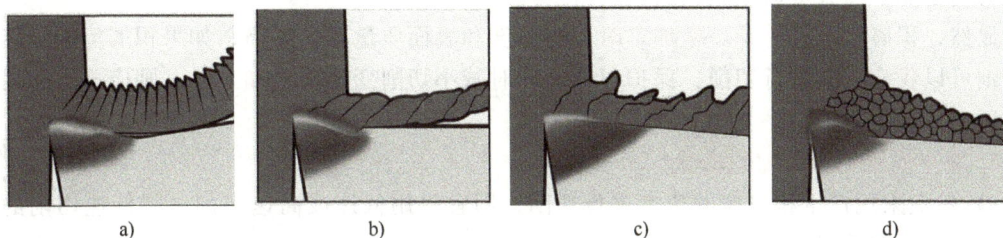

图 3-2 切屑种类

a）带状切屑 b）挤裂切屑 c）单元切屑 d）崩碎切屑

（3）单元切屑 单元切屑又称粒状切屑，如图 3-2c 所示。在加工塑性较差的金属材料时，在挤裂切屑基础上将切削厚度进一步增大，切削速度和前角进一步减小，使剪切裂纹进一步扩展而断裂成梯形的单元切屑。

以上三种切屑只有在加工塑性材料时才可能得到。在生产中最常见的是带状切屑，有时得到挤裂切屑，很少得到单元切屑。

（4）崩碎切屑 如图 3-2d 所示，切削铸铁等脆性金属材料时，由于材料的塑性差、抗拉强度低，切削层往往未经塑性变形就产生了脆性崩裂，形成了不规则的崩碎状的切屑。在形成崩碎切屑时，切削力波动很大，有冲击载荷，已加工表面凹凸不平。

3.1.3 积屑瘤

1. 积屑瘤的形成

在一定切削速度范围内，加工钢材、有色金属等塑性材料时，在切削刃附近的前刀面上常会黏附着一块金属硬块，它包围着切削刃且覆盖着部分前刀面，这块剖面呈三角状的金属硬块称为积屑瘤，如图 3-3 所示。积屑瘤的形成主要取决于切削温度，例如切削中碳钢的切削温度在 $300 \sim 380℃$ 时，易产生积屑瘤。

2. 积屑瘤对切削的影响

（1）对切削力的影响 积屑瘤黏结在前刀面上，增大了刀具的实际前角，可使切削力减小。但由于积屑瘤不稳定，导致了切削力的波动。

（2）对已加工表面粗糙度的影响 积屑瘤不稳定，易破裂，其碎片随机散落，可能会留在已加工表面上。另外，积屑瘤形成的刃口不光滑，使已加工表面变得粗糙。

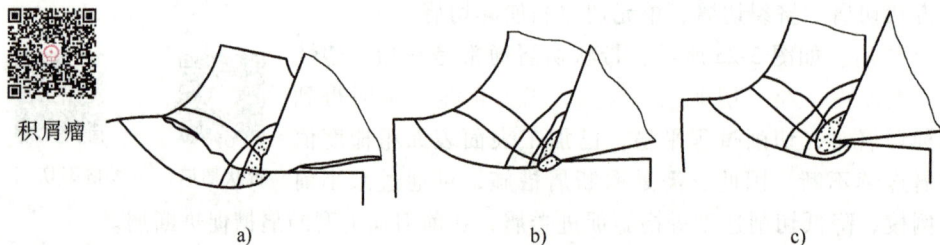

积屑瘤

a)　　　　　　　　　b)　　　　　　　　　c)

图 3-3　积屑瘤的形成

（3）对刀具寿命的影响　积屑瘤相对稳定时，可代替切削刃切削，减小了切屑与前刀面的接触面积，延长了刀具寿命；积屑瘤不稳定时，破裂部分有可能引起硬质合金刀具的剥落，反而缩短了刀具寿命。

显然，积屑瘤有利有弊。粗加工时，对精度和表面质量要求不高，如果积屑瘤能稳定生长，则可以代替刀具进行切削，保护刀具，同时减小切削变形。精加工时，则应避免积屑瘤的出现。

3. 减小或避免积屑瘤的措施

1）避免采用产生积屑瘤的速度进行切削，即宜采用低速或高速切削。因低速切削的加工效率低，故多采用高速切削。

2）采用大前角刀具切削，以减少刀具前刀面与切屑接触的压力。

3）适当提高工件材料的硬度，减弱加工硬化倾向。

4）使用润滑性好的切削液，减小前刀面表面粗糙度值，减小刀具与切屑接触面的摩擦系数。

3.2　切削力

进行金属切削时，刀具切入工件，使工件材料产生变形成为切屑所需要的力称为切削力。切削力是计算切削功率、设计刀具、机床和机床夹具以及确定切削用量的重要依据。在自动化生产中，还可通过切削力来监控切削过程和刀具的工作状态。

3.2.1　切削力及切削功率

1. 切削力的来源

切削力主要来源于两个方面：一是在切屑形成过程中，弹性变形和塑性变形产生的抗力；二是切屑和刀具前刀面之间的摩擦阻力及工件和刀具后刀面之间的摩擦阻力。

2. 切削合力与分解

切削时的总切削力 F 是一个空间力，为了便于测量和计算，以适应机床、夹具、刀具的设计和工艺分析的需要，常将 F 分解为三个互相垂直的切削分力，分别是主切削力 F_c、背向力 F_p 和进给力 F_f。

主切削力 F_c 是切削合力 F 在主运动方向上的分力，其方向垂直于基面。F_c 是计算机床功率、刀具强度以及设计夹具、选择切削用量的重要依据。F_c 可以用经验公式进行计算，也可以用单位切削力 k_c（单位为 N/mm^2）进行计算：$F_c = k_c A_D = k_c h_D b_D = k_c a_p f$。

背向力 F_p 是切削合力 F 在垂直于进给方向上的分力，也称为径向力或吃刀抗力。它是影响工件变形、造成系统振动的主要因素。

进给力 F_f 是总切削力 F 在进给运动方向上的分力，是设计和校验机床进给机构、计算机床进给功率的主要依据。

如图 3-4 所示，总切削力 F 分解为 F_c 与 F_D，F_D 又分解为 F_p 与 F_f，它们的关系为

$$F = \sqrt{F_c{}^2 + F_D{}^2} = \sqrt{F_c{}^2 + F_p{}^2 + F_f{}^2} \tag{3-1}$$

$$F_f = F_D \sin\kappa_r \tag{3-2}$$

$$F_p = F_D \cos\kappa_r \tag{3-3}$$

3. 切削功率

切削功率是指切削力在切削过程中所消耗的功率，用 P_m 表示。车外圆时，它是主切削力 F_c 与进给力 F_f 消耗的功率之和，但由于进给力 F_f 消耗的功率所占比例很小（仅为 $1\% \sim 5\%$），故一般 F_f 消耗的功率可忽略不计，于是得出

$$P_m = F_c v_c \times 10^{-3} \tag{3-4}$$

式中，P_m 是切削功率（kW）；F_c 是主切削力（N）；v_c 是切削速度（m/s）。

考虑机床的传动效率，由切削功率 P_m 可求出机床电动机功率 P_E，即

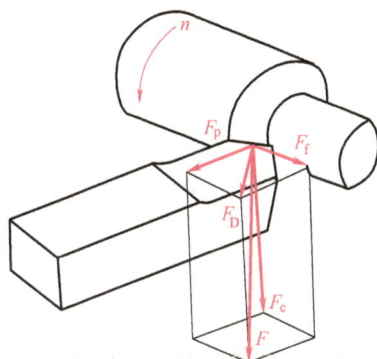

图 3-4　切削合力与分力

$$P_E \geqslant \frac{P_m}{\eta} \tag{3-5}$$

式中，P_E 是机床电动机的功率（kW）；η 是机床的传动效率，一般取 $0.75 \sim 0.85$。

3.2.2　影响切削力的主要因素

1. 工件材料

提高工件材料的强度、硬度，虽然会使切屑变形略有减小，但总的切削力还是增大的。对于强度、硬度相近的材料，塑性越大，则与刀具的摩擦系数越大，故切削力也越大。加工脆性材料时，因塑性变形小，切屑与刀具前刀面摩擦小，则切削力也较小。

2. 切削用量

（1）背吃刀量 a_p 和进给量 f　当 a_p 和 f 增大时，切削面积增大，切削力也增大，但两者的影响程度不同。车削时，a_p 增大一倍，主切削力约增大一倍；而 f 加大一倍，主切削力只增大 $68\% \sim 86\%$。因此，在切削加工中，如果从减小切削力和切削功率的角度来考虑，加大进给量比加大背吃刀量有利。

（2）切削速度 v_c　随着切削速度 v_c 的提高，切削力减小，因此生产中常用高速切削来提高生产率。

3. 刀具几何参数

（1）前角　前角对切削力的影响最大。当切削塑性金属时，前角增大，能使切削层材

料所受的挤压变形和摩擦减小，排屑顺畅，总切削力减小；加工脆性金属时，前角对切削力的影响不明显。

（2）负倒棱 如图3-5所示，在锋利的切削刃上磨出负倒棱，可以提高刃口强度，从而延长刀具寿命，但此时被切削金属的变形也会增大，使切削力增大。

（3）主偏角 如图3-6所示，主偏角对切削分力 F_c 的影响较小，但对背向力 F_p 和进给力 F_f 的影响比较明显。当车削细长工件时，为减小或防止工件弯曲变形，可选较大的主偏角，一般选择主偏角 $\kappa_r = 90°$。

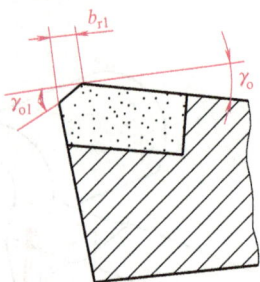

图3-5 负倒棱对切削力的影响

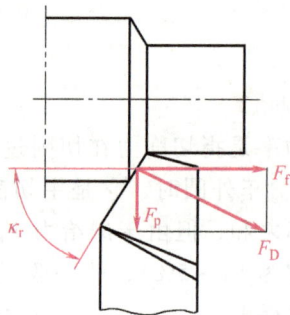

图3-6 主偏角对切削力的影响

4. 其他因素的影响

刀具、工件材料之间的摩擦系数也影响切削力的大小。在同样的切削条件下，高速钢刀具切削力最大、硬质合金次之、陶瓷刀具最小。在切削过程中使用切削液，可以减小切削力。

3.3 切削热与切削温度

切削热和由此产生的切削温度会使加工工艺系统产生热变形，不但影响刀具寿命，而且影响工件的加工精度和表面质量。

3.3.1 切削热的产生与传导

切削中所消耗的能量几乎全部转化为热能，三个变形区即三个发热区。

切削热来自于工件的弹性变形和塑性变形所消耗的能量，以及切屑与刀具前刀面、已加工表面与刀具后刀面之间产生的摩擦热，并通过切屑、工件、刀具和周围介质传导出去。一般情况下，切屑带走的热量最多。

例如，车削时，切削热的50%~86%由切屑带走，10%~40%传入车刀，3%~9%传入工件，1%左右传入空气；钻削时，各部分带走切削热的比例大约是切屑占28%，刀具占14.5%，工件占52.5%，周围介质占5%。

3.3.2 切削温度及影响因素

切削温度一般指切屑与刀具前刀面接触区域的平均温度。切削温度的高低取决于该处产生热量的多少和传散热量的快慢。因此，凡是影响切削热产生与传导的因素都影响切削温度的高低。

（1）**工件材料**　工件材料的强度和硬度越高，单位切削力越大，切削温度就越高；工件材料的塑性大，使变形系数也大，产生的热量多；工件材料的热导率越小，传散的热量越少，切削区的切削温度越高；热容量大的材料，在切削热相同时切削温度低。

（2）**切削用量**　增大切削用量时，切削功率增大，产生的切削热也增多，切削温度就会升高。

切削速度 v_c 对切削温度的影响最大，进给量 f 对切削温度的影响小一些，背吃刀量 a_p 对切削温度的影响最小。

通过对 f 和 a_p 的分析可知，采用宽而薄（b_D 大、h_D 小）的切削层剖面有利于控制切削温度。

从控制切削温度的角度考虑，选用较大的背吃刀量和进给量比选用大的切削速度更有利。

（3）**刀具几何参数**　刀具的前角和主偏角对切削温度影响较大。增大前角，可使切削变形及切屑与前刀面的摩擦减小，产生的切削热减少，使切削温度下降；但前角过大（≥20°）时，刀头散热面积减小，反而使切削温度升高；减小主偏角可增加切削刃的工作长度，增大刀头散热面积，降低切削温度。

（4）**其他因素**　切削速度越高，刀具磨损对切削温度的影响越明显。采用切削液是降低切削温度的重要措施。

3.4　刀具磨损与刀具寿命

刀具在切除工件余量的同时，本身也逐渐磨损。当磨损到一定程度时，如不及时重磨、换刀或刀片转位，刀具便丧失切削能力，从而影响已加工表面质量和生产率。

3.4.1　刀具磨损的形式

刀具磨损是指在刀具与工件或切屑的接触面上，刀具材料的微粒被切屑或工件带走的现象。这种磨损现象称为正常磨损。若由于冲击、振动、热效应等原因使刀具因崩刃、碎裂而损坏，称为非正常磨损。刀具正常磨损的形式有以下三种：前刀面磨损（月牙洼磨损）、后刀面磨损、前刀面和后刀面同时磨损，如图 3-7 所示。

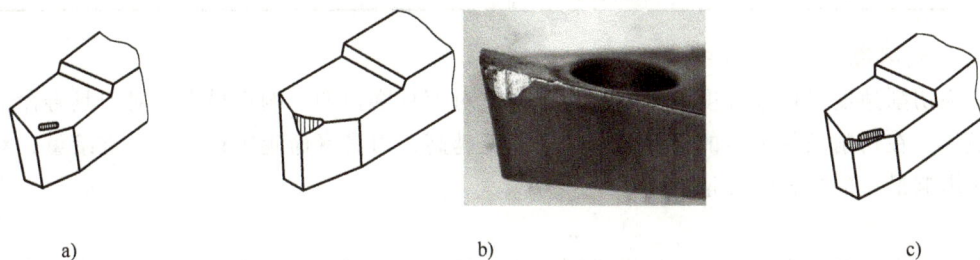

a)　　　　　　　　　　b)　　　　　　　　　　c)

图 3-7　刀具的磨损形式

a）前刀面磨损　b）后刀面磨损　c）前刀面和后刀面同时磨损

3.4.2 刀具磨损的原因

刀具磨损的原因很复杂，在高温（700～1200℃）和高压（大于材料的屈服应力）下，有力、热、化学、电等方面的作用，产生的磨损主要有硬质点磨损、黏结磨损、扩散磨损、化学磨损、相变磨损、热电偶磨损等。

3.4.3 刀具磨损过程及磨钝标准

1. 刀具的磨损过程

在正常条件下，随着刀具的切削时间的增长，刀具的磨损量将不断增加。刀具的磨损过程可分为三个阶段：初期磨损阶段、正常磨损阶段、剧烈磨损阶段。

当刀具磨损到达剧烈磨损阶段时，切削刃已变钝，切削力增大，切削温度急剧升高，刀具很快失效。因此，应在到达此阶段之前及时更换刀具，以合理使用刀具，保证加工质量。

2. 刀具的磨钝标准

刀具在它的磨损量达到一定限度后就不能继续使用，否则将影响切削力、切削温度和加工质量，这个磨损限度称为磨钝标准。

国际标准 ISO 统一规定以 1/2 背吃刀量处后刀面上测定的磨损带宽度 VB 作为刀具的磨钝标准。磨钝标准的具体数值可查阅有关手册。

3.4.4 刀具寿命及其合理选择

在实际生产中，不可能经常停机去测量后刀面上的 VB 值，而是采用与磨钝标准相对应的切削时间，即刀具寿命来确定刀具是否达到磨钝标准。刀具寿命是指刃磨后的刀具自开始切削直到磨损量达到刀具的磨钝标准所经过的净切削时间，用 T 表示，单位为 s（或 min）。刀具总寿命是指刀具从开始投入使用到报废为止的总切削时间。刀具寿命 T 越大，表示刀具磨损越慢。常用刀具的寿命见表 3-1。

表 3-1 刀具寿命 T 参考值 （单位：min）

刀具类型	刀具寿命	刀具类型	刀具寿命
车刀、刨刀、镗刀	60	仿形车刀具	120～180
硬质合金可转位车刀	30～45	组合钻床刀具	200～300
钻头	80～120	多轴铣床刀具	400～800
硬质合金面铣刀	90～180	组合机床、自动机、自动线刀具	240～480
切齿刀具	200～300		

1. 切削用量与刀具寿命的关系

因为切削速度对切削温度的影响最大，故它对刀具磨损的影响也最大，对刀具寿命的影响也最大，在切削条件一定的情况下，切削速度越高，刀具寿命越短；其次是进给量，对刀具寿命影响最小的是背吃刀量。

2. 刀具寿命的选择

在生产中，刀具寿命的选择原则是根据优化目标来确定的，一般以最大生产率、最低成本为优化目标。

（1）最大生产率寿命 最大生产率寿命是指以单位时间内生产最多数量的产品或加工

每个零件所消耗的生产时间最少为原则来确定的刀具寿命。

（2）**最低成本寿命** 最低成本寿命是指以每个零件（或工序）加工费用最低为原则来确定的刀具寿命。

因此，选择刀具寿命时，当需要完成紧急任务或产品供不应求，以及完成限制性工序时，可采用最大生产率寿命；而一般情况下，通常采用最低成本寿命，以利于市场竞争。

3.5 切削条件及其合理选择

3.5.1 工件材料的可加工性

1. 工件材料可加工性的概念

在一定的加工条件下，工件材料被切削加工的难易程度，称为材料的可加工性。

衡量材料可加工性的常用指标是一定刀具寿命下的切削速度 v_T 和相对加工性 K_r。

v_T 是指当刀具寿命为 T 时，切削某种材料所允许的最大切削速度。v_T 越高，表示材料的可加工性越好。通常取 $T = 60\text{min}$，则 v_T 写作 v_{60}。在判断材料的可加工性时，一般以正火状态下的 45 钢的 v_T 值为基准，写作 $(v_{60})_j$，而把其他各种材料的 v_{60} 值同它相比，它们的比值 K_r 称为相对加工性，即

$$K_r = \frac{v_{60}}{(v_{60})_j} \tag{3-6}$$

常用工件材料的相对加工性分为 8 级，见表 3-2。凡 $K_r > 1$ 的材料，其可加工性比 45 钢好；$K_r < 1$ 的材料，其可加工性比 45 钢差。K_r 也反映了不同工件材料对刀具磨损和刀具寿命的影响。

表 3-2 工件材料的相对加工性等级

加工性等级	名称及种类		相对加工性	代表性材料
1	很容易切削材料	一般有色金属	>3.0	ZCuSn5Pb5Zn5、YZAlSi9Cu4、铝镁合金
2	容易切削材料	易切削钢	2.5~3.0	15Cr 退火，$R_m = 0.373\sim0.441\text{GPa}$ 自动机床加工用钢，$R_m = 0.392\sim0.490\text{GPa}$
3		较易切削钢	1.6~2.5	30 钢正火，$R_m = 0.441\sim0.549\text{GPa}$
4	普通材料	一般钢及铸铁	1.0~1.6	45 钢、灰铸铁、结构钢
5		稍难切削材料	0.65~1.0	2Cr13 钢调质，$R_m = 0.8288\text{GPa}$ 85 钢轧制，$R_m = 0.8829\text{GPa}$
6	难切削材料	较难切削材料	0.5~0.65	45Cr 钢调质，$R_m = 1.03\text{GPa}$ 60Mn 钢调质，$R_m = 0.9319\sim0.981\text{GPa}$
7		难切削材料	0.15~0.5	50CrV 钢调质、1Cr18Ni9Ti 未淬火、α 型钛合金
8		很难切削材料	<0.15	β 型钛合金、镍基高温合金

2. 改善工件材料可加工性的途径

工件材料的可加工性对生产率和表面质量有很大影响，因此在满足零件使用要求的前提

下，应尽量选用可加工性较好的材料。在实际生产中，可采取以下措施来改善材料的可加工性。

（1）**调整工件材料的化学成分**　因为材料的化学成分直接影响其力学性能，如高碳钢强度和硬度较高，可加工性较差；低碳钢塑性和韧性较好，可加工性也较差；中碳钢的强度、硬度、塑性和韧性都居于高碳钢和低碳钢之间，故可加工性较好。

（2）**进行适当的热处理**　化学成分相同的材料，当其金相组织不同时，力学性能就不一样，其可加工性就不同。例如，对高碳钢进行球化退火处理，可降低硬度；对低碳钢进行正火处理，可降低塑性，提高硬度，使可加工性得到改善。

（3）**改善切削条件**　可通过改善切削条件来改善材料的可加工性，如选择合适的刀具材料、确定合理的刀具角度和切削用量、制订合理的工艺过程等。

3.5.2　刀具几何参数的选择

当刀具材料和结构确定之后，刀具切削部分的几何参数对可加工性能的影响就十分重要了。例如切削力的大小，切削温度的高低，切屑的连续与碎断，加工质量的好坏以及刀具寿命、生产率、生产成本的高低等，都与刀具几何参数有关。

合理的刀具几何参数是在保证加工质量和刀具寿命的前提下，能够保证较高生产率和较低的加工成本。刀具几何参数对刀具的可加工性既有有利方面的影响，也有不利方面的影响，如选用大的前角可以减小切屑变形和切削力，但前角的增大也会使刀具楔角减小，散热变差，刃口强度削弱。因此，应根据具体情况选取合理值。

1. 前角 γ_o 的功用及选择

（1）**前角 γ_o 的功用**　前角是切削刀具上的重要几何角度之一，它的大小直接影响切削力、切削温度和切削功率，影响刀具刃区和刀头的强度与容热体积和导热面积，从而影响刀具寿命和切削加工生产率。

（2）**前角 γ_o 的选择**　前角的选择主要取决于工件材料和刀具材料的性质和种类以及加工要求等，可通过查表找到硬质合金车刀的合理的前角参考值。前角 γ_o 的选择原则如下：

1）加工塑性材料时，为减小切削变形，降低切削力和切削温度，应选择较大的前角；加工脆性材料时，由于易产生崩碎切屑，切削力集中在切削刃附近，前角对切削变形影响不大，同时为了防止崩刃，应选择较小的前角；当工件材料的强度、硬度大时，为保证刀尖的强度，应选择小一些的前角。

2）刀具材料的抗弯强度和抗冲击韧性大时，应选择较大的前角，如高速钢刀具比硬质合金刀具允许选择更大的前角（γ_o 可增大 $5° \sim 10°$）。

3）粗加工时，切削力大，特别是断续切削有较大的冲击力，为保证刀具有足够的强度，应适当减小前角；精加工时，切削力小，要求刃口锋利，应选择大一些的前角。

4）工艺系统刚性差和机床功率不足时，应选择较大的前角。在使用自动机床或自动线用刀具时，应主要考虑刀具的寿命及工作的稳定性，故应选择较小的前角。

（3）**前刀面型式的选择**　常见的前刀面型式如图 3-8 所示。

1）如图 3-8a 所示，正前角平面型是前刀面的基本型式，其特点是结构简单，切削刃锋利，但刀尖强度低，卷屑能力及散热能力均较差，常用于精加工和切削脆性材料。

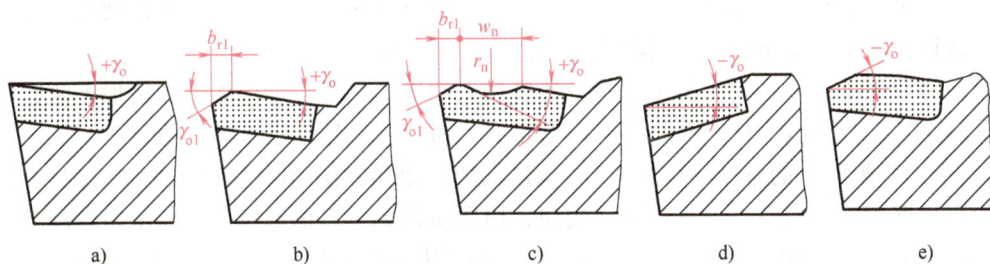

图 3-8　前刀面的型式

a）正前角平面型　b）正前角平面带倒棱型　c）正前角曲面带倒棱型　d）负前角单平面型　e）负前角双平面型

2）如图 3-8b 所示，正前角平面带倒棱型是在正前角平面型基础上沿切削刃磨出很窄的负倒棱而形成的。它增强了切削刃的强度，常用于脆性大的刀具材料，如陶瓷刀具、硬质合金刀具，尤其适于在断续切削时使用。

3）如图 3-8c 所示，正前角曲面带倒棱型是在正前角平面倒棱型的基础上磨出一定曲面而形成的。它增大了前角 γ_o，并能起卷屑、断屑作用，主要用于粗加工和半精加工塑性材料。

4）负前角单平面型如图 3-8d 所示。用硬质合金刀具切削高强度、高硬度材料时，为使刀具能承受较大的切削力，常采用此种型式的前刀面，其最大特点是抗冲击能力强。

5）负前角双平面型如图 3-8e 所示。当刀具前刀面有磨损时，为了减小前刀面刃磨面积，充分利用刀片材料，可采用负前角双平面型前刀面。

2. 后角 α_o 的选择

增大后角可减小刀具后刀面和已加工表面的摩擦，使刀尖锋利，提高工件的表面质量。但若后角太大会使刀具楔角减小，削弱切削刃的强度，使散热条件变差，缩短刀具寿命。

后刀面的形式有双重后角（能减少刃磨量）、消振棱（负后角的倒棱能消除振动）、刃带（有后角为 0° 的小棱边，用于定尺寸刀具）等。

3. 其他角度的选择

合理选择主偏角、副偏角、刃倾角等，能减小切削力，保证加工质量，降低成本等。

如加工中碳钢材料工件，粗车时合理前角为 10°~15°，合理后角为 5°~7°；精车时合理前角为 15°~20°，合理后角为 6°~8°。

3.5.3　切削用量的选择

切削条件不同，切削用量的合理值也就会有较大的不同。切削用量的合理值是指在充分发挥机床、刀具的性能，保证加工质量的前提下，获得高生产率和低加工成本的切削用量值。

粗加工时，由于要尽量保证较高的生产率和必要的刀具寿命，应优先选择大的背吃刀量，其次根据机床动力和刚性限制条件选择尽可能大的进给量，最后根据刀具寿命确定合适的切削速度。

精加工时，由于要保证工件的加工质量，应选择较小的进给量和背吃刀量，选择尽可能高的切削速度。

（1）背吃刀量 a_p 的选择　粗加工时，最好一次进给将该工序的加工余量全部切完。当加工余量太大,机床功率不足,刀具强度不够时,可分两次或多次走刀将余量切完。半精车时通常选取 $a_p = 0.5 \sim 2.0\text{mm}$,精车时选取 $a_p = 0.1 \sim 0.4\text{mm}$。

（2）进给量 f 的选择　粗加工时,可选择较大的进给量值;半精加工和精加工时,由于进给量对工件已加工表面的表面粗糙度影响很大,所以一般选择较小的进给量。

（3）切削速度 v_c 的选择　粗加工时,切削速度一般取较小值,反之精加工时取较大值。选择切削速度时,还应考虑刀具材料,例如,用硬质合金车刀精车时,一般采用较高的切削速度,$v_c > 80\text{m/min}$;用高速钢车刀精车时,一般选用较低的切削速度,$v_c < 5\text{m/min}$。

例 3-1　在 CA6140 型卧式车床上车削 $\phi 260\text{mm}$ 的带轮外圆,选择切削速度为 90m/min,求主轴转速。

解：$n = 1000 v_c / (\pi d) = 1000 \times 90 / (3.14 \times 260) = 110\text{r/min}$

计算出车床主轴转速后,应选取与铭牌上接近的较小转速。故车削该工件时,应选取 CA6140 型卧式车床铭牌上接近的较小转速,即选取 $n = 100\text{r/min}$ 作为车床的实际转速。

切削用量的选择方法有计算法和查表法。在大多数情况下,是根据给定的条件按有关切削用量手册中推荐的数值选择切削用量。

3.5.4　切削液的选择

在切削过程中合理使用切削液,可以改善切屑、工件与刀具的摩擦状况,减小切削力,降低切削温度,减少刀具磨损,抑制积屑瘤的产生,从而提高生产率和加工质量。

切削液主要起冷却和润滑的作用,同时还具有良好的清洗和防锈作用。

1. 切削液的种类

金属切削加工中最常用的切削液可分为水溶性切削液和油溶性切削液两大类,见表 3-3。

表 3-3　切削液的种类、成分、性能、作用和应用范围

种类		成分	性能和作用	应用范围
水溶性切削液	水溶液	以软水为主,加入防锈剂、防霉剂,有的还加入油性添加剂、表面活性剂,以增强润滑性	主要起冷却作用	常用于粗加工
	乳化液	配制成 3% ~ 5% 的低浓度乳化液	主要起冷却作用,润滑和防锈性能较差	用于粗加工、难加工的材料和细长工件的加工
		配制成高浓度乳化液		用于精加工
		加入一定的极压添加剂和防锈添加剂	提高乳化液的润滑和防锈性能	用高速钢刀具粗加工和对钢件进行精加工时用乳化液
				钻削、铰削和加工深孔等半封闭状态下,用黏度较小的乳化液
	合成切削液	由水、各种表面活性剂和化学添加剂组成	冷却、润滑、清洗和防锈性能较好,不含油,可节省能源,有利于环保	国内外推广使用的高性能切削液。国外的使用率达到 60%,在我国工厂中对合成切削液的使用也日益增多。国产 DX148 多效合成切削液有良好的使用效果

（续）

种类			成分	性能和作用	应用范围
油溶性切削液	切削油	矿物油	L-AN15、L-AN22、L-AN32全损耗系统用油	润滑作用较好	在普通精车削、螺纹精加工中使用甚广
			轻质柴油、煤油等	煤油的渗透和清洗作用较突出	在精加工铝合金、铸铁和用高速钢铰刀铰孔中使用
		动植物油	食用油	能形成较牢固的润滑膜，其润滑效果比纯矿物油好，但易变质	应尽量少用或不用
		复合油	矿物油与动植物油的混合油	润滑、渗透和清洗作用均较好	应用范围广
	极压切削油		在矿物油中添加氯、硫、磷等极压添加剂和防锈添加剂配制而成。常用的极压切削液有氯化切削油和硫化切削油	它在高温下不破坏润滑膜，具有良好的润滑效果，防锈性能也得到了提高	使用高速钢刀具对钢件进行精加工时用钻削、铰削和加工深孔等半封闭状态下，用黏度较小的极压切削油

2. 切削液的选择

应根据工件材料、刀具材料、加工方法和加工要求的具体情况合理选用切削液，还要求切削液无毒无异味、绿色环保、不影响人身健康、不变质及具有良好的化学稳定性等。

（1）根据工件材料选择　切削钢材等塑性材料时需用切削液，切削铸铁等脆性材料时可不用切削液。切削高强度钢、高温合金等难切削材料时，应选用极压切削油或极压乳化液；切削铜、铝及其合金时，不能使用含硫的切削液，因为硫对其有腐蚀作用。

（2）根据刀具材料选择　高速钢刀具的热硬性差，粗加工时应选用以冷却作用为主的切削液，但在中、低速精加工（包括铰削、拉削、螺纹加工、剃齿等）时，应选用润滑性能好的极压切削油或高浓度的极压乳化液。硬质合金刀具的热硬性好，耐热、耐磨，一般不用切削液，必要时可使用低浓度的乳化液或合成切削液，但必须连续、充分浇注，以免刀具因冷热不均匀，产生较大内应力而破裂。

（3）根据加工方法选择　对于钻孔、攻螺纹、铰孔和拉削等，由于刀具导向部分和校准部分与已加工表面摩擦较大，故通常选用乳化液、极压乳化液或极压切削油。对于成形刀具、螺纹加工刀具及齿轮加工刀具，由于需要保证较长的寿命，故通常选用润滑性能好的切削油、高浓度的极压乳化液或极压切削油。对于磨削加工，由于磨屑微小而且磨削温度很高，故选用冷却和清洗性能好的切削液，如水溶液、乳化液。

（4）根据加工要求选择　粗加工时，金属切除量大，切削温度高，故应选用冷却作用好的切削液；精加工时，为保证加工质量，宜选用润滑作用好的极压切削液。

切削液的加注可以采用浇注法和高压冷却法。浇注法是一种简便易行、应用广泛的方法，一般车床均有相应的冷却系统。高压冷却法是以较高的压力和流量将切削液喷向切削区，这种方法一般用于半封闭加工或难加工材料的车削加工。

模块2

金属切削加工方法

单元4

外圆表面加工——车削加工

4.1 车削加工范围

通常，车削的主运动是工件随主轴的旋转运动，进给运动是刀具的纵横向移动。车床使用的刀具种类丰富，包括各种车刀、钻头、扩孔钻、铰刀、丝锥、板牙等。由于大多数机器零件都具有回转表面，车床的工艺范围又较广，因此车削加工的应用极为广泛。卧式车床所能加工的典型表面如图4-1所示。

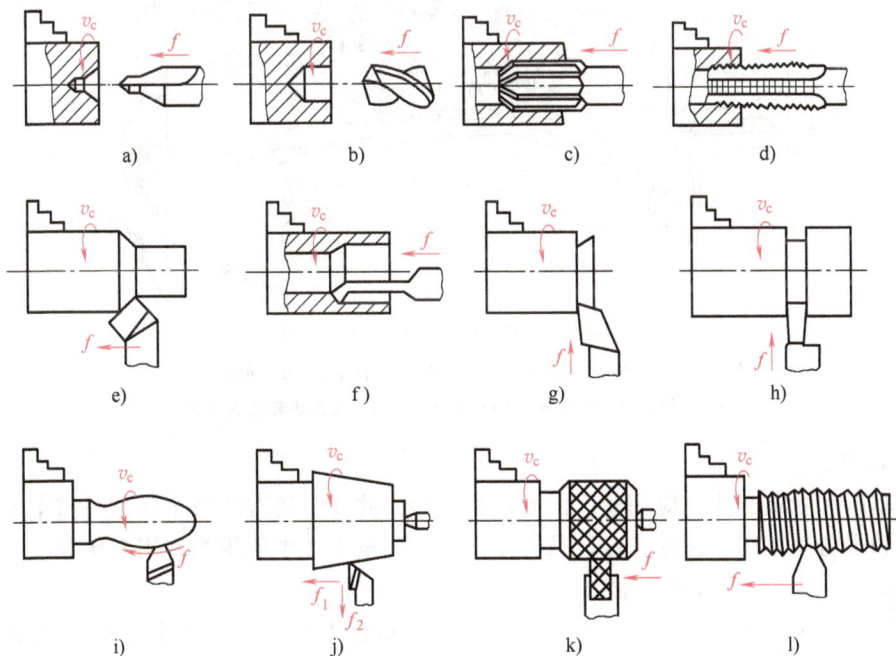

图 4-1　卧式车床的典型加工

a）钻中心孔　b）钻孔　c）铰孔　d）攻螺纹　e）车外圆　f）镗孔　g）车端面
h）车槽　i）车成形面　j）车圆锥　k）滚花　l）车螺纹

4.2 车削加工技术精度及其工艺特点

车削加工适用于加工各种内外回转面。它对工件材料、结构、精度、表面粗糙度以及生产批量有较强的适应性，因而应用较为广泛。

车削加工的精度范围一般为 IT6~IT13，表面粗糙度值为 $Ra1.6~12.5\mu m$。

车削加工所用的刀具结构简单，制造容易，刃磨与装夹也较方便。另外，还可根据加工要求，选择刀具材料和改变刀具角度。

车削属于等截面（$A_D = a_p f$ 为定值）的连续切削。因此，车削比刨削、铣削等切削抗力变化小，切削过程平稳，有利于进行高速切削和强力切削，生产率也较高。

总之，车削具有适应性强，加工精度和生产率高，以及加工成本低的特点。

4.3 车床

1. CA6140 型卧式车床

CA6140 车床结构

CA6140 型卧式车床主要用来加工轴类零件和直径不大的盘类零件。CA6140 型卧式车床的外形如图 4-2 所示。

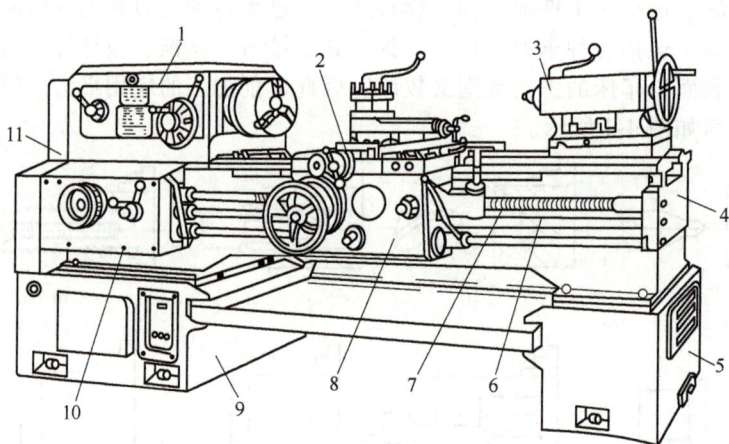

图 4-2 CA6140 型卧式车床外形图

1—主轴箱　2—刀架　3—尾座　4—床身　5—右床腿　6—光杠　7—丝杠
8—溜板箱　9—左床腿　10—进给箱　11—交换齿轮变速机构

2. 其他车床

卧式车床和立式车床是应用最广泛的两类车床。此外，还有转塔车床、马鞍车床、单轴自动车床和半自动车床、仿形车床、数控车床及大批量生产中使用的专用车床等。

3. 车床的选择原则

立式车床

1）单件或小批量生产各种轴、套和盘类零件时，选用通用性较强的卧式车床。

2）加工直径大而长度较短的重型零件时，可选用立式车床。

3）大批量生产外形复杂且具有内孔及螺纹孔的中小型轴、套类零件时，可选用转塔车床。

4）大批量生产形状不太复杂的小型零件时，如螺钉、螺母、管接头等，可选用半自动或自动车床。

5）加工形状复杂且精度较高的轴类零件时，可选用数控车床。

4.4　车刀

1. 车刀的结构类型

车刀在切削过程中对保证零件质量、提高生产率至关重要。掌握车刀的几何角度，合理地刃磨、选择和使用车刀是非常重要的。车刀多用于在各种类型的车床上加工外圆、端面、内孔、切槽及切断、车螺纹等，其种类繁多，具体可按如下分类。

（1）按用途不同分类　车刀可分为外圆车刀、端面车刀、内孔车刀、切断车刀、螺纹车刀等。

（2）按切削部分的材料不同分类　车刀可分为高速钢车刀、硬质合金车刀、陶瓷车刀等。

（3）按结构形式不同分类　车刀可分为整体式车刀、焊接式车刀、机夹重磨车刀和机夹可转位车刀等，如图 4-3 所示。

（4）按切削刃的复杂程度不同分类　车刀可分为普通车刀和成形成车。

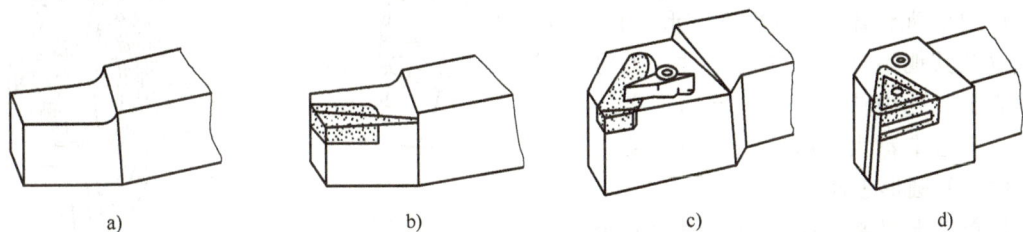

图 4-3　车刀的结构类型

a）整体式车刀　b）焊接式车刀　c）机夹重磨车刀　d）机夹可转位车刀

2. 普通车刀的类型

如图 4-4 所示，按用途不同，车刀可分为 90°偏刀、45°弯头车刀、75°外圆车刀、螺纹车刀、内槽车刀、成形车刀、车槽及切断刀等。按车刀的进给方向的不同，车刀又可分为右车刀和左车刀，右车刀的主切削刃在刀柄左侧，由车床的右侧向左侧纵向进给；左车刀的主切削刃在刀柄右侧，由车床的左侧向右侧纵向进给。

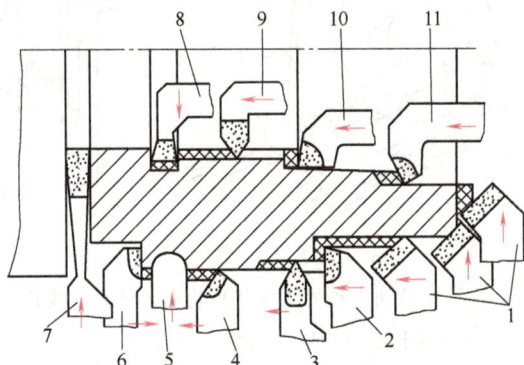

切断刀

图 4-4　普通车刀的类型

1—45°弯头车刀　2—90°右外圆车刀　3—外螺纹车刀　4—75°外圆车刀　5—成形车刀　6—90°左外圆车刀
7—车槽、切断刀　8—内槽车刀　9—内螺纹车刀　10—不通孔车刀　11—通孔车刀

4.5 车削加工方法

1. 工件装夹

装夹工件是将工件在机床上或夹具中定位和夹紧。在车床上装夹工件所用的附件有自定心卡盘、单动卡盘、顶尖、心轴、中心架、跟刀架、花盘和角铁等。

（1）用自定心卡盘装夹工件 自定心卡盘的特点是能自动定心，装夹和找正工件简捷，但夹紧力小，不能装夹大型零件和不规则零件。

用自定心卡盘装夹工件的方法有正爪和反爪装夹工件两种，图4-5所示为正爪装夹工件。反爪装夹时，将三爪卸下，调头安装，就可用反爪装夹较大直径的工件。

夹头配的爪叫硬爪，它经过了淬火，有硬度。用未淬火的钢材或铜、铝做的爪叫软爪，一般焊接在硬爪上，软爪定位好，不易夹伤工件，但用前要加工一下，车或磨都可以。

（2）用单动卡盘装夹工件 单动卡盘的四个卡爪都可独立移动，如图4-6a所示。因此，可用单动卡盘装夹截面为方形、长方形、椭圆以及其他不规则形状的工件，也可在车削偏心轴和孔中使用。由于单动卡盘的夹紧力比自定心卡盘大，所以也常用于装夹直径较大的正常圆形工件。

用单动卡盘装夹工件时，因为四个卡爪不同步，不能自动定心，所以需要仔细地找正，以使加工面的轴线对准主轴旋转轴线。单动卡盘装夹工件时常用的找正方法有：一是使用划线盘按工件内、外圆表面或预先划出的加工线找正，如图4-6b所示；二是使用百分表找正，如图4-6c所示。

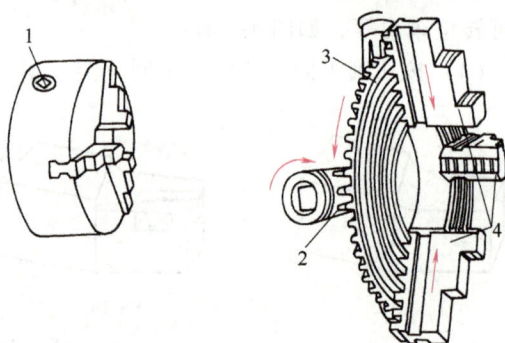

图 4-5　自定心卡盘

1—方孔　2—小锥齿轮　3—大锥齿轮（背面是平面螺纹，与卡爪啮合）　4—卡爪

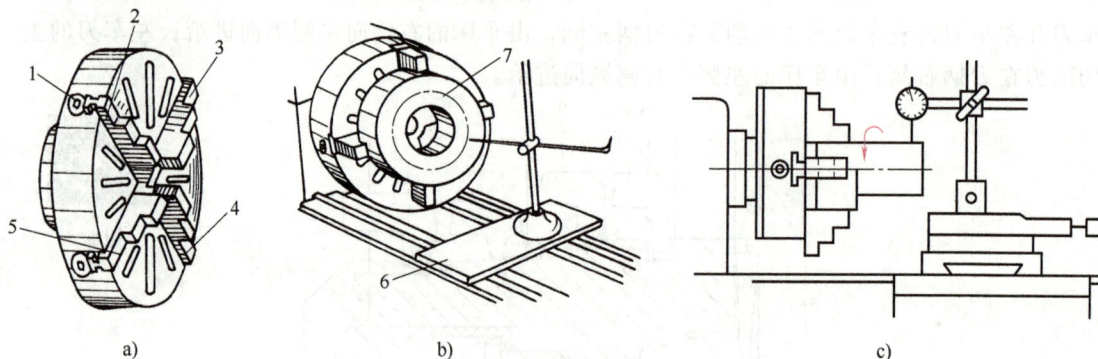

a)　　　　　　　b)　　　　　　　c)

图 4-6　单动卡盘的结构及其装夹工件时的找正

a）单动卡盘　b）划线盘找正　c）百分表找正

1—方孔　2、3、4、5—卡爪　6—划线盘　7—工件

单动卡盘可全部用正爪（见图4-7a）或反爪装夹工件；也可用一个或两个反爪，其余仍用正爪装夹工件，如图4-7b所示。

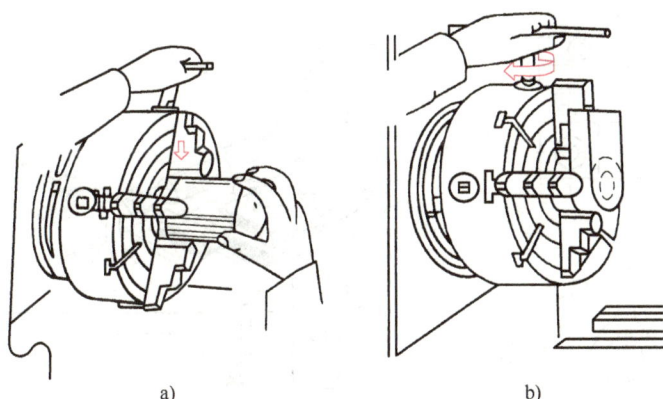

图 4-7　用单动卡盘装夹工件

a）正爪装夹工件　b）正、反爪混用装夹工件

（3）**用两顶尖装夹工件**　对于较长或必须经过多次装夹的轴类工件，常用前、后两顶尖装夹。前顶尖装在主轴上，通过卡箍和拨盘带动工件与主轴一起旋转，后顶尖装在尾座上随之旋转，如图 4-8a 所示。另外，还可以用圆钢料车削一个前顶尖，并将其安装在卡盘上以代替拨盘，通过鸡心夹头带动工件旋转，如图 4-8b 所示。

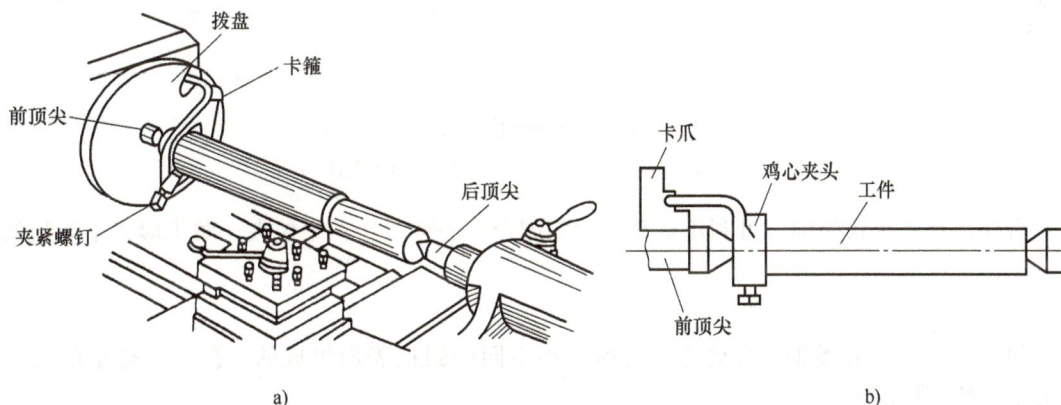

图 4-8　用两顶尖装夹轴类工件

a）借助卡箍和拨盘　b）借助鸡心夹头和卡盘

因为两顶尖对工件只起定心和支承作用，所以必须通过对分夹头（见图 4-9a）或鸡心夹头（见图 4-9b）上的拨杆装入拨盘的槽内，由拨盘提供动力来带动工件旋转。用鸡心夹头或对分夹头夹紧工件一端，拨杆伸出端外（见图 4-9c）。

（4）**一夹一顶装夹工件**　一般轴类工件，特别是较重的工件，不宜采用刚性较差的两顶尖装夹，而可采用一端用自定心卡盘或单动卡盘夹住，另一端用后顶尖顶住的方法装夹。可在卡盘内安装一个限位支承，如图 4-10a 所示；或利用工件的台阶限位，如图 4-10b 所示。这种一夹一顶装夹工件的方法安全可靠，能承受较大的轴向切削力，因此得到了广泛应用。

（5）**心轴装夹**　对于盘套类工件，可将内孔作为定位基准面，采用心轴装夹，心轴再利用前、后顶尖装夹。

心轴的种类很多，常用的有锥度心轴、圆柱心轴和可胀心轴等，如图 4-11 所示。

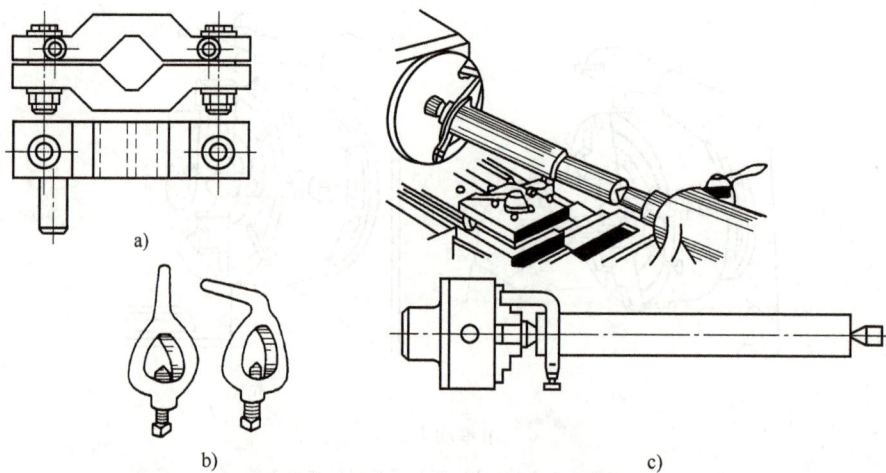

图 4-9　用对分夹头或鸡心夹头带动工件

a) 对分夹头　b) 鸡心夹头　c) 用鸡心夹头带动工件

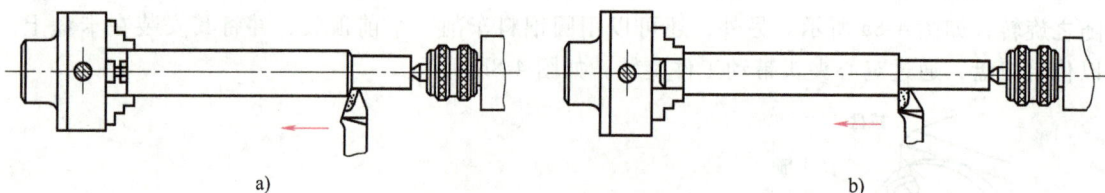

图 4-10　一夹一顶装夹工件

a) 卡盘内装限位支承　b) 利用工件的台阶限位

　　另外，对于较长的轴，可利用卡盘、顶尖配合中心架、跟刀架装夹；对于形状不规则的复杂工件，可使用花盘装夹。

2. 车削基本工艺

　　（1）车外圆　各类轴、套筒等都是由大小不同的圆柱表面组成的，车外圆是车削加工中最基本的工作内容。

　　1）选用车刀。外圆车削加工一般分为粗车和精车。常用的外圆车刀如：45°弯头车刀用于车外圆、端面和倒角；75°外圆车刀用于粗车外圆；90°外圆车刀用于车台阶、外圆与细长轴。

　　2）根据加工要求和切削条件，选择合适的车削用量。

　　① 选择背吃刀量 a_p。半精车和精车的 a_p 一般分别为 $1\sim3$mm 和 $0.1\sim0.5$mm。通常半精加工和精加工为一次车削完成，因此粗加工时应尽可能选择较大的背吃刀量。当余量很大时，可考虑几次车削。特别是第一次车削时，为使刀尖部分避开工件表面的冷硬层，背吃刀量应尽可能选择较大数值。

　　② 选择进给量 f。粗车时，在工艺系统刚度许可的条件下，进给量取大值，一般取 $f=0.3\sim0.8$mm/r；精车时，为保证表面粗糙度要求，进给量取小值，一般取 $f=0.08\sim0.3$mm/r。

　　③ 选择切削速度 v_c。在确定背吃刀量、进给量之后，切削速度 v_c 可通过查阅手册或根

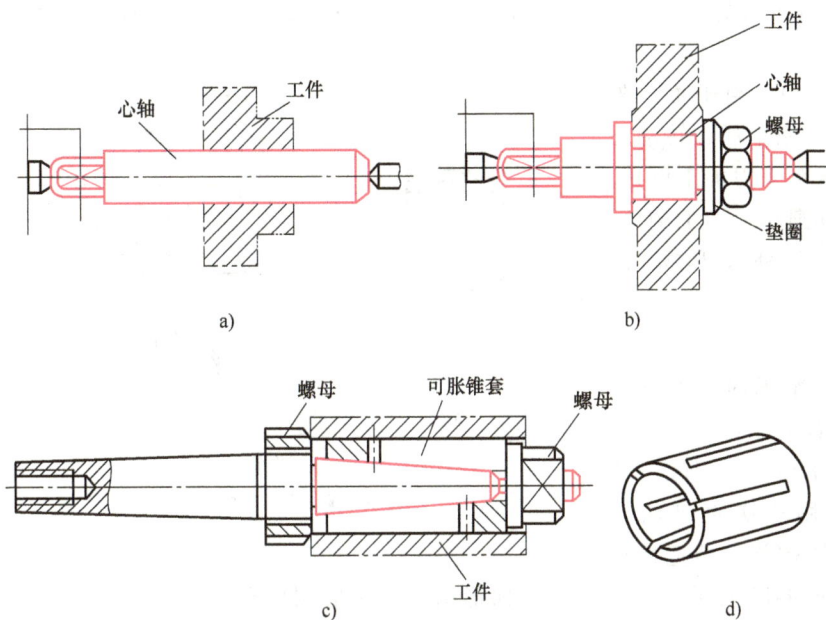

图 4-11　心轴的种类

a）锥度心轴　b）圆柱心轴　c）可胀心轴　d）可胀轴套

据经验来确定。例如用高速钢车刀切削钢料时，一般切削速度 $v_c = 0.3 \sim 1 \mathrm{m/s}$；用硬质合金刀具切削时，切削速度 $v_c = 1 \sim 3 \mathrm{m/s}$。通过观察切屑颜色变化，可判断切削速度是否合适。例如用高速钢车刀切削钢材工件时，如果切屑呈白色或黄色，说明切削速度合适；采用硬质合金车刀，如果切屑呈蓝色，说明切削速度合适，如果切屑呈现火花，说明切削速度太高。

（2）车端面与台阶

1）车端面。车端面的常用方法如图 4-12 所示。

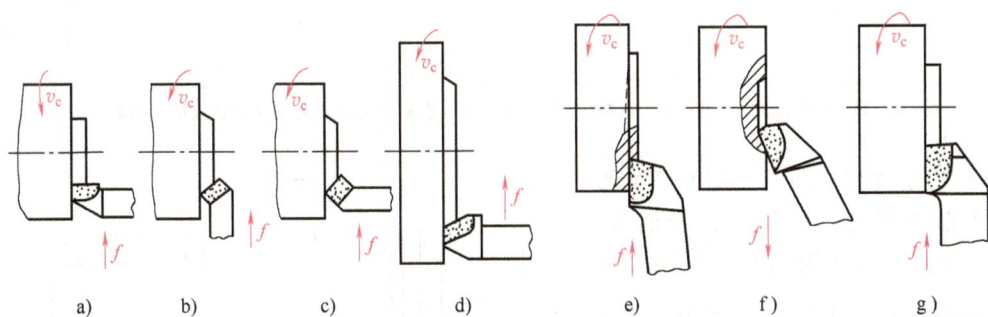

图 4-12　车端面的常用方法

a）用 90°左偏刀车端面　b）、c）用 45°弯头车刀车端面　d）用 60°~75°车刀车端面

e）、f）、g）用 90°右偏刀车端面

车端面

2）车台阶。

① 选用车刀。车低台阶时，用 90°外圆车刀直接车成，如图 4-13a 所示；车高台阶时，通常先用 75°强力车刀粗车外圆，并留 0.5~1mm 的余量，然后用 90°外圆车刀精车外圆、台阶，如图 4-13b 所示。外圆车刀的主偏角 κ_r 应略大于 90°，通常为 91°~93°。

② 确定台阶长度。车削时，控制台阶长度的方法有：刻线法、刻度盘控制法和用挡铁定位控制法。

3）车倒角。当平面、外圆、台阶车削完毕后，转动刀架，用45°弯头车刀加工倒角。若使用90°外圆车刀加工倒角，应使切削刃与外圆形成45°夹角。

（3）**车槽与切断**

1）车削窄槽时，可选用刀宽等于槽宽的车槽刀，采用直进法一次车出。车削较宽的沟槽时，可用多次直进法车削，然后根据槽深、槽宽精车至尺寸，如图4-14所示。车削较小的梯形槽时，一般用成形车刀；车削较大的梯形槽时，通常先车直槽，然后用梯形车刀以直进法或左右切削法车削。

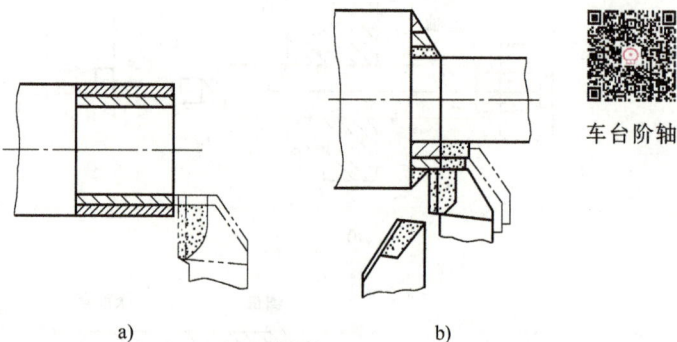

图 4-13 车台阶

a）车低台阶　b）车高台阶

车台阶轴

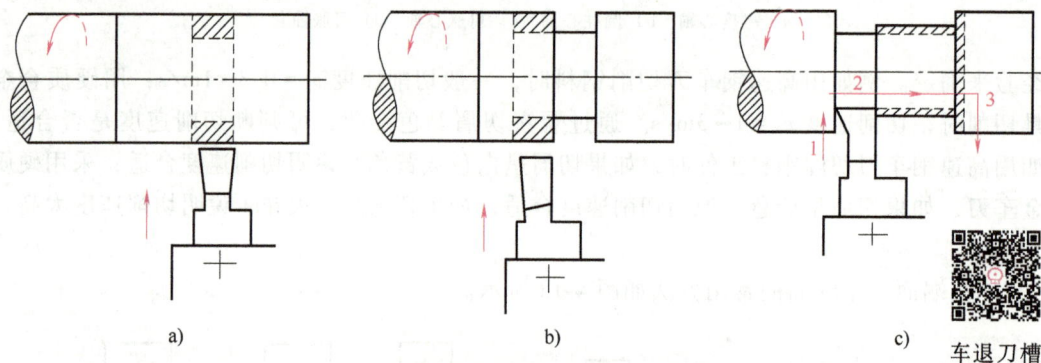

图 4-14 车宽槽

a）第一次横向进给　b）第二次横向进给　c）末一次横向进给后再以纵向送进精车槽底

车退刀槽

2）切断要用切断刀。切断刀的形状与车槽刀相似，但其刀头窄而长，很容易折断。高速钢切断刀的主切削刃宽度 $a \approx (0.5 \sim 0.6)\sqrt{d}$，式中 d 为被加工工件的外径；切削部分长度 $L = h + (2 \sim 3)$，式中 h 为切入深度（mm），如图4-15所示。

例 4-1 切断外径为 $\phi 36\text{mm}$、孔径为 $\phi 16\text{mm}$ 的空心工件，试计算切断刀的主切削刃宽度和切削部分长度。

解： 主切削刃宽度 $a \approx (0.5 \sim 0.6)$

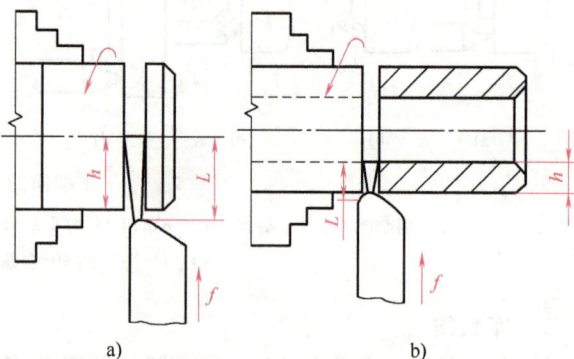

图 4-15 切断刀切削部分长度

a）切断实心工件时　b）切断空心工件时

$$\sqrt{d} = (0.5 \sim 0.6)\sqrt{36}\,\mathrm{mm} = 3 \sim 3.6\,\mathrm{mm}$$

切削部分长度 $L = h + (2 \sim 3) = (36/2 - 16/2)\,\mathrm{mm} + (2 \sim 3)\,\mathrm{mm} = 12 \sim 13\,\mathrm{mm}$

切断工件的方法有直进法、左右借刀法和反切法等。

（4）**车锥面**　将工件车削成圆锥表面的加工称为车锥面。常用车削锥面的方法有宽刀法、转动小刀架法、尾座偏移法、靠模法等。

1）宽刀法。车削较短的圆锥时，可以用宽刀法直接将其车出，如图 4-16 所示。当工件的锥面长度大于切削刃长度时，可以用多次接刀法加工，但接刀处必须平整。

2）转动小刀架法。当加工锥面不长的工件时，可用转动小刀架法车削圆锥面。车削时，将小滑板下面的转盘上的螺母松开，把转盘转至所需要的圆锥半角 $\alpha/2$ 的刻线上，并与基准零线对齐，然后固定转盘上的螺母，如图 4-17 所示。

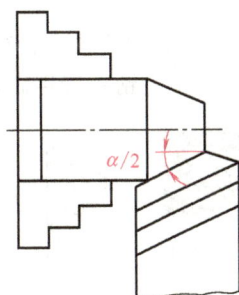

图 4-16　用宽刀法车削圆锥

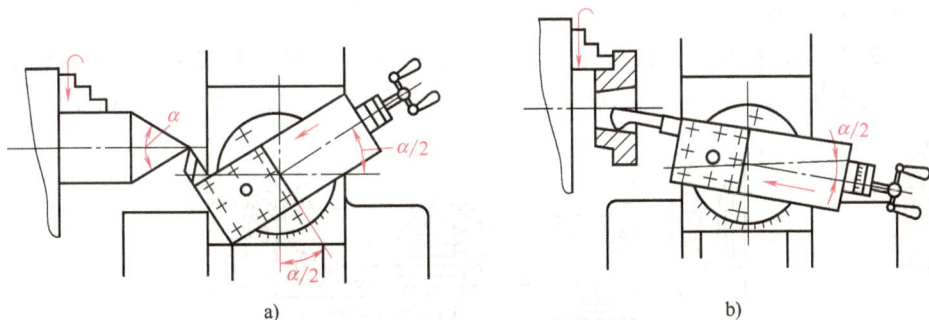

图 4-17　用转动小刀架法车削圆锥

a）车外圆锥　b）车内圆锥

3）尾座偏移法。如图 4-18 所示，当车削锥度小、锥形部分较长的圆锥面时，可以用尾座偏移法。此方法可以自动走刀，缺点是不能车削整圆锥、内锥体以及锥度较大的工件。车削时，将尾座上的滑板横向偏移一个距离 S，使偏移后两顶尖的连线与原两顶尖中心线相交一个 $\alpha/2$ 的角度，尾座的偏向取决于工件大、小头在两顶尖间的加工位置。

尾座的偏移量与工件的总长有关，可用下列公式计算

$$S = \frac{D-d}{2l}L \qquad (4-1)$$

式中，S 是尾座偏移量；l 是零件锥体部分长度；L 是工件总长度；D 是锥体大头直径；d 是锥体小头直径。

尾座的偏移方向由工件的锥体方向决定。当工件的小端靠近床尾处时，尾座应向内移动；反之，尾座应向外移动。

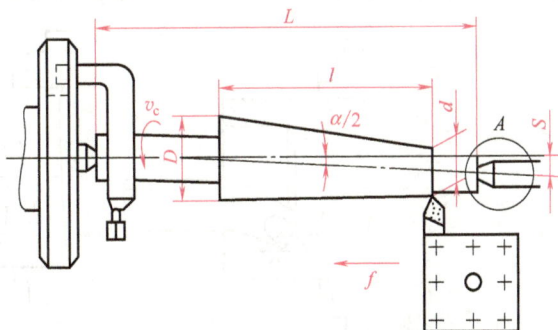

图 4-18　用尾座偏移法车削圆锥

4）靠模法。对于较长的外圆锥和圆锥孔，当其精度要求较高而生产批量又较大时，常

采用靠模法。靠模板装置是车床加工圆锥面的附件。

（5）**孔加工**　在车床上可以用中心钻、钻头、镗刀、扩孔钻头、铰刀进行钻孔、车孔、扩孔和铰孔加工。

1）钻中心孔。直径在 6mm 以下的 A 型、B 型中心孔通常用中心钻直接钻出，如图 4-19 所示。中心钻一般用高速钢制成。

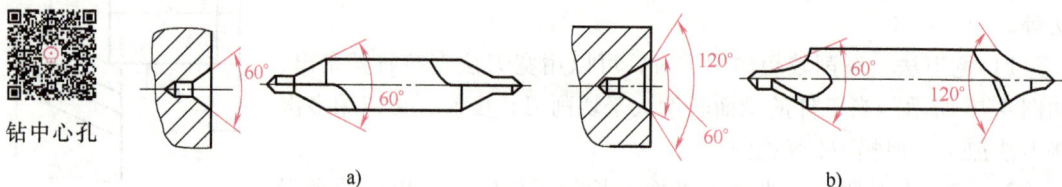

钻中心孔

图 4-19　中心钻

a）A 型　b）B 型

2）钻孔。在车床上对实心坯料上的孔进行加工时，首先要用钻头钻孔。另外，在车床上还可以进行扩孔和铰孔。

如图 4-20 所示，在车床上钻孔时，工件装夹在卡盘上，麻花钻安装在尾座套筒锥孔内。转动尾座上的手柄，使钻头沿工件轴线进给，工件旋转，这一点与在钻床上钻孔是不同的。

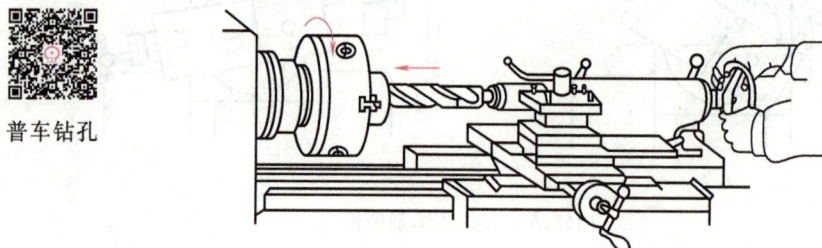

普车钻孔

图 4-20　在车床上钻孔

3）车孔。车孔，又称镗孔，是在车床上对锻出、铸出或钻出的孔的进一步加工。车孔可以部分地纠正原来孔轴线的偏斜。

车孔分为车通孔和车不通孔，如图 4-21 所示。车不通孔时，当车刀纵向进给至孔底时，需横向进给车平孔底平面，以保证孔底平面与孔轴线垂直。

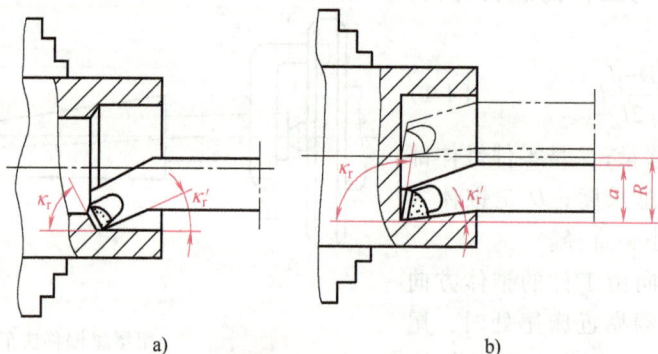

图 4-21　车孔

a）车通孔　b）车不通孔

（6）**车螺纹** 螺纹按牙型分为普通螺纹、梯形螺纹、矩形螺纹等，其中普通螺纹应用最广。螺纹的加工方法很多种，在专业生产中，广泛采用滚压螺纹及搓螺纹等一系列先进工艺；但在一般机械厂，尤其是在机修工作中，通常采用车削方法加工，以普通螺纹的车削加工最为常见。

车螺纹，先要了解螺纹规格参数，例如 M30×2-6g-LH 表示公称直径为 ϕ30mm、螺距为 2mm、牙型角为 60°、螺纹公差带代号为 6g 的左旋外螺纹。

车螺纹时，为了获得准确的螺距，必须用丝杠带动刀架进给，使工件每转一周，刀具移动的距离（进给量）等于螺纹的导程。

车螺纹时，须经过多次走刀才能完成。在多次切削过程中，必须保证车刀总是落在已切出的螺纹槽内，否则会乱牙。如果乱牙，工件即成为废品。

车螺纹的方法和步骤如图 4-22 所示。

车螺纹

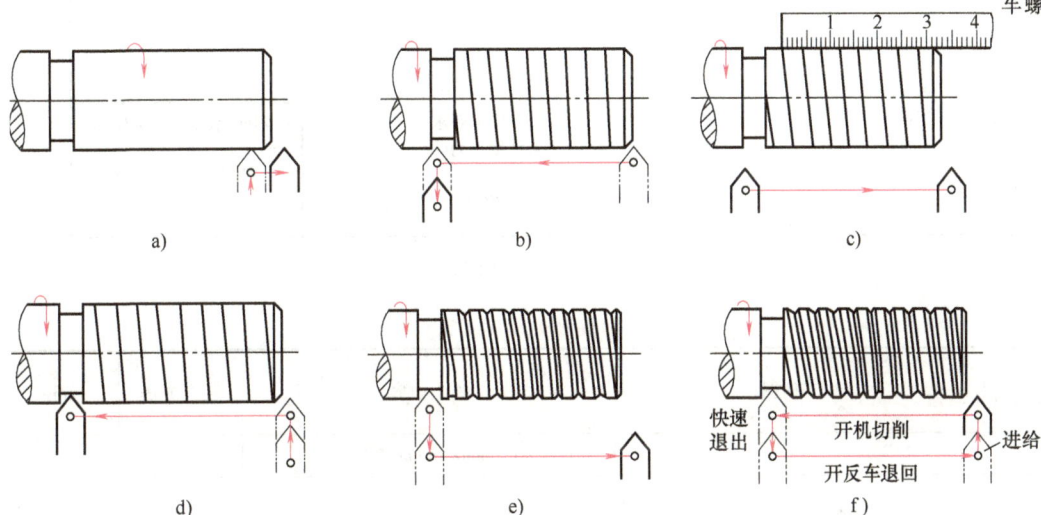

a)

b)

c)

d)

e)

f)

快速退出 开机切削 进给
开反车退回

图 4-22 车螺纹的方法与步骤

a）开车，使车刀与工件轻微接触，记下刻度盘读数 b）合上对开螺母，在工件表面上车出一条螺旋线，横向退出车刀，停车 c）开反车，使车刀退到工件右端，停车，用钢直尺检查螺距是否正确 d）利用刻度盘调整背吃刀量，开车切削 e）车刀将至行程终了时，应做好退刀停车准备，先快速退出车刀，然后停车，再开反车退回刀架 f）再次横向进给，继续切削

除了以上工艺外，车削工艺还包括车成形面、表面修饰加工（滚花）等。

3. 车削加工实例

盘套类零件主要由孔、外圆与端面所组成。一般外圆、内孔和端面之间有很高的位置精度要求。在工艺上，盘套类零件的车削加工一般分为粗车、精车两大步。精车时，尽量把有位置精度要求的外圆、内孔和端面在一次安装中全部加工完成（俗称"一刀活"），高质量完成"一刀活"需要经过长期细致的训练。若不能一次加工完成，通常先加工孔，然后以内孔作为定位基准面，将工件定位在心轴上，再加工外圆和端面。图 4-23 所示为齿轮坯零件图，其车削加工过程见表 4-1。

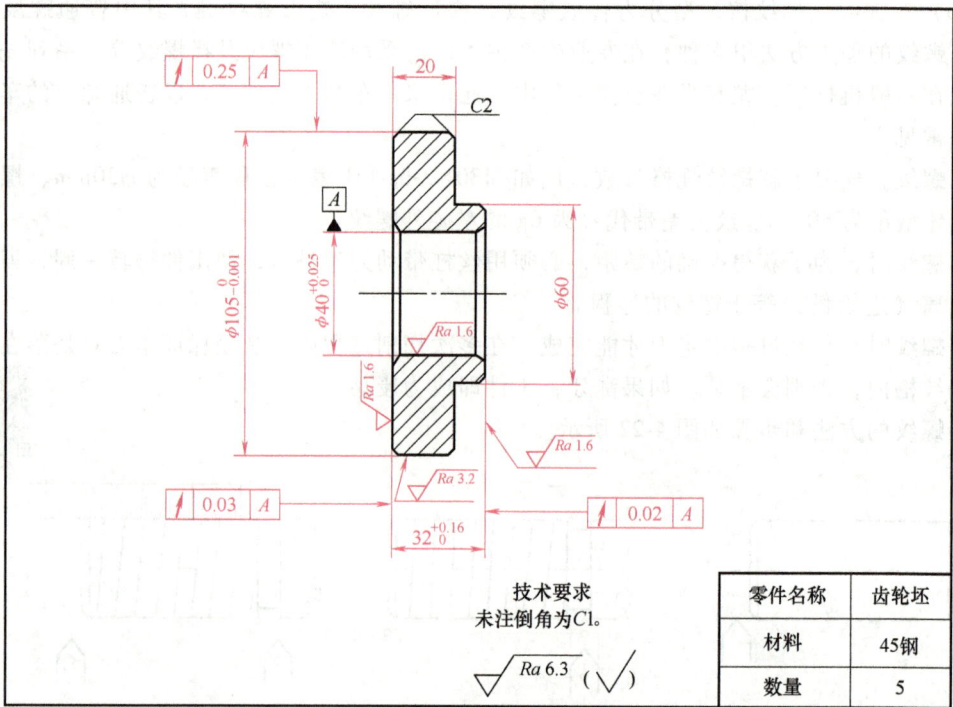

图 4-23 齿轮坯

表 4-1 齿轮坯的车削工艺过程

加工顺序	加工简图	加工内容	装夹方法	备注
1	—	下料 $\phi 110mm \times 36mm$（5 件）	—	—
2		装夹 $\phi 110mm$ 外圆，长 20mm 车端面见平 车外圆 $\phi 63mm \times 10mm$	自定心卡盘	—
3		装夹 $\phi 63mm$ 外圆 粗车端面见平，粗车外圆至 $\phi 107mm$ 钻孔 $\phi 36mm$ 粗、精镗孔 $\phi 40^{+0.025}_{0}mm$ 精车端面、保证总长为 33mm 精车外圆 $\phi 105^{0}_{-0.001}mm$ 倒角 $C1$、$C2$	自定心卡盘	—

（续）

加工顺序	加工简图	加工内容	装夹方法	备注
4		装夹 ϕ105mm 外圆、垫铁皮、找正 精车台肩面，保证长度 20mm 车小端面，总长 $32^{+0.2}_{0}$ mm 精车外圆 ϕ60mm 倒角 $C1$、$C2$	自定心卡盘	—
5		精车小端面 保证总长 $32^{+0.16}_{0}$ mm	顶尖 卡箍 锥度心轴	有条件可平磨小端面
6	—	检验	—	—

单元5

平 面 加 工

5.1 铣削加工

5.1.1 铣削加工范围

铣削加工就是以铣刀的旋转运动作为主运动，与工件或铣刀的进给运动相配合，切去工件上多于材料的一种切削加工。铣床就是用铣刀进行切削加工的机床。

铣削加工在金属切削加工中占有较大的比重，主要适用于加工平面和沟槽，也可以利用分度装置加工需周向等分的花键、齿轮、螺旋槽等。另外，在铣床上还可以进行钻孔、铰孔和铣孔等。铣削加工的典型表面如图5-1所示。

周铣平面

面铣平面

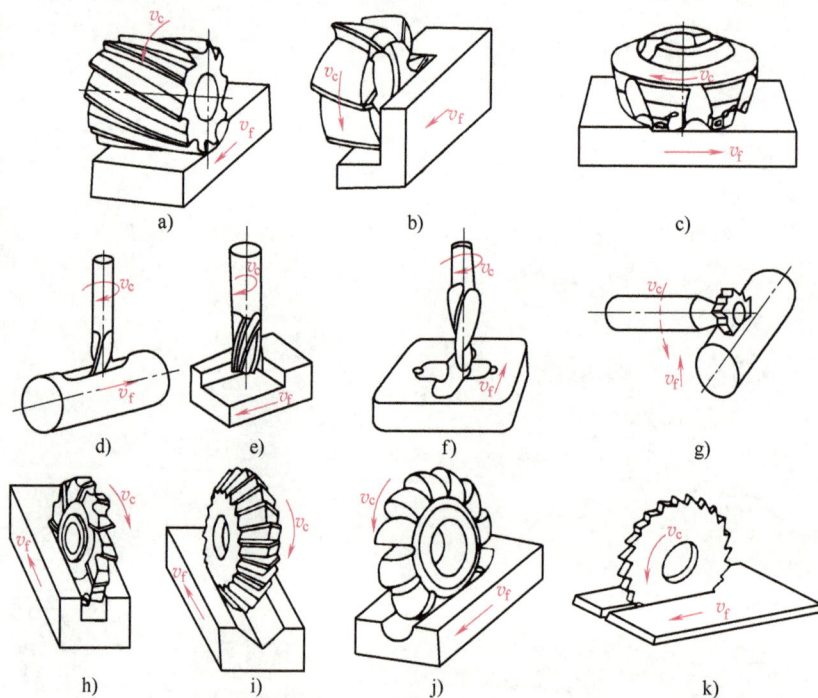

图 5-1　铣削加工的典型表面

a）周铣水平面　　b）周铣台阶　　c）端铣平面　　d）铣键槽　　e）立铣台阶　　f）用模具铣刀铣模具表面
g）铣半圆槽　　h）铣直槽　　i）铣V形槽　　j）铣成形面　　k）切断

5.1.2 铣削加工的工艺特点

1）铣刀是一种多刃刀具。加工时，同时切削的刀齿较多，既可以采用阶梯铣削，又可以采用高速铣削，故铣削加工的生产率较高。

2）铣削时，每个刀齿都是断续切削。断续切削使切屑比较碎小，另外刀齿之间又有足够的容屑空间，故铣削加工排屑容易。但断续切削会导致铣削力波动大，尤其是端铣，故振动是不可避免的，会使加工表面的表面粗糙度值增大。

3）铣削加工的尺寸公差等级一般为 IT8~IT11，表面粗糙度值为 $Ra0.4~12.5\mu m$。

4）铣削时，每个刀齿都是短时间的周期性断续切削，虽然有利于刀齿散热和冷却，但周期性的热变形会引起切削刃的热疲劳裂纹，造成切削刃剥落和崩碎。另外，各种刀轴使安装铣刀较复杂。

5.1.3 铣削用量及切削层参数

1. 铣削基本运动

铣削时，工件与铣刀的相对运动，称为铣削运动。它包括主运动和进给运动。主运动是铣刀的旋转运动；进给运动是工件的移动或回转运动。

2. 铣削用量

如图 5-2 所示，铣削用量是指铣削过程中选用的铣削速度 v_c、进给量 f、背吃刀量 a_p 和侧吃刀量 a_e。铣削用量的选择与提高铣削的加工精度、改善加工表面质量和提高生产率有着密切的关系。

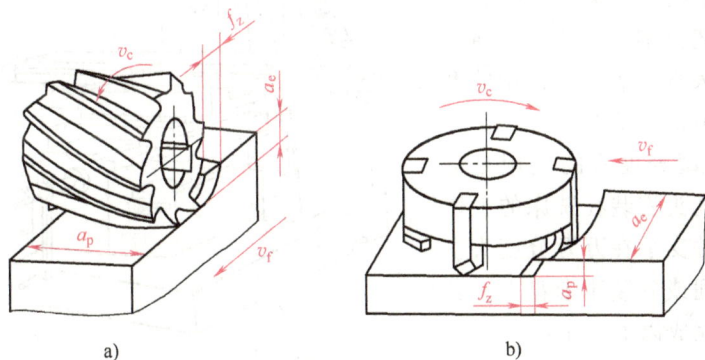

图 5-2 铣削用量

a）圆周铣削 b）端铣

（1）背吃刀量 a_p 它是指平行于铣刀轴线测量的切削层尺寸。端铣时，a_p 为切削层深度；圆周铣削时，a_p 为被加工表面的宽度。

（2）侧吃刀量 a_e 它是指垂直于铣刀轴线并垂直于进给方向测量的切削层尺寸。端铣时，a_e 为被加工表面的宽度；圆周铣削时，a_e 为切削层深度。

（3）进给量 铣刀在进给运动方向上相对工件的单位位移量为铣削时的进给量。根据实际情况，它有三种表示方法：

1）每转进给量 f 是指铣刀每转一转相对工件在进给方向上的位移量，单位为 mm/r。

2）每齿进给量 f_z 是指铣刀每转过一齿相对工件在进给方向上的位移量，单位为 mm/z。

3）进给速度 v_f 是指铣刀每转一分钟在进给方向上相对工件的位移量，单位为 mm/min。

通常铣床铭牌上会列出进给速度，因此应根据加工性质先确定每齿进给量 f_z，然后根据铣刀的齿数 z 和铣刀的转速 n 计算出 v_f，再按 v_f 调整机床，三者之间的关系为

$$v_f = fn = f_z zn \tag{5-1}$$

式中，n 是铣刀（或铣床主轴）转速（r/min）；z 是铣刀齿数。

（4）铣削速度 v_c 它是指铣刀外缘处在主运动中的线速度，可用下式计算

$$v_c = \frac{\pi dn}{1000} \tag{5-2}$$

式中，v_c 是铣削速度（m/min）；d 是铣刀直径（mm）；n 是铣刀转速（r/min）。

5.1.4 铣床

1. X6132 型万能升降台铣床的外部结构

万能升降台铣床是铣床类机床中应用最普遍的一种类型。如果选择合理的附件和工具，它几乎可以对任何形状的机械零件进行铣削。如图 5-3 所示为 X6132 型万能升降台铣床的外形图。常用的铣床还有立式升降台铣床。

2. 常用的铣床附件

常用的铣床附件有万能分度头、机用平口钳，可倾虎钳、回转工作台等。

（1）万能分度头 万能分度头是铣床常用的一种精密附件（见图 5-4），用来扩大机床的工艺范围。它的规格通常用夹持工件的最大直径表示，常用的型号有 160mm、200mm、250mm、320mm 等，其中 FW250 型分度头的应用是最普遍的。万能分度头安装在铣床的工作台上，被加工工件支承在万万分度头主轴顶尖与尾座之间或安装于卡盘上。利用万能分度头可完成以下工作：

1）使工件周期性地绕分度头主轴轴线回转一定角度，以完成等分或不等分的分度工作，以加工花键、方头、齿轮、六角头及多齿刀具等。

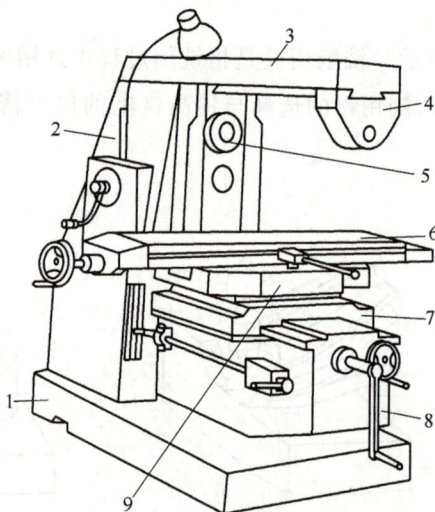

立式升降台铣床

图 5-3 X6132 型万能升降台铣床
1—底座 2—床身 3—悬梁 4—刀杆支架
5—主轴 6—工作台 7—床鞍
8—升降台 9—回转盘

2）使工件的旋转与工作台丝杠的纵向进给保持一定的运动关系，以加工螺旋槽、螺旋齿轮及阿基米德螺旋线凸轮等。

3）用卡盘夹持工件，使工件轴线相对于铣床工作台倾斜一所需角度，以加工与工件轴线相交成一定角度的平面、沟槽及直齿锥齿轮等。

（2）机用平口钳及可倾虎钳 常用的机用平口钳底座与底面的相互位置精度以及其本身的精度较高，而可倾虎钳除了可以绕底座中心回转 360° 以外，还能倾斜一定的角度。如

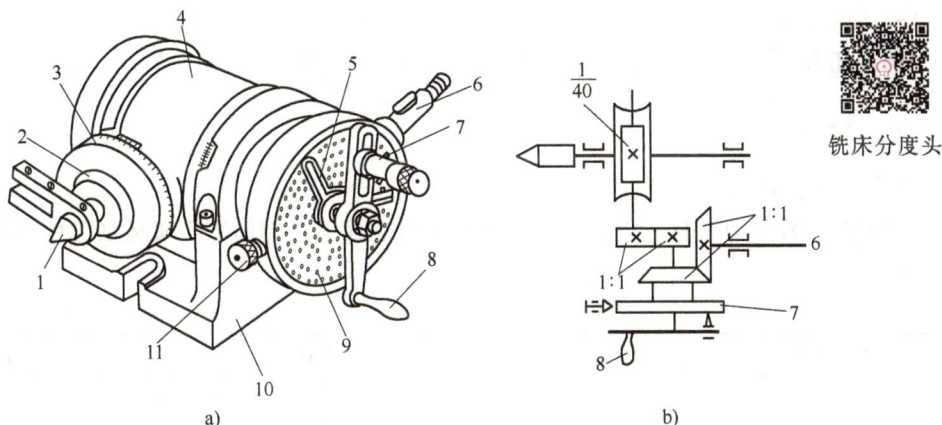

铣床分度头

图 5-4　万能分度头

1—顶尖　2—分度头主轴　3—刻度盘　4—回转体　5—分度叉　6—分度头侧轴　7—分度定位销　8—分度手柄
9—分度盘　10—基座　11—分度盘紧固螺钉

图 5-5 所示，使用机用平口钳装夹工件方便，可节省时间，提高效率，适合装夹板类零件、轴类零件、方体零件。

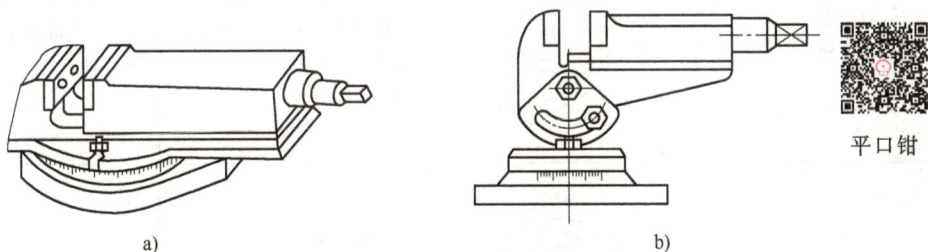

平口钳

图 5-5　常用的机用平口钳

a）普通机用平口钳　b）可倾虎钳

机用平口钳的规格是以钳口宽度来确定的，常用的规格有 100mm、125mm、160mm、200mm、250mm 等。

（3）**回转工作台**　回转工作台可辅助铣床完成中小型零件的曲面加工和分度加工。回转工作台有手动和机动两种，如图 5-6 所示。

回转工作台的规格是以工作台直径来确定的，常用的规格有 250mm、320mm、400mm、500mm 等。

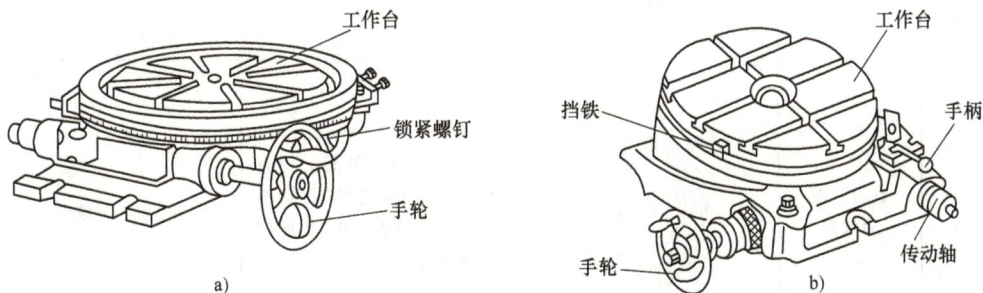

图 5-6　回转工作台

a）手动　b）机动

3. 其他铣床

铣床还有龙门铣床、万能工具铣床、万能摇臂铣床等。

5.1.5 铣刀

1. 铣刀的结构、种类和规格

铣刀是一种多刃刀具，刀齿均匀分布在旋转表面上或端面上，机械加工中常用的铣刀见表 5-1。

表 5-1　机械加工中常用的铣刀

铣刀种类		结构简图	特征说明	用途
圆柱铣刀(有粗齿圆柱铣刀、细齿圆柱铣刀)			主要用高速钢制造，也可镶焊螺旋形硬质合金刀片；仅在圆柱表面上有切削刃，没有副切削刃	粗、半精加工平面
面铣刀(有镶齿套式面铣刀、硬质合金面铣刀和可转位面铣刀)			主要采用硬质合金刀齿，主切削刃分布在圆锥表面或圆柱表面上，端面切削刃为副切削刃	粗、半精加工和精加工各种平面
盘形铣刀	盘形槽铣刀		主切削刃在圆柱表面上；两侧端面也参加部分切削，为副切削刃，为减少摩擦，两侧面各有 30° 的副偏角	加工浅槽
	两面刃铣刀		除圆柱表面有刀齿外，在一侧端面上也有刀齿	加工台阶面
	直齿三面刃铣刀		圆柱面和两侧面上均有切削刃，制造简单，但端部切削刃前角等于 0°，因此切削条件差	切槽、加工台阶面

（续）

铣刀种类		结构简图	特征说明	用途
盘形铣刀	错齿三面刃铣刀		圆柱面和两侧面上均有切削刃，端面切削刃前角大于0°，切削平稳，切削力小，排屑容易	切槽、加工台阶面
	镶齿三面刃铣刀		刀齿镶嵌在带齿纹的刀体槽中，克服了整体三面刃铣刀刃磨后厚度尺寸变小的不足，铣刀重磨后宽度减小时可将刀齿取出重新调整，使刃磨后恢复原来的厚度	
锯片铣刀			实际上是薄片的槽铣刀，只是齿数更多，对几何参数的合理性要求较高	加工窄槽和切断
立铣刀			圆柱面上的切削刃是主切削刃，端面上的切削刃是副切削刃；因为立铣刀的端面中间有凹槽，所以不可以做轴向进给。铣槽时槽宽有扩张，故应使铣刀直径比槽宽略小（0.1mm 以内）	加工沟槽表面，粗、半精加工平面、台阶面
键槽铣刀			有两个刀齿，圆柱面和端面都有切削刃，端面切削刃延至中心，加工时可以轴向进给钻孔达到槽深，然后沿键槽方向铣出键槽全长，重磨时只磨端刃	加工平键键槽、半圆键键槽表面
模具铣刀			由立铣刀演变而来，结构特点是球头或端面上布满了切削刃，圆周刃与球头刃圆弧连接，可以做径向和轴向进给	加工模具型腔或凸模成形表面

(续)

铣刀种类		结构简图	特征说明	用途
角度铣刀	单角度铣刀		大、小端直径相差较大时，会使小端刀齿过密，容屑空间小，故常在小端将刀齿间隔地去掉，以增大容屑空间	加工带角度的沟槽和斜面
	双角度铣刀			
成形铣刀（有铲齿型铣刀、尖齿成形铣刀、凸半圆铣刀、凹半圆铣刀、圆角铣刀、特形面铣刀、模具铣刀等）			刀齿廓形根据被加工工件廓形确定	加工凸、凹半圆面、圆角，各种成形表面

2. 铣刀的选用

（1）铣刀直径 d_0 的选择原则　在保证刀体刚度的前提下，选用较小的直径；立铣刀因刚性差，可尽可能选择较大的铣刀直径。

（2）铣刀的孔径 d　铣刀的孔径 d 要取标准值 16mm、22mm、27mm、32mm、40mm、50mm、60mm 等，选择原则是要保证足够的刀杆刚度，并根据铣刀类型、材料，工件材料和切除金属层尺寸来选择铣刀的孔径。

（3）铣刀齿数 z　铣刀按齿数的多少分为粗齿和细齿两种。粗齿铣刀适用于粗加工；细齿铣刀适用于半精加工和精加工，并适用于加工脆性材料。

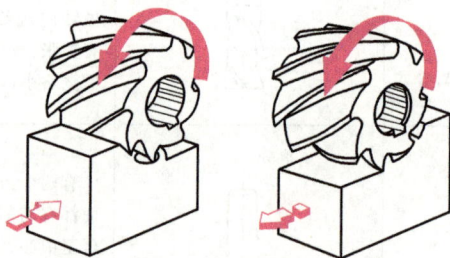

逆铣和顺铣

5.1.6　铣削方式

圆周铣削有顺铣和逆铣两种方式。顺铣如图 5-7a 所示，指在铣刀与工件已加工表面的切点处，铣刀切削速度方向与工件进给速度方向相同的铣削方式。逆铣如图 5-7b 所示，指在铣刀与工件已加工表面的切点处，铣刀切削速度方向与工件

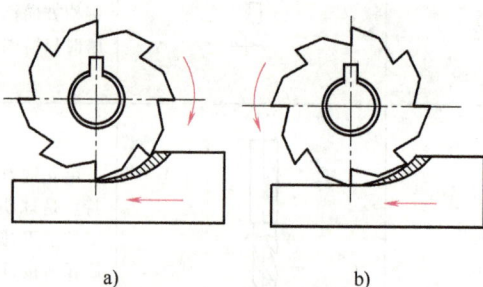

a)　　　　　　　　b)

图 5-7　圆周铣削方式

a）顺铣　b）逆铣

进给速度方向相反的铣削方式。

两种铣削方式的不同之处见表 5-2。

表 5-2　顺铣和逆铣的不同之处

比较项目	顺铣	逆铣
垂直方向分力 F_v	铣刀对工件的作用力始终向下,对工件起压紧作用,铣削平稳,对不易夹紧或细长的薄壁件的加工尤为合适	垂直铣削力向上,有将工件向上抬起的趋势,易引起振动,且夹紧工件需要较大的夹紧力
切削厚度	刀齿的切削厚度从最大逐渐减至零	每个刀齿的切削厚度由零增至最大
刀具寿命	切削刃一开始就切入工件,铣刀后刀面与工件已加工表面的挤压、摩擦小,切削刃磨损慢,故切削刀比逆铣时磨损小,铣刀使用寿命比较长	由于切削刃不是绝对锋利,均有切削刃钝圆半径存在,因此在切削开始时不能立即切入工件,而是在工件已加工表面上挤压滑行一小段距离,其刀齿磨损较快,刀具寿命缩短
消耗动力	切削厚度比逆铣大,切屑短而厚而且变形小,可节省铣床功率的消耗。消耗在工件进给运动上的动力较小	消耗在工件进给运动上的动力较大
表面质量	加工表面上没有硬化层,所以容易切削,工件加工表面质量较好	加工表面上有前一刀齿加工时造成的硬化层,因而不易切削,降低了表面加工质量
表面硬皮的影响	对表面有硬皮的毛坯件,顺铣时刀齿一开始就切到硬皮,切削刃容易损坏	无此问题
对工作台的影响	说明:铣床工作台的进给运动通过丝杠和丝杠螺母在其接合面实现运动的传递(螺母固定),丝杠在螺母中要有一定的间隙才能轻快地旋转并带动工作台纵向进给	
	F_f 的方向与进给方向相同(见图 5-8a),所以有可能把工作台向进给方向拉动一个距离,从而造成每齿进给量的突然增加,不但会引起"扎刀",而且会损坏加工表面,严重时还会导致刀齿折断、刀轴弯曲、工件与夹具产生位移,甚至损坏机床等后果	F_f 的方向与进给运动方向相反(见图 5-8b),丝杠与螺母的传动工作面始终接触,不会把工作台拉动一个距离,因此丝杠轴向间隙的大小对逆铣无明显的影响

综上所述,尽管顺铣比逆铣有较多的优点,但由于逆铣时不会拉动工作台,所以一般情况下都采用逆铣进行加工。但当工件不易夹紧或工件薄而长时,则宜采用顺铣。

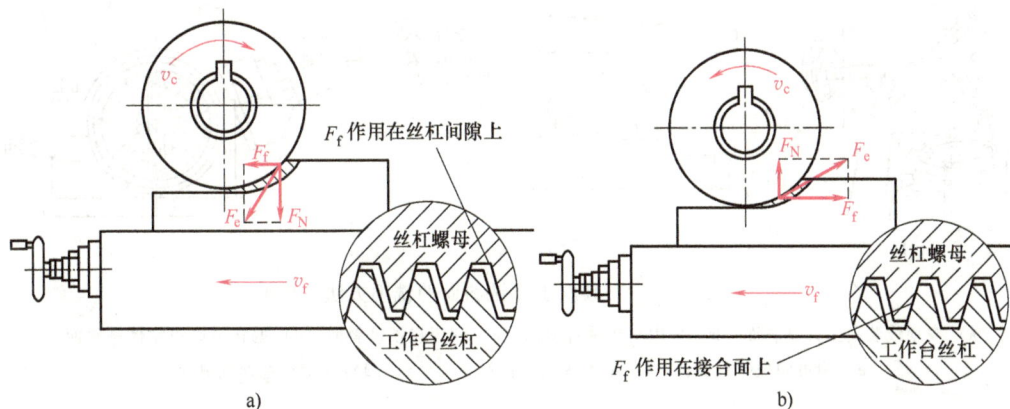

图 5-8　圆周铣削时的切削力对工作台的影响

a) 顺铣时　b) 逆铣时

5.1.7 铣削加工方法

1. 工件的装夹

尺寸较大或形状特殊的工件，在铣床工作台上通常用螺栓、压板装夹；外形尺寸不大的工件，选用机用平口钳装夹；圆弧形周边、圆弧形槽工件等可用回转工作台装夹；铣削多边形、花键、齿轮和刻线等时可用万能分度头装夹。

2. 铣削基本工艺

（1）铣平面　铣平面可以采用面铣刀或圆柱铣刀，如图5-9所示。端铣生产率和加工质量均比圆周铣削高，目前加工平面，尤其是较大的平面，一般都采用端铣的方式来加工。圆周铣削的优点是一次能切除较大的侧吃刀量，工件表面粗糙度值比端铣小。

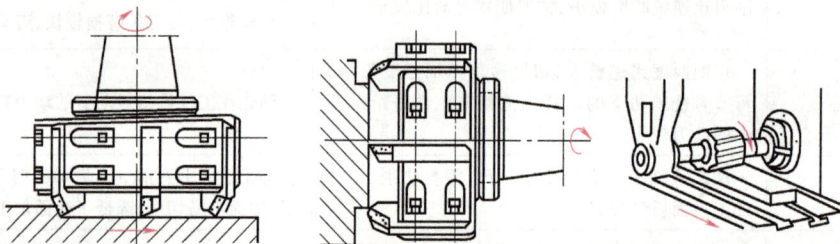

图 5-9　铣平面

（2）铣斜面

1）倾斜工件铣斜面。将工件倾斜成所需的角度安装来铣削斜面，适用于在主轴不能扳转角度的铣床上的铣削斜面，常用的铣削方法如图5-10所示。

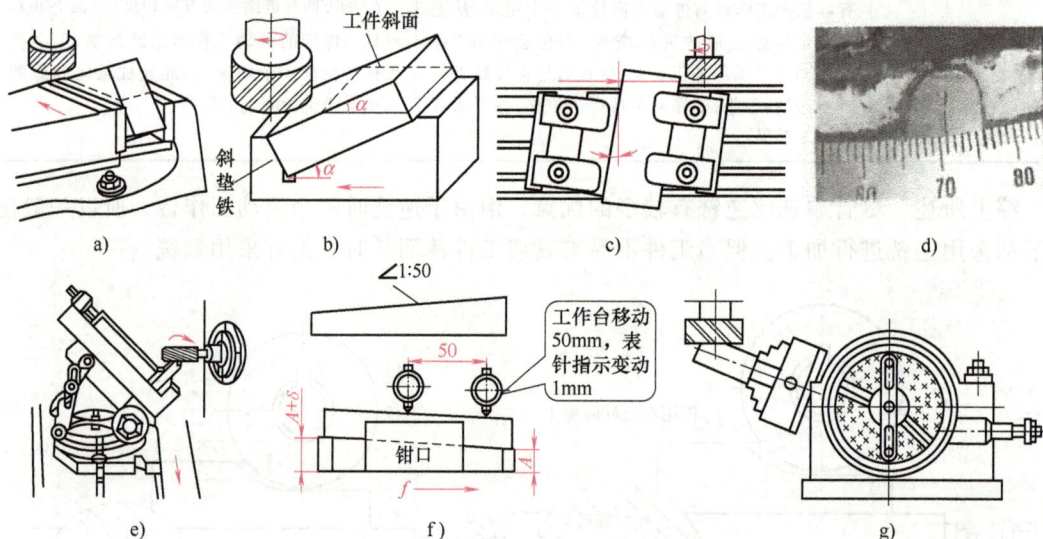

图 5-10　倾斜工件铣斜面的铣削方法

　a）按划线装夹工件铣斜面　b）采用斜垫铁铣斜面　c）利用靠铁铣斜面　d）偏转平口钳钳体铣斜面
　e）用可倾虎钳铣斜面　f）垫不等高垫铁铣斜面　g）倾斜分度头主轴铣斜面

2）倾斜铣刀铣斜面。在主轴可扳转角度的立式铣床上或安装了万能立铣头的卧式铣床上，将安装的铣刀倾斜一个角度，就可按照要求铣削斜面，如图5-11所示。

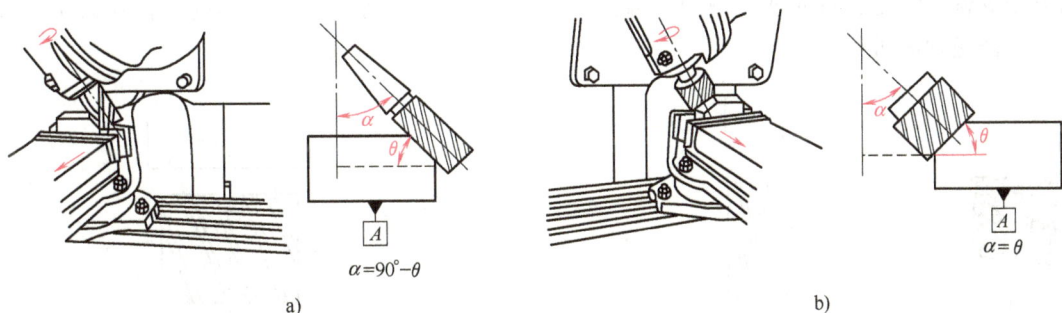

$\alpha=90°-\theta$　　　　　　　　　$\alpha=\theta$

a)　　　　　　　　　　b)

图 5-11　倾斜铣刀铣斜面的方法

3）用角度铣刀铣斜面。对于批量生产的窄长的斜面工件，比较适合使用角度铣刀进行铣削，如图 5-12 所示。

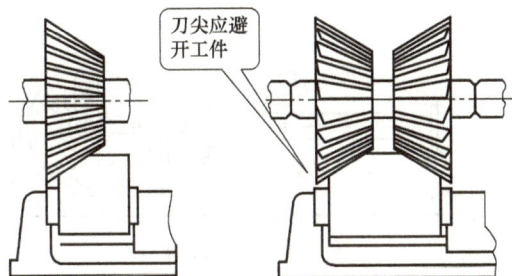

刀尖应避开工件

图 5-12　用角度铣刀铣斜面

角度铣
刀加工

（3）工件的切断　用于切断工件的铣刀是锯片铣刀，工件用机用平口钳或压板装夹，如图 5-13 所示。切断时应尽量采用手动进给，进给速度要均匀。若需采用机动进给，切入和切出还是需要手动进给，且进给速度不宜太快。

（4）铣削台阶面　在卧式铣床上用三面刃铣刀铣台阶面，如图 5-14 所示。铣削垂直面较宽而水平面较窄的台阶面时，可采用立铣刀在立式铣床上铣削，如图 5-15 所示，也可采用在卧式铣床上安装万能立铣头的方法铣削；铣削垂直面较窄而水平面较宽的台阶面时，可采用面铣刀铣削，如图 5-16 所示。

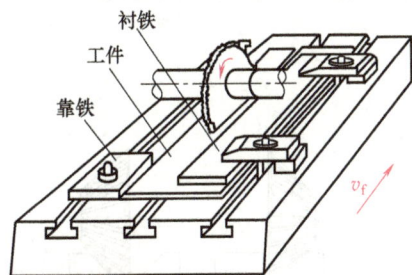

衬铁
工件
靠铁
v_f

铣断

图 5-13　用压板装夹工件切断

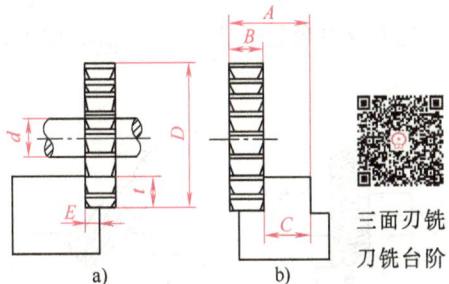

a)　　　　b)

三面刃铣
刀铣台阶

图 5-14　用三面刃铣刀铣台阶面

（5）铣键槽和其他沟槽

1）铣轴上键槽。铣通键槽可采用三面刃铣刀，并且在卧式或立式铣床上均可以进行，如图 5-17 所示。对于封闭键槽，通常使用立式铣床和键槽铣刀直接加工，如图 5-18 所示。

如果用立铣刀加工，首先要在槽的一端钻一个落刀孔，原因是立铣刀主切削刃在其圆柱表面上，不能做轴向进给。

立铣刀
铣台阶

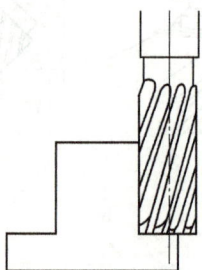

图 5-15　用立铣刀铣台阶面

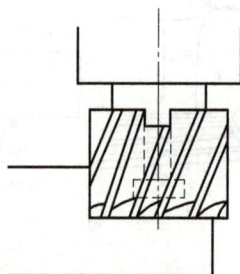

图 5-16　用面铣刀铣台阶面

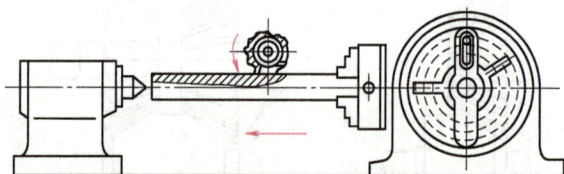

图 5-17　铣通键槽

铣键槽

键槽铣刀

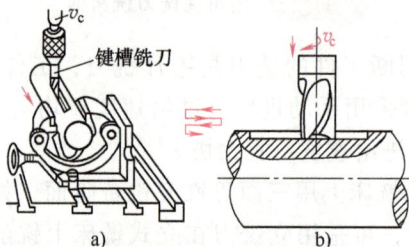

a)　　　　　　　　b)

图 5-18　铣封闭键槽

2）铣 V 形槽。通常先选用锯片铣刀加工出底部的窄槽，然后用双角铣刀、立铣刀、三面刃铣刀或单角铣刀完成 V 形槽的加工，如图 5-19 所示。

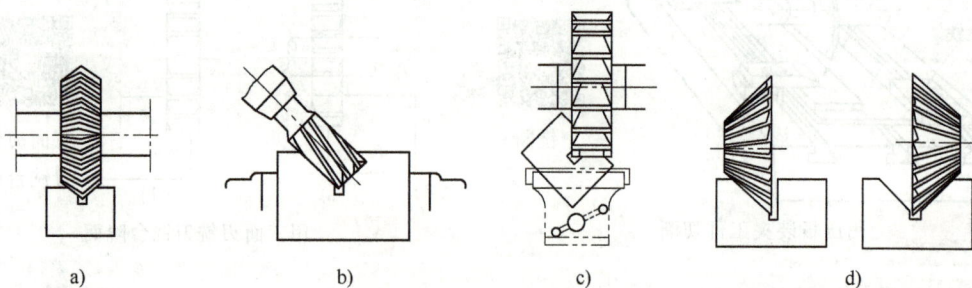

a)　　　　　　　　b)　　　　　　　　c)　　　　　　　　d)

图 5-19　铣 V 形槽

a）双角铣刀铣 V 形槽　b）转动立铣头铣 V 形槽　c）转动工件铣 V 形槽　d）单角铣刀铣 V 形槽

3）铣 T 形槽。先用立铣刀或三面刃铣刀铣出直角槽；然后用 T 形槽铣刀铣削 T 形槽，此时铣削用量应选得小一些，而且要注意充分冷却；最后用角度铣刀铣倒角，如图 5-20 所示。

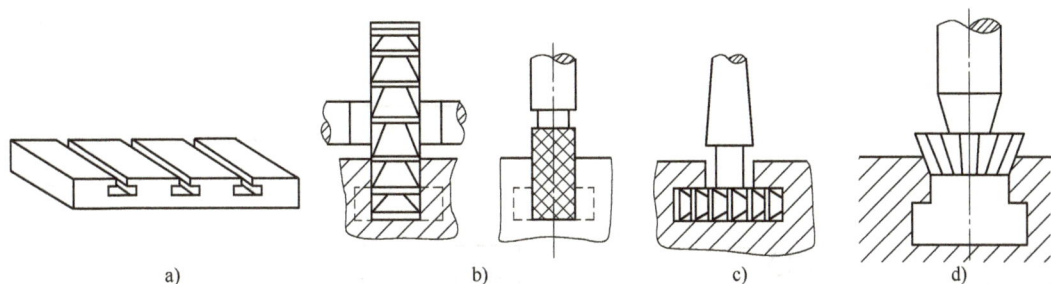

图 5-20 T 形槽的加工顺序

a）T 形槽工件 b）铣直角槽 c）铣 T 形槽 d）铣倒角

铣 T 形槽

4）铣半圆键槽。可在立式铣床或卧式铣床上用专用的半圆形键槽铣刀进行铣削，如图 5-21 所示。

5）铣燕尾槽。先铣出直槽或台阶，再用燕尾槽铣刀铣削燕尾槽或燕尾块，如图 5-22 所示。

在铣床上还可利用分度头铣削多边形、孔、螺旋槽、锥齿轮和特形面等。

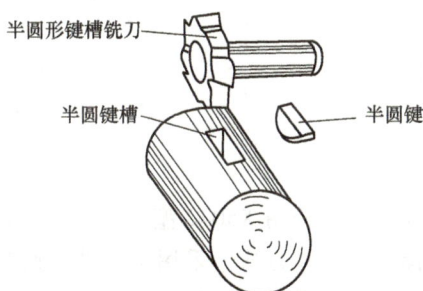

半圆形键槽铣刀
半圆键槽
半圆键

铣半圆键槽

图 5-21 铣半圆键槽

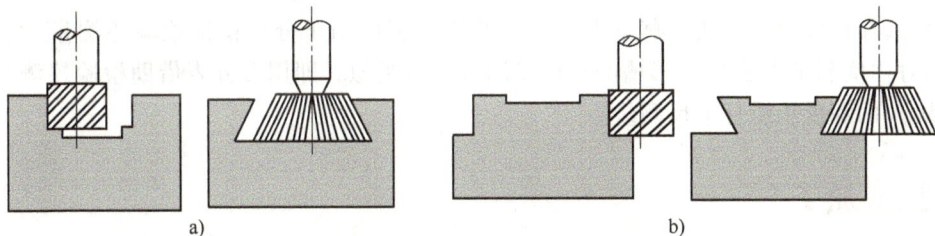

图 5-22 燕尾槽及燕尾块的铣削

a）铣削燕尾槽 b）铣削燕尾块

3. 铣削加工实例

燕尾槽和燕尾块的铣削加工，难点为燕尾宽度的控制与测量。

铣削加工如图 5-23 所示的燕尾槽和燕尾块，预制件的材料为 HT200，其可加工性较好，形状为矩形，便于装夹。按以下步骤进行加工。

铣成形面

（1）确定加工工序 本实例宜在立式铣床上先用立铣刀铣削直角槽（双阶台后），再用燕尾槽铣刀铣削燕尾槽、燕尾块，铣削加工工序是：检验预制件→安装、校正机用平口钳→工件表面划出直角槽（双阶台）对刀线→装夹、找正工件→安装立铣刀→对刀、试切预检→铣削直角槽（双阶台）→换装燕尾槽铣刀→垂向深度对刀→铣削燕尾槽（块）一侧并预检→铣削燕尾槽（块）另一侧并预检→燕尾槽（块）铣削工序的检验。

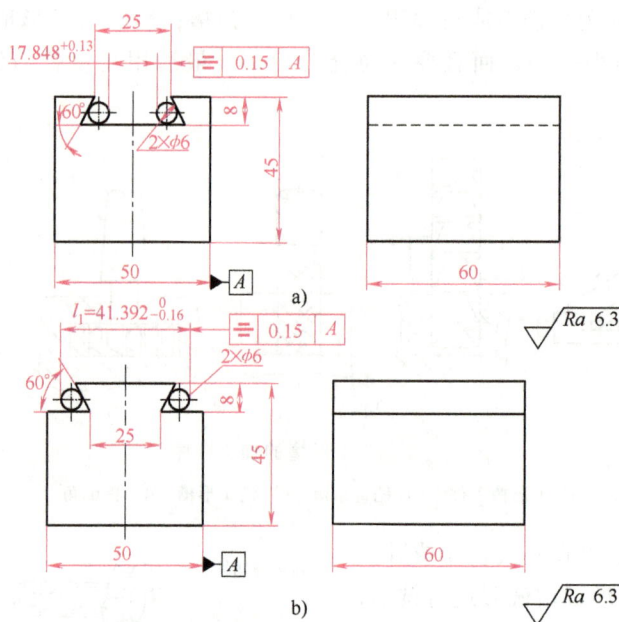

图 5-23　燕尾槽和燕尾块

a）燕尾槽　b）燕尾块

（2）选择铣床　选用 X5032 型立式铣床或类同的立式铣床。

（3）选择工件装夹方式　采用机用平口钳装夹，工件以侧面和底面作为定位基准。

（4）选择刀具　根据图样给定的燕尾槽公称尺寸，选择直径为 20mm 的立铣刀铣削中间直角槽（双阶台）；选择外径为 25mm、角度为 60°的燕尾槽铣刀铣削燕尾槽（块）。

（5）选择检验测量方法　燕尾槽（块）的槽口宽度用千分尺借助检验棒测量，燕尾槽（块）的对称度测量方法与 V 形槽的对称度测量方法类似，即用百分表借助检验棒测量。燕尾槽（块）的深度用游标卡尺测量。

5.2　刨削加工

5.2.1　刨削工作内容

在刨床上用刨刀加工工件的工艺方法称为刨削。刨削主要适于加工平面（如水平面、垂直面、斜面等）、各种沟槽（如 T 形槽、V 形槽、燕尾槽等）和成形面等。刨削的加工范围见表 5-3。

表 5-3　刨削加工范围

加工类型	刨平面	刨垂直面	刨台阶	刨直槽	刨斜面	刨燕尾槽
加工简图						

（续）

加工类型	刨 T 形槽	刨 V 形槽	刨曲面	刨孔内键槽	刨齿条	刨复合表面
加工简图						

5.2.2　刨削加工的运动及精度

1. 刨削加工的运动

如图 5-24 所示，刨削加工的主运动是刨刀（或工件）的往复直线运动，进给运动是工件（或刨刀）的垂直于主运动方向的间歇送进运动。

刨削的主要特点是断续切削。切削过程只是在刀具前进时进行，称为工作行程；刀具返程时不进行切削，称为空行程，此时刨刀要被抬起，以便让刀，避免损伤已加工表面并减小刀具磨损。进给运动是在空行程结束后、工作行程开始前之间的短时间内完成的，是一种间歇运动。

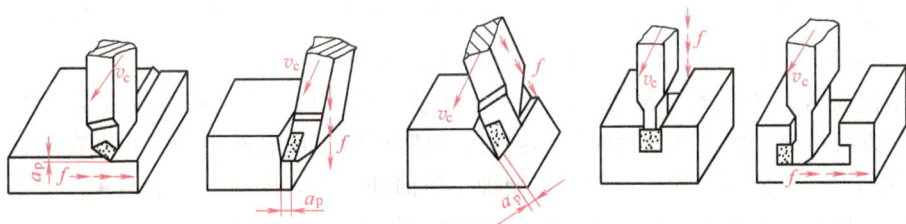

牛头刨

图 5-24　在牛头刨上加工平面和沟槽的切削用量

2. 刨削加工的工艺特点

（1）生产率低　刨削的生产率一般低于铣削。刨削加工为单刃切削，切削速度不宜太高。另外刨刀返程时不切削，从而增加了辅助时间。但在加工如机床导轨面等窄长的平面时，刨削的生产率则高于铣削，因此窄长平面的加工多采用刨削。为提高生产率，可采用多件同时刨削的方法，使生产率不低于铣削，且能保证较高的平面度。

（2）加工质量中等　在刨削过程中，惯性及冲击振动的影响使刨削加工质量不如车削。刨削与铣削的加工精度与表面粗糙度大致相当。加工大平面时，刨削进给运动可不停地进行，刀痕均匀；而铣削时若铣刀直径（端铣）或铣刀宽度（周铣）小于工件宽度，则需要多次走刀，会有明显的接刀痕。

（3）加工范围　刨削的加工范围不如铣削加工广泛，铣削的许多加工内容是刨削无法完成的，如加工内凹平面、封闭式沟槽以及有分度要求的平面沟槽等。但对于 V 形槽、T 形槽和燕尾槽的加工，铣削由于受定尺寸的限制，一般适宜加工小型工件，而刨削可以加工大型工件。

（4）成本　刨床结构比铣床简单且廉价，调整操作方便。刨刀结构简单，制造、刃磨及安装均比铣刀方便。一般刨削的成本比铣削低。

（5）实际应用　基于上述特点，牛头刨床刨削多用于单件小批生产和维修车间的修配工作中，在中型和重型机械的生产中，龙门刨床则使用较多。

3. 刨削精度

刨削加工精度一般为 IT7～IT9，牛头刨床刨削表面粗糙度值为 $Ra3.2～12.5\mu m$，平面度为 0.04mm/500mm。龙门刨床因刚性好、冲击小，可以达到较高的精度和平面度，其表面粗糙度值为 $Ra0.4～3.2\mu m$，平面度可达 0.02mm/1000mm。

5.2.3 刨床

刨床是继车床之后发展起来的一种工作母机，并逐渐形成了完整的机床体系。就刀具与工件之间的相对运动来讲，刨削加工是最简单的机械加工方法。

常用的刨床为牛头刨床、龙门刨床。牛头刨床主要用于加工中小型零件，龙门刨床用于加工大型零件或同时加工多个中型零件。

1. 牛头刨床

牛头刨床是刨削类机床中应用最为广泛的机床，适合刨削长度不超过 1000mm 的中小型零件，它的主参数是最大刨削长度。牛头刨床的生产率较低，一般只适用于单件小批量生产或机修车间。

牛头刨床因其滑枕刀架形似牛头而得名。图 5-25 所示为应用最广泛的 B6065 型牛头刨床，其最大刨削长度为 650mm。滑枕 3 用来带动刨刀沿床身 4 的水平导轨做直线往复运动（即主运动），其前端装有刀架 1。工作台 6 通过机用平口钳或螺栓压板装夹工件，可随横梁 5 做上下调整，并可沿着横梁做移动或垂直于主运动方向的间歇进给运动。

刀架 1 的结构如图 5-26 所示，刨刀通过刀夹 1 压紧在抬刀板 2 上，抬刀板可绕刀座上的转销 7 向前上方向抬起，便于在回程时抬起刨刀，以防擦伤工件表面。刀座 6 可在滑板 3 上做±15°范围内的回转，使刨刀倾斜安置，以便加工侧面和斜面。摇动刀架手柄 4，可使刀架沿转盘上的导轨移动，使刨刀垂直间歇进给或调整切削深度。调整转盘 5，可使刀架左右回转 60°，用以加工斜面或斜槽。松开转盘两边的螺母，将转盘转过一定角度，可使刨刀做斜向间歇进给。

牛头刨床
操作

牛头刨床
工作原理

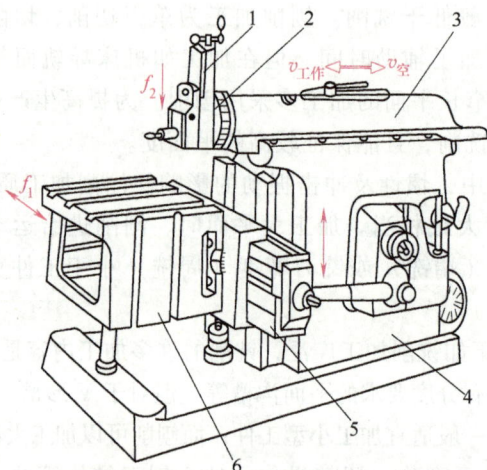

图 5-25　B6065 型牛头刨床外形
1—刀架　2—转盘　3—滑枕
4—床身　5—横梁　6—工作台

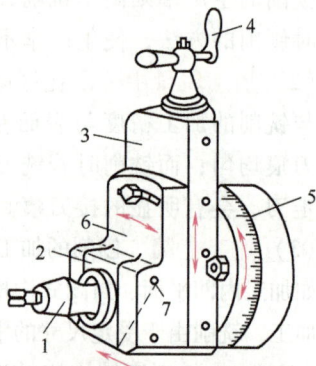

图 5-26　牛头刨床刀架
1—刀夹　2—抬刀板　3—滑板　4—刀架手柄
5—转盘　6—刀座　7—转销

2. 龙门刨床

龙门刨床属于大型机床，因有一个龙门式框架而得名。龙门刨床的主参数是最大刨削宽度，第二主参数是最大刨削长度。例如，B2012A 型龙门刨床的最大刨削宽度为 1250mm，最大刨削长度为 4000mm。

龙门刨床主要由床身、工作台、立柱、横梁和刀架等组成，如图 5-27 所示。与牛头刨床不同，龙门刨床在加工时的主运动是工作台沿床身的水平导轨所做的直线往复运动，进给运动是刀架的横向或垂直方向的直线运动。

龙门刨床的刚性好，功率大，适合在单件、小批生产中加工大型或重型零件上的各种平面、沟槽和导轨面，也可在工作台上一次装夹多个中小型零件同时加工。

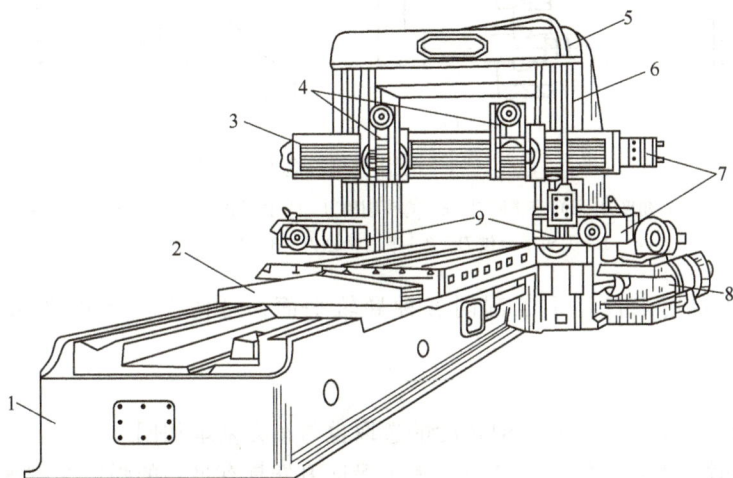

龙门刨

图 5-27 龙门刨床

1—床身 2—工作台 3—横梁 4—垂直刀架 5—顶梁 6—立柱 7—进给箱 8—变速箱 9—侧刀架

5.2.4 刨刀

1. 刨刀的种类及应用

（1）**按结构分类** 刨刀可分为直头刨刀和弯头刨刀，如图 5-28 所示。

刀杆纵向是直的刨刀，称为直头刨刀（见图 5-28a），一般用于粗加工；刀头后弯的刨刀，称为弯头刨刀（见图 5-28b），一般用于各种表面的精加工和切断、切槽。弯头刨刀在受到较大的切削阻力时，刀杆会产生弯曲变形，刀尖向后上方弹起，因此刀尖不会啃入工件，从而避免了直头刨刀折断刀杆或啃伤加工表面的缺点，所以这种刨刀应用广泛。

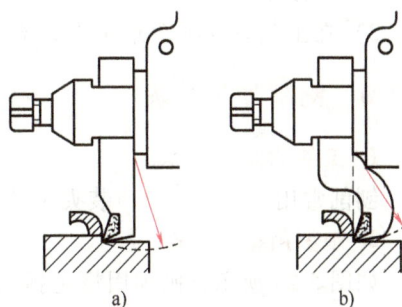

图 5-28 直头刨刀和弯头刨刀
a）直头刨刀 b）弯头刨刀

（2）**按加工的形状和用途分类** 刨刀可分为平面刨刀、偏刀、角度刀等，如图 5-29 所示。

（3）**宽刃细刨** 在龙门刨床上，用宽刃细刨刀可细刨大型工件的平面（如机床导轨

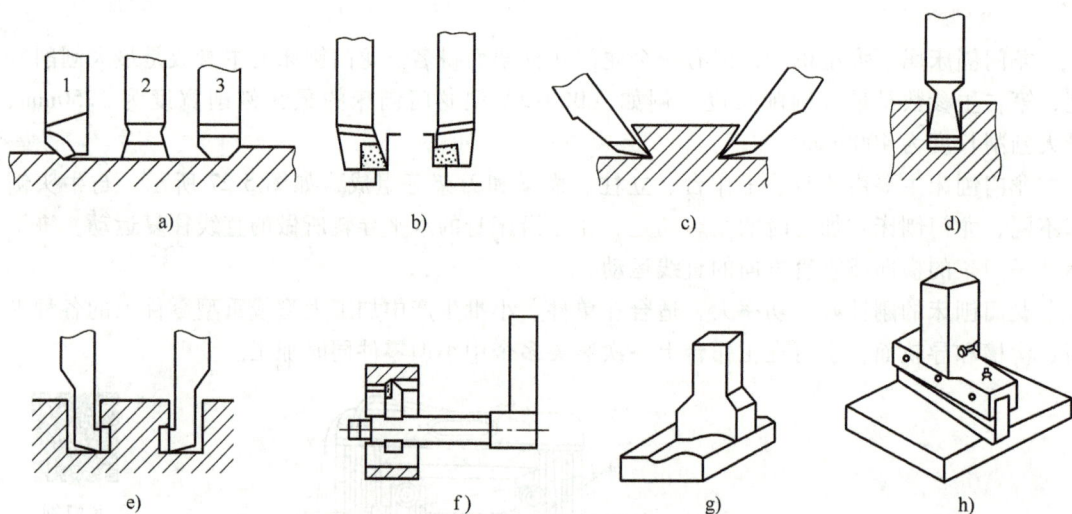

图 5-29 加工的形状和用途不同的刨刀

a) 平面刨刀　b) 偏刀　c) 角度刀　d) 直槽刨刀　e) 弯头刨槽刀　f) 内孔刨刀　g) 成形刀　h) 精刨刀（宽刃细刨刀）
1—尖头平面刨刀　2—平面精刨刀　3—圆头精刨刀

面）。宽刃细刨主要用来代替手工刮削各种导轨平面，可使生产率提高几倍，应用较为广泛。

2. 刨刀的结构

刨刀的结构与车刀相似，其几何角度的选取也与车刀基本相同。

刨刀在工作时承受较大的冲击载荷，为了保证刀杆具有足够的强度和刚度，切削刃不崩刃，刨刀的结构具有以下的特点。

1）刀杆的端面尺寸较大，通常为车刀的 1.25~1.5 倍。

2）刃倾角常采用负值（-100°~20°），以保护刀尖和提高切削的平稳性。

3）在工艺系统刚性允许的情况下，应选择较大的刀尖圆弧半径和较小的主偏角。

5.2.5　刨削加工方法

1. 工件的装夹

刨削常用压板或台虎钳装夹工件。

2. 刨削用量的选择

如图 5-24 所示，刨削用量包括切削深度 a_p（mm）、进给量 f（mm/双行程）和刨削速度 v_c（m/min）。

1）切削深度 a_p 是工件上已加工表面和待加工表面之间的垂直距离。

2）进给量 f 是当刀具（或工件）做一次往返行程运动时，工件或刀具在垂直于主运动方向上相对移动的距离。

3）刨削速度 v_c 是刀具或工件的主运动速度。

3. 刨削加工实例

图 5-30、图 5-31 所示分别为某轴承盖和轴承座的零件图。下面分析其刨削加工过程。

（1）零件图分析　两个零件的材料均为 HT200，可加工性较好。主要加工表面有平面和轴承支承孔，最高精度为 7 级，最小表面粗糙度值为 $Ra1.6\mu m$。轴承支承孔需两零件合装后同时加工。由于尺寸较小，主要平面的加工可在牛头刨床上进行。

（2）零件的主要加工过程

1）划刨削加工线。

2）刨轴承盖上面、轴承座底面到加工线。

3）粗刨轴承盖底面，精刨轴承盖止口 60f9 至图样要求；粗刨轴承座上面，精刨轴承座止口 60H9 至图样要求。

4）划轴承盖 2×ϕ13.5 孔和 M14×1.5 的中心线。

5）钻轴承盖 2×ϕ13.5 孔，攻螺纹 M14×1.5。

6）划轴承座 2×ϕ18 孔和 2×M12 的中心线。

7）钻轴承座 2×ϕ18 孔，攻螺纹 2×M12。

8）合装轴承盖和轴承座，镗 ϕ45H7 轴承支承孔及端面至图样要求。

（3）刨削加工分析　从工艺过程可以看出，对该两零件的刨削加工主要是在牛头刨床上刨止口。

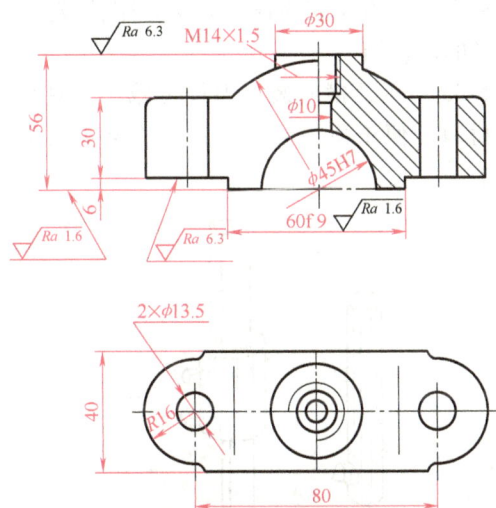

图 5-30　轴承盖

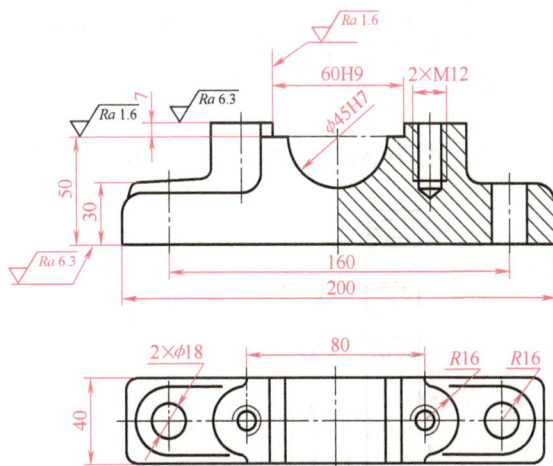

图 5-31　轴承座

1）选择零件的装夹方式及夹具。刨削时可采用平面定位，并用机用平口钳装夹。

2）刀具的选择及走刀路线的确定。刀具选择材料为 W18Cr4V 的正切刀（图 5-32a），走刀路线为：先把止口右面台阶的垂直面刨到尺寸线，表面粗糙度值为 $Ra1.6\mu m$，如图 5-32b 所示；然后摇起刀架，重新对刀，再刨止口左面台阶的垂直面，严格控制止口配合尺寸 60H9/f9，如图 5-32c 所示；再按图 5-32d、e 所示的方式精刨左、右两台阶水平面至图样尺寸。

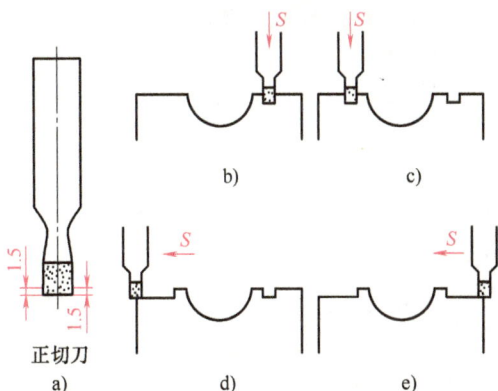

图 5-32　精刨轴承盖止口的进刀方法

61

3）选择切削用量。粗刨时，留精刨余量 0.3~0.5mm，进给量 f 为 0.33~0.66mm/双行程，刨削速度 v_c 为 0.25~0.41m/min；精刨时，加工表面至尺寸要求，进给量 f 为 0.33~2.33mm/双行程，刨削速度 v_c 为 0.08~0.13m/min。

5.2.6 插削加工

1. 插削加工范围

插削加工可认为是立式刨削加工，插床的运动与牛头刨床差不多，也可称为立式刨床，其主运动是刀具的上下往复直线运动。

插床一般用来加工工件的内表面，如内键槽、方孔、多边形孔和花键孔等，其中最多的是插削各种盘形零件的内键槽。由于插床的生产率不高，一般在工具车间、修理车间及单件小批量生产车间应用较多。插削孔内键槽的运动如图 5-33 所示。

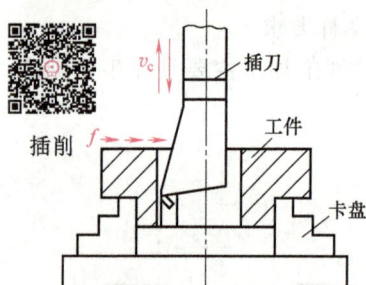

图 5-33 插销孔内键槽的运动

2. 插刀

键槽插刀如图 5-34 所示，图 5-34a 所示为高速钢整体插刀，一般用于插削较大孔径内的键槽；图 5-34b 所示为柱形刀杆，在它的径向方孔内安装高速钢刀头，刚性较好，可用于加工各种孔径的内键槽。

插刀刀杆如图 5-35 所示，横向装夹刀杆可减小刀具伸出长度，节约刀具材料，便于换刀和刃磨；垂直装夹刀杆适用于在小孔内加工。

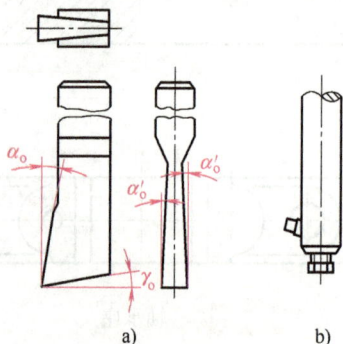

a)   b)

图 5-34 键槽插刀

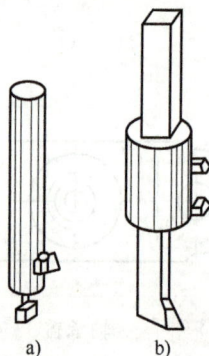

a)   b)

图 5-35 插刀刀杆

a）横向装夹刀杆 b）垂直装夹刀杆

单元6

内孔表面加工

6.1 钻、扩、铰加工

6.1.1 钻、扩、铰的工作内容

孔是各种机器零件上出现最多的几何表面之一。钻削加工是孔加工工艺中最常用的方法。钻床是孔加工的主要机床，在钻床上主要用钻头加工精度不高的孔，也可以通过钻孔-扩孔-铰孔的工艺手段加工精度要求较高的孔，还可以利用夹具加工有一定位置要求的孔系。另外，钻床还可用于锪平面、锪孔、攻螺纹等，如图 6-1 所示。

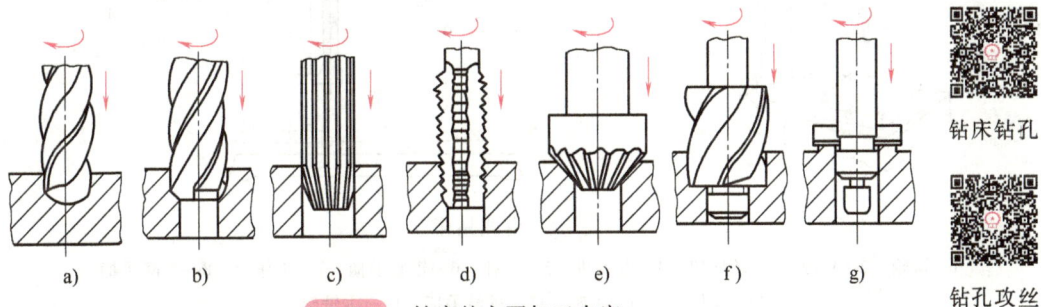

钻床钻孔

钻孔攻丝

图 6-1 钻床的主要加工内容

a）钻孔　b）扩孔　c）铰孔　d）攻螺纹　e）锪埋头孔　f）锪沉孔　g）锪平面

钻床在加工时，一般工件不动，刀具一边旋转做主运动，一边做轴向进给运动。故钻床适用于加工没有对称回转轴线的工件上的孔，尤其是多孔，如箱体、机架等零件上的孔。

孔的加工难度比外圆大得多，在设计时经常把孔的公差等级定得比轴低一级。此外，如果内孔与外圆有较高的同轴度等位置精度要求，一般先加工内孔，再以内孔为定位基准加工外圆。孔难加工的原因主要如下：

1）大部分孔加工刀具为定尺寸刀具，刀具自身的尺寸和形状精度影响内孔的加工精度。

2）孔加工刀具的直径越小、深径比越大，它的刚性就越差，就越容易偏离正确位置、变形和振动。

3）孔加工是在封闭或半封闭的空间内进行的，断屑和排屑困难，散热困难，影响加工质量和刀具寿命。

4）对加工情况的观察、测量和控制都比加工外圆和平面困难。

钻孔的加工精度通常为 IT10~IT11，表面粗糙度值为 $Ra6.3~50\mu m$，直径尺寸从小至 $\phi0.01mm$ 的微细孔到超过 $\phi1000mm$ 的大孔均有。

6.1.2 钻床

钻床根据用途和结构不同，主要可分为台式钻床、立式钻床、摇臂钻床、深孔钻床、铣钻床、中心孔钻床等类型。

1. 台式钻床

台式钻床简称台钻。它是放在台桌上使用的小型钻床，通常是手动进给，自动化程度较低，但结构小巧、简单，使用方便、灵活，多用于单件、小批量生产。它的组成如图 6-2 所示。

台式钻床的钻孔直径一般小于 16mm，最小可加工零点几毫米的小孔。由于加工的孔径小，台式钻床主轴的转速可以高达 10 万 r/min 以上。

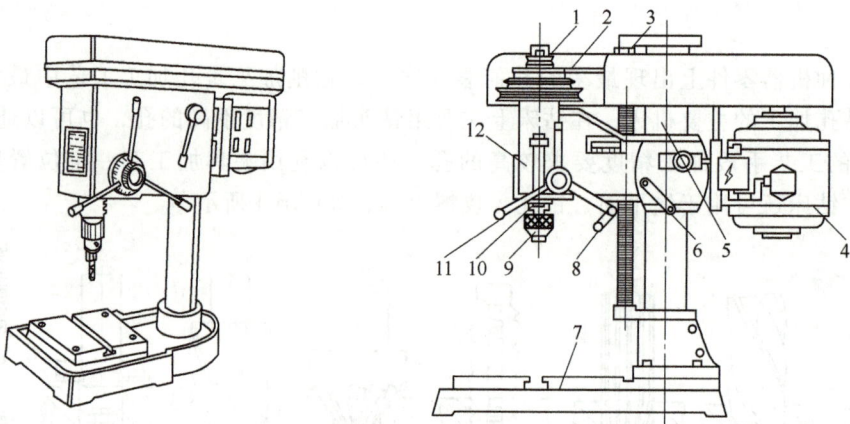

图 6-2 台式钻床

1—塔轮　2—V带　3—丝杠架　4—电动机　5—立柱　6—锁紧手柄　7—工作台　8—升降手柄
9—钻夹头　10—主轴　11—进给手柄　12—主轴架

2. 立式钻床

立式钻床简称立钻，可分为圆柱立式钻床、方柱立式钻床和可调多轴立式钻床等系列。立式钻床的主参数是最大钻孔直径。根据主参数不同，立式钻床有 18mm、25mm、35mm、40mm、50mm、63mm、80mm 等多种规格。

如图 6-3a 所示为最大钻孔直径为 35mm 的 Z5135 型方柱立式钻床的外形。立式钻床的主运动是由电动机经变速（主轴）箱驱动的主轴旋转运动，进给运动可以是机动也可以是手动。如图 6-3b 所示为立式钻床的传动原理图。

在立式钻床上加工多孔时，需要移动工件来逐个地加工孔，这对于大而重的工件很不方便，因此立式钻床仅适合加工中小型零件。

3. 摇臂钻床

在大型零件上钻孔时，因工件移动不便，就希望工件不动，而钻床主轴能在空间中调整到任意位置，这就产生了摇臂钻床（见图 6-4）。

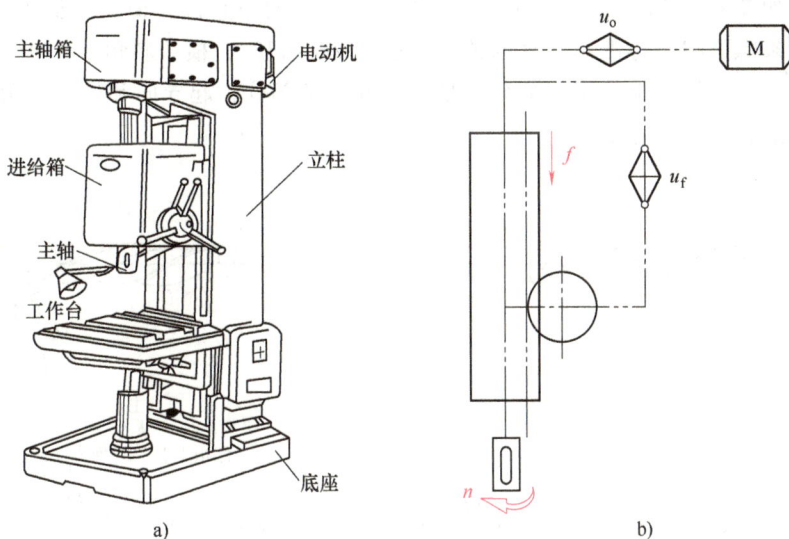

图 6-3　Z5135 型方柱立式钻床

a) 外形图　b) 传动原理图

摇臂钻床具有 5 个运动，即主运动（主轴旋转）、进给运动（主轴轴向进给）、3 个辅助运动（主轴箱沿摇臂水平导轨的移动、摇臂与外立柱一起绕内立柱的回转摆动和摇臂沿外立柱的垂直方向的升降运动），前两个运动为表面成形运动。

4. 深孔钻床

深孔钻床是用特制的深孔钻头专门加工深孔的钻床，如加工炮筒、枪管和机床主轴等零件中的深孔。为避免机床过高和便于排除切屑，深孔钻床一般采用卧式布局。为保证获得很好的冷却效果，在深孔钻床上配有周期退刀排屑装置及切削液输送装置，使切削液由刀具内部输送至切削部位。

6.1.3　钻、扩、铰刀具

孔加工的刀具结构形式很多，按用途可分为两大类：一类是在实心材料上加工孔的刀具，如麻花钻、扁钻、中心钻和深孔钻等；另一类是对已有孔进行再加工的刀具，如扩孔钻、铰刀、锪钻和镗刀等。

1. 在实心材料上加工孔的刀具

（1）麻花钻　麻花钻是最常用的孔加工刀具，一般用于实体材料上的粗加工，加工孔径范围为 0.1~80mm，ϕ30mm 以下时最常用。其特点是允许重磨次数多，使用方便、经济。

标准麻花钻由工作部分、颈部和柄部组成，如图 6-5a、b 所示。工作部分分为切削部分和导向部分。

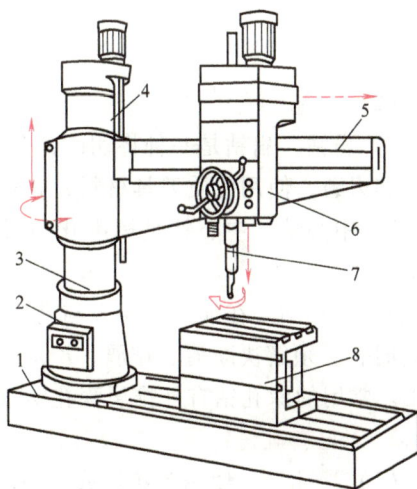

图 6-4　摇臂钻床外形图

1—底座　2—内立柱　3—外立柱
4—摇臂升降丝杠　5—摇臂的水平导轨
6—主轴箱　7—主轴　8—工作台

切削部分如图 6-5c 所示，标准麻花钻的主切削刃是两条直线，横刃近似为一条短直线，副切削刃是两条螺旋线。标准麻花钻的顶角一般为 $2\phi = 118°$，横刃斜角 $\psi = 50° \sim 55°$。

导向部分主要是钻头上的螺旋部分，是切削的后备部分，起导向和排屑作用。

麻花钻为前大后小的正锥形。

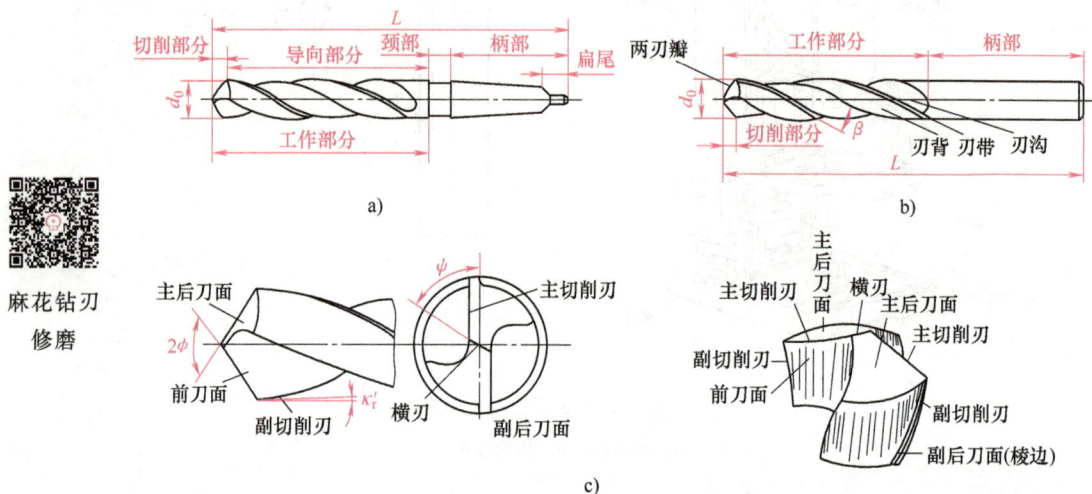

麻花钻刃修磨

图 6-5　高速钢麻花钻的结构

（2）其他钻头

1）扁钻。扁钻是一种将切削部分磨成扁平体的钻头，它的轴向尺寸小，刚性好，便于制造和刃磨，使用优质刀具材料，在组合机床或数控机床上应用广泛。

2）中心钻。中心钻是标准化刀具，适用于轴类零件中心孔的加工，其结构如图 4-19 所示。

3）深孔钻。在加工孔深 L 与孔径 D 之比 $L/D \geqslant 20 \sim 100$ 的特殊深孔（如枪管、液压管等）时，必须解决断屑、排屑、冷却、润滑和导向等问题，因此要在深孔钻床上用深孔钻加工。常用的深孔钻有外排屑深孔钻（枪钻）、内排屑深孔钻和喷吸钻。

2. 对已有孔进行再加工的刀具

（1）**扩孔钻**　使用麻花钻或专用的扩孔钻将原来钻过的孔或铸锻出的孔进一步扩大的加工过程，称为扩孔，如图 6-6 所示。扩孔可作为孔的最后加工工序，也常用作铰孔或磨孔前的预加工工序，作为半精加工。扩孔的加工精度可达 IT9 ~ IT10，表面粗糙度值可达 $Ra3.2 \sim 6.3\mu m$。

用麻花钻扩孔时，底孔直径为要求直径的 0.5 ~ 0.7 倍；用扩孔钻扩孔时，底孔直径为要求直径的 0.9 倍。

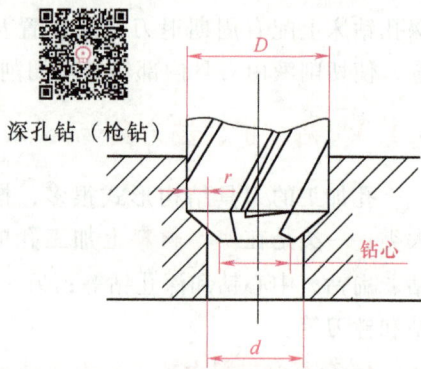

深孔钻（枪钻）

图 6-6　扩孔

专用的扩孔钻一般有 3 ~ 4 条切削刃，故导向性好，不易偏斜，切削较平稳；切削刃不必自外圆延续到中心，没有横刃，轴向切削力小，进给量可比钻孔大 1.5 ~ 2 倍，生产率高。

（2）**锪钻**　锪钻用于在已加工孔上锪各种沉孔和孔端面的凸台平面（见图 6-1e、f、g）。

（3）**铰刀**　铰刀是对预制孔进行半精加工或精加工的多刃刀具，它操作方便，生产效率高，能够获得高质量孔，在生产中应用广泛。其加工精度可达 IT6 ~ IT8，表面粗糙度值可达 $Ra0.4 ~ 1.6\mu m$。

铰刀按使用方法分为手用铰刀和机用铰刀两大类，如图 6-7 所示。

机用铰刀工作部分较短，铰削直径范围为 10 ~ 80mm，可以安装在钻床、车床、铣床、镗床上铰孔；手用铰刀工作部分较长，齿数较多，常为整体式结构，直柄方头，锥角 2ϕ 较小，导向作用好，结构简单，手工操作，使用方便，铰削直径范围为 1 ~ 50mm。

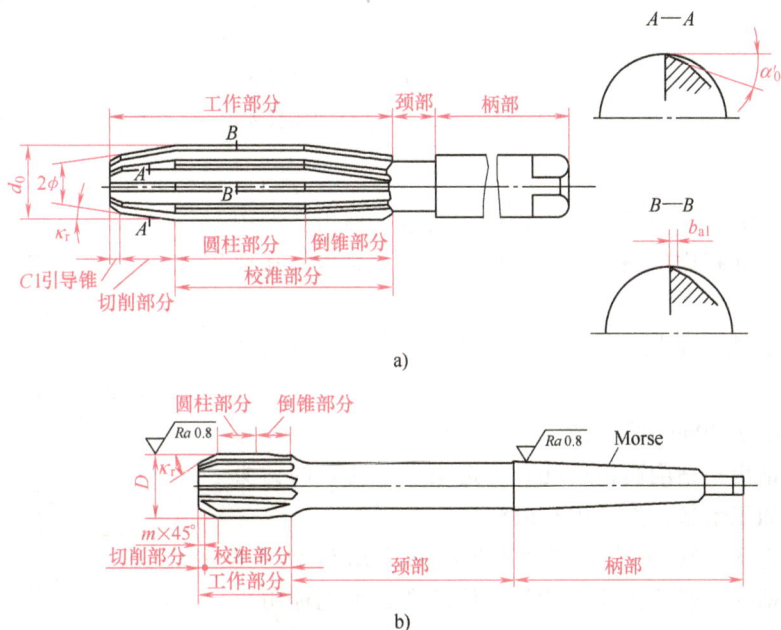

图 6-7　整体式圆柱铰刀

a）手用铰刀　b）机用铰刀

图 6-8 所示为圆锥铰刀，用于铰削圆锥孔，常用的锥度有五种。

（4）**孔加工复合刀具**　孔加工复合刀具是由两把以上的单个孔加工刀具复合后同时或按先后顺序完成不同工序（或工步）的刀具，在组合机床或自动线上应用广

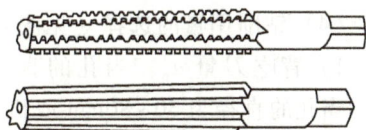

图 6-8　圆锥孔用粗铰刀与精铰刀

泛。孔加工复合刀具的类型有同类刀具复合的孔加工复合刀具和不同类刀具复合的孔加工复合刀具。

孔加工复合刀具的特点是：减少了换刀时间，生产率高；减少了安装次数，降低了定位误差，提高了加工精度；同时或顺次加工保证了各加工表面之间的位置精度；集中了工序，从而减少了机床的台数或工位数，对于自动线则减少了投资，降低了加工成本。

6.1.4　钻、扩、铰加工方法

1. 工件的装夹

钻孔时应保证所钻孔的中心线与钻床工作台面垂直，为此可以根据钻削孔径的大小、工

件的形状选择合适的装夹方法。常用的装夹方法如图 6-9 所示,一般钻削直径小于 8mm 时,可用手握牢工件钻孔。

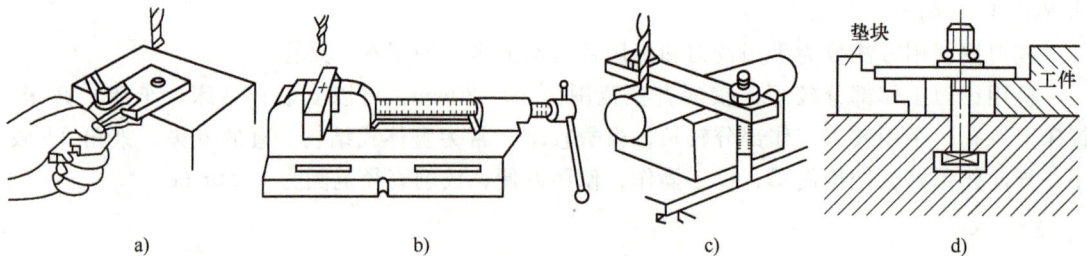

图 6-9　在钻床上钻孔时工件的装夹

a) 手虎钳装夹　b) 机用平口钳装夹　c) V 形块装夹　d) 压板装夹

2. 钻削基本工艺

(1) 工件划线　钻孔前需按照图样的要求,划出孔的中心线和圆周线,并打样冲眼,如图 6-10 所示。高精度孔还要划出检查圆。

(2) 选择钻头　钻削时要根据孔径的大小和公差等级选择合适的钻头。

钻削直径小于 30mm 的低精度孔时,选用与孔径相同直径的钻头一次钻出;钻削高精度孔,可选用小于孔径的钻头钻孔,并留出加工余量,然后扩孔或铰孔。

钻削直径为 30~80mm 的低精度孔时,可先用 0.6~0.8 倍孔径的钻头钻孔,然后扩孔;钻削高精度孔,可先选用小于孔径的钻头钻孔,然后扩孔或铰孔。

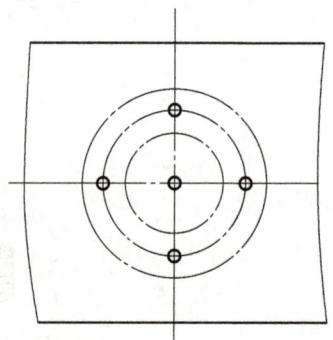

图 6-10　划线、打样冲眼

(3) 装夹钻头　直柄钻头用钻夹头装夹,大尺寸锥柄钻头可直接装入钻床主轴锥孔内;小尺寸锥柄钻头可用钻套过渡连接。

(4) 钻削用量的选择 (见图 6-11)

1) 背吃刀量 a_p。当孔的直径小于 30mm 时,则一次钻成;当孔的直径为 30~80mm 或机床性能不足时,采用先钻孔再扩孔的步骤。

2) 进给量 f。麻花钻为多齿刀具,它有两条切削刃 (即两个刀齿),其每齿进给量 f_z 为进给量的一半,即 $f_z = f/2$。普通钻头进给量可按以下经验公式估算

$$f = (0.01 \sim 0.02)d$$

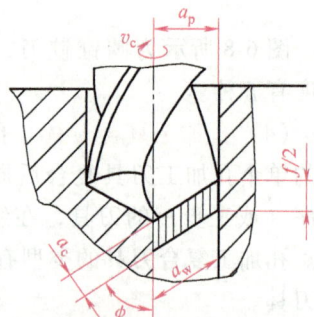

图 6-11　钻削用量

式中,d 为钻头直径。

3) 钻削速度 v_c。它是指麻花钻外缘处的线速度 (单位为 m/min),即

$$v_c = \frac{\pi d n}{1000}$$

式中,n 为麻花钻转速 (r/min)。

3. 扩孔和铰孔基本工艺

（1）扩孔方法

1）用麻花钻扩孔。用麻花钻在预钻孔上扩孔时，因避免了麻花钻横刃切削的不良影响，可适当提高切削用量。扩孔时的切削速度约为钻孔的 1/2；进给量为钻孔的 1.5～2 倍；相比于钻孔，扩孔的背吃刀量减小，切屑容易排出，表面粗糙度值有一定的减小。

2）用扩孔钻扩孔。为了保证扩的孔与钻的孔的中心重合，钻孔后在不改变工件和机床主轴的相对位置的情况下，立即换上扩孔钻，可使切削平稳、均匀，保证加工精度。

（2）铰孔　铰削加工除了主切削刃正常起切削作用外，还对工件产生挤刮的作用。手动铰孔需借助铰杠。机铰孔时，铰刀与机床常用浮动连接。铰削过程是一个复杂的切削和挤压摩擦过程。铰削加工虽然生产率比其他精加工高，但其适应性较差，一种铰刀只能加工一种尺寸的孔，且一般只能加工直径小于 80mm 的孔。

4. 钻、扩、铰加工实例

加工支架的销孔，图 6-12 所示为工件的主要尺寸、工序及安装要求。

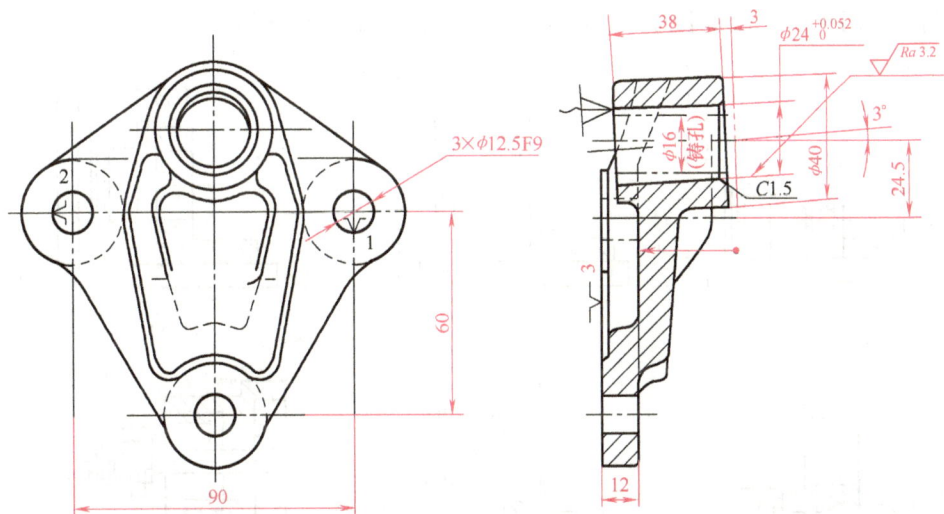

图 6-12　支架销孔工序及安装要求

（1）工艺方案分析

1）工件的年生产纲领为 1000 件，属批量生产。加工销孔前已完成底平面及 3 个 ϕ12.5mm 孔的加工，且销孔已铸出 ϕ16mm 通孔。

2）机床的选择：因工件为批量生产，可考虑采用 Z5135 立式钻床加工。

3）夹具及定位基准的选择：选用高效快换钻模专用夹具，用已加工底平面与 ϕ12.5mm 两孔定位。为使孔轴线与定位平面成 93°角，将定位平面与夹具底板平面设计成 3°角。因销孔中心不在定位支承平面内，所以在工件定位夹紧后，必须将销孔底平面辅助支承销锁紧，以承受钻削轴向力。由于所选择的定位基准与设计、测量基准重合，所以不必进行工艺尺寸链计算。

（2）工序内容安排

工步 1：扩孔至 ϕ22.5mm。

工步 2：倒角 C1.5。

工步 3：扩孔至 $\phi 23.7$ mm。

工步 4：锪平面。保证加工平面与孔中心线交点距定位平面 41mm；表面粗糙度值为 $Ra12.5\mu$m。

工步 5：铰 $\phi 24^{+0.052}_{0}$ mm 孔，表面粗糙度值为 $Ra3.2\mu$m。

6.2 镗削加工

6.2.1 镗削工作内容

1. 镗削加工范围

镗削加工是在镗床上对已铸出或钻出的孔进行扩大孔径并提高加工质量的加工方法，工件固定安装在工作台上，以镗刀的旋转运动作为切削主运动，工作台或主轴的移动作为进给运动。

镗削主要用于加工孔和平面，卧式镗床的加工范围如图 6-13 所示。

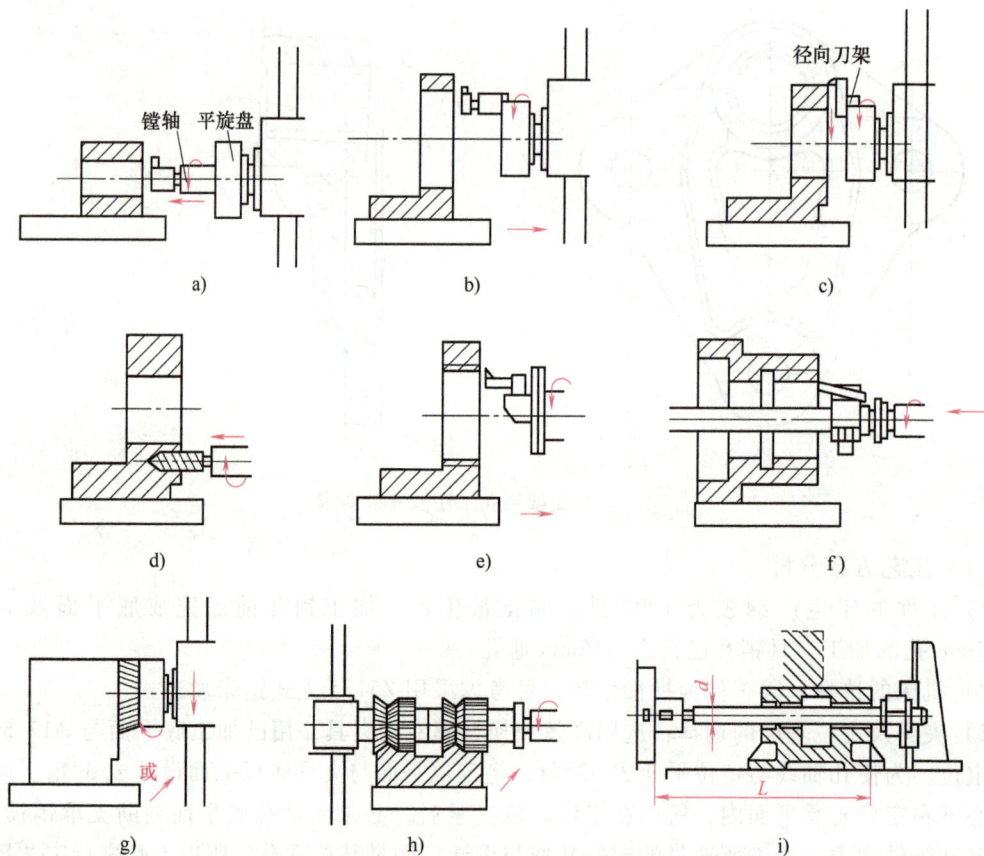

图 6-13 卧式镗床的加工范围

a) 用主轴安装镗刀杆镗不大的孔　b) 用平旋盘上的镗刀镗大直径孔　c) 用平旋盘上的径向刀架进给镗平面
d) 主轴进给钻孔（小于 80mm）　e) 工作台进给镗螺纹　f) 主轴进给镗螺纹
g) 主轴箱垂直进给铣平面　h) 双支承铣组合面　i) 利用后支承架支承镗杆（双支承）镗孔

2. 镗削特点及精度

与钻孔相比，镗床可以加工比较大的孔，且加工精度较高。对于孔与孔之间较高的同轴度、垂直度、平行度及孔距精度等要求，镗孔是主要的切削加工方法。

镗削特别适合加工机座、箱体、支架等外形复杂的大型零件上直径较大的孔以及有位置精度要求的孔和孔系。特别是有位置精度要求的孔和孔系，在一般机床上加工很困难，但在镗床上利用坐标装置和镗模则很容易加工。

镗削加工能获得较高的精度和较小的表面粗糙度值，一般尺寸公差等级为 IT8、IT7，表面粗糙值为 $Ra0.8 \sim 1.6\mu m$，孔距精度可达 $0.015mm$。

6.2.2　镗床

1. 卧式铣镗床的外部结构

卧式铣镗床（见图 6-14）加工精度比钻床和一般的车床、铣床高，因此特别适合加工大型、复杂的箱体类零件。

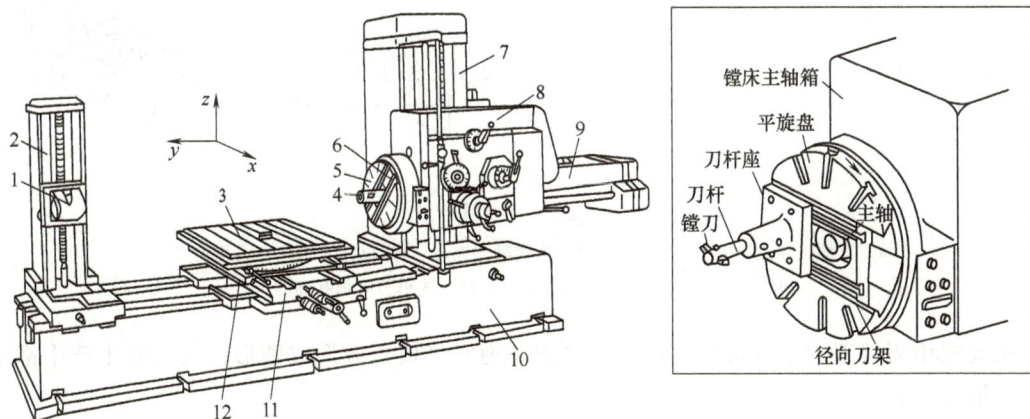

图 6-14　卧式铣镗床

1—后支架　2—后立柱　3—工作台　4—镗轴　5—平旋盘　6—径向刀具溜板
7—前立柱　8—主轴箱　9—后尾筒　10—床身　11—下滑座　12—上滑座

2. 卧式铣镗床的工作运动

（1）主运动　主运动是镗杆的旋转主运动（$n_{轴}$）或平旋盘的旋转主运动（$n_{盘}$）。

（2）进给运动　进给运动包括镗杆的轴向进给运动，主轴箱垂直进给运动，工作台纵向、横向进给运动和平旋盘径向刀架进给运动。

（3）辅助运动　辅助运动包括主轴箱、工作台在进给方向上的快速调位运动、后立柱纵向快速调位运动、后支架垂直快速调位运动以及工作台回转快速调位运动。这些辅助运动由快速电动机传动。

6.2.3　镗孔刀具

镗刀是在车床、镗床、自动机床以及组合机床上使用的孔加工刀具。镗刀种类较多，本书按镗刀切削刃的数量分类来分别介绍镗刀的类型及应用。

1. 单刃镗刀

单刃镗刀的切削效率低，对操作技术要求高。加工小直径孔的镗刀通常做成整体式（见图 6-15a、b），加工大直径孔的镗刀可做成机夹式（见图 6-15c、d、e、f）。在镗不通孔或阶梯孔时，为了使镗刀头在镗杆内有较大的安装长度，并具有足够的位置安装压紧螺钉和调节螺钉，常将镗刀头在镗杆内倾斜安装，镗刀头在镗杆上的安装倾斜角 δ 一般取 10° ~ 45°，以 30° 居多；镗通孔时取 δ = 0°。

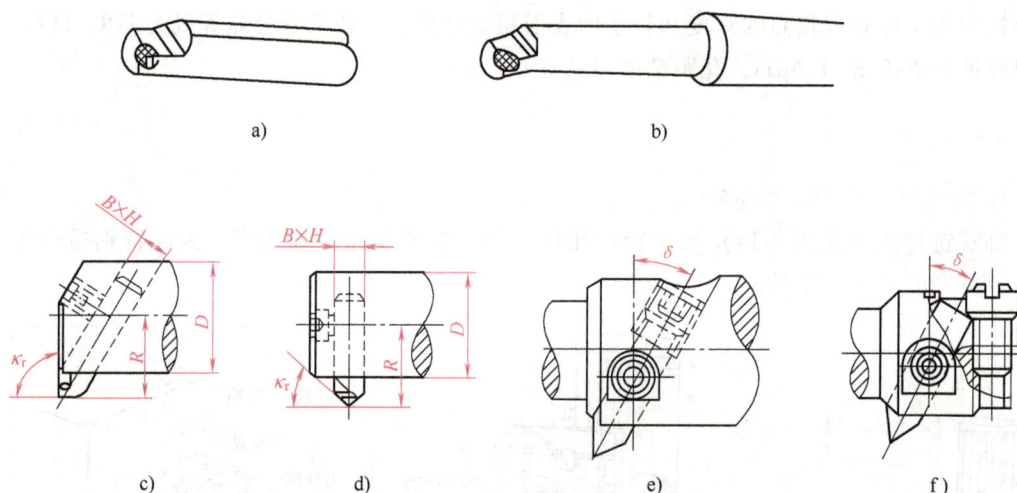

图 6-15 单刃镗刀

a）直柄整体式单刃镗刀　b）锥柄整体式单刃镗刀　c）机夹式单刃不通孔镗刀
d）机夹式单刃通孔镗刀　e）、f）机夹式单刃阶梯孔镗刀

机夹式单刃镗刀的镗杆可长期使用，镗刀头通常做成正方形或圆形，在实际生产中都采用正方形镗刀头。

有一种在坐标镗床、自动线和数控机床上使用的单刃镗刀，称为微调镗刀。它具有结构简单、制造容易、调节方便、调节精度高等优点，主要用于精加工，其镗刀头沿径向移动量可达 0.005mm/格。

2. 双刃镗刀

镗削大直径的孔时，可选双刃镗刀。双刃镗刀分固定式镗刀块和浮动镗刀，它的两端具有对称的切削刃，工作时可消除径向力对镗杆的影响；工件孔径尺寸与精度由镗刀径向尺寸保证。

（1）固定式镗刀块　双刃镗刀有两个切削刃对称地分布在镗杆轴线的两侧参与切削，背向力互相抵消，不易引起振动。高速钢固定式镗刀块如图 6-16 所示，用于粗镗或半精镗直径大于 40mm 的孔。工作时，镗刀块可通过斜楔或在两个方向倾斜的螺钉夹紧在镗杆上。

（2）浮动镗刀　镗孔时，浮动镗刀装入镗杆的方孔中，不需夹紧，通过作用在两侧切削刃上的切削力来自动平衡其径向切削位置，自动对中进行切削。因此它能自动补偿由刀具安装误差、机床主轴偏差而造成的加工误差，能获得较高的精度，但它无法纠正孔的直线度误差和位置误差，因而要求预加工孔的直线性好，表面粗糙度值不大于 $Ra3.2\mu m$。

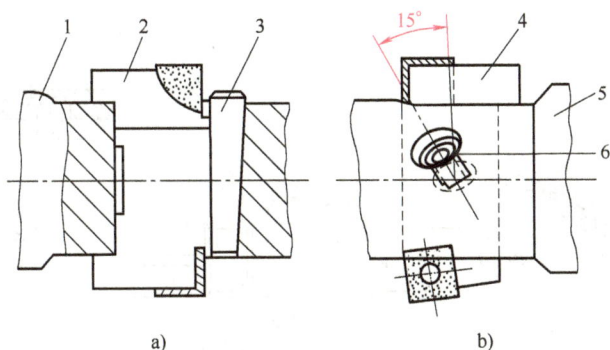

图 6-16　固定式镗刀块

a）斜楔夹紧　b）用双向倾斜的螺钉压紧

1—刀杆　2、4—刀块　3—斜楔　5—刀体　6—螺钉

浮动镗刀结构简单，但镗杆上方孔制造较难，切削效率低于铰孔，因此适用于单件、小批加工直径较大的孔，特别适用于精镗孔径大（$D>200\text{mm}$）而深的（$L/D>5$）筒件和管件孔，最大镗孔直径可达 1000mm。

在车床上用浮动镗刀车孔如图 6-17 所示。工作时镗杆固定在四方刀架上，浮动镗刀块装在镗杆的长方孔中，依靠两刃径向切削力的平衡而自动定心，从而消除因刀块在镗杆上的安装误差所引起的孔径误差。

在镗床上用浮动镗刀镗孔如图 6-18 所示。

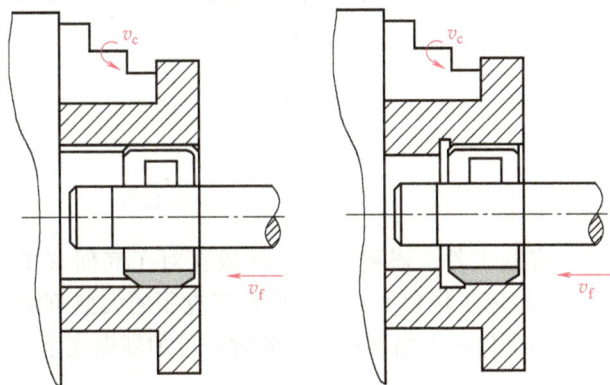

图 6-17　在车床上用浮动镗刀车孔

浮动镗刀工作时，其镗削用量为：$v_c=5\sim8\text{m/min}$，$f=0.5\sim1\text{mm/r}$，$a_p=0.03\sim0.06\text{mm}$。

6.2.4　镗削加工方法

1. 工件的装夹

在镗削之前，刀具和工件之间必须调整到一个合理的位置，为此工件在机床上必须占据某一正确的位置。在镗削加工过程中，工件的装夹方法主要有以下几种。

（1）底平面定位安装　如图 6-19 所示，利用工件底平面安装，是镗削加工最常用的工件安装方法之一。若一次安装加工几个面上的孔，工作台转到任一加工位置时，主轴的悬伸量都不能过长，以免影响加工精度。

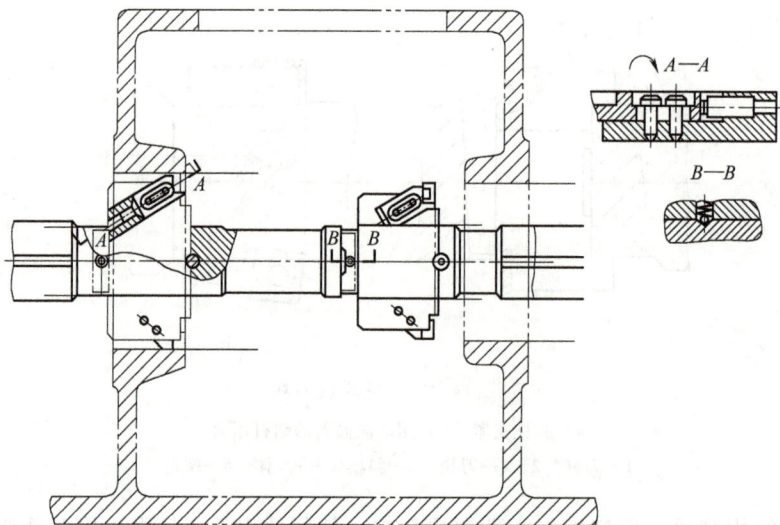

图 6-18 在镗床上用浮动镗刀镗孔

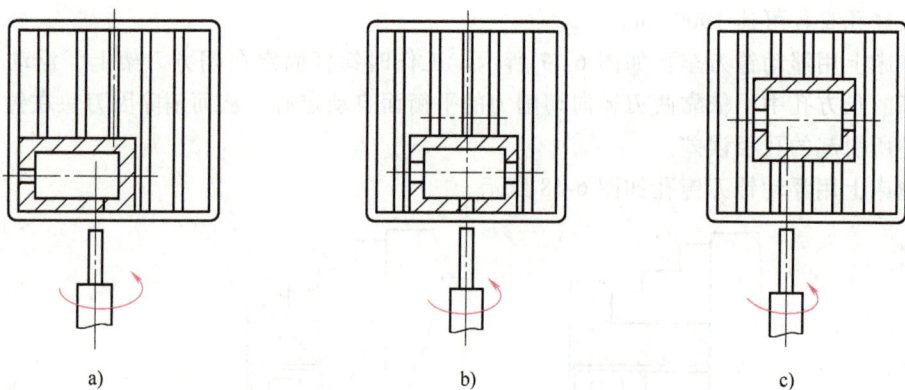

a)   b)   c)

图 6-19 工件在工作台上的安装位置

（2）**侧面定位安装**　有些工件，需要镗削的面或孔对于底面有平行度和垂直度要求，其形体结构无法直接安装在镗床工作台上，可利用镗床专用的大型角铁，以工件的侧面定位安装，如图 6-20 所示。大型工件需要侧面定位安装时，可加辅助支承，如图 6-21 所示。

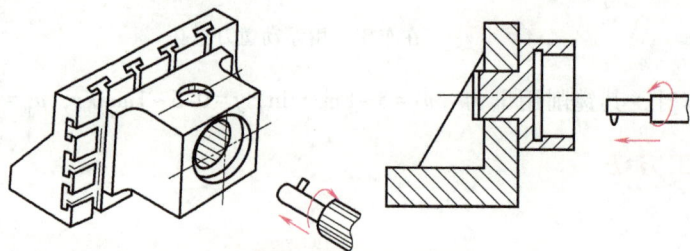

图 6-20 侧面定位安装

（3）**利用镗模装夹**　对于箱体、支架等零件，为了保证加工要求和安装方便，可以设计一镗床夹具，如图 6-22 所示。其特点是利用浮动接头（见图 6-23）将机床与镗杆连接在一起，零件的加工精度受机床精度影响较小。

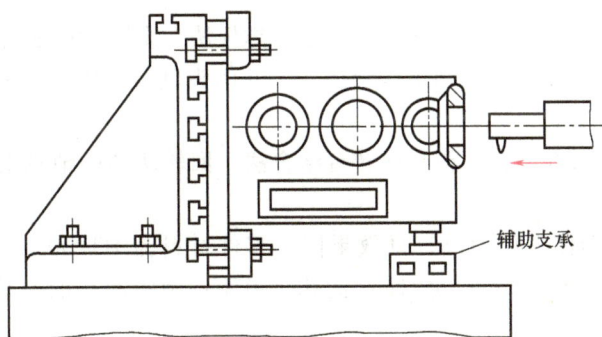

图 6-21　侧面加辅助支承安装

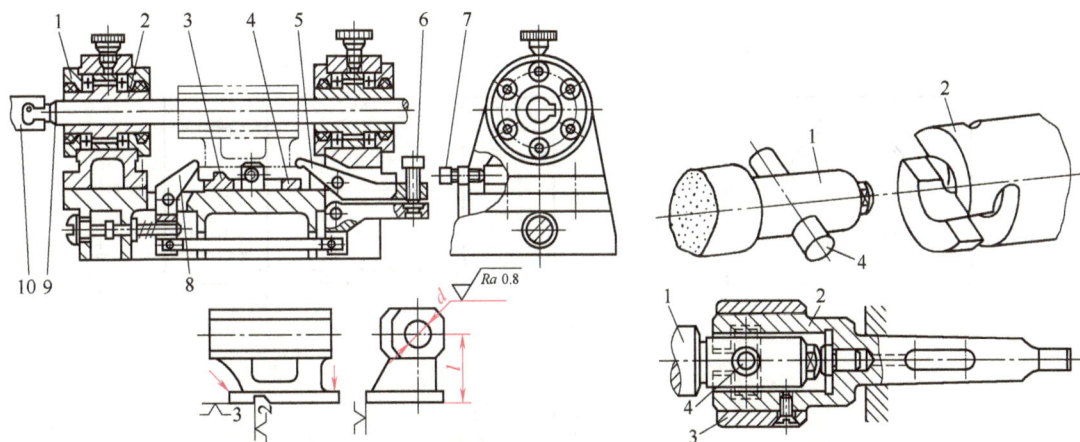

图 6-22　镗削车床尾座孔的镗模

1—支架　2—回转镗套　3、4—定位板　5、8—压板
6—夹紧螺钉　7—可调支承钉　9—镗杆　10—浮动接头

图 6-23　浮动接头

1—镗杆　2—接头体　3—套筒　4—拨动销

为保证工件安装在工作台上的位置正确，必须按照图样要求，用划针、百分表或其他工具，确定工件相对于刀具的正确位置和角度，此过程称为工件的找正。工件的找正方法很多，在大批量生产中，可用夹具直接定位找正。

2. 镗削加工方法

在箱体上，孔通常分为三种类型，分别为平行孔系、同轴孔系和交叉孔系，如图 6-24

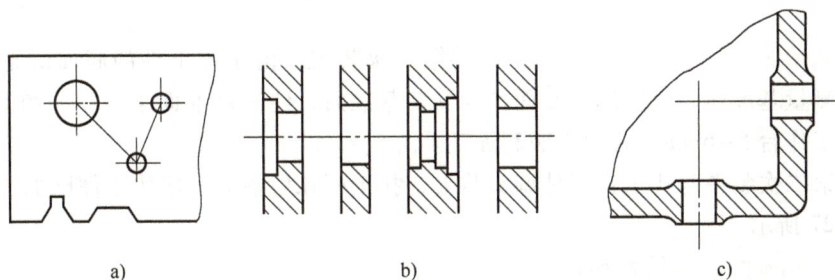

图 6-24　孔系的类型

a）平行孔系　b）同轴孔系　c）交叉孔系

所示，加工时要保证孔系的位置要求。

1）平行孔系的镗削方法有找正法、坐标法、镗模法、金刚镗削法等。

2）同轴孔系的镗削方法有转动工作台法、工件调头重新装夹法和利用已加工孔作支承导向法等。

3）垂直孔系的镗削方法有弯板与回转台结合法、回转法和心轴找正法等。

3. 镗削加工实例

如图 6-25 所示为箱体零件图及三维效果图。零件材料为 HT200，毛坯为铸件，并经时效处理。箱体毛坯已铸出 $\phi76$mm、$\phi81$mm 的孔。说明：图中两孔的左端为后端面，右端为前端面。

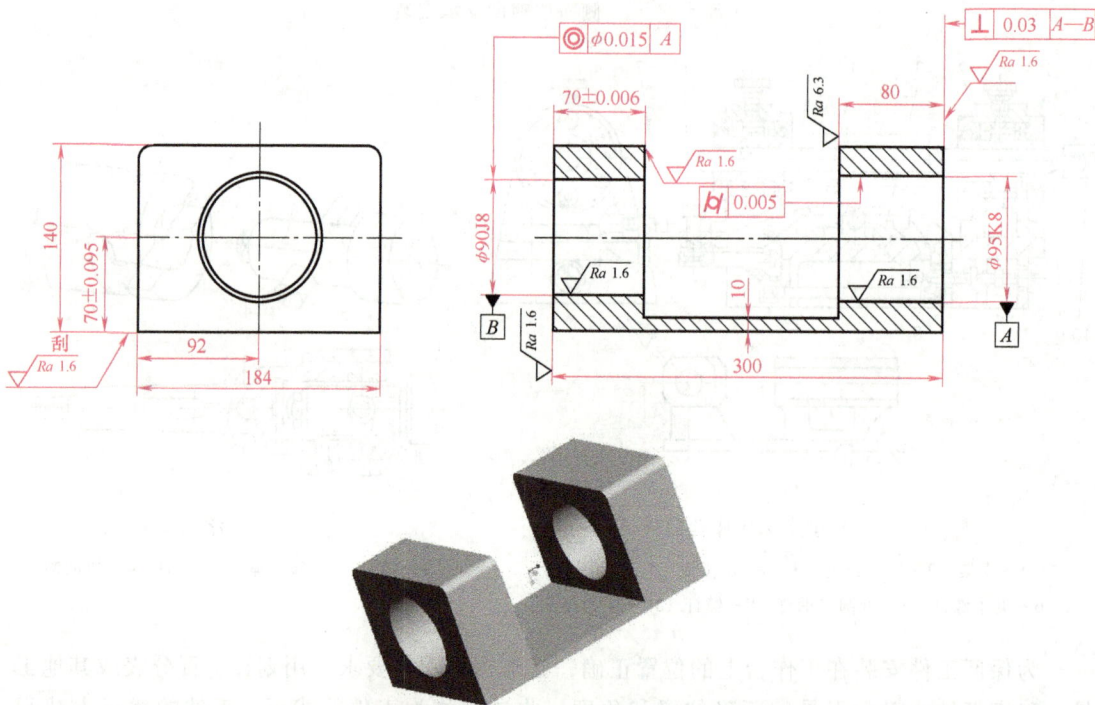

图 6-25 箱体零件图及三维效果图

（1）**刀具选择** 选择单刃镗刀、半精镗刀、浮动镗刀、45°端面粗、精镗刀头；A 型双支承浮动镗杆一根，A 型双支承镗杆一根；平旋盘刀座。刀头材料为 YG6、YG8 类硬质合金。

（2）**工件在机床上的装夹方法** 工件的第一次装夹：由于该工件的底面既是安装面又是加工孔的测量基准面，所以选择底面作为安装基准面，使三基准面重合，如图 6-26 所示。工件应伸出工作台 5～6mm，有利于顺利加工。

工件的第二次装夹与找正：工件调头装夹；找正两孔后端面，应按工件已加工好的孔找正，如图 6-27 所示。

（3）**切削用量的选择** 见表 6-1。

（4）**加工工艺过程** 由零件图的主要技术要求可知，该箱体上有 $\phi95$K8、$\phi90$J8 两个圆柱孔和孔的端面需要镗削。该箱体的两个孔为同轴孔系，采用长镗杆与尾座联合镗削同轴孔

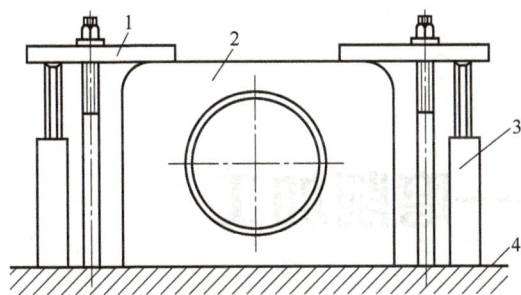

图 6-26　工件装夹

1—压板　2—工件　3—垫铁　4—工作台

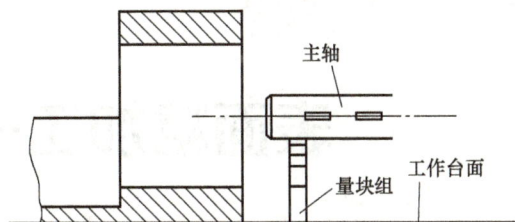

图 6-27　找正示意图

表 6-1　切削用量选择

切削用量	$\phi95K8$ 孔、$\phi90J8$ 孔			孔前端面		孔后端面	
	粗镗	半精镗	精镗	粗镗	精镗	粗镗	精镗
a_p/mm	4~5	1.4	0.25	2	0.5	4	0.5~1.5
f/(mm/r)	0.3~1.0	0.2~0.5	0.15	0.3~1.0	0.15~0.5	0.3~1.0	0.15~0.5
v_c/(m/min)	40~80	60~100	50~80	40~80	15~30	40~80	15~30

系；镗削端面时选择的镗杆尽可能短而粗。孔的端面加工一般安排在孔加工后，孔的端面加工采用平旋盘进给法，按粗镗、精镗分数次进给。

1）工件的第一次装夹与找正。

2）粗镗 $\phi95K8$ 孔至 $\phi93$mm。量具为内卡钳，粗镗可分 2~3 次。

3）粗镗 $\phi90J8$ 孔至 $\phi86$mm。量具为内卡钳，粗镗可分 2~3 次。

4）半精镗 $\phi95K8$ 孔。采用内卡钳和外径千分尺联合测量。

5）半精镗 $\phi90J8$ 孔。采用内卡钳和外径千分尺联合测量。

6）精镗 $\phi95K8$ 孔至图样要求。采用内卡钳和外径千分尺联合测量。

7）精镗 $\phi90J8$ 孔至图样要求。采用内卡钳和外径千分尺联合测量。

8）粗镗 $\phi95$mm 孔前端面，保证孔长 88mm，留精镗余量 2mm。

9）精镗 $\phi95$mm 孔前端面，保证孔长 86mm。

10）粗镗 $\phi90$mm 孔前端面，保证孔长 78mm，留精镗余量 2mm。

11）精镗 $\phi90$mm 孔前端面，保证孔长 76mm。

12）工件的第二次装夹与找正。

13）粗镗 $\phi90$mm 孔后端面，保证孔长 72mm，留精镗余量 2mm。

14）精镗 $\phi90$mm 孔后端面至图样要求，分 2 次镗削，保证孔长（70±0.006）mm，并保证箱体总长 300mm。

15）粗镗 $\phi95$mm 孔后端面，保证孔长 82mm，留精镗余量 2mm。

16）精镗 $\phi95$mm 孔后端面至图样要求，分 2 次镗削，保证孔长 80mm。

镗削完毕，自检尺寸，合格后卸下工件。

表面精加工——磨削加工

7.1 磨削工作内容

1. 磨削加工范围

磨削加工是以砂轮的高速旋转作为主运动，以工件低速旋转和直线移动（或磨头的移动）作为进给运动，切去工件上多余金属层的一种切削加工方法。

磨削加工的应用范围广泛，如图 7-1 所示，可以加工内外圆柱面、内外圆锥面、平面、成形面和组合面等。磨削可加工用其他切削方法难以加工的高硬、超硬材料，如淬硬钢、高强度合金、硬质合金和陶瓷材料等。磨削还可以用于荒加工（磨削钢坯、割浇冒口等）、粗加工、精加工和超精加工。

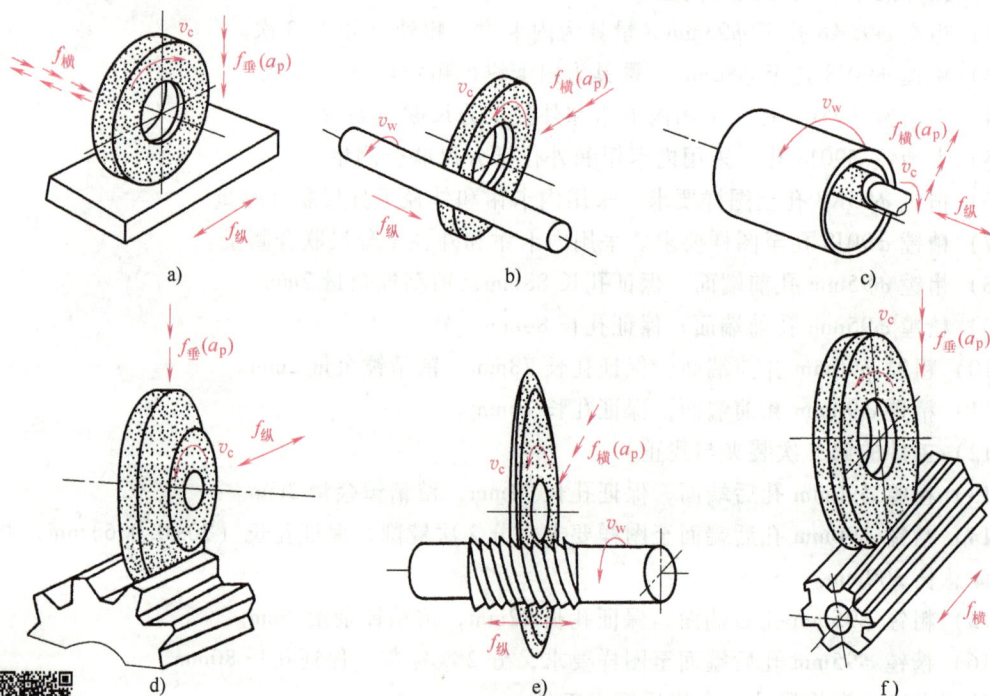

图 7-1　磨削的加工范围

a）磨平面　b）磨外圆　c）磨内圆　d）磨齿轮齿形　e）磨螺纹　f）磨花键

磨削加工

2. 磨削加工的特点及其精度

磨削使用的砂轮是一种特殊工具，每颗磨粒相当于一个刀齿，整块砂轮就相当于一把刀齿极多的铣刀。磨削加工除了具有切削作用外，还具有刻划和磨光作用。

（1）砂轮切削刃不规则 切削刃的形状、大小和分布均处于不规则的随机状态，通常切削时有很大的负前角和较小的后角。

（2）磨削加工余量小、加工精度高 除了高速强力磨削能加工毛坯外，磨削工件之前必须先进行粗加工和半精加工。磨削加工精度为 IT5~IT7，表面粗糙度值为 $Ra0.2~0.8\mu m$。采用高精度磨削方法，表面粗糙度值可达 $Ra0.006~0.1\mu m$。

（3）磨削速度高、温度高 一般磨削速度为 35m/s 左右，高速磨削时可达 60m/s。目前，磨削速度已可达到 120m/s。但在磨削过程中，砂轮对工件有强烈的挤压和摩擦作用，使磨削区域的瞬时温度可达 1000℃ 左右，所以必须加注大量的切削液，减小背吃刀量，适当减小砂轮转速及提高工件转速。

（4）适应性强 就工件材料而言，不论软硬材料均能磨削；就工件表面而言，很多表面质量要求较高的工件表面均能加工；此外，还能对各种复杂的刀具进行刃磨。

（5）砂轮具有自锐性 在磨削过程中，砂轮的磨粒逐渐变钝，作用在磨粒上的切削抗力就会增大，使磨钝的磨粒破碎并脱落，露出锋利刃口继续切削，这就是砂轮的自锐性，它能使砂轮保持良好的切削性能。

7.2 磨床

用磨具（砂轮、砂带或油石等）作为工具对工件表面进行切削加工的机床，统称为磨床。磨床是金属切削机床中的一种。除了某些形状特别复杂的表面外，机器零件的大多数表面都能用磨床加工，因此磨床有许多种类。在生产中用得最多的是外圆磨床、内圆磨床、平面磨床、无心磨床和万能工具磨床等。其他磨床如齿轮磨床、螺纹磨床、凸轮轴磨床等，由于用途比较单一，使用不广泛。

M1432A 型万能外圆磨床是普通精度级万能外圆磨床，主要用于磨削 IT6~IT7 精度的圆柱形、圆锥形的外圆和内孔，还可磨削阶梯轴的轴肩、端平面等。磨削后表面粗糙度值为 $Ra0.05~1.25\mu m$，但其生产率低，适用于单件小批生产。

（1）M1432A 型万能外圆磨床的外形 如图 7-2 所示，它的主要组成部分如下：

1）床身。它是磨床的基础支承件，床身内部作为液压系统的油池，并装有液压传动部件。

2）头架。它用于安装和支持工件，并带动工件转动。头架可绕其垂直轴线转动一定角度，以便磨削锥度较大的圆锥面。

3）工作台。它由上、下两部分组成。上工作台可绕下工作台的心轴在水平面内调整至一定角度位置，以便磨削锥度较小的长圆锥面。

4）尾座。它和头架的前顶尖一起用于支承工件。脚踏操纵板控制尾座顶尖的伸缩，脚踏时尾座顶尖缩进，脚松时顶尖伸出。

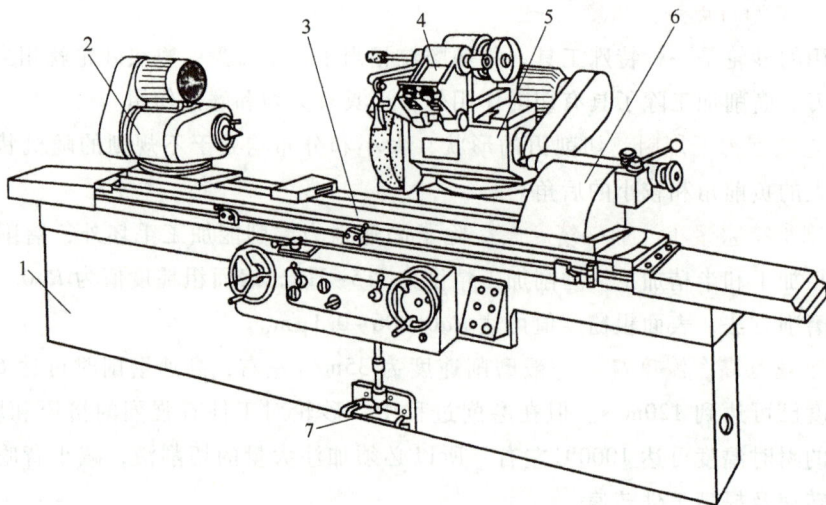

图 7-2　万能外圆磨床

1—床身　2—头架　3—工作台　4—内磨装置
5—砂轮架　6—尾座　7—脚踏操纵板

5）砂轮架。它用于支承并传动高速旋转的砂轮主轴。砂轮架安装在床身后部的横向导轨上，当需要磨削短圆锥面时，砂轮架可绕其垂直轴线转动一定的角度。砂轮架上的内磨装置用于支承磨内孔的砂轮主轴，内磨装置主轴由单独的内圆砂轮电动机驱动。砂轮架还可做定距离的横向快速进退运动。

（2）M1432A 型万能外圆磨床的运动　万能外圆磨床几种典型加工方法所对应的工作运动如图 7-3 所示。

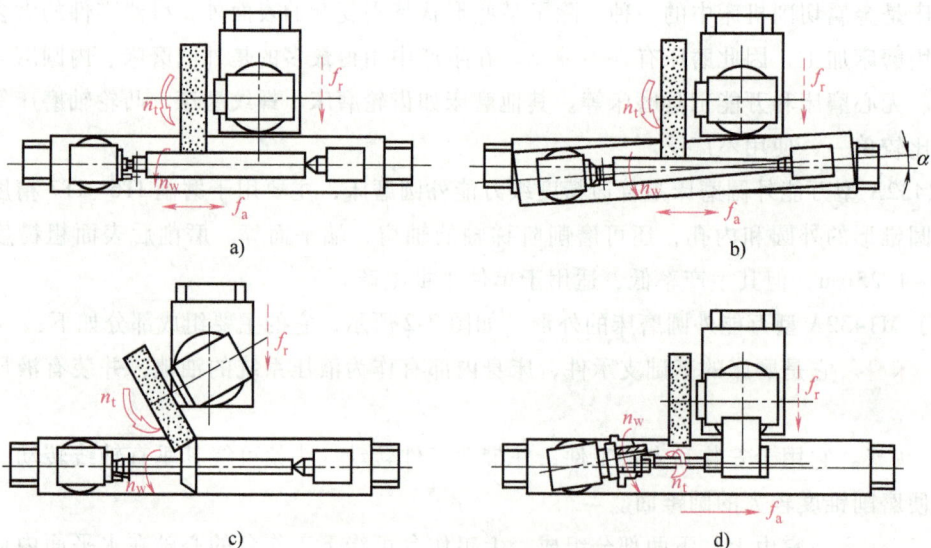

图 7-3　万能外圆磨床加工示意

a）磨外圆柱面　b）磨长圆锥面（扳转工作台）
c）磨短圆锥面（扳转砂轮架）　d）磨内圆锥面（扳转头架）

7.3 砂轮

1. 砂轮的结构

砂轮是磨削加工中最常用的旋转式磨具。它是利用结合剂将磨料颗粒黏结而成的多孔体。组成砂轮的三要素有磨粒、结合剂和气孔。

砂轮的制造比较复杂，由磨料、结合剂经压制与焙烧而制成。以陶瓷结合剂砂轮为例，将磨料、结合剂以适当的比例混料成形后，再经过干燥、烧结、整形、静平衡、硬度测定，以及最高工作线速度测量等程序而制成。在高温烧结过程中，结合剂与磨粒表面相互浸溶，形成多孔网状玻璃组织；磨粒依靠结合剂黏结在一起，在磨削时起直接的切削作用，把一层极薄的金属层从工件上切下来，如图 7-4 所示。

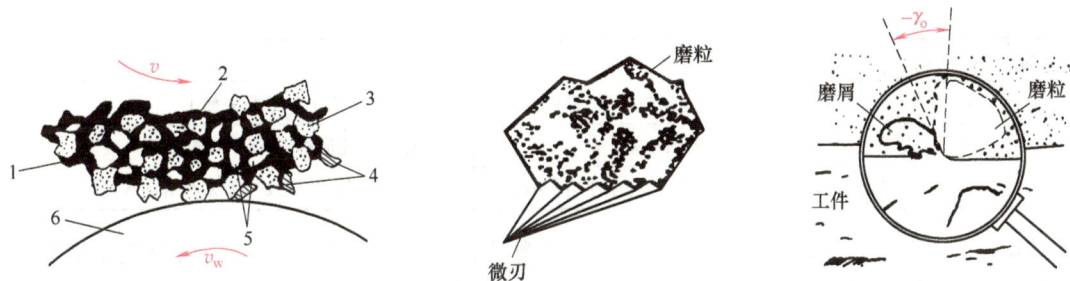

图 7-4 砂轮的结构

1—砂轮 2—结合剂 3—磨粒 4—磨屑 5—气孔 6—工件

砂轮中的磨粒有许多小刃口，每个刃口相当于一把小刀子，称为切削刃。由于在磨削过程中受磨削力和磨削热的影响，所以切削刃是不断变化的。

2. 砂轮的组成要素

（1）磨料 磨料分为天然磨料和人造磨料两大类。一般天然磨料含杂质多，质地不均。天然金刚石虽好，但价格昂贵，故目前主要使用的是人造磨料。

刚玉系列普通磨料主要成分为氧化铝，适用于磨削各种钢料，如不锈钢、高强度钢、退火的可锻铸铁、硬青铜等。棕刚玉代号为 A，白刚玉代号为 WA。

碳化物系列普通磨料主要成分为碳化硅，适合磨削铸铁、青铜、软铜、铝、硬质合金等。黑碳化硅代号为 C，绿碳化硅代号为 GC。

超硬磨料（如人造金刚石、立方氮化硼等）适合于磨削高速钢、硬质合金、宝石等。

（2）粒度 粒度是指磨料颗粒的大小。粒度分粗磨粒和微粉两组。

1）粗磨粒可用机械筛分法来检验，以每英寸（1in = 25.4mm）筛网长度上筛孔的数目表示，F46 粒度表示磨粒刚好能通过 46 格/in 的筛网。

2）微粉可用沉降法或电阻法来检验。

常用砂轮粒度号及其适用范围见表 7-1。

（3）结合剂 结合剂的性能决定了砂轮的强度、耐冲击性、耐蚀性和耐热性。此外，它对磨削温度、磨削表面质量也有一定的影响。

常用结合剂的种类、代号、性能及适用范围见表 7-2。

表7-1　常用砂轮粒度号及其适用范围

类别	粒度号	基本颗粒尺寸	适用范围	
粗磨粒	F14~F16	粗粒 1.00~2.00mm	荒磨、粗磨、打磨飞边等	
	F20~F36	粗中粒 400μm~1.00mm	修磨钢坯、打磨铸件毛坯、切断钢坯、磨电瓷瓶及耐火材料等	
	F40~F54	中粒 250~400μm	一般磨削，加工表面粗糙度值可达 Ra0.8μm	
	F60~F80	细粒 160~250μm	半精磨、精磨和成形磨削，加工表面粗糙度值可达 Ra0.1~0.8μm	
	F90~F220	微粒 50~160μm	精磨、精密磨、超精磨、成形磨、刀具刃磨、珩磨	
微粉	F230~F400	14~50μm	精磨、精密磨、超精磨、珩磨、小螺距螺纹磨、超精加工等	加工表面粗糙度值可达 Ra0.05~0.1μm
	F500~F1200	2.5~14μm	精磨、精细磨、超精磨、镜面磨、超精加工、制造研磨剂等	

表7-2　常用结合剂种类、代号、性能及适用范围

结合剂	代号	性能	适用范围
陶瓷	V	耐热、耐蚀、气孔率大、易保持廓形，弹性差	最常用，适用于各类磨削加工
树脂	B	强度较V高，弹性好，耐热性差	适用于高速磨削、切断、开槽等
橡胶	R	强度较B高，更富有弹性，气孔率小，耐热性差	适用于切断、开槽及作为无心磨的导轮

（4）**硬度**　砂轮的硬度是指磨具表面上的磨粒在切削力的作用下，从结合剂中脱落的难易程度。磨粒易脱落，则磨具的硬度低；反之，则硬度高。应注意不要把砂轮的硬度与磨粒自身的硬度混同起来。

如果砂轮太硬，则磨粒磨钝后仍不能脱落，磨削效率很低，工作表面很粗糙并可能烧伤。如果砂轮太软，则磨粒还未磨钝就已从砂轮上脱落，砂轮损耗大，形状不易保持，影响工件质量。

影响磨具硬度的主要因素是结合剂的量，结合剂多，磨具的硬度就高。砂轮的硬度分为7级，见表7-3。

表7-3　磨具硬度等级（GB/T 2484—2018）

硬度等级				软硬级别
A	B	C	D	超软
E	F	G	—	很软
H	—	J	K	软
L	M	N	—	中
P	Q	R	S	硬
T	—	—	—	很硬
—	Y	—	—	超硬

砂轮硬度选择的基本原则：保证磨具在磨削过程中有适当的自锐性，避免磨具产生过大的磨损，保证磨削时不产生过高的磨削温度。

当工件硬度较高时，选较软的砂轮；粗磨时，选较硬的砂轮；成形磨时，为保持砂轮形状，应选较硬的砂轮；磨削不连续表面时，因受冲击作用，磨粒易脱落，可选较硬的砂轮；

当工件导热性差，易烧伤时，应选较软的砂轮；当砂轮与工件接触面积大时，应选软一些的砂轮，如用砂轮端面磨平面应比磨外圆时的砂轮软一些。

（5）**组织**　组织表示砂轮中磨料、结合剂和气孔间的体积比例，用磨粒在砂轮中占有的体积百分数（即磨粒率）表示。砂轮共有 15 个组织号，见表 7-4。组织号从小到大，磨粒率由大到小，气孔率由小到大。砂轮组织号大，则组织松，砂轮不易被磨屑堵塞，能减少发热，但不易保持砂轮的轮廓形状，会降低成形磨削的精度，磨出的表面也较粗糙。

表 7-4　砂轮的组织号

组织号	0	1	2	3	4	5	6	7	8	9	10	11	12	13	14
磨粒率(%)	62	60	58	56	54	52	50	48	46	44	42	40	38	36	34
疏松程度	紧密				中等			疏松					大气孔		
适用范围	重负荷、成形、精密磨削、间断自由磨削或加工硬脆材料				外圆、内圆、无心磨及工具磨、淬火钢工件及刀具刃磨等			粗磨及磨削韧性大、硬度低的工件,适合磨削薄壁、细长工件,或砂轮与工件接触面大以及平面磨削等					磨削有色金属及塑料、橡胶等非金属以及热敏性大的合金		

3. 砂轮的形状、尺寸和标记

为了满足能在不同类型的磨床上磨削各种形状和尺寸工件的需要，砂轮有许多种形状和尺寸。常用的砂轮有不同的形状，如平形砂轮、筒形砂轮等。

砂轮的标记印在砂轮端面上，其内容依次是：磨具名称、产品标准号、基本形状代号、圆周型面代号、尺寸、磨料牌号、磨料种类、磨料粒度、硬度等级、组织号、结合剂种类、最高工作速度。例如平形砂轮 GB/T 2485 1 N-300×50×75-A/F60 L 5 V-35m/s，其含义为：1 表示基本形状代号（1 代表平形砂轮）；N 表示圆周型面为 N 型面；300 表示外径 D；50 表示厚度 T；75 表示孔径 H；A 表示磨料种类（棕刚玉）；F60 表示磨料粒度；L 表示硬度等级（中等）；5 表示组织号（中等）；V 表示结合剂种类（陶瓷）；35m/s 表示最高工作速度。

4. 砂轮的修整

钝化了的砂轮，失去了切削性能，必须适时进行修整，目的是清除已经磨损的砂轮表层，恢复砂轮的切削性能及正确的几何形状，以减小表面粗糙度值和延长砂轮的寿命。

在修整砂轮的方法中，金刚石笔车削修正法应用最广泛。如图 7-5 所示为用金刚石笔修整外圆，与车削外圆相似，砂轮旋转，金刚石笔切入一定深度后做纵向进给。

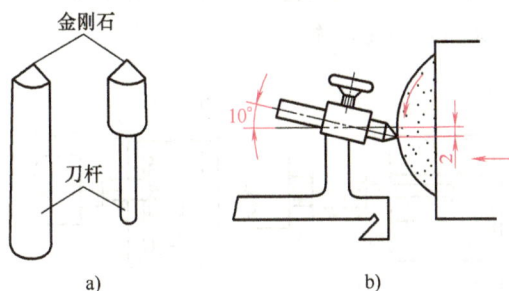

图 7-5　用金刚石笔修整砂轮

7.4　磨削的运动

磨削时，一般有四个运动，如图 7-6 所示。砂轮的旋转运动为主运动。进给运动有三个：工件的运动 v_w、轴向进给运动 f_a、径向进给运动 f_r（即 a_p）。图 7-6 中，B 为砂轮宽度。

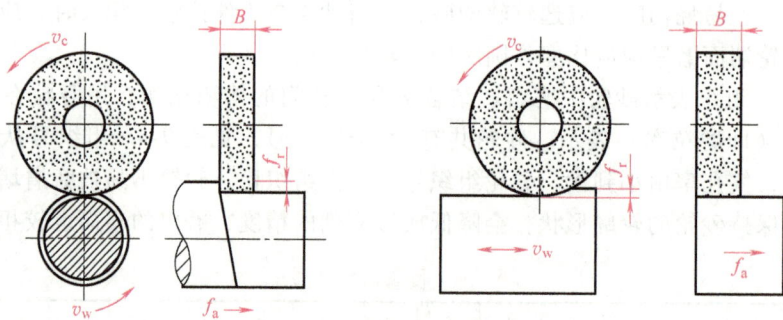

图 7-6 磨削时的运动示意图

7.5 磨削加工方法

1. 外圆磨削

外圆磨削是磨工最基本的工作内容之一，在普通外圆磨床上和万能外圆磨床上不仅能磨削轴、套筒等圆柱面，还能磨削锥面、端面（台阶部分）、球面和特殊形状的外表面等。

外圆磨削用两顶尖、卡盘或心轴装夹工件，具体方法有纵磨法、横磨法（无纵向进给）、综合磨削法、深磨法、斜向切入磨削法等。

2. 内圆磨削

磨外圆

内圆磨削是在内圆磨床上磨削各种圆柱孔（包括通孔、不通孔、阶梯孔、断续表面的孔等）和圆锥孔。工件可采用自定心卡盘或单动卡盘装夹，当工件较长且直径较大时，可用卡盘和中心架一起装夹。

普通内圆磨床是生产中应用最广泛的一种内圆磨床，其磨削方法如图 7-7 所示。磨削时，根据工件形状和尺寸的不同，可采用纵磨法（见图 7-7a）或横磨法（见图 7-7b）磨削内孔。某些普通内圆磨床上装备有专门的端磨装置，采用这种端磨装置，可在工件一次装夹中完成内孔和端面的磨削，如图 7-7c、d 所示。这样既容易保证孔和端面的垂直度，又可提高生产率。

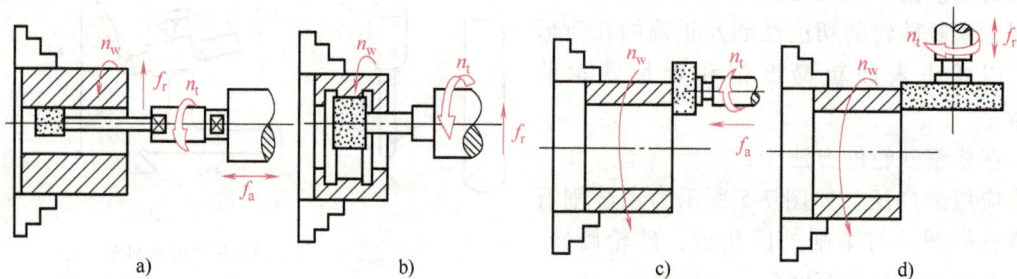

a)   b)   c)   d)

图 7-7 普通内圆磨床的磨削方法

3. 平面磨削

平面磨削时，工件的装夹采用电磁吸盘、精密虎钳或专用夹具。常用平面磨床的工作台上有电磁吸盘，用以安装钢和铸铁等磁性材料工件，利用电磁力将工件吸牢。对于铜、铝等非磁性材料，可以用精密虎钳或专用夹具装夹。

常见的平面磨削方式有四种，如图 7-8 所示，图中还反映了机床的布局形式。目前应用最广泛的是卧轴矩台和立轴圆台两种平面磨床。

如图 7-8a、b 所示属于圆周磨削，砂轮磨损均匀，加工精度高，但生产率较低。

如图 7-8c、d 所示属于端面磨削，砂轮与工件的接触面积大，生产率高，但砂轮磨损不均匀，所以加工精度不高。

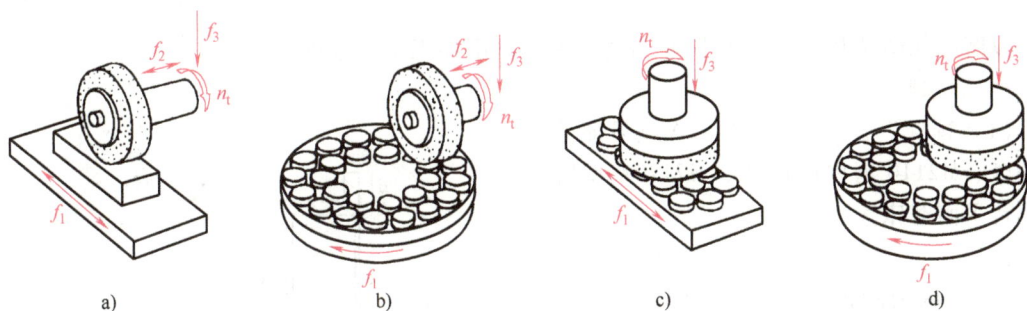

图 7-8　平面磨削方式

a）卧轴矩台平面磨床　b）卧轴圆台平面磨床　c）立轴矩台平面磨床　d）立轴圆台平面磨床

4. 无心外圆磨削

用无心外圆磨床加工时，工件可不必用顶尖或卡盘定心装夹，而是直接被放在砂轮和导轮之间，由托板和导轮支承，以工件被磨削的外圆表面本身作为定位基准面。

无心外圆磨床有三种磨削方法：贯穿磨削法（见图 7-9a、b）、切入磨削法（见图 7-9c）和强迫贯穿磨削法。

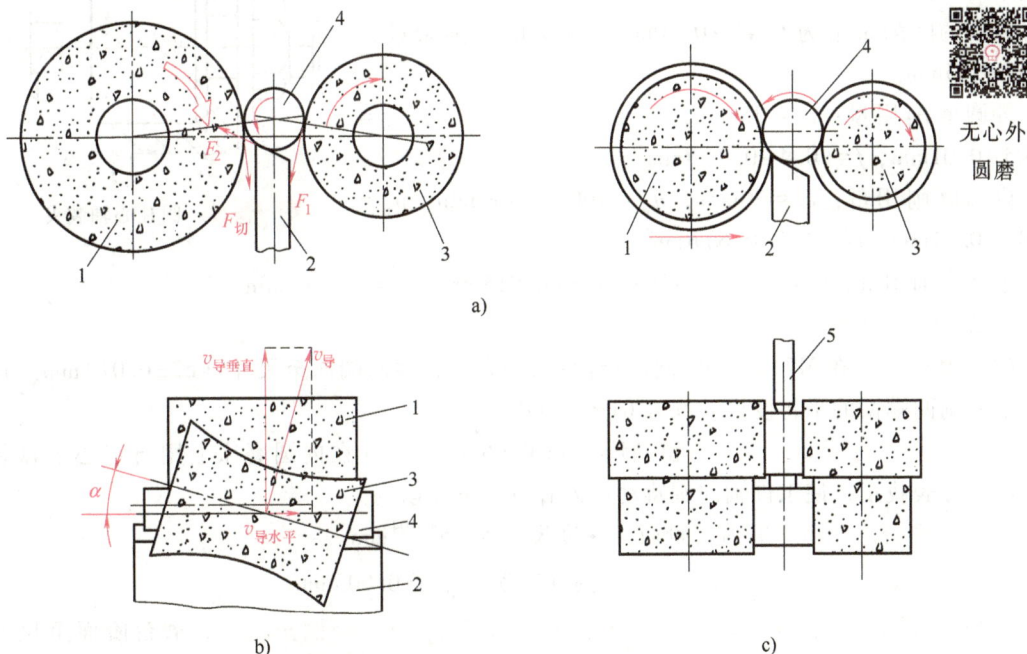

无心外圆磨

图 7-9　无心外圆磨床的工作原理

1—砂轮　2—托板　3—导轮　4—工件　5—挡销

5. 砂带磨削

用高速运动的砂带作为磨削工具，磨削各种表面的方法称为砂带磨削，砂带又称为软砂轮。

7.6 磨削加工实例

以磨削如图 7-10 所示的台阶套为例，说明磨削加工工艺过程。

1. 工艺准备

（1）选择设备 选择 M1432A 型万能外圆磨床、M2110 型内圆磨床、M7120A 型卧轴矩台平面磨床。

（2）选择砂轮 选择外圆砂轮（5-WA/F80M6V）、内圆砂轮（5-WA/F36L6V）、平形砂轮（WAF46J6V）。

（3）工件的定位与夹紧 平面磨削采用磁性吸盘装夹；内圆磨削采用自定心卡盘装夹，用百分表找正端面；外圆磨削采用圆柱心轴装夹，如图 7-11 所示。

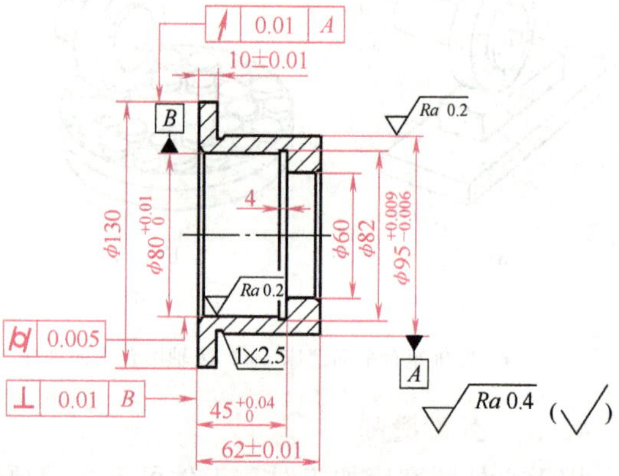

（4）磨削工艺 先磨端面，在平面磨床上分粗、精磨至尺寸；再采用先磨内圆，后以心轴装夹的方法来磨外圆。

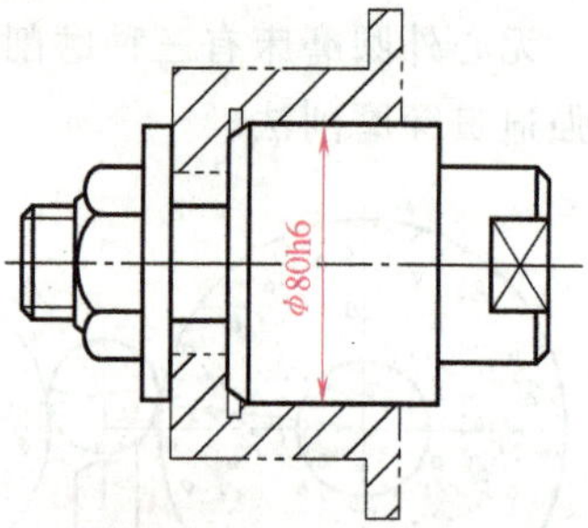

图 7-10 台阶套

内圆的磨削余量为 0.45~0.50mm；外圆的磨削余量为 0.05~0.55mm。

外圆磨削用量：$v_c = 35$m/s，$n_w = 104~200$r/min，$a_p = 0.005~0.01$mm，$f = (0.4~0.8)B$mm/r。

内圆磨削用量：$v_c = 30$m/s，$n_w = 100~150$r/min，$a_p = 0.005~0.01$mm，$f = (0.5~0.6)B$mm/r。

图 7-11 圆柱心轴装夹

平面磨削用量：$v_c = 30$m/s，$a_p = 0.005~0.015$mm，$v_w = 4~5$m/min。

2. 工件磨削步骤及注意事项

（1）磨端面 在 M7120A 型卧轴矩台平面磨床上，磨两端面至尺寸 (62 ± 0.01)mm。在工艺上控制两端面的平行度误差在 0.01mm 以内。

（2）粗磨内圆 $\phi 80^{+0.01}_{0}$mm 留精磨余量 0.05mm。工件在内圆磨床上用自定心卡盘装夹，用百分表找正，使工件轴向圆跳动误差在 0.01mm 以内。

（3）磨内台阶端面 磨内台阶面，深度尺寸为 $45^{+0.04}_{0}$mm。

（4）精磨 $\phi 80^{+0.01}_{0}$mm 内圆至尺寸 圆柱度误差小于 0.005mm。

（5）磨外圆 工件用心轴装夹，粗、精磨 $\phi 95^{+0.009}_{-0.006}$mm 外圆至尺寸，磨台阶面至尺寸 (10 ± 0.01)mm。

单元8

其 他 加 工

8.1 齿轮加工

8.1.1 齿形加工精度

齿轮传动是应用最广泛的一种传动方式，国家标准对渐开线圆柱齿轮和齿轮副规定了11个精度等级，1级精度最高，11级精度最低。齿轮的各项公差分为三组，第Ⅰ组主要控制齿轮在一转内的回转角误差；第Ⅱ组主要控制齿轮在一个周节角范围内的转角误差；第Ⅲ组主要控制齿轮齿向线的接触痕迹。

8.1.2 常用的齿形加工方法及适用范围

齿轮传动具有传动比准确、传动力大、效率高、结构紧凑、可靠耐用等优点，在各种机械及仪表中得到了广泛的应用。

齿轮的加工方式就其加工原理来说，可分为成形法和展成法两种，见表8-1。

表 8-1　常用的齿轮加工方法及适用范围

齿轮加工方法		刀具	机床	加工精度及适用范围
成形法	成形铣齿	模数铣刀	铣床	加工精度及生产率均较低，一般精度在9级以下
	拉齿	齿轮拉刀	拉床	精度和生产率均较高，但拉刀多为专用，制造困难、价格高 只用于大量生产，适用于拉内齿轮
	成形磨齿	砂轮	成形砂轮磨齿机	适用于大批量生产，适用于磨削内齿轮和齿数极少的齿轮
展成法	滚齿	齿轮滚刀	滚齿机	通常加工6~10级精度的齿轮，生产率较高，通用性好 常用于加工直齿圆柱齿轮、斜齿圆柱齿轮和蜗轮
	插齿	插齿刀	插齿机	通常加工7~9级精度的齿轮，生产率较高，通用性好 适用于加工内外齿轮、多联齿轮、扇形齿轮、齿条等
	剃齿	剃齿刀	剃齿机	能加工5~7级精度的齿轮，生产率较高 主要用于滚齿、插齿后、淬火前的齿形精加工
	挤齿	挤轮	挤齿机	无切屑加工，能加工6~8级精度的齿轮，生产率比剃齿高，成本低 多用于淬火前的齿形精加工，已代替剃齿
	珩齿	珩磨轮	珩齿机或剃齿机	能加工6~7级精度的齿轮 多用于经过剃齿和高频淬火后齿形的精加工，适用于批量生产
	磨齿	砂轮	磨齿机	能加工3~7级精度的齿轮，生产率较低，加工成本较高 多用于齿形淬硬后的精密加工，适用于单件小批生产

1. 成形法

成形法加工齿轮要求所用刀具的切削刃形状与被切齿轮的齿槽形状相吻合，例如在铣床上用盘形齿轮铣刀（见图 8-1a）或指形齿轮铣刀（见图 8-1b）铣削齿轮，由于形成渐开线齿廓的方法是成形法，因此机床不需要提供运动。而形成齿线的方法是相切法，机床需提供两个成形运动：一个是铣刀的旋转运动 B_1，另一个是铣刀沿齿坯的轴向移动 A_2，两个运动都是简单成形运动。图 8-1c 所示为铣削斜齿圆柱齿轮。

这种加工方法的优点是机床简单，但加工齿轮效率低、精度低，只适用于单件小批生产。8 把一套的盘形齿轮铣刀刀号及加工齿数范围见表 8-2。

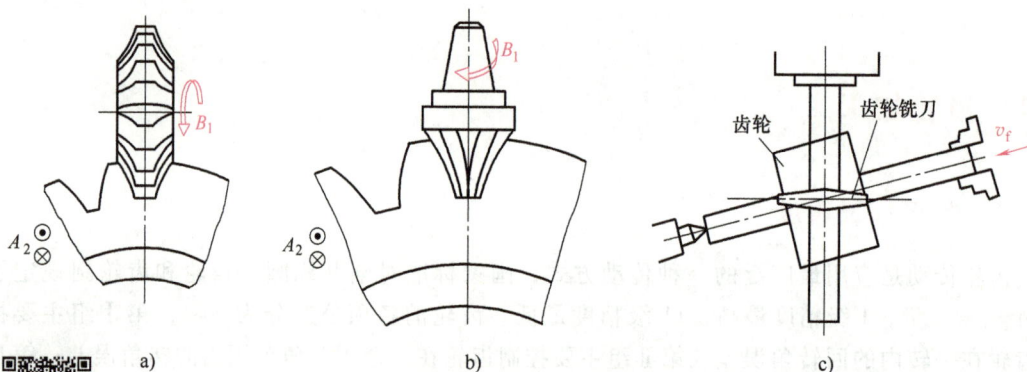

铣齿轮

图 8-1 成形法加工齿轮

a）盘形齿轮铣刀铣削　b）指形齿轮铣刀铣削　c）斜齿圆柱齿轮铣削

表 8-2　8 把一套的盘形齿轮铣刀刀号及加工齿数范围

刀号	1	2	3	4	5	6	7	8
加工齿数范围	12~13	14~16	17~20	21~25	26~34	35~54	55~134	135 以上

每种刀号的齿轮铣刀刀齿形状均按加工齿数范围中最少齿数的齿形设计，所以在加工该范围内其他齿数的齿轮时，会有一定的齿形误差。

2. 展成法

展成法加工齿轮利用了齿轮的啮合原理，即把齿轮啮合副（齿条—齿轮或齿轮—齿轮）中的一个开出切削刃，做成刀具，另一个则为工件，并强制刀具与工件严格啮合，在齿坯（工件）上留下刀具刃形的包络线，生成齿轮的渐开线齿廓。

展成法加工齿轮的优点是所用刀具的切削刃的形状相当于齿条或齿轮的齿廓，只要刀具与被加工齿轮的模数和压力角相同，则一把刀具可以加工同一模数不同齿数的齿轮，而且生产率和加工精度都比较高。在齿轮加工中，展成法应用最广泛，如滚齿机、插齿机、剃齿机等都采用这种加工方法，如图 8-2 所示。

（1）滚齿　滚齿是根据展成法原理来加工齿轮轮齿的方法，是由一对轴线交错的斜齿轮啮合传动演变而来的，如图 8-3 所示。

在如图 8-4a 所示的滚齿过程中，滚刀按给定的切削速度旋转时，在空间便形成一个等速移动的假想齿条，如图 8-4b 所示。在这个假想齿条与被切齿轮做一定速比的啮合运动的过程中，在齿坯上就滚切出齿轮的渐开线齿形。渐开线齿廓在滚刀与齿坯的对滚过程中由切

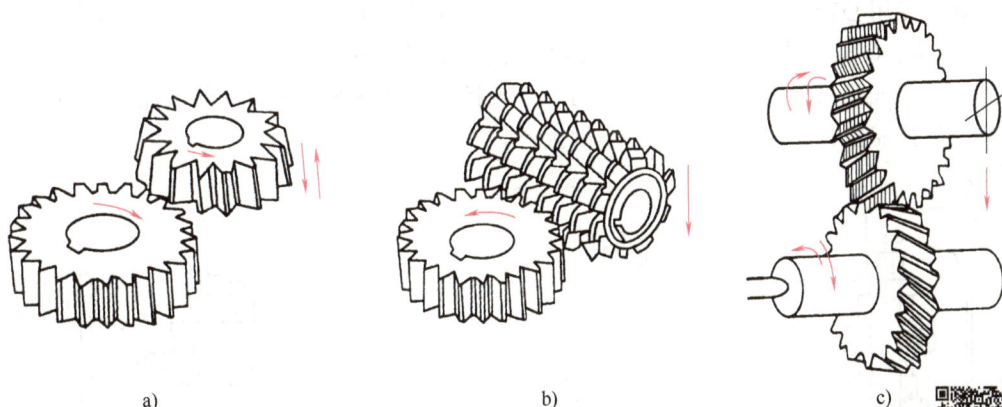

图 8-2 展成法加工齿轮

a) 插齿 b) 滚齿 c) 剃齿

展成法

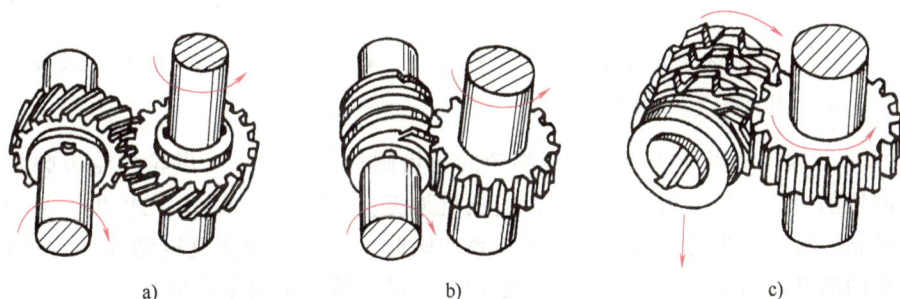

图 8-3 滚齿

削刃一系列瞬间位置包络而成，如图 8-4c 所示。滚刀的旋转运动 B_1 与工件的旋转运动 B_2 组合而成的复合成形运动，即为展成运动。滚齿时滚刀与工件之间必须保证严格的运动关系：当滚刀转过一转时，工件必须相应转过 k/z 转（k 为滚刀头数，z 为工件齿数），以保证两者的对滚关系。

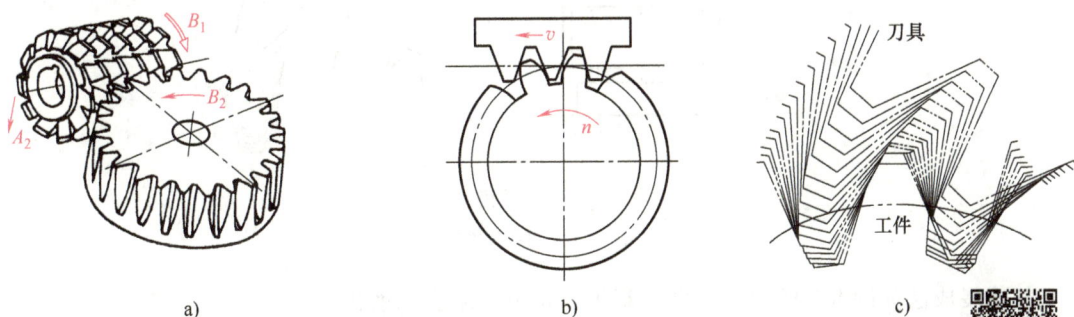

图 8-4 展成法形成渐开线齿形

滚齿加工

在滚齿机上加工齿轮时，工件的定位有两种方式。

一种方式是以工件的内孔和端面为定位基准安装，工件的内孔套在专用的心轴上，端面靠紧支承元件，然后用螺母压紧，如图 8-5a 所示。这种装夹方式生产率高，但由于齿坯精度要求高，专用心轴制作精度高、成本高，故适合大量生产。安装心轴时，要按图 8-5b 所示检查 A、B、C 三点的跳动量，A、B 之间的距离为 150mm。

另一种方式是以外圆和端面定位，用千分表找正，如图 8-6 所示。若采用这种方法，加工每个工件都需找正，故适用于单件小批生产。

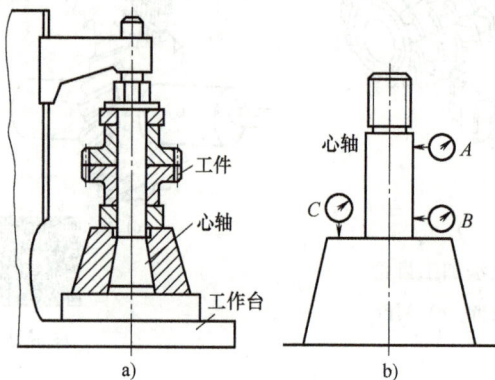

图 8-5　心轴安装图

a）工件安装　b）心轴找正

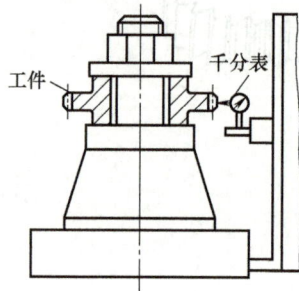

图 8-6　外圆找正安装

（2）**插齿**　插齿相当于把一对相互啮合的直齿圆柱齿轮中一个齿轮的轮齿磨制成具有前、后角的切削刃，以这一齿轮作为插齿刀进行加工。如图 8-7 所示，在插齿刀与相啮合的齿坯之间强制保持一对齿轮啮合的传动比关系的同时，插齿刀做往复运动（主运动），就能包络出合格的渐开线齿廓。从齿廓成形的原理上来讲，插齿也属于展成法。

插齿可用于加工直齿和斜齿圆柱齿轮，特别适合加工在滚齿机上不能加工的多联齿轮和内齿轮。

插齿加工

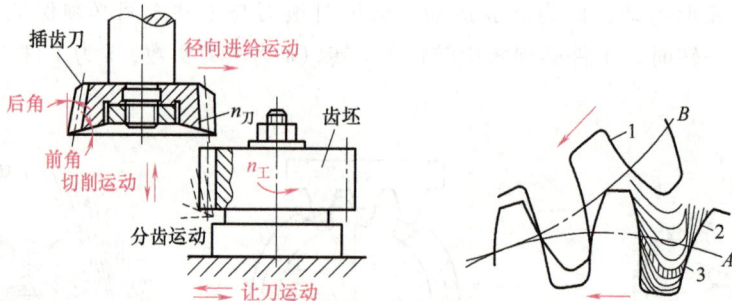

图 8-7　插齿

1—动线　2、3—包络线

其他展成法如图 8-8 所示，分别为剃齿、挤齿、珩齿和磨齿。

8.1.3　齿轮加工实例

加工如图 8-9 所示直齿圆柱齿轮，需批量生产该齿轮。

齿轮加工工艺过程分析。齿轮的加工工艺过程应根据齿轮的结构形状、材料及热处理要求、精度要求、生产批量和生产条件确定。常用的齿轮加工方案如下。

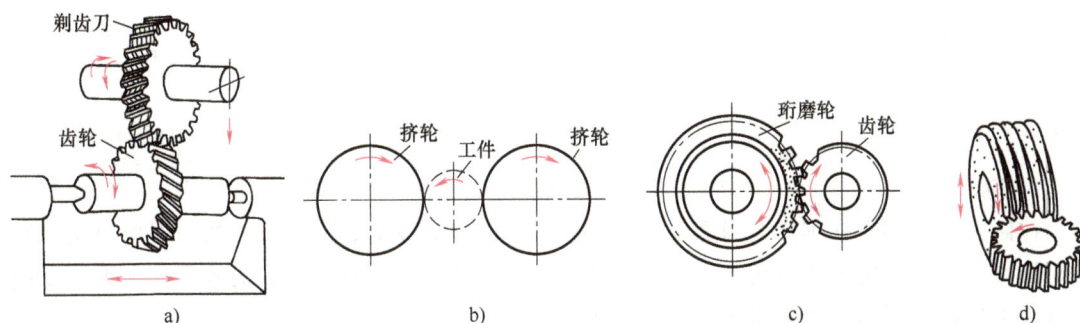

图 8-8　其他展成法

a）剃齿　b）挤齿　c）珩齿　d）磨齿

剃齿加工　珩齿加工　磨齿加工

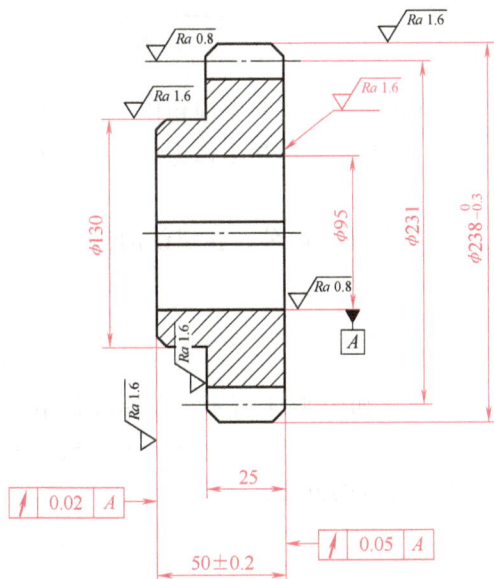

模数	m	4mm
齿数	z	50
压力角	α	20°
变位系数	x	0
精度等级		766kM
公法线长度变动公差	F_w	0.036mm
径向综合公差	F_z	0.08mm
齿向公差	F_β	0.009mm
公法线平均长度	$W=80.72^{-0.14}_{-0.19}$ mm	

技术要求

1. 材料：45钢。
2. 热处理：表面高频淬火，硬度52HRC。

图 8-9　直齿圆柱齿轮

1）8级以下精度的齿轮：对于调质齿轮，滚齿或插齿就能满足要求；对于淬硬齿轮，可采用"滚（或插）齿—齿端加工—齿面热处理—找正内孔"的加工方案。

2）6~7级精度的齿轮：对于淬硬齿面的齿轮，可采用"滚（或插）齿—齿端加工—剃齿—表面淬火—找正基准—珩磨（蜗杆砂轮磨齿）"的加工方案。这种方案加工精度稳定，生产率高，适用于批量生产。

3）5级以上精度的齿轮：一般采用"粗滚齿—精滚齿—表面淬火—找正基准—粗磨齿—精磨齿"的加工方案。

该齿轮材料为 45 钢，精度等级为 766kM，齿廓表面粗糙度值为 $Ra0.8\mu m$，齿部热处理要求为表面高频淬火，硬度 52HRC。因此，采用的加工方案是：滚齿—齿端加工—剃齿—表面淬火—找正基准—珩磨（蜗杆砂轮磨齿）。

8.2 螺纹加工

8.2.1 螺纹的车削加工

1. 用螺纹车刀车削内、外螺纹

在卧式车床和丝杠车床上用螺纹车刀车削螺纹时，螺纹的廓形由车刀的刃形所决定，而螺距则是依靠调整机床的运动来保证的。这种加工方法所用刀具简单，适应性广，无需专用设备，但生产率不高，主要用于单件小批生产。

2. 用螺纹梳刀车削螺纹

在成批生产中，常采用各种螺纹梳刀车削螺纹。梳刀实质上是多齿螺纹车刀，一般有 6~8 个刀齿，分为切削和校准两部分，如图 8-10 所示。

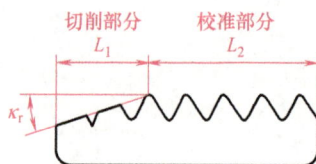

图 8-10 螺纹梳刀的刀齿

8.2.2 螺纹的铣削加工

螺纹的铣削加工多用于加工大直径的梯形螺纹和模数螺纹。与车削相比，螺纹的铣削加工精度较低、表面粗糙度值较大、生产率较高，常在大批大量生产中作为螺纹的粗加工或半精加工工序。

螺纹的铣削加工有盘形铣刀铣削螺纹和旋风法铣削螺纹两种。在螺纹的铣削加工过程中，铣刀做旋转运动，工件旋转并做直线移动。

8.2.3 攻螺纹和套螺纹

攻螺纹和套螺纹多是用手工操作加工螺纹的方法，如图 8-11 所示。攻螺纹是用丝锥加工内螺纹，套螺纹是用板牙加工外螺纹。可利用攻螺纹夹头在车床、钻床及专用机床上进行机动加工。对于小尺寸的内螺纹，攻螺纹几乎是唯一有效的方法。

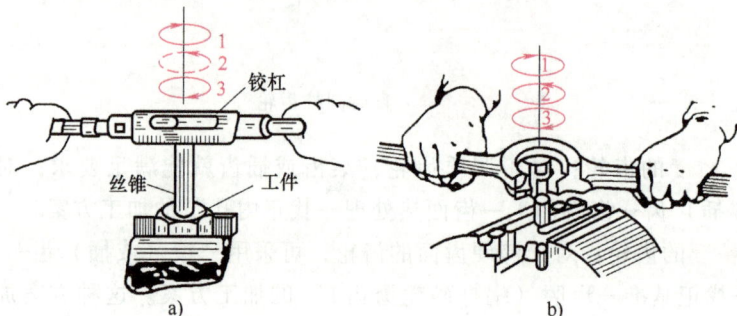

图 8-11 手工操作加工螺纹

a）攻螺纹 b）套螺纹

1. 攻螺纹

攻螺纹的工具是丝锥，丝锥的外形结构如图 8-12 所示，它的工作部分实际上是一个轴向开槽的外螺纹，分切削和校准两部分。

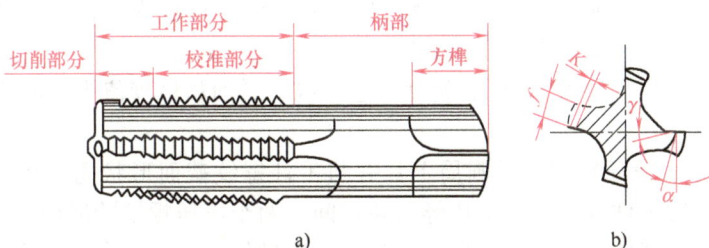

图 8-12 常用丝锥的结构

a) 外形 b) 切削部分和校准部分的角度

攻螺纹辅具有手用丝锥铰杠和机用丝锥夹头。

攻螺纹时，底孔直径可由经验公式算出。在加工钢等塑性较大的材料，扩张力中等的条件下，攻螺纹前钻螺纹底孔用钻头的直径 $D_钻 = D - P$（D 为螺纹大径；P 为螺距）；在加工铸铁等塑性较小的材料，扩张力较小的条件下，$D_钻 = D - (1.5 \sim 1.1)P$。

底孔深度的确定：攻不通孔的螺纹时，因丝锥不能攻到底，所以孔的深度要大于螺纹长度，即钻孔深度=所需螺孔深度+0.7D（D 为螺纹大径）。

2. 套螺纹

套螺纹工具是板牙，常用的板牙有圆板牙和活动管子板牙。圆板牙有固定式和开缝式（可调）两种。如图 8-13a 所示为常用的开缝式圆板牙，它的基本结构是一个螺母，在端面上钻出几个排屑孔以形成前刀面和切削刃。

套螺纹辅具是板牙架，用来装夹板牙，分为圆板牙架（见图 8-13b）和管子板牙架等。

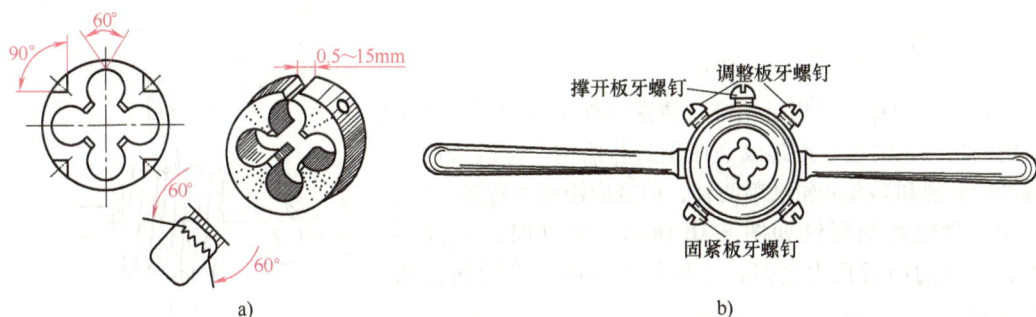

图 8-13 开缝式圆板牙和圆板牙架

a) 开缝式圆板牙 b) 圆板牙架

套螺纹前圆杆直径的确定：圆杆直径应略小于螺纹大径的公称尺寸 d，一般按经验公式计算：圆杆直径 $d_杆 = d - 0.13P$（d 为螺纹大径；P 为螺距）；也可以查表确定圆杆的直径。

8.2.4 螺纹的滚压加工

螺纹的滚压加工是一种无屑加工方法，是利用压力加工方法使金属产生塑性变形而形成各种圆柱形或圆锥形螺纹。滚压加工生产率高，可节省金属材料，工具寿命长，因此适用于大批量生产。螺纹的滚压加工方法有搓螺纹和滚压螺纹两种。

1. 搓螺纹

如图 8-14 所示，搓螺纹时，工件放在固定的搓螺纹板（静板）与活动的搓螺纹板（动板）之间。两搓螺纹板的平面上均有斜槽，其截面形状与待搓螺纹的牙形相符。当活动搓螺纹板移动时，即在工件表面上挤压出螺纹。

搓螺纹的工件最大直径为 25mm，精度可达 5 级，表面粗糙度值为 $Ra0.8\sim1.6\mu m$。

2. 滚压螺纹

如图 8-15 所示，滚压螺纹轮外圆周上具有与工件螺纹截面形状完全相同，但旋向相反的螺纹。滚压螺纹时工件放在两个滚压螺纹轮之间。两个滚压螺纹轮同向等速旋转，带动工件旋转，同时一滚压螺纹轮向另一滚压螺纹轮做径向进给，从而逐渐挤压出螺纹。

滚压螺纹的工件直径为 $0.3\sim120mm$，精度可达 3 级，表面粗糙度值为 $Ra0.2\sim0.8\mu m$。滚压螺纹生产率比搓螺纹低，可用来滚制螺钉、丝锥等。

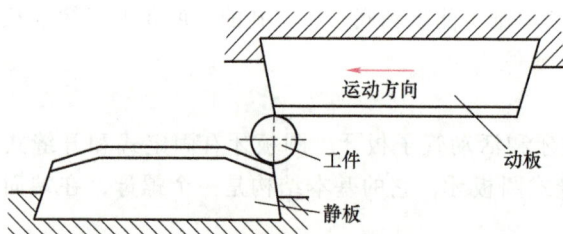

图 8-14　搓螺纹

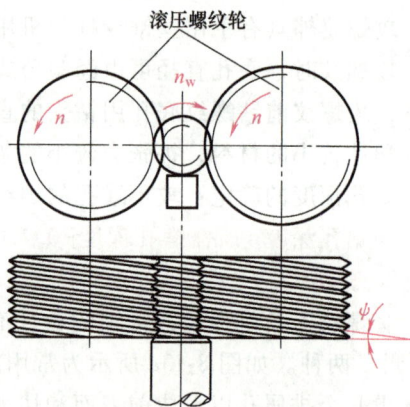

图 8-15　滚压螺纹

8.2.5　螺纹的磨削

精密螺纹如螺纹量规、丝锥、精密丝杠及滚刀等，在车削或铣削之后，需在专用螺纹磨床上进行磨削。螺纹磨削有单线砂轮磨削和多线砂轮磨削两种，前者应用较为普遍。

单线砂轮磨削螺纹如图 8-16 所示，磨削时，工件装在螺纹磨床的前后顶尖之间，工件每转一周，沿轴向移动一个导程。

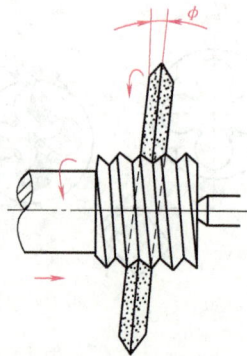

8.2.6　螺纹的测量

图 8-16　单线砂轮磨削螺纹

（1）单项测量　用游标卡尺测量大径，用钢直尺或螺距规测量螺距，用螺纹千分尺或三针测量中径。

（2）综合测量　用螺纹塞规和环规分别检测内螺纹和外螺纹的精度。

8.3　拉削加工

8.3.1　拉削加工范围

拉削是一种高生产率的加工方法，是利用特制的拉刀在拉床上进行的。拉刀是一类加工内、外表面的多齿高效刀具，依靠刀具尺寸或廓形变化切除加工余量，以达到要求的形状尺寸和表面粗糙度。

如图 8-17 所示为拉孔示意图。如图 8-18 所示为拉削外表面示意图。拉削只有主运动，它是拉刀与工件的相对等速直线运动，拉削的进给运动依靠后一刀齿的齿升量（前后刀齿的高度差）来实现。如图 8-19 所示，当刀具在切削时所承受的是压力而不是拉力时，这种刀具称为推刀。推刀容易弯曲折断，长度受到限制，不如拉刀用得广泛。

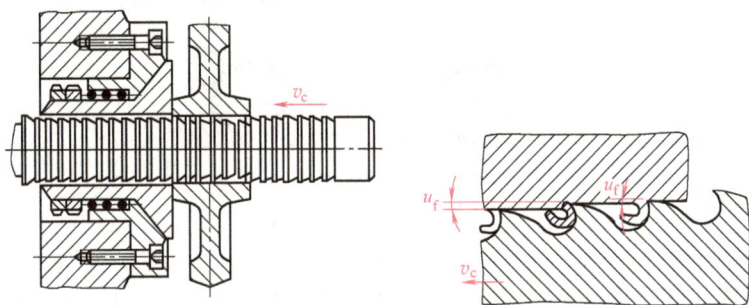

拉削加工

图 8-17　拉孔

拉削可以认为是刨削的进一步发展。按加工表面特征不同，拉削分为内拉削和外拉削，其加工范围如图 8-20 和图 8-21 所示。

内拉削用来加工各种截面形状的通孔和孔内通槽，拉削前要有已加工孔，让拉刀能从中插入。拉削的孔径范围为 8～125mm，孔深不超过孔径的 5 倍。

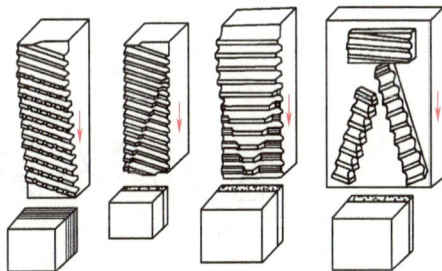

图 8-18　拉削外表面

外拉削用来加工非封闭性表面，如平面、沟槽等，特别适合于在大量生产中加工比较大的平面和复合型面，如汽车和拖拉机的气缸体、轴承座和连杆等。

拉削不能加工台阶孔和不通孔。由于拉床工作的特点，复杂形状零件上的孔（如箱体上的孔）也不宜进行拉削。

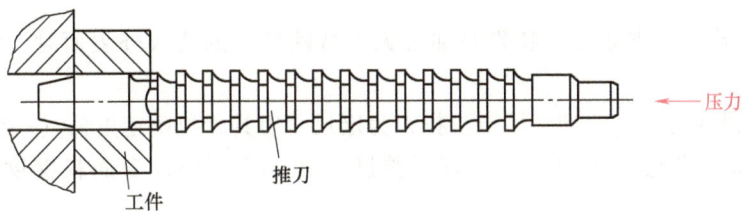

图 8-19　推刀

8.3.2　拉削加工的特点

1）拉削过程只有主运动，没有进给运动，对操作人员的技术水平和熟练程度要求较低。

2）拉刀是多刃刀具，一次行程可同时完成粗、精加工，效率高，生产率较高。在大量

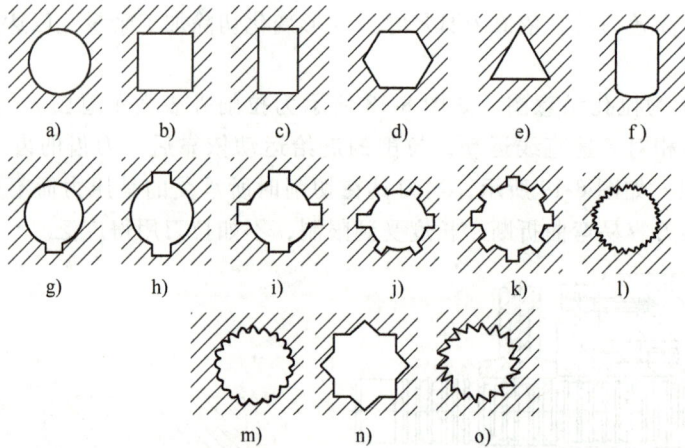

图 8-20　内拉削的加工范围

a）圆孔　b）方孔　c）长方孔　d）六角孔　e）三角孔　f）鼓形孔　g）键槽
h）双键槽　i）四键槽　j）、k）花键　l）尖齿孔　m）内齿轮　n）交叉方孔　o）内圆锯齿孔

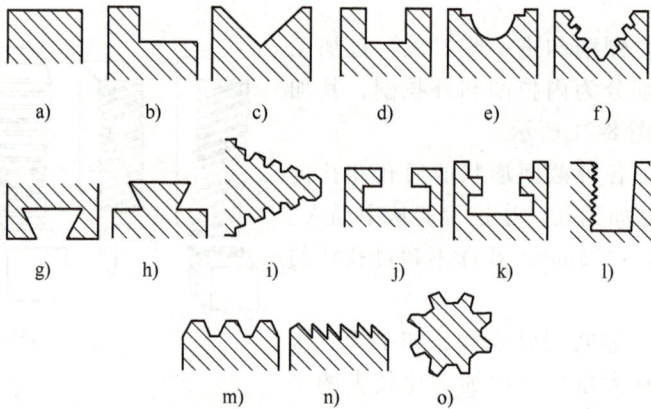

图 8-21　外拉削的加工范围

a）平面　b）相互垂直的平面　c）V形槽　d）凹槽　e）成形曲面　f）榫槽　g）燕尾槽
h）燕尾头　i）叶片形槽　j）T形槽　k）工形槽　l）尖齿槽　m）梯形齿　n）锯齿槽　o）齿轮

或成批生产时，拉削成本较低，特别是加工大批特殊形状的孔或外表面时，效率优势更加显著。

3）拉削可以获得较高的加工质量。拉刀为定尺寸刀具，拉削速度低（$v_c = 2 \sim 8\text{m/min}$），不会产生积屑瘤，因此拉削加工质量好，精度可达 IT7 ~ IT8，表面粗糙度值为 $Ra0.4 \sim 1.6\mu\text{m}$。

4）拉刀使用寿命长。在每次拉削过程中，每个刀齿只切削一次，工作时间短，拉刀磨损慢，刃磨一次可以加工数以千计的工件，且拉刀刀齿磨钝后，还可重磨几次。

5）拉削属于封闭式切削，容屑、排屑和散热均较困难。通常在切削刃上磨出分屑槽，并给出足够的齿间容屑空间及合理的容屑槽形状，以便切屑自由卷曲。

6）拉刀制造复杂，成本高，一把拉刀只适用于加工一种规格尺寸的型孔或槽，因此拉削主要适用于大批大量生产和成批生产中。

8.4　珩磨与研磨

8.4.1　珩磨

1. 珩磨加工的范围

珩磨是利用带有磨条（油石）的珩磨头对孔进行精整、光整加工的方法，主要用于通孔、不通孔和深孔等的超精加工，在磨削或精镗后进行，是最后一道工序。珩磨适用于大批量生产，可以获得很高的尺寸精度和形状精度，珩磨孔的尺寸精度可以达到 IT6，圆度和圆柱度可达 $0.003 \sim 0.005\mu m$，表面粗糙度值通常为 $Ra0.04 \sim 0.63\mu m$，有时可达 $Ra0.01 \sim 0.02\mu m$ 的镜面表面。

珩磨的应用范围很广，可加工铸铁件、淬硬和不淬硬的钢件以及青铜等。由于珩磨加工的孔径为 $\phi5 \sim \phi500mm$，也可加工 $L/D>10$ 的深孔，因此广泛应用于加工发动机的气缸、液压装置的液压缸以及各种炮筒的孔。但珩磨不适用于加工塑性较大的有色金属工件上的孔，也不能加工带键槽的孔、花键孔等断续表面。

2. 珩磨加工的原理

珩磨孔的工具为珩磨头，珩磨头与珩磨机主轴一般采用浮动连接，以被加工孔本身定位，因此珩磨加工只能提高内孔的尺寸精度和表面质量，不能修正孔的位置精度和孔的直线度。

珩磨时，工件固定不动，珩磨头的旋转和往复直线运动是珩磨的主要运动（见图 8-22a），切削轨迹是交叉而不重复的网纹，如图 8-22b 所示。

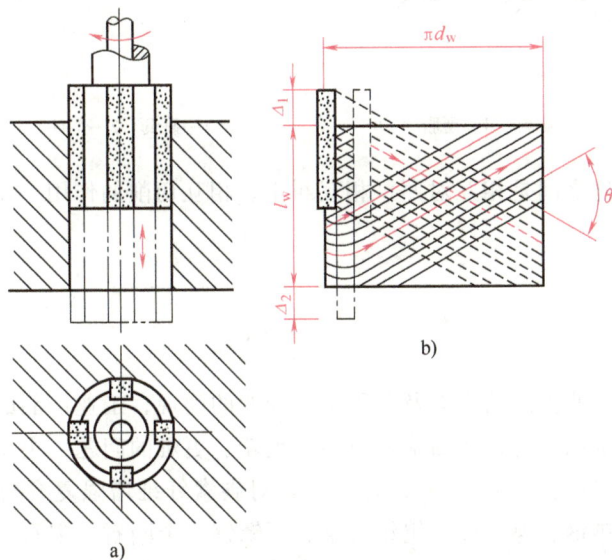

图 8-22　珩磨原理

a）成形运动　b）砂条磨削轨迹展开图

珩磨的切削速度较低（一般在 100m/min 以下，仅为普通磨削的 1/100 ~ 1/30），需要加大量的切削液。薄壁孔和刚性不足的工件，或较硬的工件表面，用珩磨进行光整加工不需复杂的设备与工装，操作方便。

8.4.2 研磨

1. 研磨加工的范围

研磨是利用研具和工件的相对运动在研磨剂的作用下对工件进行切削加工的光整加工方法，是精密和超精密零件精加工的主要方法之一。研磨的加工范围很广，零件的内圆表面、外圆表面、平面、圆锥面、斜面、螺纹面、齿轮的齿面及其他特殊形状的表面，均可以采用此方法进行加工。

2. 研磨加工的原理

研磨是使零件与研磨工具（以下简称研具）在无强制的相对滑动或滚动的情况下，利用研磨剂（研磨剂是磨料和辅料调和而成的混合物）中游离的磨料进行微切削，再通过化学作用在零件表面生成易被磨削的氧化膜，从而加速研磨过程，使凸峰不断被磨平，凹面由于吸附薄膜的保护作用，不易被氧化而很难被刮掉。研磨加工是机械、化学的联合作用下，对工件表面进行的光整加工。

研磨时预先将磨料压嵌在研具上进行嵌砂研磨，称为干研，如图 8-23 所示。若在研具或工件表面上涂敷研磨剂进行敷砂研磨，则称为湿研，如图 8-24 所示。

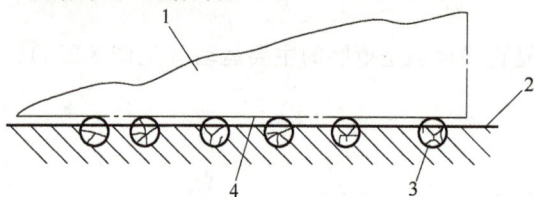

研磨外圆　研磨内孔

图 8-23　干研
1—工件　2—研具　3—磨料　4—硬脂

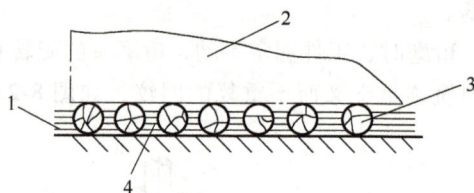

图 8-24　湿研
1—研具　2—工件　3—磨料　4—辅料

研磨中研具与工件之间是相互对照、相互纠正、相互切削的作用，使尺寸精度和形状精度都很高。

8.5　特种加工

随着科学技术、工业生产的发展及各种新兴产业的涌现，工业产品的内涵和外延都在扩大，传统机械制造技术和工艺方法面临着更多、更新、更难的问题，主要体现在：

1）新型材料及传统的难加工材料的加工，如对碳素纤维增强复合材料、工业陶瓷、硬质合金、钛合金、耐热钢、镍合金、钨钼合金、不锈钢、金刚石、宝石、石英以及锗、硅等各种高硬度、高强度、高韧性、高脆性、耐高温的金属或非金属材料的加工。

2）各种特殊复杂表面的加工，如对喷气涡轮机叶片、整体涡轮、发动机机匣和锻压模的立体成形表面，各种冲模、冷拔模上特殊断面的异形孔，炮管内膛线，喷油嘴、栅网、喷丝头上的小孔、窄缝、特殊用途的弯孔等的加工。

3）各种超精、光整或具有特殊要求的零件的加工，如对表面质量和精度要求很高的航空航天陀螺仪、伺服阀，以及细长轴、薄壁零件、弹性组件等低刚度零件的加工。

上述工艺问题仅仅依靠传统的切削加工方法很难、甚至根本无法解决。特种加工就是在这种前提条件下产生和发展起来的。特种加工 [Non-traditional（或 Conventional）Machining，NTM 或 NCM] 又称为非传统或非常规加工，其与传统切削加工的不同点如下：

1）主要依靠机械能以外的能量（如电能、化学能、光能、声能、热能等）去除材料，多数属于"熔融加工"的范畴。

2）工具硬度可以低于被加工材料的硬度，能做到"以柔克刚"。

3）加工过程中工具和工件之间不存在显著的机械切削力。

4）主运动的速度一般都较低。

5）加工后的表面边缘无飞边残留，微观形貌"圆滑"。

特种加工方法有很多，而且还在继续研究和发展，几乎每产生一种能源，就可能产生一种新的特种加工方法。目前在生产中应用的特种加工方法的基本原理、特性及适用范围见表 8-3。

表 8-3　常用特种加工方法

特种加工方法	加工所用能量	可加工的材料	工具损耗率（%）	金属去除率 /mm$^3 \cdot$ min^{-1}	尺寸精度 /mm	表面粗糙度值 Ra/μm	特殊要求	主要适用范围
			最低/平均	平均/最高	平均/最高	平均/最高		
电火花加工	电能、热能	任何导电的金属材料，如硬质合金、耐热钢、不锈钢、淬火钢等	1/50	30/3000	0.05/0.005	10/0.16		各种冲、压、锻模及三维成形曲面的加工
电火花线切割	电能、热能		极小（可补偿）	5/20	0.02/0.005	5/0.63		各种冲模及二维曲面的成形截割
电化学加工	电能、化学能		无	100/10000	0.1/0.03	2.5/0.16	机床、夹具、工件需采取防锈、防蚀措施	锻模及各种二维、三维成形表面加工
电化学机械	电能、化学能、机械能		1/50	1/100	0.02/0.001	1.25/0.04		硬质合金等难加工材料的磨削
超声加工	声能、机械能	任何脆硬的金属及非金属材料	0.1/10	1/50	0.03/0.005	0.63/0.16		石英、玻璃、锗、硅、硬质合金等脆硬材料的加工、研磨
快速成型	光能、热能、化学能	树脂、塑料、陶瓷、金属、纸张、ABS	无				增材制造	制造各种模型

（续）

特种加工方法	加工所用能量	可加工的材料	工具损耗率（%）	金属去除率/mm³·min⁻¹	尺寸精度/mm	表面粗糙度值 Ra/μm	特殊要求	主要适用范围
			最低/平均	平均/最高	平均/最高	平均/最高		
激光加工	光能、热能	任何材料	不损耗	瞬时去除率很高，受功率限制，平均去除率不高	0.01/0.001	10/1.25	需在真空中加工	加工精密小孔、小缝及薄板材成形切割、刻蚀
电子束加工	电能、热能							
离子束加工	电能、热能			很低	/0.01μm	0.01		表面超精、超微量加工、抛光、刻蚀、材料改性、镀覆

模块3

机械加工工艺规程的制订

单元9

机械加工工艺规程的基础知识

9.1 机械加工工艺规程的基本概念

9.1.1 生产过程和工艺过程

1. 生产过程

在机械制造中，将原材料转变为成品的过程称为生产过程。它主要包括原材料的运输和保管，生产和技术准备工作，毛坯制造，零件的机械加工、特种加工、热处理和表面处理，部件和产品的装配、调整、检验、试验、涂漆和包装等过程。

2. 工艺过程

改变生产对象的形状、尺寸、相对位置和性质等，使其成为成品或半成品的过程称为工艺过程，它是生产过程中的主要部分。

采用机械加工的方法，直接改变毛坯的形状、尺寸和表面质量等，使其成为零件的全过程称为机械加工工艺过程。装配工艺过程是把零件及部件按一定的技术要求装配成合格产品的过程。

3. 机械加工工艺过程的组成

机械加工工艺过程是由一个或若干个按顺序排列的工序组成的。

（1）工序 工序是一个（或一组）工人在一个工作地对一个（或同时对几个）工件进行加工所连续完成的那一部分工艺过程。区分工序的主要依据，一是工作地（设备）、加工对象（工件）是否变动，二是加工是否连续完成。如果其中之一有变动或加工不是连续完成的，则应划分为另一道工序。

例9-1 如图9-1所示的小轴按不同批量的生产加工方案划分的工序不同，见表9-1。

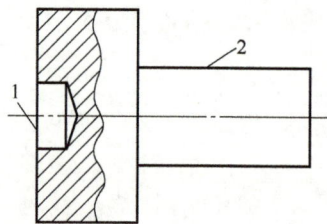

图9-1 小轴加工工序划分
1—孔 2—外圆面

表9-1 工序划分

生产加工方案	加工内容	工序划分
方案1	对一个工件钻孔1，然后调头车外圆2	1、2两个表面的加工属同一个工序
方案2	对一批工件钻孔1；对一批工件车外圆2	1、2两个表面的加工分属两个工序

例 9-2　如图 9-2 所示的阶梯轴，单件生产、小批生产、大批大量生产时，其工艺过程分别见表 9-2~表 9-4。

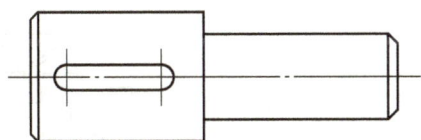

阶梯轴单件生产工艺过程　　阶梯轴大批量生产工艺过程

图 9-2　阶梯轴

表 9-2　单件生产的工艺过程

工序号	工序内容	设备
1	车端面,钻中心孔;调头车端面,钻中心孔;车大端外圆及倒角;车小端外圆及倒角	车床
2	铣键槽;去飞边	铣床

表 9-3　小批生产的工艺过程

工序号	工序内容	设备
1	车端面,钻中心孔;调头车端面,钻中心孔	车床
2	车大端外圆及倒角;车小端外圆及倒角	车床
3	铣键槽;去飞边	铣床

表 9-4　大批量生产的工艺过程

工序号	工序内容	设备
1	铣端面,钻中心孔	铣钻联合机床
2	车大端外圆及倒角	车床
3	车小端外圆及倒角	车床
4	铣键槽	键槽铣床
5	去飞边	钳工台

从表中可以看出，由于生产规模不同，工序的划分及每个工序所包含的加工内容是不同的。

（2）**安装**　将工件正确地定位在机床上，并将其夹紧的过程称为安装。在一道工序内可以包括一次或几次安装。表 9-2 中的工序 1 是四次安装，表 9-3 中的工序 1 和 2 是两次安装，表 9-3 中的工序 3 和表 9-4 中的前 4 道工序都是一次安装。

应该注意，在每一道工序中，应尽量减少工件的安装次数，以免影响加工精度和增加辅助时间。

（3）**工位**　工件在一次安装后，在机床上占据的每个加工位置称为工位。为了减少工件的安装次数，常采用各种回转工作台、周转夹具或移位夹具，使工件在一次安装中先后处于几个不同位置进行加工，如图 9-3 所示为用回转工作台在一次安装中顺次完成装卸工件、钻孔、扩孔和铰孔四个工位加工的实例。

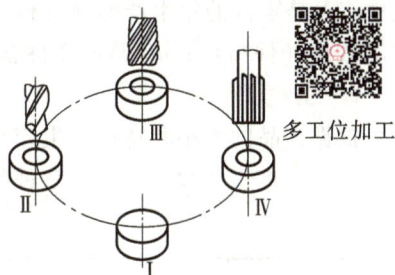

多工位加工

图 9-3　多工位加工

（4）**工步**　在加工表面、切削工具、进给量和切削速度不变的条件下，所连续完成的那一部分工序称为工步。以上四个不变因素中只要有一个因素改变，即成为新的工步。一道工序包括一个或几个工步。如表 9-3 中的工序 1 包括四个工步，表 9-4 中的工序 4、5 只包括一个工步。对一次安装中连续进行的若干个相同的工步，如图 9-4 所示的零件上四个 $\phi15mm$ 孔，可看作一个工步——钻 $4 \times \phi15mm$ 孔。

为了提高生产率，用几把刀具同时加工几个表面的工步，称为复合工步，如图 9-5 所示，车外圆和钻孔应视为一个工步。

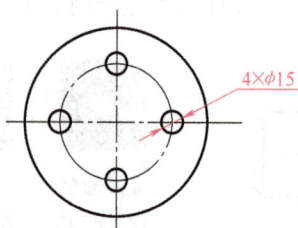

图 9-4　简化相同工步的实例

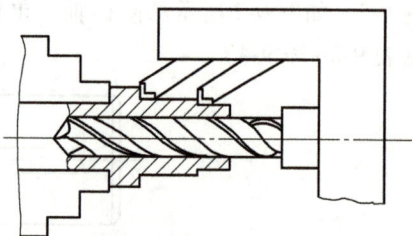

图 9-5　复合工步

（5）**进给**　在每一个工步内，若被加工表面需切除的余量较大，一次切削无法完成，则可分几次切削，每一次切削就称为一次进给。进给是构成工艺过程的最小单元。

图 9-6 所示为工序、安装、工位之间和工序、工步、进给之间的关系。

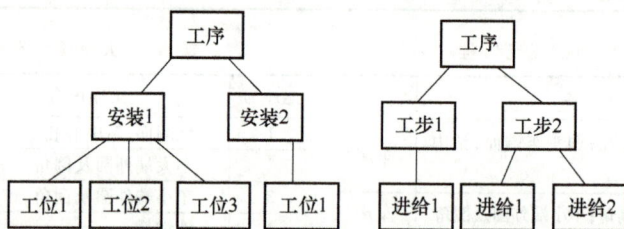

图 9-6　工序、安装、工位之间和工序、工步、进给之间的关系

9.1.2　生产纲领和生产类型

1. 生产纲领

生产纲领是指企业在计划期内应当生产的产品产量和进度计划。计划期常定为一年，所以生产纲领也称**年产量**。零件的生产纲领要计入备品和废品的数量。

零件年生产纲领可按下式计算

$$N = Qn(1+a\%)(1+b\%) \tag{9-1}$$

式中，N 是零件的年生产纲领（件/年）；Q 是产品的产量（台/年）；n 是每台产品中含该零件的数量（件/台）；$a\%$ 是该零件备品率；$b\%$ 是该零件废品率。

2. 生产类型

根据产品的大小和特征、生产纲领、批量及其投入生产的连续性，企业的生产可分为**单件生产**、**成批生产**和**大量生产**三种类型，具体见表 9-5。

表 9-5　生产类型的划分

生产类型		零件或产品的年生产纲领/件			工作地每月担负的工序数
		重型机械或零件（>100kg）	中型机械或零件（10~100kg）	轻型机械或零件（<10kg）	
单件生产		<5	<10	<100	不做规定
成批生产	小批生产	5~100	10~200	100~500	>20~40
	中批生产	100~300	200~500	500~5000	>10~20
	大批生产	300~1000	500~5000	5000~50000	>1~10
大量生产		>1000	>5000	>50000	1

（1）单件生产　单件生产的基本特点是生产的产品种类繁多，每种产品制造一个或少数几个，而且很少重复生产。例如，重型机械产品制造、大型船舶制造及新产品的试制等，都属于单件生产。

（2）成批生产　成批生产的基本特点是产品的品种多，同一产品均有一定的数量，能够成批进行生产，生产呈周期性重复。例如，机床、机车、纺织机械的制造等，多属于成批生产。

每一次投产或产出同一产品（或零件）的数量称为批量。按照批量的多少，成批生产又可分为小批、中批、大批生产。在工艺上，小批生产和单件生产相似，常合称为单件小批生产，大批生产和大量生产相似，常合称为大批大量生产。

（3）大量生产　大量生产的基本特点是产品的品种单一而固定，同一产品的产量很大，通常在机床上长期重复地进行某一零件的某一道工序的加工，生产具有严格的节奏性。例如，汽车、拖拉机、轴承的制造多属于大量生产。

3. 各种生产类型的工艺特征

生产类型不同，产品制造的工艺方法、所采用的加工设备、工艺装备以及生产组织管理形式均不相同。各种生产类型的工艺特征见表9-6。

表 9-6　各种生产类型的工艺特征

项目	单件生产	成批生产	大量生产
加工对象	经常改变	周期性改变	固定不变
毛坯的制造方法及加工余量	铸件用木模、手工造型，锻件用自由锻。毛坯精度低，加工余量大	部分铸件用金属模，部分锻件采用模锻。毛坯精度中等，加工余量中等	铸件广泛采用金属模机器造型。锻件广泛采用模锻以及其他高生产率的毛坯制造方法。毛坯精度高，加工余量小
机床设备及其布置形式	采用通用机床。机床按类别和规格大小采用"机群式"排列布置	采用部分通用机床和部分高生产率的专用机床。机床设备按加工零件类型分工段排列布置	广泛采用高生产率的专用机床和自动机床，按流水线形式排列布置
夹具	多用标准夹具，很少采用专用夹具，靠划线法及试切法达到尺寸精度要求	广泛采用专用夹具，部分靠划线法达到精度要求	广泛采用先进高效夹具，靠夹具及调整法达到加工要求
刀具和量具	采用通用刀具与万能量具	较多采用专用刀具和专用量具	广泛采用高生产率的刀具和量具
对操作工人的要求	需要技术熟练的操作工人	需要一定熟练程度的操作工人	对操作工人的技术要求较低，对调整工人的技术水平要求较高
工艺文件	有简单的工艺过程卡片	有较详细的工艺规程，对重要零件需编制工序卡片	有详细编制的工艺文件
零件的互换性	广泛采用钳工修配	零件大部分有互换性，少数用钳工修配	零件全部有互换性，某些配合要求很高的零件采用分组互换
生产率	低	中等	高
单件加工成本	高	中等	低

9.2　机械加工工艺规程的主要内容

9.2.1　机械加工工艺规程的概念

在具体生产条件下，将较合理的机械加工工艺过程的各项内容按规定的形式书写成的工艺文件，称为机械加工工艺规程。

机械加工工艺规程是机械制造厂最主要的技术文件之一，决定了整个工厂和车间各组成部分之间在生产上的内在联系，其具体作用如下：

1）机械加工工艺规程是指导生产的主要依据。按照机械加工工艺规程进行生产，可以保证产品质量和提高生产率。

2）机械加工工艺规程是生产组织和管理工作的基本依据。在产品投产前可以根据机械加工工艺规程进行原材料和毛坯的供应、专用工艺装备的设计和制造、生产作业计划的编排、劳动力的组织以及生产成本的核算等。

3）机械加工工艺规程是新建、扩建工厂或车间的基本资料。在新建或扩建工厂、车间时，根据产品零件的机械加工工艺规程及其他有关资料来正确地确定生产所需要的设备种类、规格和数量，计算出车间所需面积和生产工人的工种、等级及数量，确定车间的平面布置和厂房基建的具体要求，从而提出筹建计划。

4）先进的机械加工工艺规程起着交流和推广先进经验的作用。

9.2.2　机械加工工艺规程的类型和格式

机械加工工艺规程主要包括机械加工工艺过程卡片、机械加工工艺卡片、机械加工工序卡片。

1. 机械加工工艺过程卡片

作为生产管理方面的文件，机械加工工艺过程卡片以工序为单位简要说明产品（或零部件）的加工过程，一般不直接指导工人操作。但在单件小批生产中，常用这种卡片指导生产。机械加工工艺过程卡片的格式及示例见表9-7。

2. 机械加工工艺卡片

机械加工工艺卡片是以工序为单位详细说明产品（或零部件）整个工艺过程的一种工艺文件。这种卡片的内容包括：零件的材料和质量、毛坯的制造方法、工序内容、切削用量、操作要求及采用的设备和工艺装备等。它是用来指导工人生产和帮助车间管理人员、技术人员掌握整个零件加工过程的一种主要技术文件，广泛用于成批生产的零件和小批生产中的主要零件。

3. 机械加工工序卡片

机械加工工序卡片是在机械加工工艺过程卡片或机械加工工艺卡片的基础上，按每道工序所编制的一种工艺文件，一般配有工序简图，并详细说明该工序中每个工步的加工内容、工艺参数、操作要求以及所用设备和工艺装备等。它是直接指导工人生产的一种工艺文件，多用于大批大量生产的零件和成批生产中的重要零件。机械加工工序卡片的格式及示例见表9-8。

表9-7　机械加工工艺过程卡片（含示例）

工厂	机械加工工艺过程卡片		产品型号		零(部)件图号		共　页	
			产品名称		零(部)件名称　连杆		第　页	
材料牌号 HT200	毛坯种类　铸件	毛坯外形尺寸	每毛坯件数	每台产品件数　1				
工序号	工序名称	工序内容	车间	工段	设备	工艺装备	工时	
							准终	单件
10	铣	铣大、小头两端面			X5032	专用夹具,面铣刀,游标卡尺		0.70
20	铣	铣大头端面,保证60mm、80mm			X5032	专用夹具,面铣刀,游标卡尺		2.73
30	扩	扩小头孔φ20mm			Z3080	专用夹具,扩孔钻,游标卡尺		0.93
40	钻	钻2×φ15mm螺纹孔			Z3080	专用夹具,标准麻花钻,游标卡尺		0.67
50	锪	锪两螺栓安装底面φ28mm孔			Z3080	专用夹具,锪钻,游标卡尺		0.68
60	铣	铣螺纹孔处凸台			X5032	专用夹具,立铣刀,游标卡尺		0.37
70	钻	钻φ8.9mm孔			Z3080	专用夹具,标准麻花钻,游标卡尺		0.55
80	攻螺纹	攻M10螺纹			Z3080	专用夹具,机用丝锥,螺纹塞规		0.60
90	铣	铣3mm槽			X5032	专用夹具,盘形铣刀,游标卡尺		0.38
100	扩	扩孔φ11mm			Z3080	专用夹具,扩孔钻,游标卡尺		0.31
110	半精铣	半精铣大端平面			X5032	专用夹具,面铣刀,游标卡尺		0.93
120	铰	铰小头孔φ20mm			Z3080	专用夹具,机用铰刀,千分尺		0.74
130	钳	去毛刺			钳工台	锉刀		
				编制(日期)	审核(日期)		会签(日期)	
标记	处数	更改文件号	签字	日期	标记	处数	更改文件号	签字	日期

107

表 9-8 机械加工工序卡片（含示例）

工 厂		机械加工工序卡片		产品型号		零(部)件图号		共 页
				产品名称		零(部)件名称	箱体	第 页

材料牌号	毛坯种类	毛坯外形尺寸	每毛坯件数	每台件数	备注
HT200	铸件		1	1	

车间	工序号	工序名称	材料牌号
金工	50	铣	HT200

毛坯种类	毛坯外形尺寸	每件毛坯件数	每台件数
铸件		1	1

设备名称	设备型号	设备编号	同时加工件数
数控铣床	XK5032		1

夹具编号	夹具名称	切削液
	专用夹具	

工位器具编号	工位器具名称	工序工时	
		准终	单件
			0.61

（工序简图）

$\sqrt{Ra\,12.5}$ 　　12.5

工步号	工步内容	工艺装备	主轴转速 / r·min⁻¹	切削速度 / m·min⁻¹	走刀量 / mm·r⁻¹	吃刀深度 / mm	走刀次数	工时定额	
								机动	辅助
1	粗铣上平面	面铣刀、游标卡尺、专用夹具	200	31.4	2	2.5	1	0.471	0.0942

			编制（日期）	审核（日期）	会签（日期）				
标记	处数	更改文件号	签字	日期	标记	处数	更改文件号	签字	日期

工序简图的绘制方法是：

1）绘制工序简图：仅绘出本工序完成后的工件形状；图上工件的位置应是加工时的工作位置，允许不按比例绘制；本工序的加工表面用粗实线表示，非加工表面用细实线表示；根据零件加工情况可选某向视图、剖视图或局部视图，力求简明。

2）标注精度要求：只标注本工序加工表面的尺寸精度、形状精度、位置精度、表面粗糙度和有关技术要求。

3）标注定位符号：须用定位符号表示本工序使用的定位基准（若一个视图无法表达，可用多个视图简图表达清楚）。

4）标注夹紧符号：须用夹紧符号表示夹压方向和作用点。

9.2.3　制订机械加工工艺规程的方法

1. 制订机械加工工艺规程的基本要求

（1）工艺方面　机械加工工艺规程应全面、可靠和稳定地保证产品达到设计上所要求的尺寸精度、形状精度、位置精度、表面质量和其他技术要求。

（2）经济方面　机械加工工艺规程要在保证产品质量和完成生产任务的条件下，使生产成本最低。

（3）技术方面　机械加工工艺规程应在充分利用本企业现有生产条件的基础上，尽可能采用国内外先进工艺技术和经验，并保证良好的劳动条件。

（4）生产率方面　机械加工工艺规程要在保证技术要求的前提下，以较少的工时来完成加工制造。

2. 制订机械加工工艺规程的原始资料

1）产品的整套装配图和零件图。

2）产品的质量验收标准。

3）产品的生产纲领和生产类型。

4）现有生产条件，包括毛坯的生产条件、加工设备和工艺装备的规格及性能、工人的技术水平以及专用设备及工艺装备的制造能力。

5）国内外同类产品的有关工艺资料及必要的标准手册。

3. 制订机械加工工艺规程的步骤

1）分析零件图和产品装配图。

2）确定毛坯类型和制造方法。

3）拟订工艺路线。

4）确定各工序的加工余量，计算工序尺寸及公差。

5）确定各工序的设备、刀具、夹具、量具以及辅助工具。

6）确定切削用量和工时定额。

7）确定各主要工序的技术要求及检验方法。

8）填写工艺文件。

单元10

机械加工工艺规程的制订步骤

10.1 分析零件图

在制订零件的机械加工工艺规程时，首先要对零件图进行分析，主要包括零件图的完整性和正确性检查、零件的技术要求分析和零件的结构工艺性分析三项内容。

1. 零件图的完整性和正确性检查

主要检查零件图是否表达直观、清晰、准确、充分；尺寸、公差、技术要求是否合理、齐全。如有错误或遗漏，应提出修改意见。

2. 零件的技术要求分析

零件的技术要求包括零件加工表面的尺寸精度、形状精度、位置精度、表面粗糙度、表面微观质量以及热处理等要求。分析零件的这些技术要求在保证使用性能的前提下是否经济合理，在本企业现有生产条件下是否能够实现。

零件机械加工的目的是要使零件获得一定的加工精度和表面质量。其中零件加工精度包括尺寸精度、形状精度和位置精度。

（1）获得尺寸精度的方法

1）试切法。通过试切出一小段—测量—调刀—再试切，反复进行，直到达到规定尺寸再进行加工的一种加工方法，称为试切法。试切法的生产率低，加工精度取决于工人的技术水平，故常用于单件小批生产。

2）调整法。先调整好刀具的位置，然后以不变的位置加工一批零件的方法，称为调整法。调整法加工的生产率较高，精度较稳定，常用于成批、大量生产。

3）定尺寸刀具法。通过刀具的尺寸来保证加工表面的尺寸精度的加工方法，称为定尺寸刀具法。如用钻头、铰刀、拉刀加工孔时获得尺寸精度的方法均属于定尺寸刀具法。这种方法操作简便，生产率较高，加工精度也较稳定。

4）自动控制法。自动控制法是通过自动测量和数字控制装置，全程跟踪加工过程中零件尺寸的变化，并自动调整刀具相对于工件的位置，在达到尺寸精度时自动停止加工的一种尺寸控制方法。这种方法加工质量稳定，生产率高，是机械制造业的发展方向。

（2）获得形状精度的方法

1）刀尖轨迹法。通过刀尖的运动轨迹来获得形状精度的方法，称为刀尖轨迹法。此方法所获得的形状精度取决于刀具与工件间相对成形运动的精度。普

试切法加工

调整法加工

自动控制法

刀尖轨迹法

通车削、铣削、刨削等获得形状精度的方法均属于刀尖轨迹法。

2）仿形法。刀具按照仿形装置进给对工件进行加工的方法，称为仿形法。仿形法所得到的形状精度取决于仿形装置的精度以及其他成形运动的精度。仿形铣、仿形车均属仿形法加工。

仿形法

3）成形法。利用成形刀具对工件进行加工以获得形状精度的方法，称为成形法。用成形刀具替代一个成形运动，所获得的形状精度取决于成形刀具切削刃的形状精度和其他成形运动的精度。

成形法

4）展成法。利用刀具和工件做展成切削运动形成包络面，从而获得形状精度的方法，称为展成法（或包络法）。展成法所获得的形状精度取决于切削刃形状和展成运动的精度。滚齿、插齿获取形状精度的方法就属于展成法。

展成法

（3）获得位置精度的方法（工件的装夹方法）　当零件较复杂、加工面较多时，需要经过多道工序的加工，其位置尺寸、位置精度取决于工件的装夹方式及其精度。常用的工件装夹方法如下：

1）直接找正装夹。用划针、百分表等直接找正工件位置并夹紧的方法，称为直接找正装夹。如图 10-1 所示，用单动卡盘装夹工件，要求待加工表面 B 与表面 A 同轴，若同轴度要求不高，可按外表面 A 用划针找正（定位精度可达 0.5mm 左右）；若同轴度要求较高，则可用百分表找正（定位精度可达 0.02mm 左右）。此法生产率低，精度取决于工人技术水平和量具的精度，一般常在单件小批生产的加工车间，修理、试制、工具车间中应用。

2）按划线找正装夹。先用划针按照零件图在毛坯上划出要加工表面的位置，然后按照划好的线找正工件在机床上的位置并夹紧。如图 10-2 所示的车床毛坯，为保证床身各加工面和非加工面的尺寸及各加工面的余量，可先在钳工台上划好线，然后在龙门刨床工作台上用千斤顶支起床身毛坯，按线找正并夹紧，再对床身底平面进行粗刨。由于划线费时，又需要技术水平高的划线工，所以其生产率不高，适用于单件或小批生产、形状复杂而笨重或毛坯尺寸公差大的情况。

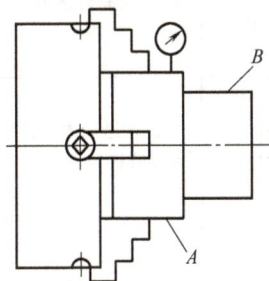

直接找正法

按划线找正

按划线找正法

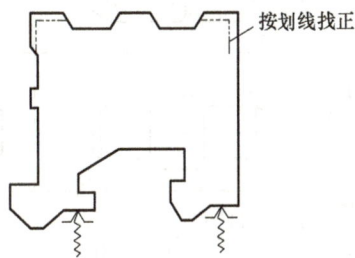

图 10-1　直接找正装夹　　　　**图 10-2**　按划线找正装夹

3）用专用夹具装夹　用专用夹具装夹是将工件直接安装在夹具的定位元件上，夹具的定位夹紧元件能使工件迅速获得正确位置，并使其固定在夹具和机床上。这种方法定位方便，可以节省大量辅助时间，生产率高，定位精度较高而且稳定，但由于制造专用夹具费用高、周期长，因此适用于大批大量生产。

用夹具安装

3. 零件的结构工艺性分析

结构工艺性是指在不同生产类型下，毛坯的制造、零件的加工、产品的装配和维修的可行性与经济性。零件的结构工艺性对其机械加工工艺过程的影响非常大，不同结构的两个零件尽管都能满足使用性能要求，但它们的加工方法和制造成本却可能有很大的差别。结构工艺性良好是指在满足使用性能的前提下，能以较高的生产率和最低的成本而且方便地将零件加工出来。制订机械加工工艺规程时主要对零件切削加工工艺性进行分析，表 10-1 列出了一些零件机械加工结构工艺性对比的示例。

表 10-1 零件的机械加工结构工艺性对比的示例

序号	零件结构		
	工艺性不好		工艺性好
1	车螺纹时，螺纹根部易打刀，工人操作紧张，且不能清根		留有退刀槽，可使螺纹清根，操作相对容易，可避免打刀
2	插键槽的底部无退刀空间，易打刀		留有退刀空间，避免打刀
3	键槽底与左孔素线齐平，插键槽时易划伤左孔表面		左孔尺寸稍大，可避免划伤左孔表面，操作方便
4	小齿轮无法加工，无插齿退刀槽		大齿轮可滚齿或插齿，小齿轮可插齿
5	两端轴径需磨削加工，因砂轮圆角而不能清根		留有退刀槽，磨削时可以清根
6	锥面需磨削加工，磨削时易碰伤圆柱面，并且不能清根		可方便地对锥面进行磨削加工
7	三个退刀槽的宽度有三种尺寸，需用三把不同尺寸的刀具加工		同一个宽度尺寸的退刀槽，使用一把刀具即可加工

（续）

序号	零件结构			
	工艺性不好		工艺性好	
8	键槽设置在阶梯轴90°方向上，需两次装夹加工			将阶梯轴的两个键槽设计在同一方向上，一次装夹即可对两个键槽进行加工
9	加工面高度不同，需两次调整刀具加工，影响生产率			加工面在同一高度，一次调整刀具，可同时加工两个平面
10	同一端面上的螺纹孔，尺寸相近，由于需更换刀具，因此加工不方便，而且装配也不方便	4×M6　4×M5	4×M6　4×M6	尺寸相近的螺纹孔，应该为同一尺寸螺纹孔，以方便加工和装配
11	加工面大，加工时间长，并且零件尺寸越大，平面度误差越大			加工面减小，节省工时，可减少刀具损耗，并且容易保证平面度要求
12	外圆和内孔有同轴度要求，外圆需在两次装夹下加工，同轴度不易保证			可在一次装夹下加工外圆和内孔，同轴度要求容易得到保证
13	孔离箱壁太近：①钻头在圆角处易引偏；②箱壁高度尺寸大，需加长钻头方能钻孔			①加长箱耳，不需加长钻头即可钻孔；②只要使用上允许，将箱耳设计在某一端，则不需中长箱耳，方便加工
14	在斜面上钻孔，钻头易引偏			只要结构允许，留出平台，可直接钻孔
15	内壁孔出口处有阶梯面，钻孔时易钻偏或折断钻头			内壁孔出口处平整，钻孔方便，容易保证孔中心位置

（续）

序号	零件结构			
	工艺性不好		工艺性好	
16	钻孔过深,加工时间长,钻头耗损大,并且钻头易偏斜		钻孔的一端留空,钻孔时间短,钻头寿命长,且不易引偏	
17	加工面设计在箱体内,加工时调整刀具不方便,并且观察也困难		加工面设计在箱体外部,加工方便	
18	进、排气(油)通道设计在孔壁上,加工相对困难		进、排气(油)通道设计在轴的外圆上,加工相对容易	
19	加工 B 面时,以 A 面为定位基准,由于 A 面较小,定位不可靠		附加定位基准,加工时可保证 A、B 面平行,加工后将附加定位基准去掉	

10.2　选择毛坯

　　选择毛坯,主要是确定毛坯的种类、制造方法及制造精度。毛坯的形状、尺寸越接近成品,切削加工余量就越少,从而可以提高材料的利用率和生产率。然而这样往往会使毛坯制造困难,需要采用昂贵的毛坯制造设备,从而增加了毛坯的制造成本。所以选择毛坯时应从机械加工和毛坯制造两方面出发,综合考虑,以达到降低生产成本、提高产品质量的目的。

1. 毛坯的种类

　　毛坯的种类很多,同一种毛坯又有多种制造方法。

　　（1）铸件　铸件适用于形状复杂的零件毛坯。根据铸造方法的不同,铸件又分为砂型铸造、金属型铸造、精密铸造、压力铸造、离心铸造等,其中砂型铸造的应用最为广泛。当毛坯精度要求低、生产批量较小时,采用木模手工造型;当毛坯精度要求高、生产批量很大时,采用金属型机器造型。铸件材料有铸铁、铸钢及铜、铝等有色金属。

　　（2）锻件　锻件适用于强度要求高、形状比较简单的零件毛坯,其锻造方法有自由锻和模锻两种。自由锻件是在锻锤或压力机上手工操作而成形,精度低,加工余量大,

砂型铸造　金属型机器　压力铸造
　　　　　造型过程

生产率也低，适用于单件小批生产及大型零件毛坯。模锻件是在锻锤或压力机上，通过专用锻模锻制成形的锻件，精度和表面质量均比自由锻件好，可以使毛坯形状更接近工件形状，加工余量小，生产率高，但需要专用的模具，且锻锤的吨位也要比自由锻的大，因此成本高，主要适用于生产批量较大的中小型零件。

（3）焊件　焊件是根据需要将型材或钢板焊接而成的毛坯件，适用于单件小批生产中制造大型毛坯，其优点是制造简便，加工周期短，毛坯重量轻；缺点是焊件抗振性差，机械加工前需经过时效处理，以消除内应力。

模锻

（4）冲压件　冲压件是通过冲压设备对薄钢板进行冲压加工而得到的零件，它可以非常接近成品要求，所以冲压件可以作为毛坯，有时还可以直接成为成品。冲压件的尺寸精度高，适用于生产批量较大而零件厚度较小的中小型零件。

（5）型材　型材主要通过热轧或冷拉而成。热轧的精度低，价格比冷拉便宜，用于一般零件的毛坯。冷拉的尺寸小，精度高，易于实现自动送料，但价格贵，多用于生产批量较大且在自动机床上进行加工的毛坯。按截面形状的不同，型材可分为圆钢、方钢、六角钢、扁钢、角钢、槽钢以及其他特殊截面的型材。

（6）冷挤压件　冷挤压件是在压力机上通过挤压模挤压而成的，是无切屑、少切屑零件加工工艺之一。它可以不再进行机械加工，但要求材料塑性好，主要为有色金属和塑性好的钢材。冷挤压件适用于大批量生产中制造形状简单的小型零件，如异形截面、内齿、异形孔及不通孔等，这些零件采用其他加工法难以完成，用冷挤压加工却十分方便。

（7）粉末冶金件　粉末冶金件是以金属粉末为原料，在压力机上通过模具压制成形后经高温烧结而成。其生产率高，零件的精度高，表面粗糙度值小，一般可不再进行精加工，但金属粉末成本较高，所以粉末冶金件适用于大批大量生产中压制形状较简单的小型零件。其产品包括轴承，齿轮，硬质合金刀具，模具，重型的武器装备，如穿甲弹、鱼雷等。

在制造毛坯时，有装配关系的分离零件可先做成一个整体毛坯，加工到一定阶段再切割分离，如开合螺母外壳、连杆体和连杆盖，其毛坯都是两件合制的。

对于形状比较规则的小型零件，应将多件合成一个毛坯，当加工到一定阶段后，再分离成单件，如滑键。

2. 毛坯的选择原则

（1）零件的生产纲领　当零件的生产批量较大时，应选择精度和生产率都比较高的毛坯制造方法。这时制造毛坯增加的费用可由材料耗费减少的费用以及机械加工减少的费用来补偿。

（2）毛坯材料及其工艺特性　材料的工艺特性决定了其毛坯的制造方法。当零件的材料选定后，毛坯的类型就大致确定了，例如材料为灰铸铁的零件，自然应选择铸造毛坯，而对于重要的钢质零件，多用锻件毛坯。

（3）零件形状和尺寸　零件的形状和尺寸也是决定毛坯制造方法的重要因素。形状复杂的零件常采用铸造毛坯；板状钢质零件多用锻件毛坯；轴类零件的毛坯，如直径和台阶相差不大，可用棒料，如各台阶尺寸相差较大，则宜选择锻件毛坯。

（4）现有的生产条件　选择毛坯时，应考虑本企业的具体生产设备和工艺水平，如现场毛坯制造的实际水平和能力、外协的可能性等。

（5）充分利用新工艺、新材料　为节约材料和能源，提高机械加工生产率，应充分考虑应用新工艺、新技术和新材料。如精铸、精锻、冷轧、冷挤压和粉末冶金等在机械中的应用日益广泛，这些方法可以大大减少机械加工量，节约材料，提高经济效益。

3. 毛坯图

确定好毛坯后，要绘制毛坯图。毛坯图的内容包括毛坯的结构形状、加工余量、尺寸及公差、机械加工的粗基准、毛坯技术要求等。其具体绘制步骤如下：

1）绘制零件的简化图。绘制零件的外形轮廓和内部主要结构，一些次要表面可不绘出，如倒角、螺纹、槽、小孔等。不需加工的表面用粗实线绘制，需要加工的表面用细双点画线绘制。

2）附加余量层。将加工余量按比例用粗实线画在加工表面上，剖切处的余量画网纹线。

3）标注尺寸和技术要求。标出毛坯各表面的尺寸和加工总余量。技术要求包括材料牌号、毛坯质量要求、精度等级、粗基准面、检验标准等。

如图 10-3 所示为齿轮的毛坯图，图 10-4 所示为阶梯轴的毛坯图。

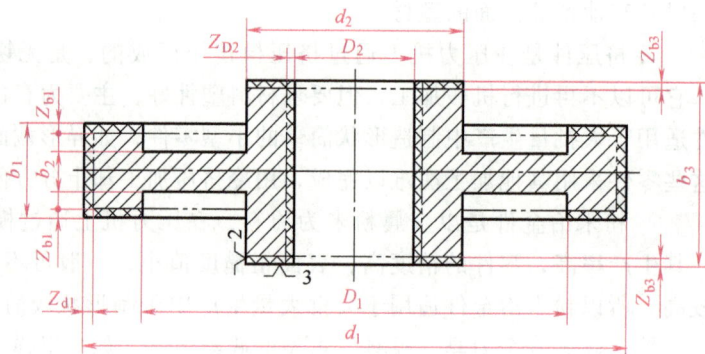

图 10-3　齿轮的毛坯图

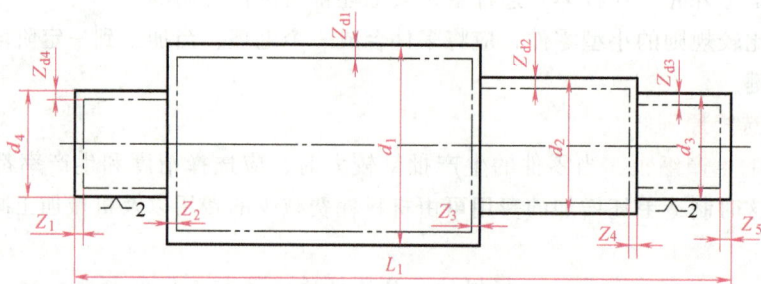

图 10-4　阶梯轴的毛坯图

10.3　选择定位基准

10.3.1　基准的类型

基准就是依据，是用来确定生产对象上几何要素间的几何关系所依据的那些点、线、面。在设计、加工、检验、装配机器零件和部件时，必须选择一些点、线、面，并根据它们来确定其他点、线、面的尺寸和位置，这些作为依据的点、线、面就叫作基准。

基准根据其功用不同，分为两大类。

1. 设计基准

设计基准是在设计图样上所采用的基准，它是根据零件工作条件和性能要求而确定的。零件的尺寸及相互位置要求，均以设计基准为依据进行标注。如图 10-5a 所示，A 面为 B 面的设计基准，也可以说 B 面为 A 面的设计基准，二者互为设计基准；如图 10-5b 所示，由同轴度要求可知，$\phi 50mm$ 圆柱面轴线是 $\phi 30mm$ 圆柱面轴线的位置精度设计基准，而 $\phi 30mm$ 和 $\phi 50mm$ 两段圆柱面本身大小的设计基准是其各自的轴线；如图 10-5c 所示，键槽底面 C 的设计基准是圆柱面的下素线 D。

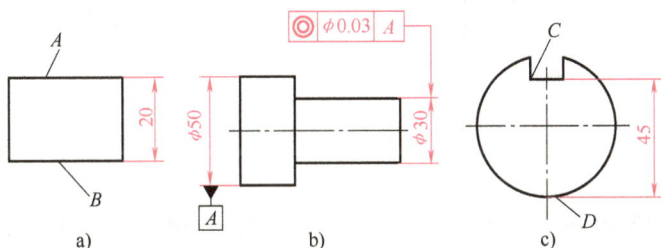

图 10-5　设计基准

2. 工艺基准

工艺基准是在加工或装配过程中所采用的基准，分为工序基准、定位基准、测量基准和装配基准。

（1）工序基准　在工序图上用来确定本工序加工后的尺寸、形状、位置的基准称为工序基准。用来确定被加工表面位置的尺寸称为工序尺寸。如图 10-6 所示，在轴套上钻孔时，（20±0.1）mm 和（15±0.1）mm 分别是以轴肩左侧面和右侧面为工序基准时的工序尺寸。

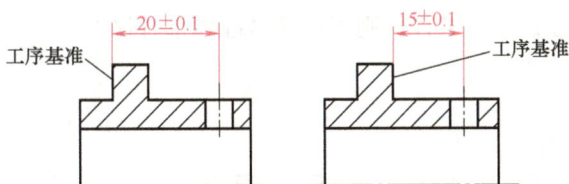

图 10-6　工序基准

（2）定位基准　定位基准是在加工时用作定位的基准，用来确定工件在机床夹具中的正确位置。在使用夹具时，定位基准就是工件与夹具定位元件相接触的表面。如图 10-7 所示，加工 E 面的定位基准面是 ϕd 外圆表面，定位基准是 ϕd 外圆轴线。

（3）测量基准　测量基准是在测量零件时采用的基准。如图 10-8 所示，两种测量方法使用的是不同的测量基准。

（4）装配基准　装配基准是装配时用以确定零件在机器中位置的基准。如图 10-9 所示，齿轮的内孔是齿轮在传动轴 A 上的装配基准。

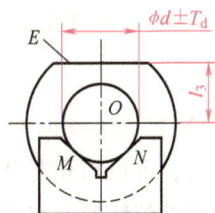

图 10-7　定位基准

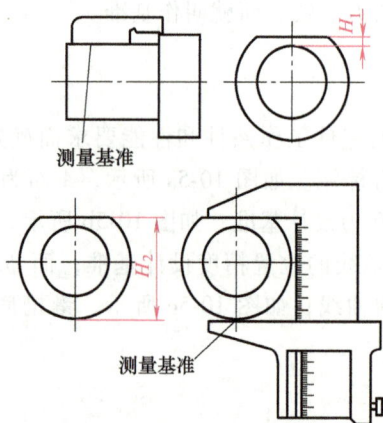

图 10-8   测量基准

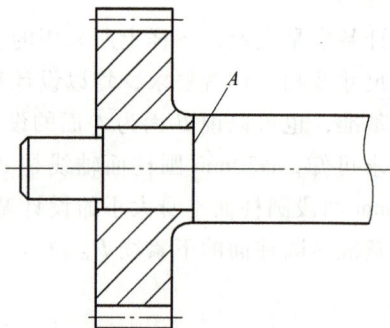

图 10-9   装配基准

10.3.2　定位基准的选择

定位基准分为粗基准和精基准。若选择未经加工的表面作为定位基准，这种基准称为粗基准。若选择已加工的表面作为定位基准，则这种基准称为精基准。粗基准考虑的重点是如何保证各加工表面有足够的加工余量，而精基准考虑的重点是如何减小误差。在选择定位基准时，通常是从保证加工精度要求出发的，因而顺序应是先根据零件的加工要求选择精基准，然后再选择用哪一组表面作为粗基准才能将精基准加工出来。

1. 精基准的选择

选择精基准应考虑如何保证加工精度和装夹可靠、方便，一般应遵循以下原则。

1）基准重合原则：应尽可能选择设计基准作为定位基准，这样可以避免基准不重合引起的误差。如图 10-10 所示为采用调整法加工 C 面，则尺寸 c 的加工误差 T_c 不仅包含本工序的加工误差 Δ_j，还包括基准不重合带来的设计基准与定位基准之间的尺寸误差 T_a。如果采用如图 10-11 所示的方式安装工件，则可消除基准不重合误差。

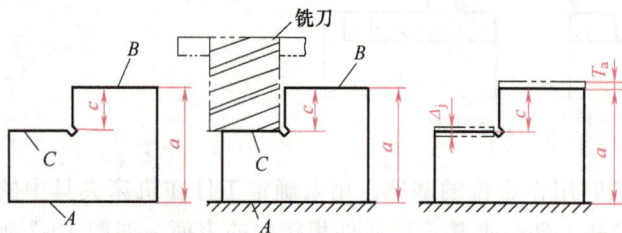

图 10-10   基准不重合误差示例

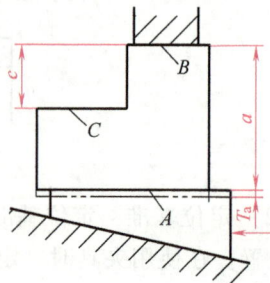

图 10-11   基准重合安装工件

A—夹紧表面　B—定位基准　C—加工面

2）基准统一原则：应尽可能采用同一个定位基准加工工件上的各个表面。采用基准统一原则，可以简化工艺规程的制订，减少夹具数量，节约夹具设计和制造费用；同时由于减少了基准的转换，更有利于保证各表面间的相互位置精度。例如，利用两中心孔加工轴类零件的各外圆表面，即符合基准统一原则。

3）互为基准原则：对工件上两个相互位置精度要求比较高的表面进行加工时，可以利用两个表面互相作为基准，反复进行加工，以保证位置精度要求。例如，为保证套类零件内、外圆柱面较高的同轴度要求，可先以孔为定位基准加工外圆，再以外圆为定位基准加工内孔，这样反复多次，就可使两者的同轴度达到要求。

4）自为基准原则：某些加工表面加工余量小而均匀时，可选择加工表面本身作为定位基准。如图 10-12 所示，在导轨磨床上磨削床身导轨面时，就是以导轨面本身为基准，并用百分表来找正定位的。

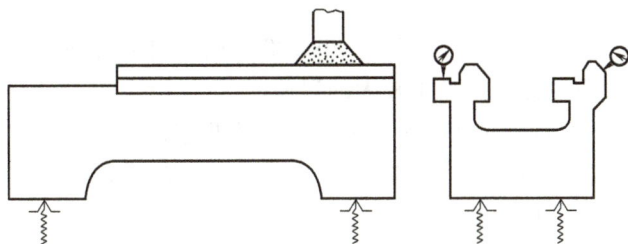

图 10-12　自为基准示例

5）准确可靠原则：所选基准应保证工件定位准确、安装可靠；夹具设计简单、操作方便。

2. 粗基准的选择

1）加工余量均匀原则（重要表面原则）：为了保证工件某些重要表面的加工余量均匀，应先选择该重要表面作为粗基准。例如，在车床床身零件的加工中，导轨面是最重要的表面，它不仅精度要求高，而且要求导轨面具有均匀的金相组织和较高的耐磨性。由于在铸造床身时，导轨面是倒扣在砂箱的最底部浇注成形的，导轨面材料质地致密，砂眼、气孔相对较少，因此要求在加工床身时，导轨面的实际切除量要尽可能地小而均匀。按照上述原则，第一道工序应该选择导轨面作为粗基准加工床身底面，如图 10-13a 所示；然后再以加工过的床身底面作为精基准加工导轨面，如图 10-13b 所示，此时从导轨面上去除的加工余量小而均匀。

2）相互位置原则（非加工表面原则）：如果要保证加工面与非加工表面间的位置要求，则应选择非加工面作为粗基准。如图 10-14 所示零件，表面 A 为非加工表面，为保证孔加工后壁厚均匀，应选择 A 作为粗基准来车孔 B。当零件上有若干个非加工表面时，则选择与加工表面间相互位置精度要求较高的那一非加工表面作为粗基准。

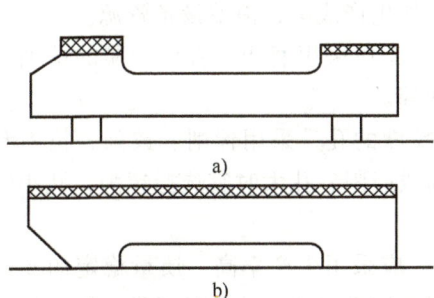

图 10-13　床身导轨的加工

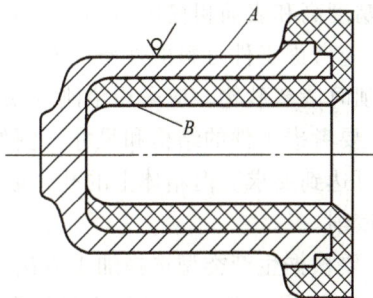

图 10-14　圆筒零件的加工

3）**最小加工余量原则**：若零件上有多个表面要加工，则应选择其中加工余量最小的表面作为粗基准，以保证各加工表面都有足够的加工余量。如图 10-15 所示阶梯轴毛坯，$\phi 50$mm 外圆的加工余量最小，故以其作为粗基准，若以加工余量较大的 $\phi 100$mm 外圆作为粗基准，就有可能产生 $\phi 50$mm 外圆处加工余量不足的问题。

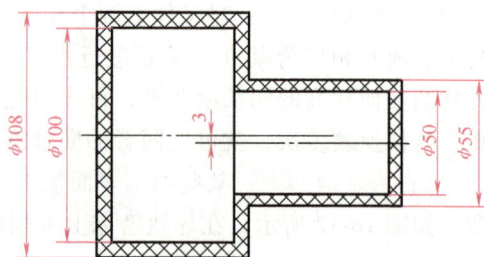

图 10-15 阶梯轴毛坯加工

4）**一次使用原则**（不重复使用原则）：粗基准在同一尺寸方向上只能使用一次。因为毛坯面粗糙且精度低，重复使用将产生较大的误差。

5）**光滑平整原则**：尽可能选大而平整的表面作为粗基准，使加工后各加工表面对各非加工表面的尺寸精度、位置精度更容易符合图样要求，不应选择有飞边、浇口、冒口或其他缺陷的表面作为粗基准，并应使装夹可靠。

3. 辅助基准

在工件上专门设置或加工出定位基准，这种定位基准在零件的工作中并无用处，它完全是为了加工需要而设置的，称为辅助基准。如加工轴用的中心孔、箱体工件的两工艺孔，都是辅助基准，用它们来定位加工工件上多个表面，遵循基准统一原则。

10.4 拟订工艺路线

拟订工艺路线是制订工艺规程的关键一步，它不仅影响零件的加工质量和效率，而且影响设备投资、生产成本，甚至影响工人的劳动强度。在拟订工艺路线时，在选择好定位基准后，还需要考虑如下几方面的问题。

1. 选择表面加工方法

表面加工方法的选择，就是为零件上每一个有质量要求的表面选择一套合理的加工方法（见表 10-2～表 10-4）。在选择时，一般先根据表面精度和表面粗糙度要求选择最终加工方法，然后确定精加工前前期工序的加工方法。选择的加工方法既要保证零件的表面质量，又要争取高生产率，同时还应考虑以下因素。

1）首先应根据每个加工表面的技术要求确定加工方法和加工次数。

2）应选择相应的能获得经济精度和经济表面粗糙度的加工方法。加工时，不要盲目采用加工精度高和表面粗糙度值小的加工方法，以免增加生产成本，浪费设备资源。

3）应考虑工件材料的性质。例如，淬火钢的精加工应采用磨床；有色金属的精加工为避免磨削时堵塞砂轮，应采用金刚镗或高速精细车削等。

4）要考虑工件的结构和尺寸。例如，对于 IT7 精度的孔，采用镗削、铰削、拉削和磨削等都可达到要求。但箱体上的孔一般不宜采用拉削或磨削，孔大时宜选择镗削，孔小时则宜选择铰削。

5）要根据生产类型选择加工方法。大批生产时，应采用生产率高、质量稳定的专用设备和专用工艺装备加工。单件小批生产时，只能采用通用设备和工艺装备以及一般的加工方法。例如，大批生产时，平面和孔采用拉削加工；单件小批生产时，平面采用刨削、铣削加工，孔采用钻削、扩削、铰削加工。

6）应考虑本企业的现有设备情况和技术条件以及充分利用新工艺、新技术的可能性。

7）应考虑其他特殊要求，例如工件表面纹路要求、表面力学性能要求等。

表 10-2　外圆加工方案

序号	加工方法	经济精度（公差等级表示）	经济表面粗糙度值 $Ra/\mu m$	适用范围
1	粗车	IT11~IT13	12.5~50	适用于淬火钢以外的各种金属
2	粗车—半精车	IT8~IT10	3.2~6.3	
3	粗车—半精车—精车	IT7~IT8	0.8~1.6	
4	粗车—半精车—精车—滚压（或抛光）	IT7~IT8	0.025~0.2	
5	粗车—半精车—磨削	IT7~IT8	0.4~0.8	主要用于淬火钢，也可用于未淬火钢，但不宜加工有色金属
6	粗车—半精车—粗磨—精磨	IT6~IT7	0.1~0.4	
7	粗车—半精车—粗磨—精磨—超精加工	IT5	0.12~0.1	
8	粗车—半精车—精车—精细车（金刚石车）	IT6~IT7	0.025~0.4	主要用于要求较高的有色金属加工
9	粗车—半精车—粗磨—精磨—超精磨（或镜面磨）	IT5 以上	0.006~0.025	用于极高精度的外圆加工
10	粗车—半精车—粗磨—精磨—研磨	IT5 以上	0.006~0.1	

表 10-3　内孔加工方案

序号	加工方法	经济精度（公差等级表示）	经济表面粗糙度值 $Ra/\mu m$	适用范围
1	钻	IT11~IT13	12.5	加工未淬火钢及铸铁的实心毛坯，也可用于加工有色金属，孔径小于15mm
2	钻—铰	IT8~IT10	1.6~6.3	
3	钻—粗铰—精铰	IT7~IT8	0.8~1.6	
4	钻—扩	IT10~IT11	6.3~12.5	加工未淬火钢及铸铁的实心毛坯，也可用于加工有色金属，孔径大于20mm
5	钻—扩—铰	IT8~IT9	1.6~3.2	
6	钻—扩—粗铰—精铰	IT7	0.8~1.6	
7	钻—扩—机铰—手铰	IT6~IT7	0.2~0.4	
8	钻—扩—拉（或推）	IT7~IT9	0.1~1.6	用于大批生产中小零件通孔的加工（精度由拉刀的精度而定）
9	粗镗（或扩孔）	IT11~IT13	6.3~12.5	除淬火钢外的各种材料，毛坯有铸出孔或锻出孔
10	粗镗（粗扩）—半精镗（精扩）	IT9~IT10	1.6~3.2	
11	粗镗（粗扩）—半精镗（精扩）—精镗（铰）	IT7~IT8	0.8~1.6	
12	粗镗（粗扩）—半精镗（精扩）—精镗—浮动镗刀精镗	IT6~IT7	0.4~0.8	

（续）

序号	加工方法	经济精度 （公差等级表示）	经济表面粗糙度值 $Ra/\mu m$	适用范围
13	粗镗（扩）—半精镗—磨孔	IT7~IT8	0.2~0.8	主要用于淬火钢，也可用于未淬火钢，但不宜用于有色金属
14	粗镗（扩）—半精镗—粗磨—精磨	IT6~IT7	0.1~0.2	
15	粗镗—半精镗—精镗—精细镗（金刚镗）	IT6~IT7	0.05~0.4	主要用于精度要求高的有色金属加工
16	钻—（扩）—粗铰—精铰—珩磨 钻—（扩）—拉—珩磨 粗镗—半精镗—精镗—珩磨	IT6~IT7	0.025~0.2	精度要求很高的孔
17	钻—（扩）—粗铰—精铰—研磨 钻—（扩）—拉—研磨 粗镗—半精镗—精镗—研磨	IT5~IT6	0.006~0.1	

表 10-4　平面加工方案

序号	加工方法	经济精度 （公差等级表示）	经济表面粗糙度值 $Ra/\mu m$	适用范围
1	粗车	IT11~IT13	12.5~50	端面
2	粗车—半精车	IT8~IT10	3.2~6.3	
3	粗车—半精车—精车	IT7~IT8	0.8~1.6	
4	粗车—半精车—磨削	IT6~IT9	0.2~0.8	
5	粗刨（或粗铣）	IT11~IT13	6.3~25	一般用于不淬硬平面
6	粗刨（或粗铣）—精刨（或精铣）	IT8~IT10	1.6~6.3	
7	粗刨（或粗铣）—精刨（或精铣）—刮研	IT6~IT7	0.1~0.8	用于精度要求较高的不淬硬平面，批量较大时宜采用宽刃精刨方案
8	粗刨（或粗铣）—精刨（或精铣）—宽刃精刨	IT7	0.2~0.8	
9	粗刨（或粗铣）—精刨（或精铣）—磨削	IT7	0.2~0.8	用于精度要求高的淬硬平面或不淬硬平面
10	粗刨（或粗铣）—精刨（或精铣）—粗磨—精磨	IT6~IT7	0.025~0.4	
11	粗铣—拉削	IT7~IT9	0.2~0.8	用于大量生产，较小的平面（精度视拉刀精度而定）
12	粗铣（或精铣）—磨削—研磨	IT5 以上	0.006~0.1	用于高精度平面

例如，要求孔的加工精度为 IT7，表面粗糙度值为 $Ra1.6~3.2\mu m$，根据表 10-3 确定孔的加工方案，主要可选择下面四种加工方案：

① 钻—扩—粗铰—精铰。此方案用得最多，一般用于加工孔径小于 80mm 的孔，工件材料为未淬火钢或铸铁，不适于加工大孔径，否则刀具过于笨重。

② 粗镗—半精镗—精镗。此方案用于加工毛坯本身有铸出或锻出的孔，但其直径不宜太小，否则会因镗杆太细，容易发生变形而影响加工精度。箱体零件的孔加工常用这种方案。

③ 粗镗—半精镗—粗磨—精磨。此方案适用于加工淬火的工件。

④ 钻—扩—拉。此方案适用于加工成批或大量生产的中小型零件，其材料为未淬火钢、铸铁及有色金属。

2. 划分加工阶段

当零件精度要求较高或较为复杂时，为保证零件的加工质量和合理地使用设备、人力，往往不可能在一个工序内完成全部工作，而必须将工件的机械加工划分阶段。一般将表面的加工划分为最多五个加工阶段：去毛皮加工阶段、粗加工阶段、半精加工阶段、精加工阶段、光整加工阶段。一般零件的加工常分三个加工阶段：粗加工阶段、半精加工阶段、精加工阶段。毛坯误差大的，最开始可安排去毛皮加工阶段；精度要求较高的，最后可安排光整加工阶段。

粗加工阶段的任务是高效地切除各加工表面的大部分余量，提高生产率，使毛坯在形状和尺寸上接近成品，并留有均匀而适当的加工余量，为半精加工和精加工做准备。

半精加工阶段的任务是消除粗加工留下的误差，使工件达到一定精度，为主要表面的精加工做准备，并完成一些次要表面的加工（如钻孔、攻螺纹和铣键槽等）。

精加工阶段的任务是完成各主要表面的最终加工，使零件的位置精度、尺寸精度及表面粗糙度达到图样规定。

光整加工阶段：对于尺寸精度及表面质量要求很高的零件（尺寸精度要求在 IT6 以上，表面粗糙度值要求小于 $Ra0.2\mu m$）需要安排光整加工阶段，其主要任务是提高表面质量，并进一步提高尺寸精度和形状精度，但一般不用以纠正位置精度。

划分加工阶段的主要原因有以下几方面。

（1）保证零件加工质量　粗加工时切除的金属层较厚，会产生较大的切削力和切削热，所需的夹紧力也较大，因而工件会产生较大的弹性变形和热变形；另外，粗加工后由于内应力重新分布，也会使工件产生较大的变形。划分加工阶段后，粗加工造成的误差将通过半精加工和精加工予以纠正。

（2）有利于合理使用设备　粗加工时可使用功率大、刚度好而精度较低的高效率机床，以提高生产率。而精加工时可使用高精度机床，以保证加工精度要求。这样既充分发挥了机床各自的性能特点，又避免了以粗干精，延长了高精度机床的使用寿命。

（3）便于及时发现毛坯缺陷　由于粗加工切除了各表面的大部分余量，毛坯的缺陷如气孔、砂眼、余量不足等可及早被发现，以便及时修补或报废，从而避免了继续加工而造成的浪费。

（4）避免损伤已加工表面　将精加工安排在最后，可以保护精加工表面在加工过程中少受损伤或不受损伤。

（5）便于安排必要的热处理工序　划分加工阶段后，在适当的时机在机械加工过程中插入热处理，可使冷、热工序配合得更好，从而避免因热处理带来的变形。

值得指出的是，加工阶段的划分不是绝对的。例如，对那些质量要求不高、刚性较好、毛坯精度较高、加工余量小的工件，也可不划分或少划分加工阶段；对于一些刚性好的重型零件，由于装夹、运输费时，也常在一次装夹中完成粗、精加工，为了弥补不划分加工阶段引起的缺陷，可在粗加工之后松开工件，让工件的变形得到恢复，间隔一段时间后用较小的夹紧力重新夹紧工件，再进行精加工。

3. 安排加工顺序

复杂零件的机械加工要经过切削加工、热处理和辅助工序，在拟订工艺路线时必须将三者统筹考虑，合理安排顺序。

（1）切削加工工序顺序的安排原则　切削工序安排的总原则是：前期工序必须为后续工序创造条件，做好基准准备。具体原则如下：

1）基面先行。在刚开始加工零件时，总是先加工精基准，然后再用精基准定位加工其他表面。例如，对于箱体零件，一般是以主要孔作为粗基准加工平面，再以平面作为精基准加工孔系；对于轴类零件，一般是以外圆作为粗基准加工中心孔，再以中心孔作为精基准加工外圆、端面等其他表面。如果有多个精基准，则应该按照基准转换的顺序和逐步提高加工精度的原则来安排基面和主要表面的加工。

2）先主后次。零件的主要表面是指零件与其他零件相配合的表面，或是直接参与机器工作过程的表面，一般都是加工精度或表面质量要求比较高的表面。主要表面以外的其他表面称为次要表面。通常将装配基面、工作表面等视为主要表面，而将键槽、紧固用的光孔和螺孔等视为次要表面。主要表面的加工质量对整个零件的质量影响很大，其加工工序往往也比较多，因此应先安排主要表面的加工，再将其他表面加工适当安排在它们中间穿插进行。

3）先粗后精。一个零件通常由多个表面组成，各表面的加工一般都需要分阶段进行。在安排加工顺序时，应先集中安排各表面的粗加工，中间根据需要依次安排半精加工，最后安排精加工和光整加工。对于精度要求较高的工件，为了减小粗加工引起的变形对精加工的影响，通常粗、精加工不应连续进行，而应分阶段并间隔适当时间进行。

4）先面后孔。对于箱体、支架和连杆等工件，应先加工平面后加工孔。因为平面的轮廓平整、面积大，先加工平面再以平面定位加工孔，既能保证加工时孔有稳定可靠的定位基准，又有利于保证孔与平面间的位置精度要求。

（2）热处理的安排　热处理工序在工艺路线中的安排，主要取决于零件的材料和热处理的目的。根据热处理的目的不同，热处理一般可分为以下几种。

1）预备热处理。预备热处理的目的是消除毛坯制造过程中产生的内应力，改善金属材料的可加工性，为最终热处理做准备。属于预备热处理的有调质、退火、正火等，一般安排在粗加工前后。安排在粗加工前，可改善材料的可加工性；安排在粗加工后，有利于消除残余内应力。

2）最终热处理。最终热处理的目的是提高金属材料的力学性能，如提高零件的硬度和耐磨性等。属于最终热处理的有淬火—回火、渗碳淬火—回火、渗氮等，对于仅要求改善力学性能的工件，有时正火、调质等也可作为最终热处理。最终热处理一般安排在粗加工、半精加工之后，精加工的前后。变形较大的最终热处理，如渗碳淬火、调质等，应安排在精加工前进行，以便在精加工时纠正热处理的变形；变形较小的最终热处理，如渗氮等，可安排在精加工之后进行。

3）时效处理。时效处理的目的是消除内应力，减少工件变形。时效处理分自然时效、人工时效和振动时效三大类。自然时效是指将铸件在露天放置几个月或几年；人工时效是指将铸件以 50~100℃/h 的速度加热到 500~550℃，保温一段时间，然后以 20~50℃/h 的速度随炉冷却；冰冷处理是指将零件置于 -80~0℃ 的某种气体中停留 1~2h。时效处理一般安排在粗加工之后、精加工之前；对于精度要求较高的零件，可在半精加工之后再安排一次时效处理；冰冷处理一般安排在回火之后或精加工之后或工艺过程的最后。

4）表面处理。为了表面防腐或表面装饰，有时需要对表面进行涂镀或发蓝处理等。涂镀是指在金属、非金属基体上沉积一层所需的金属或合金的过程。发蓝处理是一种钢铁的氰化处理方法，是指将钢件放入一定温度的碱性溶液中，使零件表面生成厚度为 $0.6\sim0.8\mu m$ 的致密而牢固的 Fe_3O_4 氧化膜的过程。依处理条件的不同，该氧化膜呈现亮蓝色直至亮黑色，所以又称为煮黑处理。这些表面处理通常安排在工艺过程的最后。

（3）辅助工序的安排　辅助工序包括工件的检验、去飞边、清洗、去磁和防锈等。辅助工序也是机械加工的必要工序，若安排不当或遗漏，会给后续工序和装配带来困难，影响产品质量甚至机器的使用性能。例如，未去飞边的零件装配到产品中会影响装配精度或危及工人安全，机器运行一段时间后，飞边变成碎屑后混入润滑油中，将影响机器的使用寿命；用磁力夹紧过的零件如果不安排去磁，则可能将微细切屑带入产品中，也会严重影响机器的使用寿命，甚至还可能造成不必要的事故。因此，必须十分重视辅助工序的安排。

1）检验工序的安排。

① 中间工序，安排在粗加工阶段之后、转出车间之前，或关键工序之前和之后进行，因为关键工序工时费用高，且易出废品。

② 特种检验，检查工件材料的内部质量，如超声波探伤（检验毛坯），安排在工艺过程的开始、粗加工前；检验工件表面质量，如磁粉探伤、荧光检验，检验加工后的金属表面时，要安排在所要求表面的精加工后；荧光检验用于检查毛坯的裂纹，安排在加工前进行；动、静平衡试验和密封性试验要视加工过程的需要进行安排；重量检验应安排在工艺过程的最后进行。

③ 总检验（最终检验），安排在零件加工完成之后。

2）其他工序的安排。

① 去飞边工序，一般安排在钻、铣加工工序之后或在钻、铣中安排去飞边。

② 油封工序，入库前或两道工序之间间隔时间较长时安排。

③ 洗涤工序，检验前和抛光、磁粉探伤、荧光检验、研磨等工序之后，均要安排洗涤工序。

4. 选择工序的集中与分散

拟订工艺路线时，选定了各表面的加工工序并划分了加工阶段后，就可以将同一阶段中的各加工表面组合成若干工序。确定工序数目或工序内容的多少有两种不同的原则，它和设备类型的选择密切相关。

（1）工序集中与工序分散的概念　工序集中就是将工件的加工集中在少数几道工序内完成，每道工序的加工内容较多。工序集中又可分为：采用技术措施集中的机械集中，如采用多刀、多刃、多轴或数控机床加工等；采用人为组织措施集中的组织集中，如普通车床的顺序加工。

工序分散则是将工件的加工分散在较多的工序内完成，每道工序的加工内容很少，有时甚至每道工序只有一个工步。

（2）工序集中与工序分散的特点

1）工序集中的特点如下：

① 采用高效率的专用设备和工艺装备，生产率高。

② 减少了装夹次数，易于保证各表面间的相互位置精度，还能缩短辅助时间。

③ 工序数目少，机床数量、操作工人数量和生产面积都可减少，节省人力、物力，还可简化生产计划和组织工作。

④ 工序集中通常需要采用专用设备和工艺装备，投资大，设备和工艺装备的调整、维修较为困难，生产准备工作量大，转换新产品较麻烦。

2）**工艺分散的特点**如下：

① 设备和工艺装备简单，调整方便，工人便于掌握，容易适应产品的变换。

② 可以采用最合理的切削用量，减少基本时间。

③ 对操作工人的技术水平要求较低。

④ 设备和工艺装备数量多，操作工人多，生产占地面积大。

工序集中与工序分散各有特点，应根据生产类型、零件的结构和技术要求、现有生产条件等综合分析后选用。如生产批量小时，为简化生产计划，多将工序适当集中，使各通用机床完成更多表面的加工，以减少工序数目；而生产批量较大时，就可采用多刀、多轴等高效机床将工序集中。

由于工序集中的优点较多，现代生产的发展多趋向于工序集中。

（3）工序集中与工序分散的选择　工序集中与工序分散各有利弊，应根据企业的生产规模、产品的生产类型、现有的生产条件、零件的结构特点和技术要求、各工序的生产节拍，进行综合分析后选定。

一般情况下，单件小批生产时，只能将工序集中，在一台普通机床上加工出尽量多的表面；大批大量生产时，既可以采用多刀、多轴等高效、自动机床将工序集中，也可以将工序分散后组织流水生产。批量生产应尽可能采用效率较高的半自动机床，使工序适当集中，从而有效地提高生产率。对于重型零件，为了减少装卸运输工作量，工序应适当集中；而对于刚性较差且精度高的精密工件，工序应适当分散。

综上所述，拟订工艺路线应按照如图 10-16 所示的步骤进行。

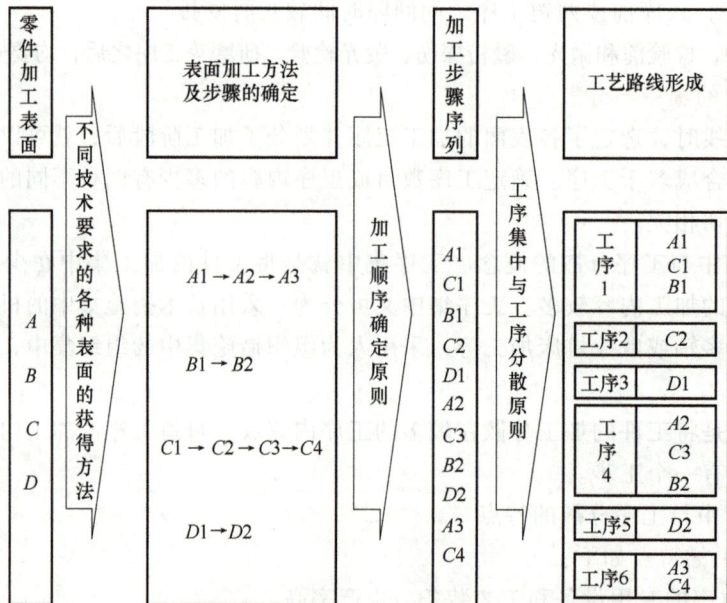

图 10-16 拟订工艺路线的基本过程

10.5　确定加工余量

10.5.1　加工余量的基本概念

加工余量是指在加工中被切去的金属层厚度。加工余量有工序余量和加工总余量。

1. 工序余量

相邻两工序的工序尺寸之差称为工序余量。如图 10-17 所示，工序余量有单边余量和双边余量之分。

单边余量：对于平面上非对称的表面，其加工余量用单边余量 Z_b 来表示，如图 10-17a、b 所示。

对于外表面（见图 10-17a）

$$Z_b = a - b \qquad (10-1)$$

对于内表面（见图 10-17b）

$$Z_b = b - a \qquad (10-2)$$

式中，Z_b 是本工序的工序余量；a 是前工序的公称尺寸；b 是本工序的公称尺寸。

双边余量：对于外圆与内孔这样的对称表面，其加工余量用双边余量 $2Z_b$ 表示。

对于外圆表面（见图 10-17c）

$$2Z_b = d_a - d_b \qquad (10-3)$$

对于内孔表面（见图 10-17d）

$$2Z_b = D_b - D_a \qquad (10-4)$$

加工余量

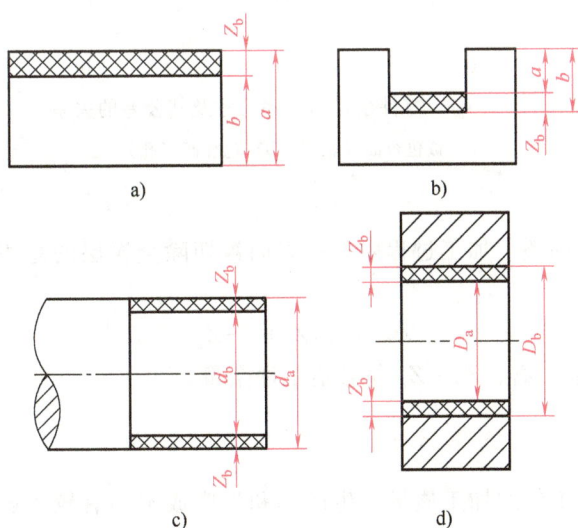

图 10-17　单边余量与双边余量

由于工序尺寸有误差，故各工序实际切除的余量值是变化的，因此工序余量有公称余量（简称余量）、最大余量 Z_{max}、最小余量 Z_{min} 之分，余量的变动范围称为余量公差，如图 10-18 所示。

公称余量 Z：前工序公称尺寸与本工序公称尺寸之差。

对于被包容面（轴） $\qquad\qquad Z = a - b$ (10-5)

对于包容面（孔） $\qquad\qquad Z = b - a$ (10-6)

最大余量 $Z_{\max}$：前工序上极限尺寸与本工序下极限尺寸之差。

对于被包容面（轴） $\qquad Z_{\max} = a_{\max} - b_{\min}$ (10-7)

对于包容面（孔） $\qquad Z_{\max} = b_{\max} - a_{\min}$ (10-8)

最小余量 $Z_{\min}$：前工序下极限尺寸与本工序上极限尺寸之差。

对于被包容面（轴） $\qquad Z_{\min} = a_{\min} - b_{\max}$ (10-9)

对于包容面（孔） $\qquad Z_{\min} = b_{\min} - a_{\max}$ (10-10)

余量公差 T_{Z}：最大余量与最小余量的差值，等于前工序与本工序两工序尺寸公差之和，即

$$T_{Z} = Z_{\max} - Z_{\min} = T_{a} + T_{b}$$ (10-11)

式中，T_{Z} 是余量公差；T_{a} 是前工序尺寸公差；T_{b} 是本工序尺寸公差。

工序尺寸的公差带一般都采用"单向入体原则"标注，即对于被包容面（轴），取上极限偏差为零，下极限偏差为负；对于包容面（孔），取下极限偏差为零，上极限偏差为正。毛坯尺寸的偏差一般采用双向标注。

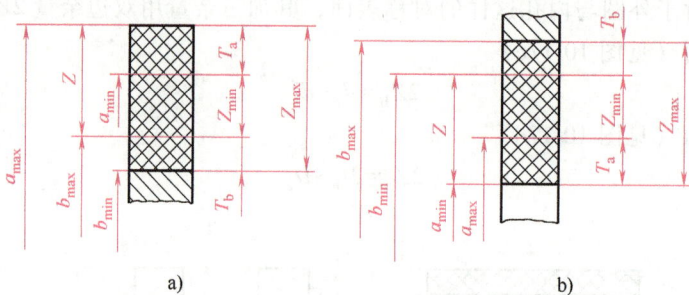

图 10-18 零件余量与工序尺寸及其公差的关系

a）被包容面（轴） b）包容面（孔）

2. 加工总余量

工件由毛坯到成品的整个加工过程中某一表面被切除金属层的总厚度称为加工总余量，如图 10-19 所示，即

$$Z_{总} = Z_{1} + Z_{2} + \cdots + Z_{n}$$ (10-12)

式中，$Z_{总}$ 是加工总余量；Z_{1}、$Z_{2}\cdots Z_{n}$ 是各道工序余量。

10.5.2 影响加工余量的因素分析

加工余量的大小对工件的加工质量、生产率和生产成本均有较大影响。加工余量过大，不仅增加机械加工的劳动量、降低生产率，而且增加了材料、刀具和电力的消耗，提高了加工成本；加工余量过小，则既不能消除前道工序的各种表面缺陷和误差，又不能补偿本工序加工时工件的安装误差，易造成废品。因此，应合理地确定加工余量。

确定加工余量的基本原则是：在保证加工质量的前提下，加工余量越小越好。

影响加工余量的因素如图 10-20 所示。

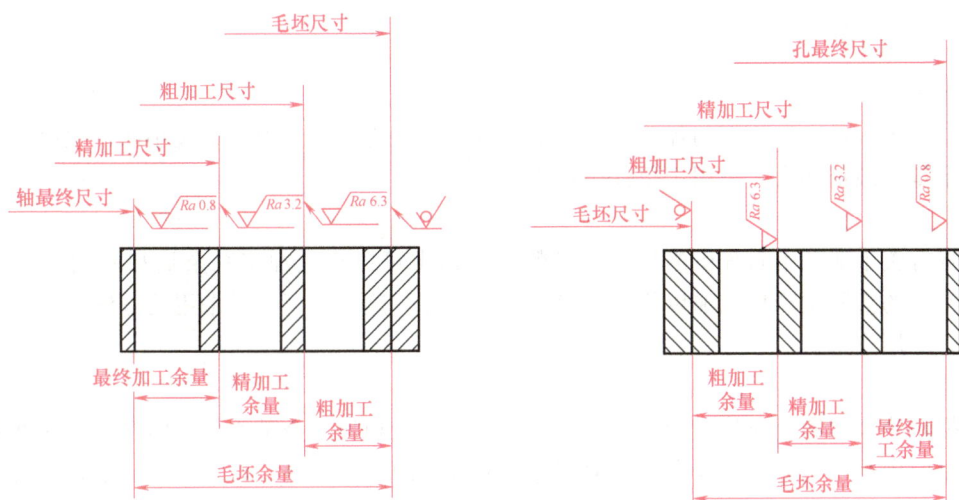

图 10-19　轴和孔的加工总余量及各工序余量的分布情况

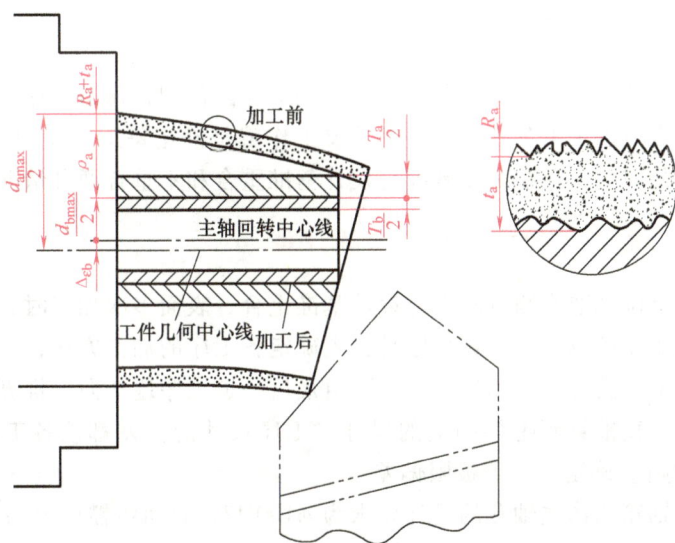

图 10-20　影响加工余量的因素

（1）上道工序形成的表面粗糙度和表面缺陷层　本道工序必须把上道工序所形成的表面粗糙度和表面缺陷层全部切去，本工序的加工余量必须大于或等于上道工序的尺寸公差。

（2）上道工序的工序尺寸公差　由于上道工序加工后，表面存在有尺寸误差和几何误差，这些误差一般包括在工序尺寸公差中，所以，为了使加工后工件表面不残留上道工序的这些误差，本工序的加工余量值应比上道工序的尺寸公差值大。

（3）上道工序产生的几何误差　当工件上有些几何误差不包括在尺寸公差的范围内，这些误差又必须在本工序加工纠正时，则在本工序的加工余量中应包括这些误差。

（4）本道工序的装夹误差　装夹误差包括工件的定位误差和夹紧误差，当用夹具装夹时，还应考虑夹具本身的误差。这些误差会使工件在加工时的位置发生偏斜，所以加工余量还必须考虑这些误差的影响。本道工序的余量必须大于本道工序的装夹误差。

10.5.3 确定加工余量的方法

1. 估计法

根据工艺人员本身积累的经验确定加工余量。一般为了防止因余量过小而产生废品，所估计的余量一般都偏大，适用于单件小批生产。

2. 查表法

根据有关手册和资料提供的加工余量数据（通常可以查到加工总余量和精加工余量），再结合本厂的实际生产情况加以修正后确定加工余量。这是工厂广泛采用的方法，适用于批量生产，应用广泛。

3. 计算法

根据理论公式和企业的经验数据表格，通过分析影响加工余量的各个因素来计算并确定加工余量的大小。这种方法较合理，但需要全面可靠的试验资料，计算也较复杂，一般只在材料十分贵重或少数大批大量生产工厂中采用。

10.6 确定工序尺寸及其公差

工件上的设计尺寸一般都要经过几道工序的加工才能得到，每道工序所应保证的尺寸称为工序尺寸。编制机械加工工艺规程的一个重要工作就是确定每道工序的工序尺寸及公差。在确定工序尺寸及公差时，存在工序基准与设计基准重合和不重合两种情况。

10.6.1 基准重合时工序尺寸及其公差的计算

当工序基准、定位基准或测量基准与设计基准重合，表面多次加工时，工序尺寸及其公差的计算相对来说比较简单。其计算顺序是：先确定各工序的加工方法，然后确定该加工方法所要求的加工余量及其所能达到的精度，再由最后一道工序逐个向前推算，即由零件图上的设计尺寸开始，一直推算到毛坯图上的尺寸。工序尺寸的公差都按各工序的经济精度确定，并按"入体原则"确定上、下极限偏差。

例 10-1 某主轴箱箱体主轴孔的设计要求为 $\phi100H7$，表面粗糙度值为 $Ra0.8\mu m$。其加工工艺路线为：毛坯—粗镗—半精镗—精镗—浮动镗。试确定各工序尺寸及其公差。

解：1) 确定加工余量。经查机械工艺手册可知，加工总余量为 8mm，浮动镗的加工余量为 0.1mm，精镗的加工余量为 0.5mm。经过分配，半精镗的加工余量为 2.4mm，粗镗的加工余量为 5mm。

2) 工序公称尺寸的确定。工序公称尺寸的计算顺序是从最后一道工序往前推算。浮动镗孔后尺寸为 $\phi100^{+0.035}_{0}$mm，即浮动铰孔工序公称尺寸即为图样的公称尺寸。其余各工序公称尺寸见表 10-5 第四列。

3) 各工序尺寸公差的确定。最后浮动镗孔工序的尺寸公差即图样规定的尺寸公差，各中间工序的加工精度及公差是根据其对应工序的加工性质，查有关经济加工精度的表格得到的。查得结果列见表 10-5 第三列。

4) 各工序尺寸极限偏差的确定。查得各工序公差之后，按"入体原则"确定各工序尺寸的上、下极限偏差。对于孔，下极限偏差取零，上极限偏差取正值；对于轴，上极限偏差取零，下极限偏差取负值；对于毛坯尺寸的偏差应查表取双向值。得出的结果见表 10-5 第五列。

表 10-5　主轴孔工序尺寸及公差的计算

工序名称	工序余量/mm	工序的经济精度	工序公称尺寸/mm	工序尺寸及公差、表面粗糙度值
浮动镗	0.1	$H7\binom{+0.035}{0}$	100	$\phi100^{+0.035}_{0}$ mm，$Ra = 0.8\mu m$
精镗	0.5	$H9\binom{+0.087}{0}$	$100-0.1 = 99.9$	$\phi99.9^{+0.087}_{0}$ mm，$Ra = 1.6\mu m$
半精镗	2.4	$H11\binom{+0.22}{0}$	$99.9-0.5 = 99.4$	$\phi99.4^{+0.22}_{0}$ mm，$Ra = 6.3\mu m$
粗镗	5	$H13\binom{+0.54}{0}$	$99.4-2.4 = 97$	$\phi97^{+0.54}_{0}$ mm，$Ra = 12.5\mu m$
毛坯孔	8	±1.2mm	$97-5 = 92$	$\phi92\pm1.2$mm

10.6.2　基准不重合时工序尺寸及其公差的计算

加工过程中，工件的尺寸是不断变化的，由毛坯尺寸到工序尺寸，最后达到满足零件性能要求的设计尺寸。一方面，由于加工的需要，在工序简图以及工艺卡片上要标注一些专供加工用的工艺尺寸，工艺尺寸往往不是直接采用零件图上的尺寸，而是需要另行计算；另一方面，在零件加工时，需要多次转换基准，因而会造成工序基准、定位基准或测量基准与设计基准不重合。这时，需要利用工艺尺寸链原理来进行工序尺寸及其公差的计算。

1. 工艺尺寸链的基本概念

（1）工艺尺寸链的定义　加工图 10-21 所示零件，零件图上标注的设计尺寸为 A_1 和 A_0。当用零件的面 1 定位来加工面 3 时，得尺寸 A_1，仍以面 1 定位来加工面 2，保证尺寸 A_2，于是 A_1、A_2 和 A_0 就形成了一个封闭的图形。这种由相互联系的尺寸按一定顺序首尾相接排列成的尺寸封闭图形就称为尺寸链。由单个零件在工艺过程中的有关工艺尺寸所组成的尺寸链，称为工艺尺寸链。

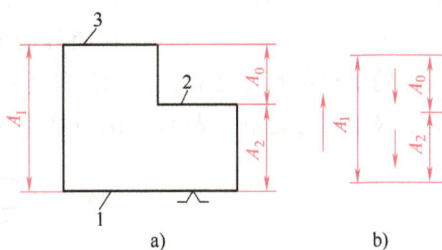

图 10-21　加工过程中的尺寸链

（2）工艺尺寸链的组成　组成工艺尺寸链的各个尺寸称为尺寸链的环。这些环可分为封闭环和组成环。

1）封闭环：加工过程中间接获得的尺寸，即最后保证的尺寸，称为封闭环。一个尺寸链中，封闭环只有一个，如图 10-21 中的 A_0 是间接、最后获得的，A_0 即为封闭环。

2）组成环：除封闭环以外的其他环都称为组成环。组成环又分为增环和减环。如图 10-21 中的 A_1、A_2 即为组成环，按其对封闭环的影响不同，分别为增环和减环。

① 增环（$\vec{A_i}$）：若其他组成环不变，某组成环的变动引起封闭环随之同向变动，则该环为增环，如图 10-21 中的 A_1。

② 减环（$\overleftarrow{A_j}$）：若其他组成环不变，某组成环的变动引起封闭环随之异向变动，则该环为减环，如图 10-21 中的 A_2。

（3）工艺尺寸链的建立

1）确定封闭环。根据零件的加工方案，找出间接、最后获得的尺寸，定为封闭环。在大多数情况下，封闭环可能是零件设计尺寸中的一个尺寸或者是加工余量值。

2）查找组成环。从封闭环两端开始，同步按照工艺过程的顺序，分别向前查找该表面最近一次加工的加工尺寸，之后再找出该尺寸另一端表面的最后一次加工尺寸，直至两边汇合为止，所经过的尺寸都为该尺寸的组成环。

需要注意的是，所建立的尺寸链应使组成环数量最少，这样有利于保证封闭环的精度或使各组成环加工容易，更经济。

（4）工艺尺寸链的特性　通过上述分析可知，工艺尺寸链的主要特性是封闭性和关联性。

所谓封闭性，是指尺寸链中各尺寸的排列呈封闭形式。没有封闭的尺寸排列就不能成为尺寸链。

所谓关联性，是指尺寸链中任何一个直接获得的尺寸及其变化，都将影响间接获得或间接保证的那个尺寸及其精度的变化。

2. 工艺尺寸链计算的基本公式

工艺尺寸链的计算方法有两种，即极值法和概率法，这里仅介绍生产中常用的极值法。

（1）封闭环的公称尺寸　封闭环的公称尺寸等于所有增环的公称尺寸之和减去所有减环的公称尺寸之和，即

$$A_0 = \sum_{i=1}^{m} \overrightarrow{A}_i - \sum_{j=m+1}^{n-1} \overleftarrow{A}_j \qquad (10\text{-}13)$$

式中，m 是增环的环数；n 是包括封闭环在内的总环数。

（2）封闭环的极限尺寸　封闭环的上极限尺寸等于所有增环的上极限尺寸之和减去所有减环的下极限尺寸之和；封闭环的下极限尺寸等于所有增环的下极限尺寸之和减去所有减环的上极限尺寸之和（故极值法也称为极大极小法），即

$$A_{0\max} = \sum_{i=1}^{m} \overrightarrow{A}_{i\,\max} - \sum_{j=m+1}^{n-1} \overleftarrow{A}_{j\,\min} \qquad (10\text{-}14)$$

$$A_{0\min} = \sum_{i=1}^{m} \overrightarrow{A}_{i\,\min} - \sum_{j=m+1}^{n-1} \overleftarrow{A}_{j\,\max} \qquad (10\text{-}15)$$

（3）封闭环的上极限偏差 $ES(A_0)$ 与下极限偏差 $EI(A_0)$　封闭环的上极限偏差等于所有增环的上极限偏差之和减去所有减环的下极限偏差之和，即

$$ES(A_0) = \sum_{i=1}^{m} ES(\overrightarrow{A}_i) - \sum_{j=m+1}^{n-i} EI(\overleftarrow{A}_j) \qquad (10\text{-}16)$$

封闭环的下极限偏差等于所有增环的下极限偏差之和减去所有减环的上极限偏差之和，即

$$EI(A_0) = \sum_{i=1}^{m} EI(\overrightarrow{A}_i) - \sum_{j=m+1}^{n-i} ES(\overleftarrow{A}_j) \qquad (10\text{-}17)$$

（4）**封闭环的公差 $T（A_0）$**　封闭环的公差等于所有组成环公差之和，即

$$T(A_0) = \sum_{i=1}^{n-1} T(A_i) \tag{10-18}$$

（5）**计算封闭环的竖式**　封闭环还可列竖式进行解算。解算时应用口诀：增环上下极限偏差照抄；减环上下极限偏差对调、反号。具体计算过程请参照后面的例题。

3. 工艺尺寸链的计算形式

（1）**正计算形式**　正计算形式是已知各组成环尺寸求封闭环尺寸。其计算结果是唯一的。产品设计的校验常用这种形式。

（2）**反计算形式**　反计算形式是已知封闭环尺寸求各组成环尺寸。由于组成环通常有若干个，所以反计算形式需将封闭环的公差值按照尺寸大小和精度要求合理地分配给各组成环。产品设计常用此形式。

1）等公差法：不考虑各组成环尺寸大小及加工的难易程度，将封闭环公差平均分配给每一组成环，即

$$T_{Ai} = T_{A0} / (N-1) \tag{10-19}$$

2）等精度级法：各组成环取用同一标准公差等级，将封闭环公差按组成环尺寸大小，按比例分配给各组成环。

3）凭经验分配公差。

（3）**中间计算形式**　中间计算形式是已知封闭环尺寸和部分组成环尺寸，求某一组成环尺寸。该方法应用最广，常用于加工过程中基准不重合时计算工序尺寸。尺寸链计算多属这种计算形式。

4. 工艺尺寸链的分析与解算

（1）**测量基准与设计基准不重合时工序尺寸的计算**　在加工工件的过程中，有时会遇到一些表面加工之后不便直接测量的情况，因此需要在零件上另选一容易测量的表面作为测量基准进行测量，以间接保证设计尺寸的要求。

例 10-2　如图 10-22a 所示套筒零件，两端面已加工完毕，在加工孔底台肩面 C 时，要保证尺寸 $16_{-0.35}^{0}$mm，但该尺寸不便测量，试标出工序尺寸 x 及其上、下极限偏差。

解：1）画尺寸链，并判断增、减环。由于孔的深度可以用游标深度卡尺进行测量，而设计尺寸 $16_{-0.35}^{0}$mm 可以通过 A_1 和孔深 x 间接计算出来，所以尺寸 $16_{-0.35}^{0}$mm 是封闭环，画出尺寸链如图 10-22b 所示，A_1 为增环，x 为减环。

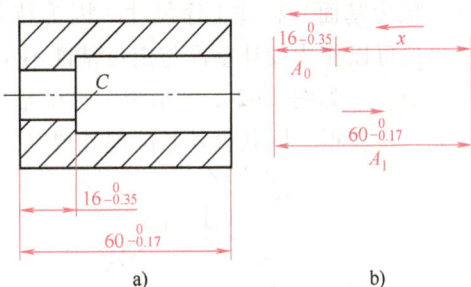

图 10-22　套筒零件工艺尺寸链

2）计算公称尺寸。

$$A_0 = A_1 - x \quad 16 = 60 - x \quad x = 44\text{mm}$$

3）计算下极限偏差。

$$ES(A_0) = ES(A_1) - EI(x) \quad 0 = 0 - EI(x) \quad EI(x) = 0\text{mm}$$

4）计算上极限偏差。

$$EI(A_0) = EI(A_1) - ES(x) \quad -0.35 = -0.17 - ES(x) \quad ES(x) = +0.18\text{mm}$$

则 $$x = 44^{+0.18}_{0}\,\text{mm}$$

（2）**定位基准与设计基准不重合时工艺尺寸及其公差的确定** 采用调整法加工零件时，若所选的定位基准与设计基准不重合，那么该加工表面的设计尺寸就不能由加工直接得到，这时就需要进行工艺尺寸的换算，以保证设计尺寸的精度要求，并将计算的工序尺寸标注在工序简图上。

例 10-3 加工如图 10-23a 所示的零件，A、B、C 面在镗孔前已经加工，为方便工件装夹，选择 A 面为定位基准来进行加工，加工时镗刀需按定位面 A 调整，故应计算镗刀的调整尺寸 A_3。

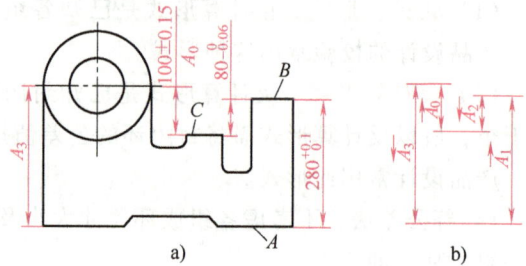

图 10-23 机床床身的工艺尺寸链

解： 1）画尺寸链，判断增减环。根据题意画出尺寸链，如图 10-23b 所示，由于 A、B、C 面在镗孔前已加工，故 A_1、A_2 在本工序前就已保证精度，A_3 为本道工序直接保证精度的尺寸，故三者均为组成环，而 A_0 为本工序加工后才能得到的尺寸，故 A_0 为封闭环。由工艺尺寸链可知，组成环 A_2、A_3 是增环，A_1 是减环。

2）计算尺寸。

$$A_0 = A_2 + A_3 - A_1 \quad 100 = 80 + A_3 - 280 \quad A_3 = 300\text{mm}$$

3）计算上、下极限偏差。

上极限偏差：$ES(A_0) = ES(A_2) + ES(A_3) - EI(A_1) \quad 0.15 = 0 + ES(A_3) - 0 \quad ES(A_3) = +0.15\text{mm}$

下极限偏差：$EI(A_0) = EI(A_2) + EI(A_3) - ES(A_1) \quad -0.15 = -0.06 + EI(A_3) - 0.10$
$EI(A_3) = +0.01\text{mm}$

所以 $$A_3 = 300^{+0.15}_{+0.01}\,\text{mm}$$

（3）**工序基准是尚需加工的设计基准时工序尺寸及其公差的计算** 从待加工的设计基准（一般为基面）标注工序尺寸，因为待加工的设计基准与设计基准间差一个加工余量，所以仍然可以作为设计基准与定位基准不重合的问题进行解算。

例 10-4 如图 10-24a 所示为一带键槽的齿轮孔，需淬火后磨削，故键槽深度的最终尺寸不能直接获得，因其设计基准内孔要继续加工，所以插键槽时的深度只能作为加工中的工

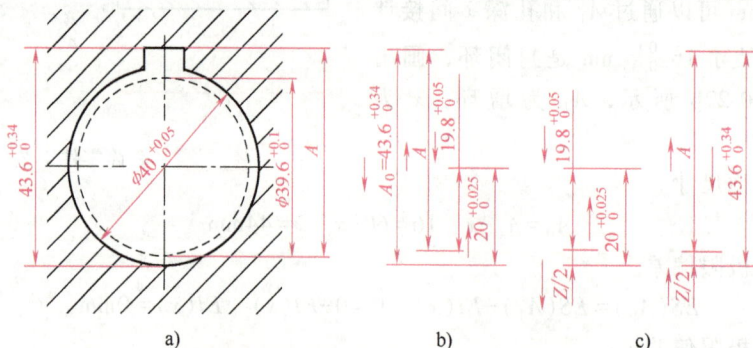

图 10-24 内孔及键槽的工艺尺寸链

序尺寸，拟订机械加工工艺规程时应将它计算出来。有关内孔及键槽的加工顺序是：

1）镗内孔至 $\phi 39.6^{+0.10}_{0}$ mm。

2）插键槽至尺寸 A。

3）热处理。

4）磨内孔至 $\phi 40^{+0.05}_{0}$ mm，同时间接获得键槽深度尺寸 $43.6^{+0.34}_{0}$ mm。

试确定工序尺寸 A 及其公差。

解： 根据工艺过程画出尺寸链，如图 10-24b 所示，因最后工序是直接保证 $\phi 40^{+0.05}_{0}$ mm，间接保证 $43.6^{+0.34}_{0}$ mm，故 $43.6^{+0.34}_{0}$ mm 为封闭环，尺寸 A 和 $20^{+0.025}_{0}$ mm 为增环，$19.8^{+0.05}_{0}$ mm 为减环，利用尺寸链的基本公式进行计算。

A 的公称尺寸：$\qquad 43.6 = A + 20 - 19.8 \quad A = 43.4$ mm

A 的上极限偏差：$\quad +0.34 = ES(A) + 0.025 - 0 \quad ES(A) = +0.315$ mm

A 的下极限偏差：$\quad 0 = EI(A) + 0 - 0.05 \quad EI(A) = +0.05$ mm

所以 $\qquad\qquad\qquad A = 43.4^{+0.315}_{+0.05}$ mm

按入体原则标注为：$\qquad A = 43.45^{+0.265}_{0}$ mm

另外，尺寸链还可以画成图 10-24c 所示的形式，引进了半径余量 $Z/2$，图 10-24c 左图中 $Z/2$ 是封闭环，右图中的 $Z/2$ 则认为是已经获得，而 $43.6^{+0.34}_{0}$ mm 是封闭环，其解算结果与图 10-24b 相同。

（4）保证渗氮、渗碳层深度的工艺措施 有些零件的表面需进行渗氮或渗碳处理，并且要求精加工后保持一定的渗层深度。为此，必须确定渗前加工的工序尺寸和热处理时的渗层深度。

例 10-5 如图 10-25a 所示某零件内孔，材料为 38CrMoAlA，孔径为 $\phi 145^{+0.04}_{0}$ mm 内孔需要渗氮，渗氮层深度为 $0.3 \sim 0.5$ mm。其加工过程为：

1）磨内孔至 $\phi 144.76^{+0.04}_{0}$ mm，如图 10-25b 所示。

2）渗氮，深度 t_1，如图 10-25b 所示。

3）磨内孔至 $\phi 145^{+0.04}_{0}$ mm，并保留渗层深度 $t_0 = 0.3 \sim 0.5$ mm，如图 10-25c 所示。

试求渗氮层深度 t_1。

解： 按孔的半径方向画出尺寸链，如图 10-25d 所示，显然 $t_0 = 0.3 \sim 0.5$ mm $= 0.3^{+0.2}_{0}$ mm 是间接获得的，为封闭环，则尺寸 $72.38^{+0.02}_{0}$ mm、尺寸 t_1 为增环，尺寸 $72.5^{+0.02}_{0}$ mm 为减环。t_1 的求解如下：

t_1 的公称尺寸：$0.3 = 72.38 + t_1 - 72.5$

则 $\qquad\qquad\qquad t_1 = 0.42$ mm

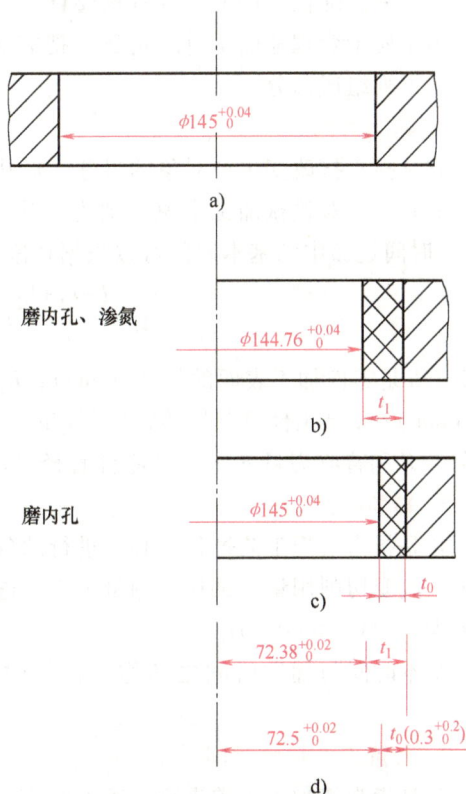

a)

b)

磨内孔、渗氮

c)

磨内孔

d)

图 10-25 保证渗氮深度的尺寸换算

t_1 的上极限偏差：$+0.2 = +0.02 + ES(t_1) - 0$

则 $\qquad\qquad\qquad\qquad ES(t_1) = +0.18\text{mm}$

t_1 的下极限偏差：$0 = 0 + EI(t_1) - 0.02$

则 $\qquad\qquad\qquad\qquad EI(t_1) = +0.02\text{mm}$

所以 $t_1 = 0.42^{+0.18}_{+0.02}\text{mm}$

即渗氮层深度为 0.44～0.6mm。

10.7 分析机械加工生产率和技术经济性

10.7.1 时间定额

机械加工生产率是指工人在单位时间内生产的合格产品的数量，或者指制造单件产品所消耗的劳动时间。它是劳动生产率的指标，通常通过时间定额来衡量。

时间定额是指在一定生产条件下，规定生产一件产品或完成一道工序所消耗的时间。时间定额是安排生产计划、进行成本核算的重要依据，也是设计或扩建工厂（或车间）时计算设备和工人数量的依据。

时间定额一般是由技术人员通过计算或类比的方法或者通过对实际操作时间的测定和分析的方法来确定的。合理的时间定额能提高工人的积极性和创造性，对保证产品质量、提高劳动生产率、降低生产成本具有重要意义。

为了便于合理地确定时间定额，把完成零件一道工序的时间定额称为单件时间（t_{dj}），它包括下列组成部分。

1. 基本时间（t_j）

它是指直接改变生产对象的尺寸、形状、相对位置与表面质量或材料性质等工艺过程所消耗的时间。对机械加工来说，则为切除金属层所耗费的时间（包括刀具的切入、切出时间）。时间定额中的基本时间可以根据切削用量和行程长度来计算，即

$$t_j = \frac{L + L_1 + L_2}{nf} i = \frac{\pi D(L + L_1 + L_2)}{1000 v_c f} \frac{Z}{a_p} \qquad (10\text{-}20)$$

式中，L 是零件加工表面的长度（mm）；L_1 是刀具的切入长度（mm）；L_2 是刀具的切出长度（mm）；n 是工件每分钟的转数（r/min）；f 是进给量（mm/r）；i 是进给次数，决定于加工余量 Z 和背吃刀量 a_p；D 是零件直径（mm）；v_c 是切削速度（m/min）。

2. 辅助时间（t_f）

它是指为实现工艺过程所必须进行的各种辅助动作消耗的时间，包括装卸工件，开、停机床，改变切削用量，试切和测量工件，进刀和退刀等所需的时间。辅助时间与基本时间的关系为 $t_f = (0.15～0.2)t_j$。

基本时间与辅助时间之和称为操作时间。它是直接用于制造产品或零部件所消耗的时间。

3. 布置工件场地时间（t_b）

它是指为使加工正常进行，工人管理工作场地和调整机床等（如更换、调整刀具，润滑机床，清理切屑，收拾工具等）所需的时间，一般按操作时间的 2%～7%计算。

4. 休息与生理时间（t_x）

它是指工人在工作时间内为恢复体力和满足生理需要等消耗的时间，一般按操作时间 2%~4%计算。

以上四部分时间的总和称为单件时间 t_{dj}，即

$$t_{dj}=t_j+t_f+t_b+t_x \tag{10-21}$$

5. 准备与终结时间（t_{zz}）

它是指工人在加工一批产品、零件进行准备和结束工作所消耗的时间。加工开始前，通常都要熟悉工艺文件，领取毛坯、材料、工艺装备，调整机床，安装刀具和夹具，选定切削用量等，加工结束后，需送交产品，拆下、归还工艺装备等。准备与终结时间对一批工件（n 件）来说只消耗一次，故分摊到每个零件上的时间为 t_{zz}/n。所以批量生产时单件时间定额 t_{de} 为上述时间之和，即

$$t_{de}=t_{dj}+t_{zz}/n=t_j+t_f+t_b+t_x+t_{zz}/n \tag{10-22}$$

大批大量生产中，由于 n 的数值很大，t_{zz}/n 很小，可忽略不计，所以大批大量生产的单件时间定额为

$$t_{de}=t_{dj}+t_{zz}/n \approx t_j+t_f+t_b+t_x \tag{10-23}$$

10.7.2 提高机械加工生产率的工艺措施

劳动生产率是一个综合技术经济指标，它与产品设计、生产组织、生产管理和工艺设计都有密切关系。这里讨论提高机械加工生产率的问题，主要从工艺技术的角度，研究如何通过减少时间定额来寻求提高生产率的工艺途径。

1. 缩短基本时间

（1）增大切削用量 增大切削速度、进给量和背吃刀量都可以缩短基本时间，这是机械加工中广泛采用的提高生产率的有效方法。近年来国外出现了聚晶金刚石和聚晶立方氮化硼等新型刀具材料，切削普通钢材的速度可达 900m/min；加工 60HRC 以上的淬火钢、高镍合金钢，在 980℃时仍能保持其红硬性，切削速度可在 900m/min 以上。高速滚齿机的切削速度可达 65~75m/min，目前最高滚切速度已超过 300m/min。磨削方面，近年的发展趋势是在不影响加工精度的条件下，尽量采用强力磨削，提高金属切除率，磨削速度已超过 60m/s 以上；而高速磨削速度已达到 180m/s 以上。

（2）减小或重合切削行程长度 如图 10-26 所示，利用几把刀具或复合刀具对工件的同一表面或几个表面同时进行加工，或者利用宽刃刀具、成形刀具做横向进给，同时加工多个表面，实现复合工步，都能减小每把刀的切削行程长度或使切削行程长度部分或全部重合，从而减少基本时间。

（3）采用多件加工 多件加工

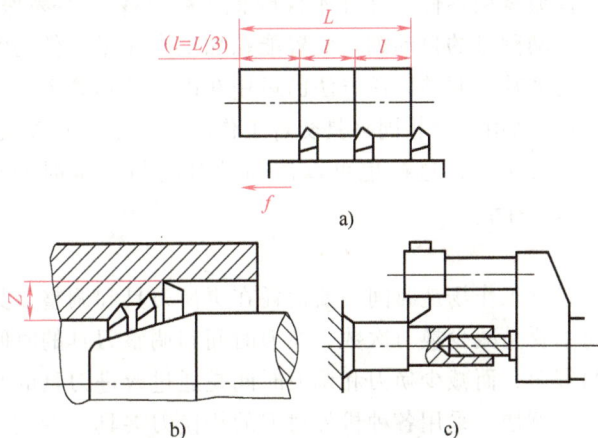

图 10-26 采用多刀加工减小切削行程长度

可分顺序多件加工、平行多件加工和平行顺序多件加工三种形式。

顺序多件加工如图 10-27a 所示，是指工件按进给方向一个接一个地顺序装夹，减少了刀具的切入、切出时间，即减少了基本时间。这种形式的加工常见于滚齿、插齿、龙门刨、平面磨和铣削加工中。

平行多件加工如图 10-27b 所示，是指工件平行排列，一次进给可同时加工 n 个工件，加工所需基本时间和加工一个工件相同，所以分摊到每个工件上的基本时间就减少到原来的 $1/n$，其中 n 为同时加工的工件数。这种方式常见于铣削和平面磨削中。

平行顺序多件加工如图 10-27c 所示，是上述两种形式的综合，常用于工件较小、批量较大的情况，如立轴平面磨削和立轴铣削加工。

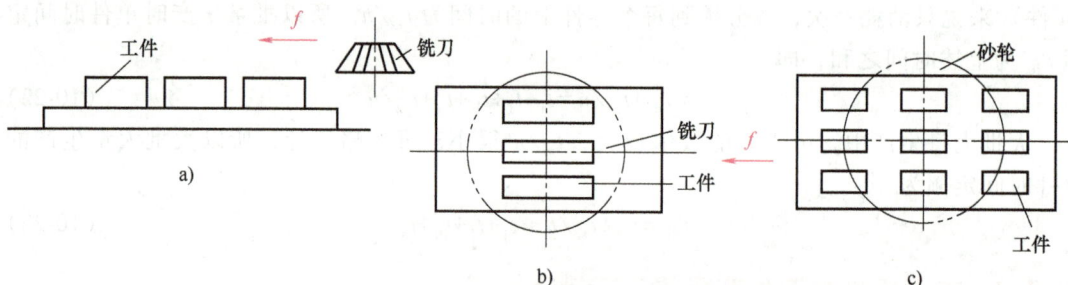

图 10-27 采用多件加工减少切削行程长度

2. 缩短辅助时间

缩短辅助时间的方法通常是使辅助操作实现机械化和自动化，或使辅助时间与基本时间重合。具体措施如下：

1）采用先进、高效的机床夹具。这不仅可以保证加工质量，而且大大减少了装卸和找正工件的时间。

2）采用多工位连续加工。在批量和大量生产中，采用回转工作台和转位夹具，在不影响切削加工的情况下装卸工件，使辅助时间与基本时间重合，如图 10-28 所示。该方法在铣削平面和磨削平面中应用广泛，可显著地提高生产率。

3）采用主动测量或数字显示自动测量装置。零件在加工中需多次停机测量，尤其是精密零件或重型零件，这样不仅降低了生产率，不易保证加工精度，还增加了工人的劳动强度。主动测量的自动测量装置能在加工中测量工件的实际尺寸，并能用测量的结果控制机床进行自动补偿调整。该方法已运用在内、外圆磨床上，取得了显著的效果。

4）采用两个相同夹具交替工作。当一个夹具安装好工件进行加工时，另一个夹具同时进行工件装卸，这样也可以使辅助时间与基本时间重合。该方法常用于批量生产中，如图 10-29 所示。

3. 缩短布置工作场地的时间

布置工作场地时间主要消耗在更换刀具和调整刀具的工作上。因此，缩短布置工作场地时间主要是减少换刀次数、换刀时间和调整刀具的时间。减少换刀次数就是要延长刀具或砂轮的寿命，而减少换刀和调刀时间是通过改进刀具的装夹和调整方法，或采用对刀辅具来实现的。例如，采用各种机外对刀的快换刀夹具、专用对刀样板或样件以及自动换刀装置等。目前，在车削和铣削中已广泛采用机械夹固的可转位硬质合金刀片，既能减少换刀次数，又

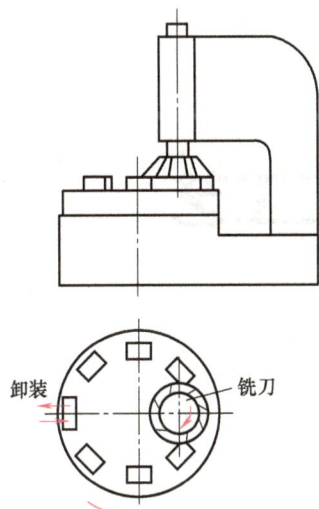

图 10-28　多工位连续加工

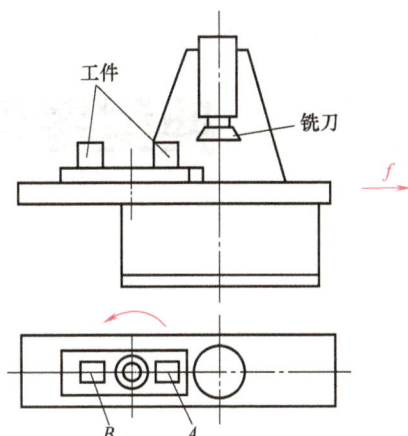

图 10-29　双工位夹具

减少了刀具的装卸、对刀和刃磨时间，从而大大提高了生产率。

4. 缩短准备与终结时间

缩短准备与终结时间的主要方法是扩大零件的批量和减少调整机床、刀具和夹具的时间。因此，应尽量使零件通用化和标准化，或者采用成组技术，以增加零件的生产批量。

5. 采用先进工艺方法

1）采用先进的毛坯制造方法。例如，采用粉末冶金、压力铸造、精密锻造等毛坯制造新工艺，可提高毛坯精度，减少切削加工的劳动量，提高生产率。

2）采用少、无切屑新工艺。例如，用挤齿代替剃齿，生产率可提高 6~7 倍。还有滚压、冷轧等都能提高生产率。

3）采用特种加工。电解、电火花、线切割等特种加工方法，适合某些特硬、特脆、特韧的材料及复杂型面的加工，可减少大量的钳工劳动量。

4）改进加工方法。例如，用拉孔代替镗孔、铰孔，用精刨、精磨代替刮研，都可大大提高生产率。

10.7.3　工艺过程的技术经济分析

制订机械加工工艺规程时，通常应提出多种方案。这些方案应都能满足零件的设计要求，但成本会有所不同。为了选取最佳方案，需要进行技术经济分析。

制造一个零件或一件产品所必需的一切费用的总和，称为该零件或产品的生产成本。生产成本实际上包括与工艺过程有关的费用和与工艺过程无关的费用。因此，对不同的工艺方案进行经济分析和评价时，只需分析、评价与工艺过程直接相关的生产费用，即工艺成本。

在进行经济分析时，应首先统计出每一方案的工艺成本，再对各方案的工艺成本进行比较，以其中成本最低、见效最快的为最佳方案。

典型零件的加工工艺

11.1 轴类零件的加工工艺

轴类零件是机器中的常见零件，也是重要零件，其主要功用是支承传动零部件（如齿轮、带轮等），并传递转矩。轴的基本结构由回转体组成，其主要加工表面有内、外圆柱面，圆锥面，螺纹，花键，横向孔，沟槽等。

如图 11-1 所示为某车床主轴简图，分析零件结构及加工方法。

1. 主轴的主要技术要求分析

（1）支承轴颈的技术要求　一般轴类零件的装配基准是支承轴颈，轴上的各精密表面也均以其支承轴颈为设计基准，因此轴上支承轴颈的精度最为重要，将直接影响轴的回转精度。由图 11-1 可知本主轴有三处支承轴颈表面，其中带锥度的 A、B 面为主要支承，中间为辅助支承，它们的圆度和同轴度（用跳动指标限制）均有较高的要求。

（2）螺纹的技术要求　主轴螺纹用于装配螺母，该螺母用于调整安装在轴颈上的滚动轴承间隙。

（3）主轴锥孔的技术要求　主轴锥孔是用于安装顶尖或工具的莫氏锥柄，锥孔的轴线必须与支承轴颈的轴线同轴，否则会影响顶尖或工具锥柄的安装精度，加工时使工件产生定位误差。

（4）大端短圆锥和端面的技术要求　主轴的大端圆锥和端面是安装卡盘的定位面，为保证安装卡盘的定位精度，其圆锥面必须与支承轴颈同轴，端面必须与主轴的回转轴线垂直。

（5）其他配合表面的技术要求　如对轴上与齿轮装配表面的技术要求是：对 A、B 轴颈连线的圆跳动公差为 0.005mm，以保证齿轮传动的平稳性，减少噪声。

2. 主轴加工的工艺过程

一般轴类零件加工的典型工艺路线是：毛坯及其热处理—预加工—车削外圆—铣键槽等—最终热处理—磨削。

某厂生产的车床主轴如图 11-1 所示，其生产类型为大批生产，材料为 45 钢，毛坯为模锻件。该主轴的加工工艺过程见表 11-1。

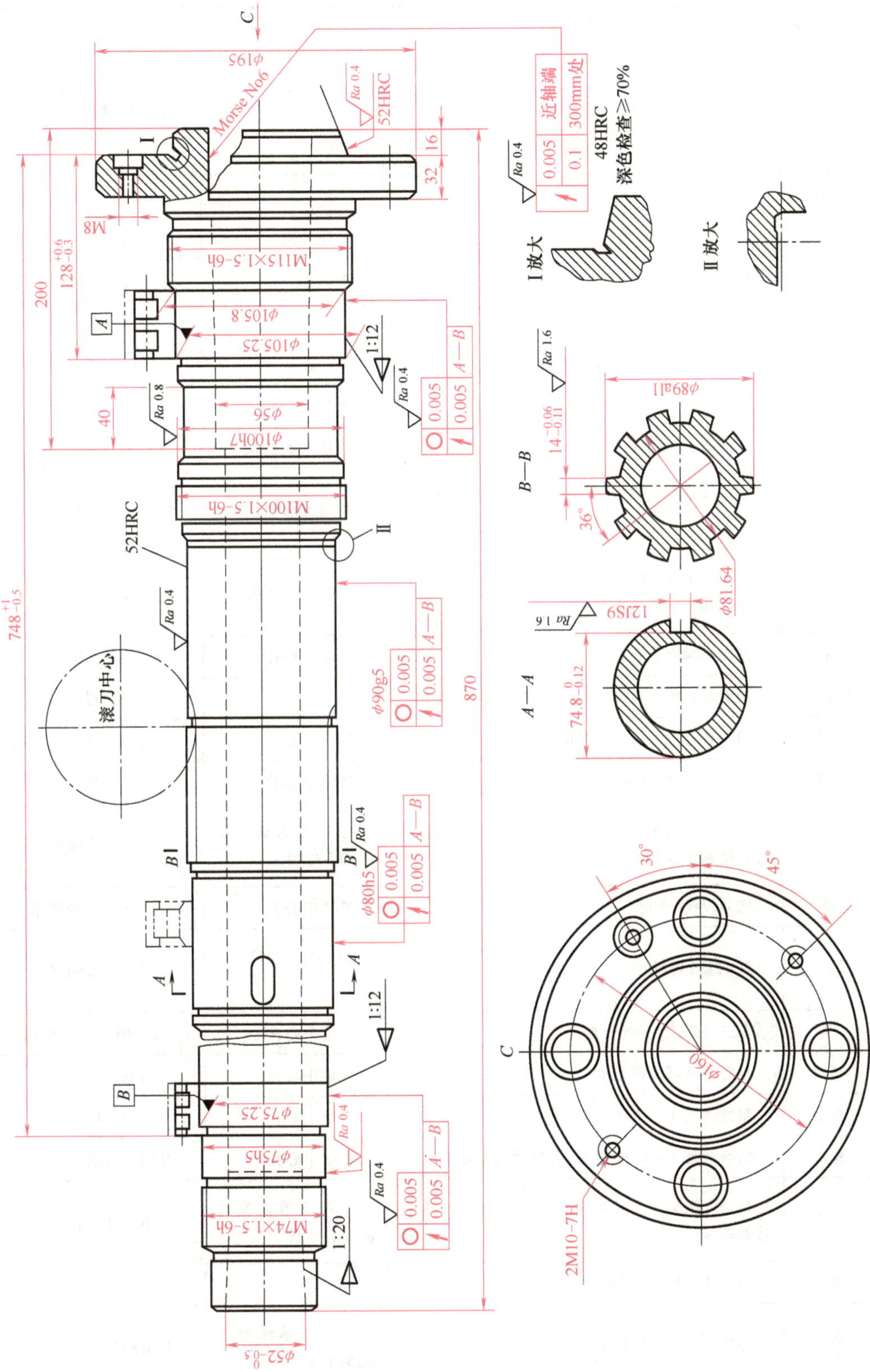

图 11-1　车床主轴简图

表 11-1　大批生产车床主轴的加工工艺过程

序号	工序名称	工序内容	定位基准	设备
1	备料			
2	锻造	模锻		立式精锻机
3	热处理	正火		
4	锯削			
5	铣	铣端面,钻中心孔	毛坯外圆	中心孔机床
6	粗车	粗车外圆	中心孔	多刀半自动车床
7	热处理	调质		
8	车	车大端外圆、短锥、端面及台阶	中心孔	CA6140 型卧式车床
9	车	仿形车小端各外圆	中心孔	CE7120 型仿形车床
10	钻深孔	钻 $\phi48mm$ 通孔	两端支承轴颈	深孔钻床
11	车	车小端锥孔(配 1:20 锥堵,涂色法检查接触率≥50%)	两端支承轴颈	CA6140 型卧式车床
12	车	车大端锥孔(配莫氏 6 号锥堵,涂色法检查接触率≥30%)、外短锥及端面	两端支承轴颈	CA6140 型卧式车床
13	钻	钻大头端面各孔	大端内锥孔	摇臂钻床 Z3050
14	热处理	局部高频淬火($\phi90g5$、短锥及莫氏 6 号锥孔)		高频淬火设备
15	精车	精车各外圆并切槽、倒角	锥堵中心孔	CSK6163 型数控车床
16	粗磨	粗磨 $\phi75h5$、$\phi90g5$ 外圆	锥堵中心孔	组合外圆磨床
17	粗磨	粗磨大端内锥孔(重配莫氏 6 号锥堵,涂色法检查接触率≥40%)	小端支承轴颈及 $\phi75h5$ 外圆	M2120 型内圆磨床
18	铣	铣 $\phi89a11$ 花键	锥堵中心孔	半自动花键轴铣床
19	铣	铣 12JS9 键槽	$\phi80h5$ 及 M115 外圆	立式铣床 X5025
20	车	车三处螺纹(与螺母配车)	锥堵中心孔	CA6140 型卧式车床
21	精磨	精磨各外圆及两端面	锥堵中心孔	外圆磨床
22	粗磨	粗磨两处 1:12 外锥面	锥堵中心孔	专用组合磨床
23	精磨	精磨两处 1:12 外锥面、大端端面及短锥面	锥堵中心孔	专用组合磨床
24	精磨	精磨大端莫氏 6 号内锥孔(卸堵,涂色法检查接触率≥70%)	小端支承轴颈及 $\phi75h5$ 外圆	专用主轴锥孔磨床
25	钳工	端面孔去锐边、倒角,去飞边		
26	检验	按图样要求全部检验	小端支承轴颈及 $\phi75h5$ 外圆	专用检具

3. 主轴加工的部分工序简图（表 11-2）

表 11-2　主轴加工的部分工序简图

序号	工序内容	工序简图
8	车大端外圆、短锥、端面及台阶	
9	仿形车小端各外圆	
10	钻 $\phi48mm$ 通孔	
11	车小端锥孔（配 1:20 锥堵，涂色法检查接触率≥50%）	
12	车大端锥孔（配莫氏6号锥堵，涂色法检查接触率≥30%）、外短锥及端面	

（续）

序号	工序内容	工序简图
13	钻大头端面各孔	
20	车三处螺纹（与螺母配车）	
21	精磨各外圆及两端面	
22	磨削两处 1：12 外锥面	

4. 定位基准的选择

在一般轴类零件加工中，最常用的定位基准是两端中心孔。因为轴上各表面的设计基准一般都是轴的中心线，所以用中心孔定位符合基准重合原则。同时以中心孔定位可以加工多处外圆和端面，这也符合基准统一原则。

当加工表面位于轴线上时，就不能用中心孔定位，此时宜用外圆定位，例如表 11-1 中的工序 10 钻 ϕ48mm 通孔，轴的一端用卡盘夹外圆，另一端用中心架架外圆。作为定位基准的外圆面应为设计基准的支承轴颈，以符合基准重合原则，如上述工艺过程中的工序 17 和 24 所用的定位面。

粗加工外圆时，为提高工件的刚度，采取用自定心卡盘夹一端（外圆），用顶尖顶一端（中心孔）的定位方式，如上述工艺过程的工序 6、8、9 中所用的定位方式。

由于主轴轴线上有通孔，在钻通孔后（工序 10）原中心孔就不存在了，为仍能够用中心孔定位，一般常用的方法是采用锥堵或锥套心轴，即在主轴的后端加工一个 1：20 锥度的工艺锥孔，在大端莫氏锥孔和小端工艺锥孔中配装带有中心孔的锥堵，如图 11-2a 所示，这样锥堵上的中心孔就可作为工件的中心孔使用了。使用时，在工序之间不许卸换锥堵，因为锥堵的再次安装会引起定位误差。当主轴锥孔的锥度较大时，可用锥套心轴，如图 11-2b 所示。

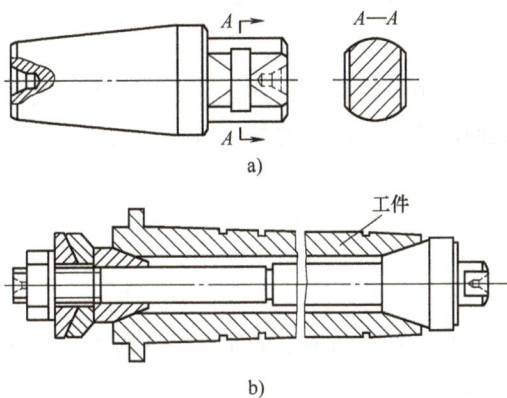

图 11-2 锥堵与锥套心轴

5. 划分加工阶段

主轴的加工工艺过程可划分为三个阶段：调质前的工序为粗加工阶段；调质后至表面淬火前的工序为半精加工阶段；表面淬火后的工序为精加工阶段。表面淬火后首先磨锥孔，然后重新配装锥堵，以消除淬火变形对精基准的影响，通过精修基准，为精加工做好定位基准的准备。

6. 安排加工顺序的几个问题

1）深孔加工应安排在调质后进行。因为主轴经调质后径向变形大，如先加工深孔后进行调质处理，会使深孔变形，得不到修正（除非增加工序）。

2）合排安排外圆表面的加工顺序。对轴上的外圆表面，应先加工大直径外圆、后加工小直径外圆，避免加工初始就降低工件刚度。

3）铣花键和键槽等次要表面的加工应安排在精车外圆之后，否则在精车外圆时产生断续切削，会影响车削精度，也易损坏刀具。主轴上的螺纹要求精度高，为保证与之配装的螺母的轴向圆跳动公差，要求螺纹与螺母成对配车，加工后不许将螺母卸下，以免弄混。所以车螺纹应安排在表面淬火后进行。

4）数控车削加工。数控机床的柔性好，加工适应性强，在主轴加工工艺过程中的工序 15 采用数控机床加工。在数控加工工序中，自动地车削各外圆并自动换刀切槽，采用工序集中方式加工，既提高了加工精度，又保证了高生产率。

7. 深孔加工

孔的长度与直径之比 $L/D > 5$ 时，一般称为深孔。深孔按长径比又可分为以下三类：$L/D = 5 \sim 20$ 属一般深孔；$L/D = 20 \sim 30$ 属中等深孔；$L/D = 30 \sim 100$ 属特殊深孔。

（1）深孔加工的特点 深孔加工中必须首先解决排屑、导向和冷却等主要问题，以保证钻孔精度，保持刀具正常工作，延长刀具寿命，提高生产率。

（2）深孔加工时的排屑方式 包括外排屑和内排屑两种。

（3）深孔加工方式　加工深孔时，由于工件较长，工件安装常采用"一夹一托"的方式，工件与刀具的运动形式有以下三种：

1）工件旋转，刀具不转只做进给运动；

2）工件旋转，刀具旋转并做进给运动；

3）工件不旋转，刀具旋转并做进给运动。

11.2　盘套类零件的加工工艺

与轴类零件相比，盘套类零件加工工艺的不同主要体现在安装方式上。当然，随零件组成表面的变化，涉及的加工方法也会有所不同。此类零件的加工主要包括平面加工、孔加工、腔槽加工、轮廓加工、型面加工。

盘套类零件加工的一般步骤是：下料（或备坯）—去应力处理—粗车—半精车—平磨端面（也可按零件情况不做安排）—非回转面加工—去飞边—中检—最终热处理—精加工主要表面（磨或精车）—终检。

盘套类零件的加工要注意保证内外圆的同轴度，应使内孔和外圆互为基准，从而达到精度要求。

11.3　箱体类零件的加工工艺

1. 箱体类零件的功用与结构特点

箱体类零件是各类机器及其部件的基础件，如汽车上的变速器壳体、发动机缸体，机床上的主轴箱、进给箱等，都属于箱体类零件。图 11-3 所示为一种箱体类零件的结构简图。

箱体的主要功用是将一些轴、套、轴承和齿轮等零件装配起来，保证各种零部件具有正确的相对位置，并能协调地运转和工作。因此，箱体零件的质量优劣，直接影响着机器的性能、精度和寿命。

箱体类零件在结构上有共同的特点：结构复杂，箱壁薄且不均匀，内部呈腔型。在箱壁上既有许多精度要求较高的轴承支承孔和平面，也有许多精度较低的紧固孔。箱体上不仅需要加工的表面较多，且精度要求高，加工难度大。

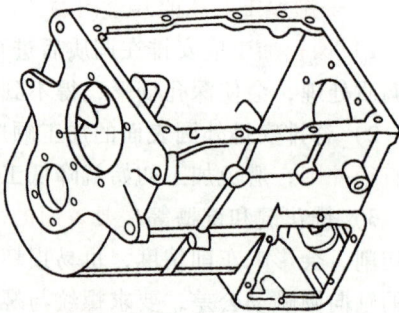

图 11-3　箱体类零件的结构简图

图 11-4 为某车床主轴箱简图。表 11-3 为该零件小批生产的加工工艺过程，表 11-4 给出了该主轴箱零件大批生产的加工工艺过程。

箱体类零件的主要精度要求包括：孔径精度、孔与孔的相互位置精度、主要平面的精度、孔与平面的位置精度等。

2. 箱体类零件加工工艺过程分析

从表 11-3、表 11-4 可以看出，主轴箱生产批量不同，加工工艺过程也不同，它们之间既有各自的特性，也有共性。

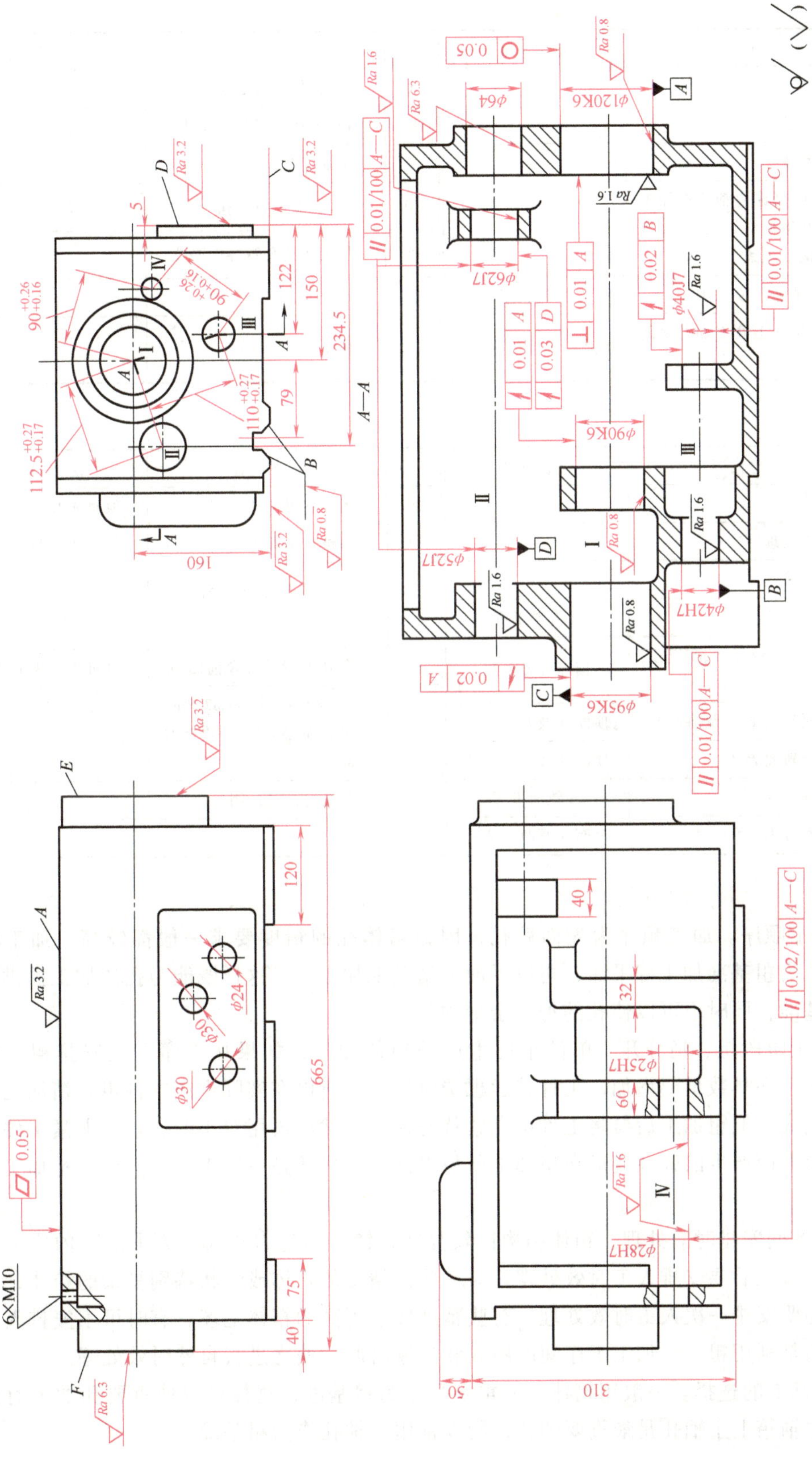

图 11-4　车床主轴箱简图

表 11-3 某主轴箱零件小批生产的加工工艺过程

序号	工序内容	定位基准	序号	工序内容	定位基准
1	铸造		7	粗、精加工两端面 E、F	B、C 面
2	时效处理		8	粗、半精加工各纵向孔	B、C 面
3	涂底漆		9	精加工各纵向孔	B、C 面
4	划线：考虑主轴孔有加工余量并尽量均匀，划 C、A 至 E、D 面加工线		10	粗、精加工横向孔	B、C 面
			11	加工螺纹孔及各次要孔	
5	粗、精加工顶面 A	按线找正	12	清洗、去飞边	
6	粗、精加工 B、C 面及侧面 D	顶面 A 并找正主轴线	13	检验	

表 11-4 某主轴箱零件大批生产的加工工艺过程

序号	工序内容	定位基准	序号	工序内容	定位基准
1	铸造		10	精镗各纵向孔	顶面 A 及两工艺孔
2	时效处理		11	精镗主轴孔 I	顶面 A 及两工艺孔
3	涂底漆		12	加工横向孔及各面上的次要孔	
4	铣顶面 A	I 孔与 II 孔			
5	钻、扩、铰 2×φ8H7 工艺孔	顶面 A 及外形	13	磨 B、C 导轨面及前面 D	顶面 A 及两工艺孔
6	铣两端面 E、F 及前面 D	顶面 A 及两工艺孔	14	将 2×φ8H7 及 4×φ7.8mm 均扩钻至 φ8.5mm，攻螺纹 6×M10	
7	铣导轨面 B、C	顶面 A 及两工艺孔			
8	磨顶面 A	导轨面 B、C	15	清洗、去飞边、倒角	
9	粗镗各纵向孔	顶面 A 及两工艺孔	16	检验	

（1）不同批量箱体生产的共性

1）加工顺序。加工顺序为先面后孔，因为箱体孔的精度要求一般都较高，加工难度大，先以孔为粗基准加工好平面，再以平面为精基准加工孔，这样既能为孔的加工提供稳定可靠的精基准，同时也可以使孔的加工余量均匀。

2）加工阶段粗、精分开。单件小批生产的箱体加工，如果从工序上也安排粗、精分开，则机床、夹具数量要增加，工件转运也费时费力，所以在实际生产中将粗、精加工在一道工序内完成。但粗加工后要将工件由夹紧状态松开，然后再用较小的夹紧力夹紧工件，使工件因夹紧力而产生的弹性变形在精加工前得以恢复。虽然是一道工序，但粗、精加工是分开进行的。

3）工序间安排时效处理。箱体结构比较复杂，铸造内应力较大。为了消除内应力，减少变形，铸造之后要安排人工时效处理。对一些高精度的箱体或形状特别复杂的箱体，在粗加工之后还要安排一次人工时效处理。有些精度要求不高的箱体毛坯，有时可不安排人工时效处理，而是利用粗、精加工工序间的停放和运输时间，使之进行自然时效处理。

4）粗基准的选择。一般用箱体上的重要孔作为粗基准，这样可以使重要孔加工时的余量均匀。主轴箱上主轴孔是最重要的孔，所以常用主轴孔作为粗基准。

（2）不同批量箱体生产的特殊性

1）粗基准的选择。虽然箱体类零件一般都选择重要孔作为粗基准，但是生产类型不同，实现以主轴孔为粗基准的工件装夹方式是不同的，单件小批生产以划线找正装夹工件，大批大量生产以专用夹具装夹。

2）精基准的选择。箱体加工精基准的选择因生产批量的不同而有所区别。单件小批生产用装配基准，即箱体底面导轨 B、C 面作为定位基准。B、C 面既是主轴孔的设计基准，也与箱体的主要纵向孔系、端面、侧面有直接的相互位置关系，符合基准重合原则。而且在加工各孔时，箱口朝上，便于安装调整刀具、更换导向套、测量孔径尺寸、观察加工情况和加注切削液等。大批生产时采用一面两孔作为定位基准，即以顶面和两定位销孔为精基准，如图 11-5 所示。这种定位方式箱口朝下，中间导向支架可固定在夹具上。由于简化了夹具结构，提高了夹具的刚度，同时工件装卸也较方便，因而提高了孔系的加工质量和生产率。

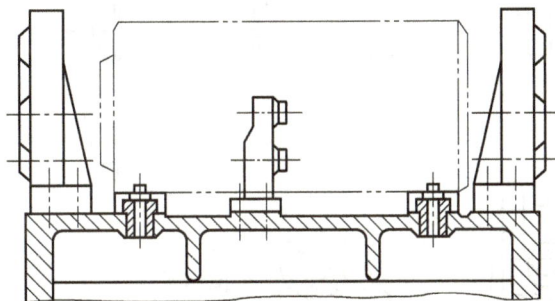

图 11-5　用箱体顶面和两销定位的镗床夹具

3）所用设备依批量不同而异。单件小批生产一般都在通用机床上加工，各工序的加工质量靠工人技术水平和机床工作精度来保证。而大批生产箱体的加工则广泛采用组合机床，如平面加工多采用多轴龙门铣床、组合磨床；各主要孔则采用多工位组合机床、专用镗床等加工。专用夹具用得也很多，从而大大地提高了生产率。

11.4　异形零件的加工工艺

以拨叉零件为例，介绍异形零件的机械加工工艺规程。

如图 11-6 所示，Ⅰ倒档拨叉应用在某运输车变速器的换档机构中。拨叉与操纵机构的其他零件结合，拨动滑移齿轮，实现倒车。T_1、T_2 为与滑移齿轮端面接触的表面；$\phi14H9$ 孔与轴配合精度较高；槽 14H13 与滑块配合，滑块在槽里拨动拨叉，从而移动滑移齿轮。$\phi14H9$ 孔是重要孔，也是主要定位基准，因此此孔的加工工序比较重要。

1. 选择毛坯，绘制毛坯图

Ⅰ倒档拨叉毛坯材料为 KTH350-10（黑心可锻铸铁）。由于产品形状复杂，又是薄壁件，生产纲领是大批生产，所以毛坯选择金属型铸造。毛坯铸出后应进行退火处理，以消除铸造内应力。

毛坯尺寸的确定：通过《机械加工工艺手册》查得该铸件的尺寸公差等级、加工余量等级、各表面总余量和主要尺寸的公差。结合生产具体情况进行适当的调整后，确定主要毛坯尺寸及公差，见表 11-5。

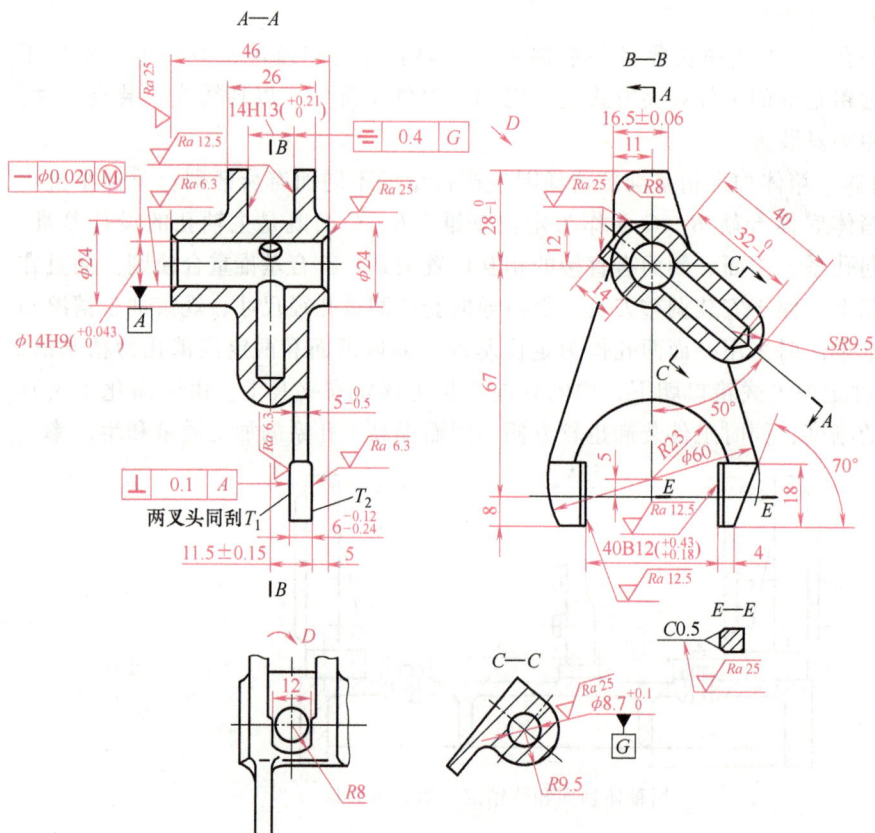

图 11-6　I 倒档拨叉

表 11-5　主要毛坯尺寸及公差　（单位：mm）

主要面尺寸	零件尺寸	总余量	毛坯尺寸	公差 CT
ϕ24mm 外圆两端面	46	3+3	52	2
两脚面	6	2+2	10	1.5
14H13 槽面	14	2+2	10	1.6
叉脚开挡	40	3+3	34	2

　　由此，即可绘制零件的毛坯图，如图 11-7 所示。

2. 拟订工艺路线

　　根据零件图样及零件的使用情况分析，可知 ϕ14H9 孔、槽宽、拨叉脚面厚、脚面与腹板距离等均需准确定位才能保证，下面对定位基准的选择进行分析。

　　（1）精基准的选择　选择加工好的 ϕ14H9 孔作为后面各工序的定位精基准，另外选择 ϕ24mm 外圆端面为轴向尺寸的定位精基准。这样能够满足基准重合和互为基准的原则。如果加工某些表面时出现基准不重合的情况，则需通过尺寸链计算来确定工序尺寸。

　　（2）粗基准的选择　按照粗基准的选择原则，为保证非加工表面和加工表面的位置要求，选择非加工表面作为粗基准，因此选择 5mm 厚的腹板右侧面为第一粗基准；在加工 ϕ14H9 孔时，为了保证壁厚均匀，应选择 ϕ24mm 的外圆面作为第二粗基准。

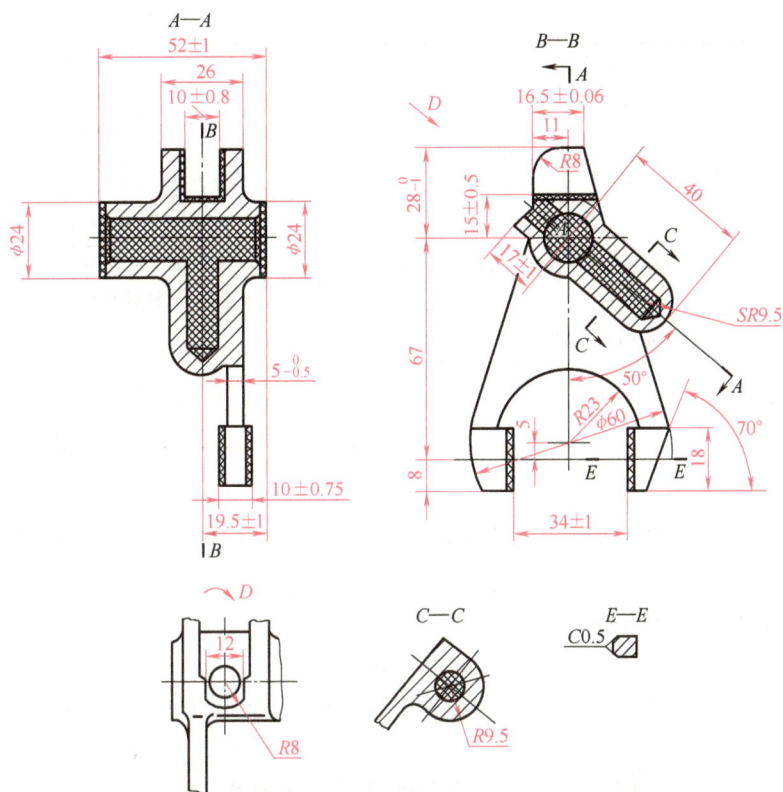

图 11-7 I 倒档拨叉毛坯图

I 倒档拨叉的机械加工工艺过程见表 11-6。

表 11-6 I 倒档拨叉的机械加工工艺过程

序号	工序名称	工序内容	设备	工艺装备
10	精铸			
20	热处理	退火	退火炉	
30	钳	整形	钳工台	
40	铣	铣两端面至 46mm，Ra25μm	立铣床 X5032	φ100mm×40mm 面铣刀、游标卡尺、铣面专用夹具
50	钻	钻孔、扩孔、倒角、铰 φ14H9 孔	钻床 Z5140	φ13mm 钻头、φ13.75mm 扩孔钻、锪钻、φ14mm 铰刀、内径千分尺、塞规、钻模
60	钳	找正拨叉脚	钳工台	锤子，第 2 次整形夹具
70	铣	粗铣脚面，保证尺寸（6.7±0.12）mm、（4.65±0.12）mm	立铣床 X5032	φ125mm×12mm 三面刃铣刀、游标卡尺、铣脚面专用夹具
80	铣	铣开挡 40B12($^{+0.43}_{+0.18}$)	立铣床 X5032	φ125mm×12mm 三面刃铣刀、游标卡尺、铣开挡专用夹具
90	铣	铣 14H13 槽，保证尺寸（16.5±0.16）mm 和 12mm	立铣床 X5032	φ125mm×14mm 三面刃铣刀、游标卡尺、铣槽专用夹具
100	铣	铣面，保证尺寸 14mm	立铣床 X5032	φ125mm×14mm 三面刃铣刀、游标卡尺、铣面专用夹具

（续）

序号	工序名称	工序内容	设备	工艺装备
110	钻	钻 $\phi 8.7^{+0.1}_{0}$mm 孔，保证尺寸 (16.5 ± 0.06)mm 和 32^{0}_{-1}mm	钻床 Z5140	$\phi 8.7$mm 钻头、游标卡尺、钻模
120	钳	去飞边	钳工台	锉刀、砂轮机、平锤
130	检	中检		塞规、百分表、游标卡尺
140	铣	精铣脚面，保证尺寸 $6^{-0.12}_{-0.24}$mm 和 (11.5 ± 0.15)mm	立铣床 X5032	$\phi 125$mm × 12mm 三面刃铣刀、卡板 $6^{-0.12}_{-0.24}$mm、铣脚面专用夹具
150	热处理	拨叉脚两端面局部淬火	淬火机等	
160	清洗		清洗机	
170	终检			塞规、百分表、游标卡尺、内径千分尺等

3. 计算切削用量（以工序 110 为例）

本工序采用直径为 $\phi 8.7$mm 的高速钢钻头加工，尺寸 (16.5 ± 0.06)mm 由钻床专用夹具保证。

背吃刀量 $a_p = 8.7/2$mm $= 4.35$mm；

查《机械加工工艺手册》，取进给量 $f = 0.3$mm/r；

查《机械加工工艺手册》，由插入法求得钻 $\phi 8.7$mm 孔的切削速度 $v_c = 0.457$m/s $= 27.42$m/min；

由此算出转速为 $n = 1000v_c/(\pi D) = (1000\times27.42)/(\pi\times8.7)$r/min $= 1003$r/min；

按该钻床实际转速取 $n = 1000$r/min，则实际切削速度为

$$v_c = \pi Dn/1000 = (\pi\times8.7\times1000)/1000 \text{m/min} = 27.33\text{m/min}$$

因此本工序的切削用量为：$a_p = 4.35$mm，$f = 0.3$mm/r，$n = 1000$r/min，$v_c = 27.33$m/min。

4. 计算时间定额（以工序 110 为例）

计算工序 110 钻 $\phi 8.7^{+0.10}_{0}$mm 孔的时间定额。

1）基本时间：$t_j = \dfrac{l+l_1+l_2}{fn}$。其中，孔的长度 $l = 46$mm，切入长度 l_1 取 6mm，由于是不通孔，切出长度 $l_2 = 0$mm，代入公式得

$$t_j = \frac{l+l_1+l_2}{fn} = \frac{46+6+0}{0.3\times1000}\text{min} = 0.1733\text{min}$$

2）辅助时间：$t_f = (0.15\sim0.2)t_j$，取 $t_f = 0.2\times t_j = 0.0346$min。

3）操作时间：$t_f + t_j = 0.1733$min$+0.0346$min$= 0.2079$min。

4）布置工件场地时间：t_b 一般按操作时间的 2%~7% 计算，取 5%，$t_b = 0.2079$min$\times5\% = 0.01$min。

5）休息与生理时间：t_x 一般按操作时间的 2%~4% 计算，取 3%，$t_x = 0.2079$min$\times3\% = 0.0062$min。

6）准终时间：t_{zz} 由于生产批量大，分摊到每个零件上的时间很少，可以忽略，所以 $t_{zz} = 0$min。

综上，单件时间定额 $t_{de} = t_{dj} + t_{zz}/n = t_j + t_f + t_b + t_x = 0.1733\text{min} + 0.0346\text{min} + 0.01\text{min} + 0.0062\text{min} = 0.224\text{min}$。

5. 工序 110 的工序卡片

工序 110 的工序卡片主要内容见表 11-7。

表 11-7　I 倒档拨叉的工序简图、切削用量及工时定额（工序 110）

工序 110	钻 $\phi 8.7^{+0.1}_{0}$ mm 孔,保证尺寸 (16.5 ± 0.06) mm 和 32^{0}_{-1} mm					
工序图						
主轴转速/(r/min)	切削速度/(m/min)	进给量/(mm/r)	背吃刀量/mm	基本时间/min	辅助时间/min	
1000	27.33	0.3	4.35	0.17	0.03	

机械加工质量分析

机械零件的加工质量一般包括两个方面：一是宏观的零件几何参数，即机械加工精度；二是零件表面层的物理力学性能，即机械加工表面质量。

12.1 机械加工精度

在机械加工过程中，由机床、刀具、夹具和工件等组成的一个完整的统一体，称为工艺系统。工艺系统中各环节都存在误差，使工件和刀具之间的正确几何关系遭到破坏而产生加工误差。系统误差是加工误差的根源，因此工艺系统的误差称为原始误差（见图 12-1）。通过研究原始误差中各种因素对加工精度的影响规律，可找出降低加工误差、提高加工精度的措施。

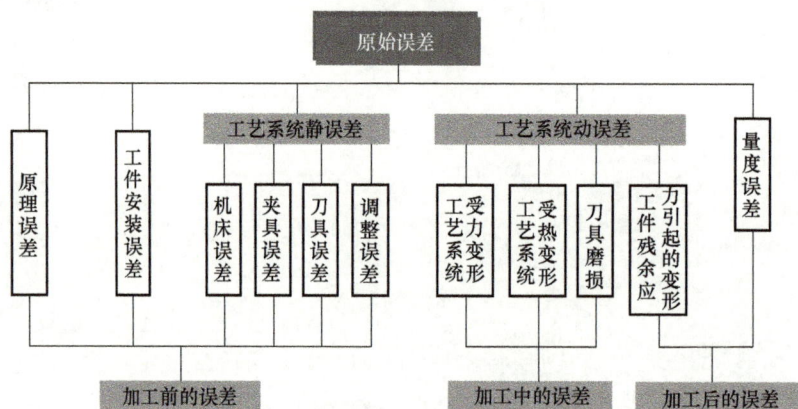

图 12-1 原始误差

12.1.1 原始误差

1. 原理误差

原理误差是指由于采用了近似的加工运动或者近似的刀具廓形进行加工而产生的误差。例如滚齿加工常常存在两种原理误差：一种是为了避免加工刀具制造刃磨的困难，常采用阿基米德基本蜗杆或法向直廓基本蜗杆的滚刀来代替渐开线基本蜗杆的滚刀而产生的造形误差；另一种是由于齿轮滚刀刀齿数有限，齿轮的齿形实际上是一条折线，而不是一条光滑的渐开线，与理论上的渐开线相比存在着齿形误差。在生产实际中采用近似加工方法的实例很多，此方法虽然会带来原理误差，但可以简化机床的结构和刀具的形状，降低成本，提高生产率，但由此带来的原理误差必须控制在允许的范围内。

2. 机床误差

机床误差包括机床本身各部件的制造误差、安装误差和使用过程中的磨损引起的误差。其中对加工精度影响较大的误差有：主轴回转误差、导轨误差和传动链误差。

（1）主轴回转误差 机床主轴是用来安装工件或刀具并将运动和动力传递给工件或刀具的重要零件，为了保证加工精度，机床主轴回转时其回转轴线的空间位置应是稳定不变的，但实际上由于受主轴部件结构、制造、装配、使用等因素的影响，在每一瞬时主轴回转轴线的空间位置都是变动的，即存在着主轴回转误差。如图 12-2 所示，它可分为三种基本形式：纯径向跳动、纯轴向窜动和纯角度摆动。不同形式的主轴回转误差对加工精度的影响不同，同一形式的回转误差在不同的加工方式中对加工精度的影响也不一样。现举几个简单情况下的特例进行说明。

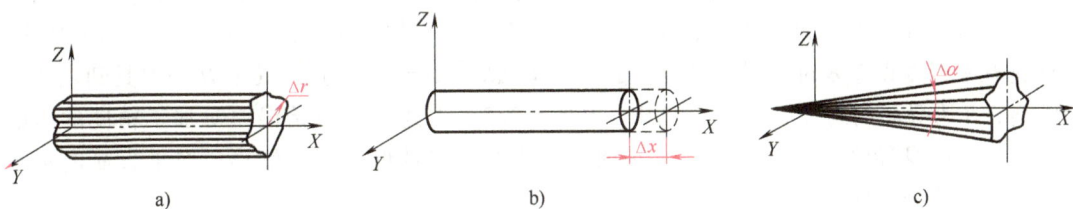

图 12-2 主轴回转误差的基本形式

a）纯径向跳动 b）纯轴向窜动 c）纯角度摆动

主轴的纯径向跳动：由于主轴的纯径向跳动，在镗床上镗孔时会出现椭圆形；车外圆时，车削出的工件表面接近于圆，但中心偏移。

主轴的纯轴向窜动：对圆柱表面的加工精度没有影响，但在加工端面时，则会产生端面与轴线的垂直度误差，车削螺纹时也会产生螺距的周期性误差。

（2）导轨误差 床身导轨是机床中主要部件的安装基准，它的各项误差直接影响零件的加工精度。车床导轨的精度要求主要有以下三个方面。

1）车床导轨在水平面内的直线度误差 Δy。如图 12-3 所示，这项误差使刀尖沿着工件半径方向产生位移误差 ΔR_y，$\Delta R_y = \Delta y$，导轨误差将 1：1 地反映为工件表面的圆柱度误差（鞍形或鼓形）。

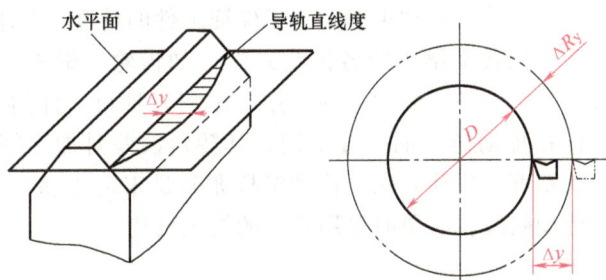

导轨在水平面和垂直面内误差

图 12-3 车床导轨在水平面内的直线度引起的误差

2）车床导轨在垂直面内的直线度误差 ΔZ。如图 12-4 所示，这项误差将使刀具产生垂直位移，工件表面产生的半径误差 $\Delta R_z = \Delta Z^2 / (2R)$。其值很小，对加工精度的影响可以忽略不计。但是在龙门刨床、龙门铣床上加工薄长件时，由于工件的刚性不足，如果机床导轨为中凹，则工件会中凸。

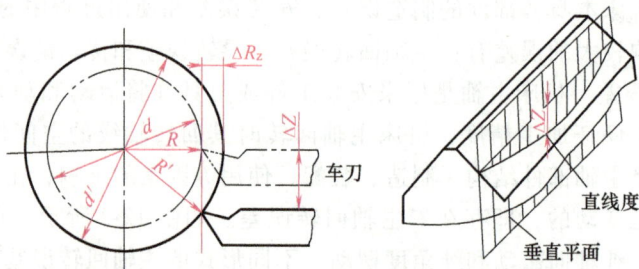

图 12-4　车床导轨在垂直面内的直线度引起的误差

3）导轨的平行度误差 δ。在垂直平面内，两导轨不平行、存在扭曲时，刀架产生倾斜，使刀具相对工件在水平和垂直两个方向上发生偏移，影响加工精度。如图 12-5 所示，当前、后导轨有平行度误差 δ 时，则工件半径的变化量 $\Delta R \approx \Delta y = (H/B)\delta$，其中 H 为刀具到轨道面的距离，B 为导轨的跨度。对一般机床，$H/B \approx 2/3$，因此这项原始误差对加工精度的影响不容忽视。床身导轨与主轴轴线在水平面内不平行，工件形状为圆锥形；在垂直面内不平行，工件形状为双曲面。

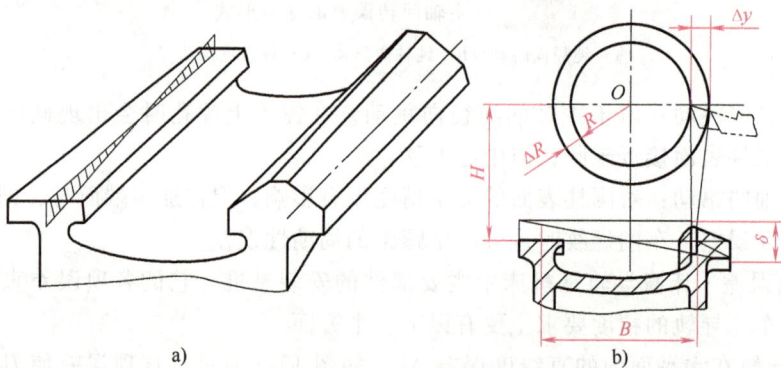

图 12-5　车床前、后导轨不平行引起的误差

（3）传动链误差　传动链误差是指传动链始末两端传动元件间相对运动的误差。对于某些表面的加工，如车螺纹、滚齿和插齿等，为了保证工件的精度，要求工件和刀具间的运动必须有准确的速比关系。当传动链中的各传动元件（如齿轮、蜗轮、蜗杆等）存在制造误差、装配误差和磨损时，会破坏正确的运动关系，影响刀具与工件间相对运动的正确性，使工件产生误差。各元件在传动链中的位置不同，其转角误差对加工精度的影响程度就不同。为保证传动链的传动精度，应注意保证传动机构尤其是末端传动件的制造和装配精度，尽量减少传动件，缩短传动路线，必要时采用附加的校正机构。

3. 工艺系统其他误差

（1）刀具误差　刀具误差对加工精度的影响依刀具种类不同而异。一般刀具（如普通车刀）的制造误差对加工精度没有直接影响，定尺寸刀具（如麻花钻）的尺寸误差直接影响加工工件的尺寸精度。刀具安装、使用不当，也将影响加工精度。成形刀具（如成形车刀）的制造、安装及磨损误差主要影响被加工工件表面的形状误差。

（2）夹具误差　夹具的作用是使工件相对于刀具和机床具有正确的位置，因此夹具误差对工件的位置精度和尺寸精度影响很大。夹具误差一般指定位元件、导向元件及其夹具体等的加工和装配误差。夹具磨损将使夹具误差增大，从而使工件的加工误差也相应增大。为了保证工件的加工精度，除了严格保证夹具的制造精度外，必须注意提高夹具易磨损件的耐磨性，当磨损到一定程度后，须及时予以更换。

（3）量度误差　在加工过程中，要用各种量具对工件进行检验。量具本身的制造误差，测量时的接触力、温度，目测正确程度等都直接影响加工误差。因此，要正确地选择和使用量具，以保证测量精度。

（4）调整误差　工件加工的每一个工序中，为了获得被加工表面的形状、尺寸和位置精度，总要进行一些调整工作（如安装夹具、调整刀具尺寸等），但调整不可能绝对准确，由此带来的误差称为调整误差。

4. 工艺系统受力变形及其对加工精度的影响

机械加工过程中，工艺系统在夹紧力、切削力、传动力等外力的作用下，各环节将产生相应的变形，使刀具和工件间已调整的正确位置关系遭到破坏而造成加工误差，产生变形和振动等。如车削刚性较差的工件时，工件在切削力的作用下会发生变形，加工出的工件呈两头细、中间粗的腰鼓形；若工件刚性很好而机床刚性很差，由机床变形引起的"让刀"现象使车出的工件呈两头大、中间小的鞍形。由此可见，工艺系统受力变形是加工中一项很重要的误差来源，它严重影响工件的加工精度。工艺系统的受力变形通常是弹性变形，一般说来，工艺系统抵抗弹性变形的能力越强，加工精度越高。

（1）误差复映规律　在车床上加工短轴时，工艺系统刚度变化不大，近似为常数。这时工件毛坯尺寸误差和形状误差使加工余量不均匀；或因材料硬度不均，引起切削力周期性波动，而使工艺系统变形周期性变化，因而产生工件的尺寸误差和形状误差成为加工后工件的尺寸误差和形状误差的现象。

工艺系统的刚度

如图 12-6 所示为车削一个具有偏心的毛坯，将刀尖调整到要求的尺寸（图中双点画线圆），在工件的每一转中，背吃刀量由最小值 a_{p1} 增加到最大值 a_{p2}。背吃刀量的变化引起了切削力的变化，使工艺系统的变形也发生了相应的变化，由 y_1 变为 y_2，这就使毛坯的圆度误差复映到加工后的工件表面，所以由偏心的毛坯所得到的工件仍略有偏心，这种现象称为误差复映。

（2）提高工艺系统刚度的途径

1）提高工艺系统中零件的配合质量，以提高接触刚度。由于接触刚度低于零件本身的刚度，所以提高接触刚度是提高工艺系统刚度的关键，常用的方法是改善工艺系统主要零件接触面的配合质量，如机床导轨副、锥体与锥孔、顶尖与中心孔等配合面采用刮研与研磨，以提高配合表面的形状精度，减小表面粗糙度值，使实际接触面积增加，从而有效地提高接

误差复映规律

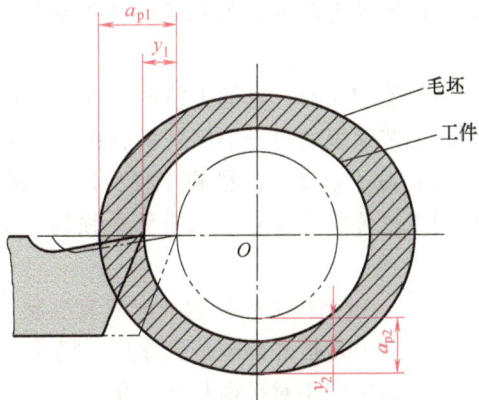

图 12-6　切削时的误差复映

触刚度。提高接触刚度的另一个措施是在接触面间预加载荷，这样可以消除配合面间的间隙，增加接触面积，减少受力后的变形，如机床主轴部件轴承常采用预加载荷的办法进行调整。

2) 提高工件的刚度，减少受力变形。在机械加工中，切削力引起的加工误差往往是因为工件本身的刚度不足或工件各个部位刚度不均匀而产生的。当工件材料和直径一定时，工件长度和切削分力是影响其变形的决定性因素。为了减少工件的受力变形，对于刚性较差的工件，常采用中心架或跟刀架作为辅助支承，以提高工件的刚度，减小受力变形。

3) 合理装夹工件，减少夹紧变形。当工件自身刚性差时，夹紧时应特别注意选择适当的夹紧方法，尤其是在加工薄壁工件时，为了减少加工误差，应使夹紧力均匀分布。例如薄壁套筒装夹在自定心卡盘上镗孔，夹紧后筒孔产生弹性变形，如图 12-7a 所示，虽然镗出的孔为正圆形，如图 12-7b 所示，但松开自定心卡盘后，薄壁套筒的弹性变形恢复，使孔呈三角棱圆形，如图 12-7c 所示。为减小工件变形，可使用开口过渡环（见图 12-7d）或专用卡爪（见图 12-7e），使夹紧力在薄壁套筒外均匀分布，从而减小工件的夹紧变形。由此可知，夹紧变形引起的工件形状误差不仅取决于夹紧力的大小，还与夹紧力的作用点有关。

夹紧力
变形

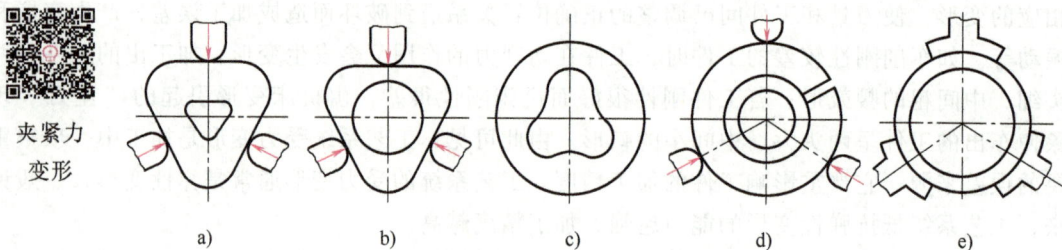

a) b) c) d) e)

图 12-7　工件夹紧变形引起的误差

5. 工艺系统受热变形产生的误差

在机械加工中，工艺系统在各种热源的影响下会产生复杂的变形，使得工件与刀具间的相对正确位置关系遭到破坏，造成加工误差。在精密加工中，它是影响加工精度的主要因素。高效、高精度、自动化加工技术的发展，使工艺系统热变形问题变得更加突出，已成为影响机械加工技术发展的一个重要问题。

（1）工艺系统产生热变形的热源　在机械加工中，使工艺系统受热产生变形的热源主要有：机械动力源的能量损耗转化的热量、传动元件产生的摩擦热、切削热、环境传来的热量。

当温差较大时，对加工精度影响最大的是大尺寸构件受热不均而产生的弯曲变形。实践证明：工艺系统的热变形问题重点在机床和工件上。

（2）减少热变形的措施　减少发热和隔热；及时清除切屑或在工作台上装隔热板，以阻止切屑热传向工作台、床身等；强制冷却，均衡温度场；从结构设计上采取措施减少热变形。

6. 工件残余应力引起的变形及其控制

残余应力是指外部载荷去除后，仍残存在工件内部的应力。工件中的残余应力往往处于一种很不稳定的相对平衡状态，在常温下，特别是在外界某些因素的影响下很快失去原有状态而重新分布。在残余应力重新分布过程中会使工件产生相应的变形，从而破坏其原有的精

目　　录

课程：机械制造基础		学年/学期：
工作页 1	金属切削机床的基础知识	
班级：	姓名：	学号：

一、基本训练

（一）机械制造过程

机械产品的制造流程是什么？

____

____

（二）机床的类型

1. 写出下列机床的代号。

类别	车床	钻床	镗床	磨床			齿轮加工机床	螺纹加工机床	铣床	刨插床	拉床	锯床	其他机床
代号													
读音	车	钻	镗	磨	二磨	三磨	牙	丝	铣	刨	拉	割	其

2. 写出下列机床通用特性代号的意义。

代号	G	M	Z	B	K	H	F	Q	C	R	X	S
读音	高	密	自	半	控	换	仿	轻	重	柔	显	速
通用特性												

（三）机床代号的意义

1. 机床代号 M0605 中，05 的含义是什么？

____

____

2. H-015、JCS-ZX001 是通用机床代号吗？大写字母分别代表什么含义？

____

____

（四）金属切削机床的运动

1. 写出图 1-1 和图 1-2 所示的加工内容，各字母代表什么部分的什么运动？（如：A_2 是刀具的直线运动），指出两图中的运动是否有关系，属于什么运动？

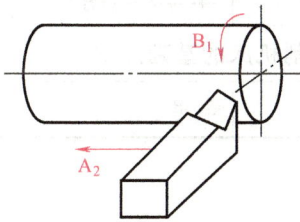
图 1-1　车外圆

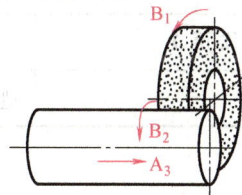
图 1-2　磨外圆

2. 写出图 1-3 和图 1-4 所示的加工内容，各字母代表什么部分的什么运动？指出两图中的运动是否有关系，属于什么运动？

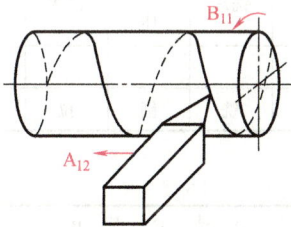
图 1-3　车螺纹

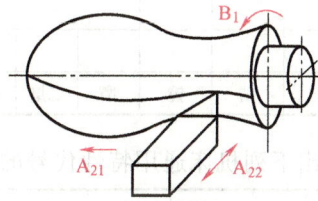
图 1-4　车成形面

3. 辅助运动一般包括哪些？

（五）机床运动实例

图 1-5 所示为车外圆时机床上各部分的运动，请写出 Ⅰ～Ⅶ 各个运动的名称。

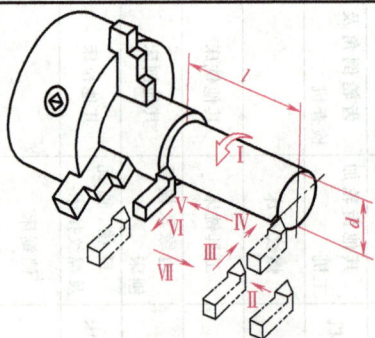

图 1-5 车外圆的运动

二、拓展训练

1. 解释下列机床型号（参见附录）。

Z5140

___

B2021A

___

Z3140×16

___

X6132

___

2. 请分别指出在车床上车削外圆锥面、端面以及钻孔时所需要的成形运动（画图）。

三、总结及评估

1. 用思维导图总结本单元的学习内容。

2. 分析自己完成任务的情况及学习目标达成情况，并记录团队成员给自己的建议。

3. 活动过程评价表。

	参与讨论 （25分）	任务数量 （25分）	任务质量 （25分）	团结协作 （25分）	合计
自我评分					
同学评分					
教师评分					

附　录

附表 1　金属切削机床的类、组划分表

类别	0	1	2	3	4	5	6	7	8	9
车床 C	仪表小型车床	单轴自动车床	多轴自动、半自动车床	回转、转塔车床	曲轴及凸轮轴车床	立式车床	落地及卧式车床	仿形及多刀车床	轮、轴、辊、锭及铲齿车床	其他车床
钻床 Z		坐标镗钻床	深孔钻床	摇臂钻床	台式钻床	立式钻床	卧式钻床	铣钻床	中心孔钻床	其他钻床
镗床 T			深孔镗床		坐标镗床	立式镗床	卧式铣镗床	精镗床	汽车、拖拉机修理用镗床	其他镗床
磨床 M	仪表磨床	外圆磨床	内圆磨床	砂轮机	坐标磨床	导轨磨床	刀具刃磨床	平面及端面磨床	曲轴、凸轮轴、花键轴及轧辊磨床	工具磨床
磨床 2M		超精机	内圆珩磨机	外圆及其他珩磨机	抛光机	砂带抛光及磨削机床	刀具刃磨及研磨机床	可转位刀片磨削机床	研磨机	其他磨床
磨床 3M		球轴承套圈沟磨床	滚子轴承套圈滚道磨床	轴承套圈超精机		叶片磨削机床	滚子加工机床	钢球加工机床	气门、活塞及活塞环磨削机床	汽车、拖拉机修理用磨床
齿轮加工机床 Y	仪表齿轮加工机		锥齿轮加工机	滚齿及铣齿机	剃齿及珩齿机	插齿机	花键轴铣床	齿轮磨齿机	其他齿轮加工机	齿轮倒角及检查机
螺纹加工机床 S				套丝机	攻丝机		螺纹铣床	螺纹磨床	螺纹车床	
铣床 X	仪表铣床	悬臂及滑枕铣床	龙门铣床	平面铣床	仿形铣床	立式升降台铣床	卧式升降台铣床	床身铣床	工具铣床	其他铣床
刨插床 B		悬臂刨床	龙门刨床			插床	牛头刨床		边缘及模具刨床	其他刨床
拉床 L			侧拉床	卧式外拉床	连续拉床	立式内拉床	卧式内拉床	立式外拉床	键槽、轴瓦及螺纹拉床	其他拉床
锯床 G			砂轮片锯床		卧式带锯床	立式带锯床	圆锯床	弓锯床	锉锯床	其他锯床
其他机床 Q	其他仪表机床	管子加工机床	木螺钉加工机		刻线机	切断机	多功能机床			

类	组	系	机床名称	主参数的折算系数	主参数	第二主参数
车床	1	1	单轴纵切自动车床	1	最大棒料直径	—
		2	单轴横切自动车床	1	最大棒料直径	—
		3	单轴转塔自动车床	1	最大棒料直径	—
	2	1	多轴棒料自动车床	1	最大棒料直径	轴数
		2	多轴卡盘自动车床	1/10	卡盘直径	轴数
		6	立式多轴半自动车床	1/10	最大车削直径	轴数
	3	0	回轮车床	1	最大棒料直径	—
		1	滑鞍转塔车床	1/10	卡盘直径	—
		3	滑枕转塔车床	1/10	卡盘直径	—
	4	1	曲轴车床	1/10	最大工件回转直径	最大工件长度
		6	凸轮轴车床	1/10	最大工件回转直径	最大工件长度
	5	1	单柱立式车床	1/100	最大车削直径	最大工件高度
		2	双柱立式车床	1/100	最大车削直径	最大工件高度
	6	0	落地车床	1/100	最大工件回转直径	最大工件长度
		1	卧式车床	1/10	床身上最大回转直径	最大工件长度
		5	球面车床	1/10	刀架上最大回转直径	最大工件长度
	7	1	仿形车床	1/10	刀架上最大车削直径	最大车削长度
		5	多刀车床	1/10	刀架上最大车削直径	最大车削长度
	8	4	轧辊车床	1/10	最大工件直径	最大工件长度
		9	铲齿车床	1/10	最大工件直径	最大模数
钻床	1	3	立式坐标镗钻床	1/10	工作台面宽度	工作台面长度
	2	1	深孔钻床	1/10	最大钻孔直径	最大钻孔深度
	3	0	摇臂钻床	1	最大钻孔直径	最大跨距
		1	万向摇臂钻床	1	最大钻孔直径	最大跨距
	4	0	台式钻床	1	最大钻孔直径	—
	5	0	圆柱立式钻床	1	最大钻孔直径	—
		1	方柱立式钻床	1	最大钻孔直径	—
		2	可调多轴立式钻床	1	最大钻孔直径	轴数
	8	1	中心孔钻床	1/10	最大工件直径	最大工件长度
		2	平端面中心孔钻床	1/10	最大工件直径	最大工件长度
镗床	4	1	立式单柱坐标镗床	1/10	工作台面宽度	工作台面长度
		2	立式双柱坐标镗床	1/10	工作台面宽度	工作台面长度
		5	卧式坐标镗床	1/10	工作台面宽度	工作台面长度
	6	1	卧式镗床	1/10	镗轴直径	—
		2	落地镗床	1/10	镗轴直径	—
	7	1	双面卧式精镗床	1/10	工作台面宽度	工作台面长度

类	组	系	机床名称	主参数的折算系数	主参数	第二主参数
磨床（M）	0	4	抛光机	—	—	—
		6	刀具磨床	—	—	—
	1	0	无心外圆磨床	1	最大磨削直径	—
		3	外圆磨床	1/10	最大磨削直径	最大磨削长度
		4	万能外圆磨床	1/10	最大磨削直径	最大磨削长度
	2	1	内圆磨床	1/10	最大磨削直径	最大磨削深度
		5	立式行星内圆磨床	1/10	最大磨削直径	最大磨削深度
	3	0	落地砂轮机	1/10	最大砂轮直径	—
	5	2	龙门导轨磨床	1/100	最大磨削宽度	最大磨削长度
	6	0	万能工具磨床	1/10	最大回转直径	最大工件长度
	7	1	卧轴矩台平面磨床	1/10	工作台面宽度	工作台面长度
		3	卧轴圆台平面磨床	1/10	工作台面直径	—
		4	立轴圆台平面磨床	1/10	工作台面直径	—
	8	2	曲轴磨床	1/10	最大回转直径	最大工件长度
	9	0	曲线磨床	1/10	最大磨削长度	—
齿轮加工机床	2	2	弧齿锥齿轮铣齿机	1/10	最大工件直径	最大模数
	3	1	滚齿机	1/10	最大工件直径	最大模数
		6	卧式滚齿机	1/10	最大工件直径	最大模数
	4	2	剃齿机	1/10	最大工件直径	最大模数
		6	珩齿机	1/10	最大工件直径	最大模数
	5	1	插齿机	1/10	最大工件直径	最大模数
	6	0	花键轴铣床	1/10	最大铣削直径	最大铣削长度
	7	0	碟形砂轮磨齿机	1/10	最大工件直径	最大模数
	8	1	齿轮挤齿机	1/10	最大工件直径	最大模数
	9	3	齿轮倒角机	1/10	最大工件直径	最大模数
螺纹加工机床	3	0	套丝机	1	最大套丝直径	—
	4	8	卧式攻丝机	1/10	最大攻丝直径	轴数
	6	0	丝杠铣床	1/10	最大铣削直径	最大铣削长度
	7	4	丝杠磨床	1/10	最大工件直径	最大工件长度
	8	6	丝杠车床	1/100	最大工件长度	—
		9	多头螺纹车床	1/10	最大车削直径	最大车削长度
铣床	2	0	龙门铣床	1/100	工作台面宽度	工作台面长度
	3	1	立式平面铣床	1/100	工作台面宽度	—
	5	0	立式升降台铣床	1/10	工作台面宽度	工作台面长度
	6	0	卧式升降台铣床	1/10	工作台面宽度	工作台面长度
		1	万能升降台铣床	1/10	工作台面宽度	工作台面长度

类	组	系	机床名称	主参数的折算系数	主参数	第二主参数
铣床	8	1	万能工具铣床	1/10	工作台面宽度	工作台面长度
	9	2	键槽铣床	1	最大键槽宽度	—
刨插床	2	0	龙门刨床	1/100	最大刨削宽度	最大刨削长度
	5	0	插床	1/10	最大插削长度	—
	6	0	牛头刨床	1/10	最大刨削长度	—
	8	8	模具刨床	1/10	最大刨削长度	最大刨削宽度
拉床	3	1	卧式外拉床	1/10	额定拉力	最大行程
	4	3	连续拉床	1/10	额定拉力	—
	5	1	立式内拉床	1/10	额定拉力	最大行程
	6	1	卧式内拉床	1/10	额定拉力	最大行程
	7	1	立式外拉床	1/10	额定拉力	最大行程
	9	1	气缸体平面拉床	1/10	额定拉力	最大行程
锯床	5	1	立式带锯床	1/10	最大锯削厚度	—
	6	0	卧式圆锯床	1/100	最大圆锯片直径	—
	7	1	夹板卧式弓锯床	1/10	最大锯削直径	—
其他机床	1	6	管接头螺纹车床	1/10	最大加工直径	—
	2	1	木螺钉螺纹加工机	1	最大工件直径	最大工件长度
	4	0	圆刻线机	1/100	最大加工长度	—

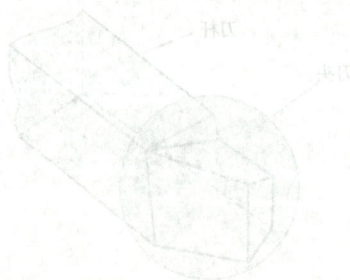

一、基本训练

（一）切削运动

1. 什么是主运动？加工时有多少个主运动？什么是进给运动？加工时有多少个进给运动？

2. 指出图 2-1 中的待加工表面、过渡表面和已加工表面。

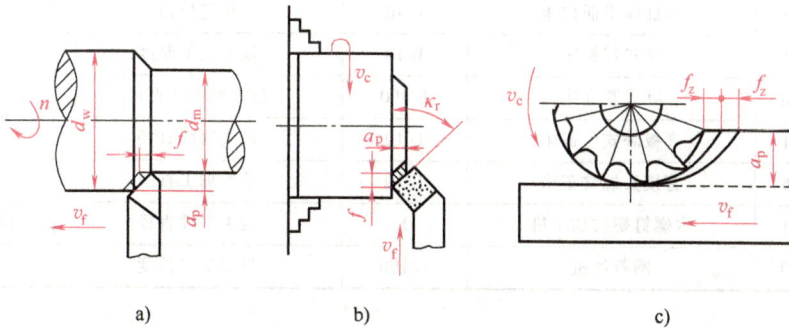

图 2-1　判断三个表面

（二）切削用量

写出切削用量三要素的名称、符号及单位。写出进给速度和切削速度的计算公式。

（三）刀具角度

1. 指出如图 2-2 所示刀具的刀面、切削刃和刀尖。

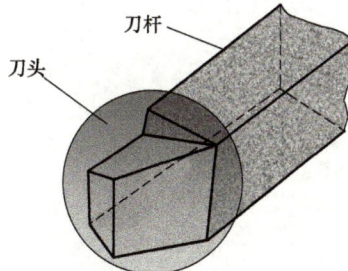

图 2-2　刀具的结构

8

2. 指出如图 2-3 所示正交平面参考系中三个平面的名称。

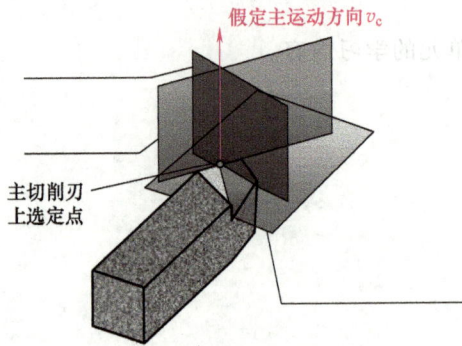

图 2-3　正交平面参考系

3. 写出刀具角度的名称及代号。

_____

_____

_____

（四）刀具材料

1. 常用的刀具材料有哪些？

_____

2. 为什么不淘汰高速钢刀具材料？

_____

3. 为以下两种情况选择硬质合金刀具材料。

（1）粗加工钢件。

（2）精加工铸铁件。

二、拓展训练

刀具制作

1. 分组用橡皮泥或硬纸壳制作车刀，指出刀具角度等。

2. 已知工件材料为钢，需钻直径为 $\phi 10mm$ 的孔，选择切削速度为 $31.4m/min$，进给量为 $0.1mm/r$，试求 $2min$ 后钻孔的深度。

三、总结及评估

1. 用思维导图总结本单元的学习内容。

2. 分析自己完成任务的情况及学习目标达成情况，并记录团队成员给自己的建议。

3. 活动过程评价表。

	参与讨论 （25分）	任务数量 （25分）	任务质量 （25分）	团结协作 （25分）	合计
自我评分					
同学评分					
教师评分					

课程：机械制造基础		学年/学期：
工作页 3	金属切削过程中的基本规律	
班级：	姓名：	学号：

一、基本训练

（一）切削过程中的金属变形

1. 切屑有哪几种类型？各种切屑是在什么情况下产生的？

_____

_____

_____

2. 什么时候会形成积屑瘤？积屑瘤对切削有什么影响？减小或避免积屑瘤有哪些措施？

_____

_____

_____

_____

（二）切削力

1. 写出图 3-1 中各符号的意义，并写出它们之间的关系。

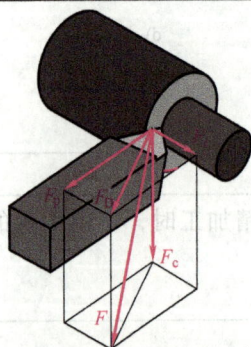

图 3-1 切削力

2. 将切削用量三要素对切削力的影响按从大到小依次排序。

_____

（三）切削热

1. 车削和钻削时，切削热传至各部分的比例是否相同？最热的各是哪部分？

_____

_____

2. 将切削用量三要素对切削热的影响按从大到小依次排序。

（四）刀具磨损与刀具寿命

1. 普通车刀的寿命一般是多少？自动线刀具的寿命一般是多少？

2. 用以下公式说明刀具寿命和切削用量的关系。

$$T=\dfrac{C_T}{v_c^{\frac{1}{m}} f^{\frac{1}{m_1}} a_p^{\frac{1}{m_2}}} K_r$$	

（五）切削条件及合理选择

1. 填空"大"或"小"。

工件材料的强度、硬度大，前角取（　）	刀具材料的抗弯强度高（如高速钢），前角取（　）
塑性材料，前角取（　）	工艺系统刚性差（如细长轴），前角取（　）
粗加工，前角取（　）	自动机床，前角取（　）

2. 写出如图 3-2 所示各前刀面的型式，并说明在什么情况下使用。

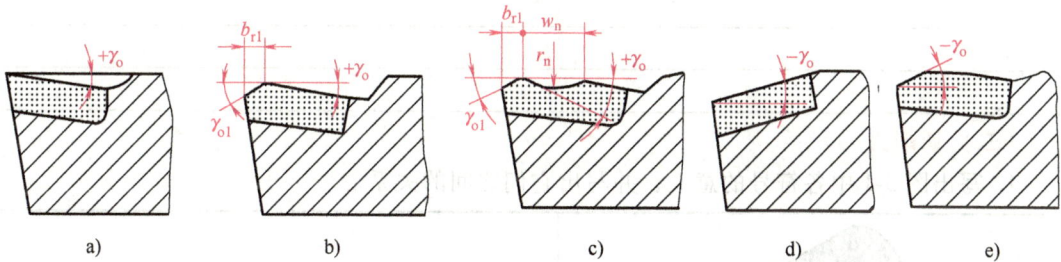

图 3-2　前刀面的型式

3. 选择切削用量时，应按照什么顺序选择？粗加工和精加工时，切削用量的选择有何不同？

4. 在 CA6140 型卧式车床上车削 $\phi260\text{mm}$ 的带轮外圆，选择切削速度为 90m/min，求主轴转速。

5. 选择切削液：在括号内填写"冷却"或"润滑"或"不用"。

（1）根据工件材料选择：钢材（　　）、铸铁（　　）、难加工材料（　　）。

（2）根据刀具材料选择：高速钢（　　）、硬质合金（　　）。

（3）根据加工方法选择：钻孔（　　）、成形刀具（　　）、磨削（　　）。

（4）根据加工要求选择：粗加工（　　）、精加工（　　）。

二、拓展训练

1. 用 $k_r = 60°$、$\gamma_o = 20°$ 的外圆车刀在 CA6140 型卧式车床上车削细长轴，车削后工件呈腰鼓形，其原因是什么？在刀具上采用什么措施可以减小甚至消除此现象？

_____

_____

2. 已知工件材料为 HT200（退火状态），加工前直径为 70mm，用主偏角为 75° 的硬质合金车刀车外圆时，工件的速度为 6r/s，加工之后直径为 62mm，刀具每秒钟沿工件轴向移动 2.4mm，单位切削力 k_c 为 1118N/mm²。求：（1）切削用量三要素 a_p、f 和 v_c；（2）选择刀具牌号；（3）计算切削力和切削功率。

_____

_____

_____

_____

_____

三、总结及评估

1. 用思维导图总结本单元的学习内容。

2. 分析自己完成任务的情况及学习目标达成情况，并记录团队成员给自己的建议。

3. 活动过程评价表。

	参与讨论 （25分）	任务数量 （25分）	任务质量 （25分）	团结协作 （25分）	合计
自我评分					
同学评分					
教师评分					

一、基本训练

（一）车削工作内容

写出如图 4-1 所示每种车削加工内容。

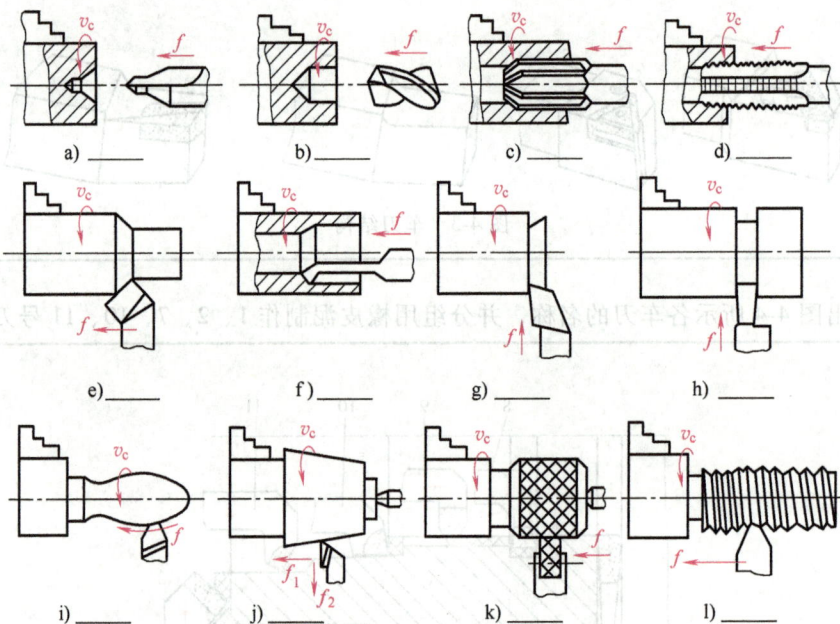

a) _____ b) _____ c) _____ d) _____

e) _____ f) _____ g) _____ h) _____

i) _____ j) _____ k) _____ l) _____

图 4-1 卧式车床所能加工的典型表面

（二）车床

1. 写出如图 4-2 所示车床的各部分名称。

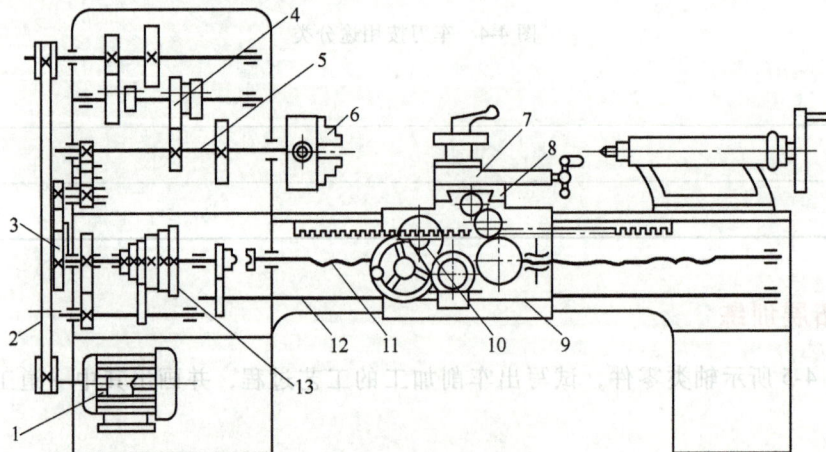

图 4-2 车床结构

_____

_____

_____

2. 车床的成形运动有哪些？

_____

_____

_____

（三）车刀

1. 按结构分，图 4-3 所示的车刀各属于哪种类型？

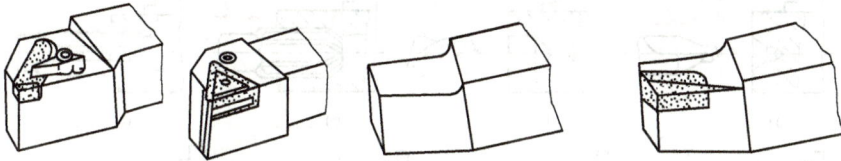

图 4-3 车刀结构

2. 指出图 4-4 所示各车刀的名称，并分组用橡皮泥制作 1、2、7、10、11 号刀具。

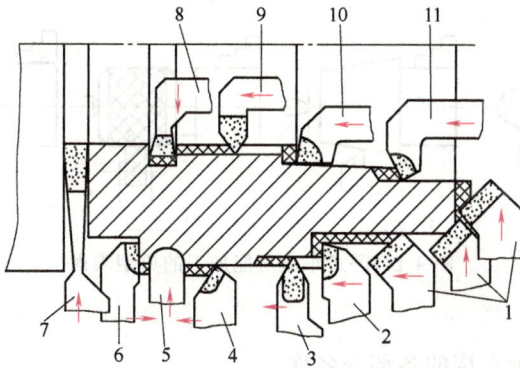

图 4-4 车刀按用途分类

_____

_____

_____

二、拓展训练

根据图 4-5 所示轴类零件，试写出车削加工的工艺过程，并画出其中一道工序的加工简图。

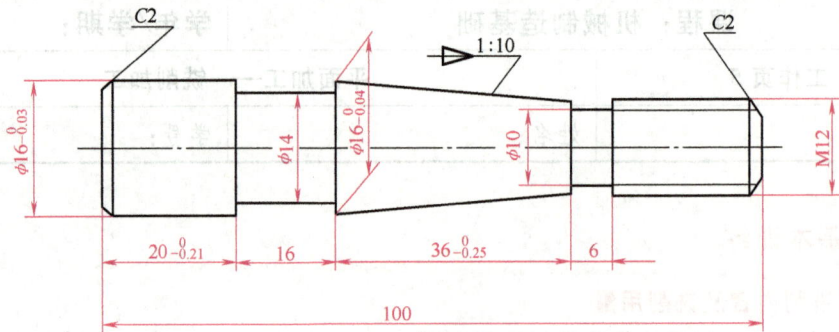

图 4-5 轴类零件

三、总结及评估

1. 用思维导图总结本单元的学习内容。

2. 分析自己完成任务的情况及学习目标达成情况，并记录团队成员给自己的建议。

3. 活动过程评价表。

	参与讨论 （25分）	任务数量 （25分）	任务质量 （25分）	团结协作 （25分）	合计
自我评分					
同学评分					
教师评分					

课程：机械制造基础		学年/学期：
工作页 5	平面加工——铣削加工	
班级：	姓名：	学号：

一、基本训练

（一）铣削内容及铣削用量

1. 写出如图 5-1 所示的每种铣削加工内容。

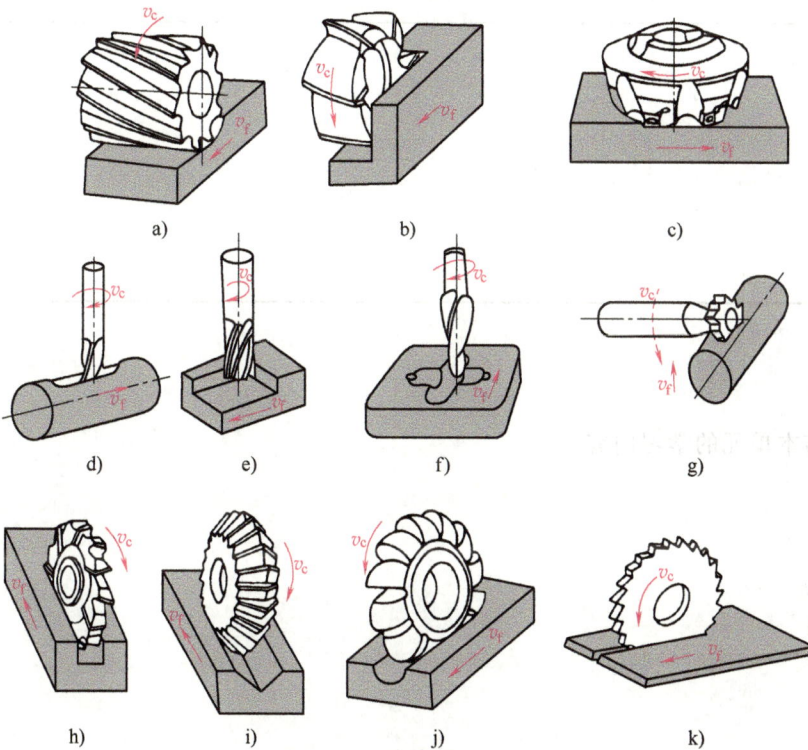

a)　　　　　　b)　　　　　　c)

d)　　　e)　　　f)　　　g)

h)　　　i)　　　j)　　　k)

图 5-1　铣削加工内容

2. 指出图 5-2 中各符号的意义。

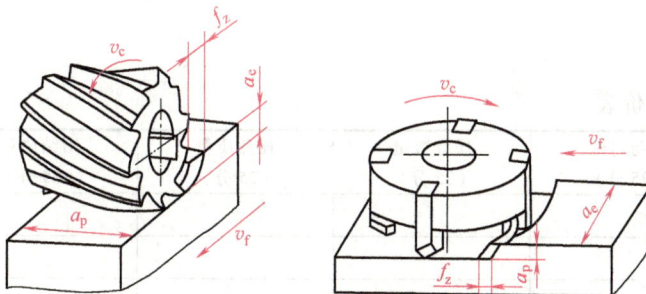

图 5-2　铣削用量

18

（二）铣床

1. 指出图 5-3 中铣床各部分的名称。

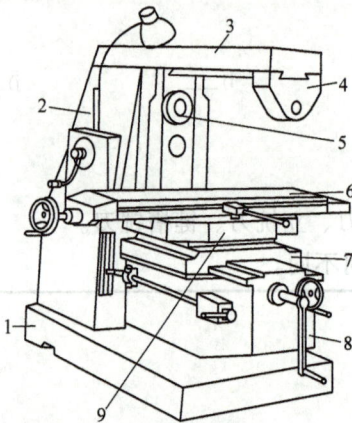

图 5-3　铣床

2. 常用铣床附件有哪些？

3. 要在铣床上铣削 $z=60$ 的齿轮，试进行分度计算。

（三）铣刀、铣削力和铣削方式

1. 指出图 5-4 中各铣刀的名称。

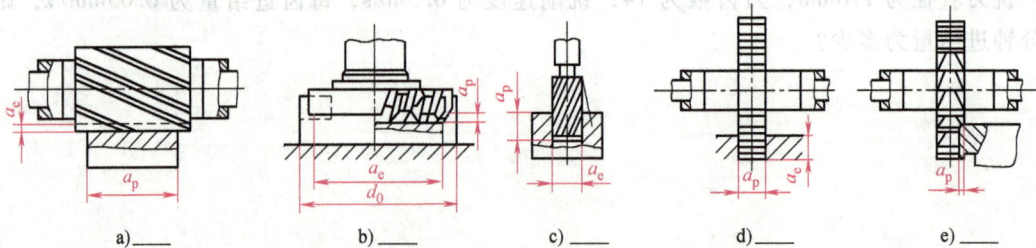

a)____　　b)____　　c)____　　d)____　　e)____

图 5-4　铣刀

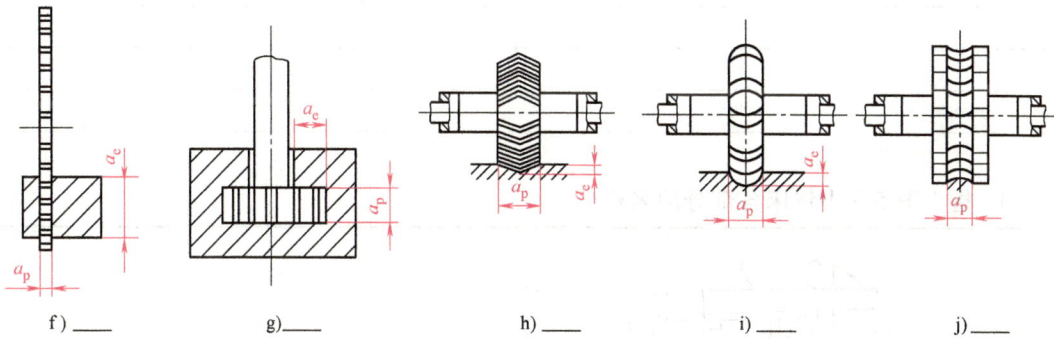

f) ＿＿　　　g) ＿＿　　　h) ＿＿　　　i) ＿＿　　　j) ＿＿

图 5-4　铣刀（续）

2. 用橡皮泥分组制作四把铣刀：圆柱铣刀、面铣刀、立铣刀、键槽铣刀。

3. 说明图 5-5 所示的各为什么铣削方式，简述有何不同。

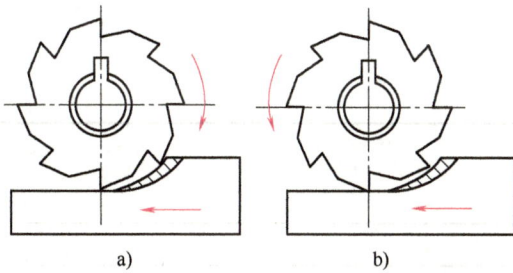

a)　　　　　　　b)

图 5-5　铣削方式

（四）铣削加工方法

铣削时，工件的安装方法有哪些？

二、拓展训练

铣削用量计算

铣刀直径为 110mm，刀齿数为 14，铣削速度为 0.5m/s，每齿进给量为 0.05mm/z，则每分钟进给量为多少？

三、总结及评估

1. 用思维导图总结本单元的学习内容。

2. 分析自己完成任务的情况及学习目标达成情况,并记录团队成员给自己的建议。

3. 活动过程评价表。

	参与讨论 (25分)	任务数量 (25分)	任务质量 (25分)	团结协作 (25分)	合计
自我评分					
同学评分					
教师评分					

一、基本训练

（一）刨削工作内容

写出图 6-1 所示刨削加工中，主运动和进给运动各由哪部分完成，为什么运动？

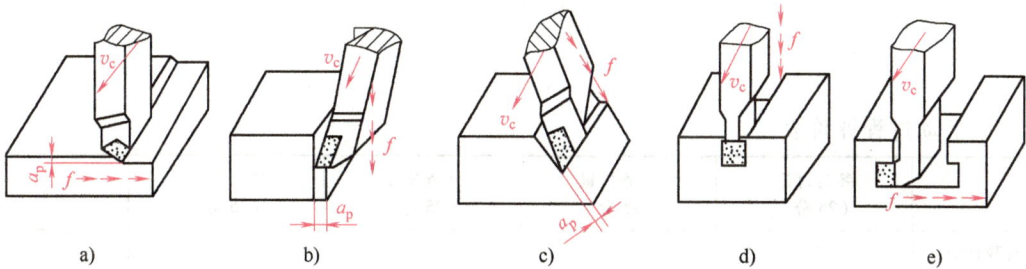

a)   b)   c)   d)   e)

图 6-1 刨削加工

（二）刨床

1. 指出图 6-2 所示牛头刨床各部分的名称。

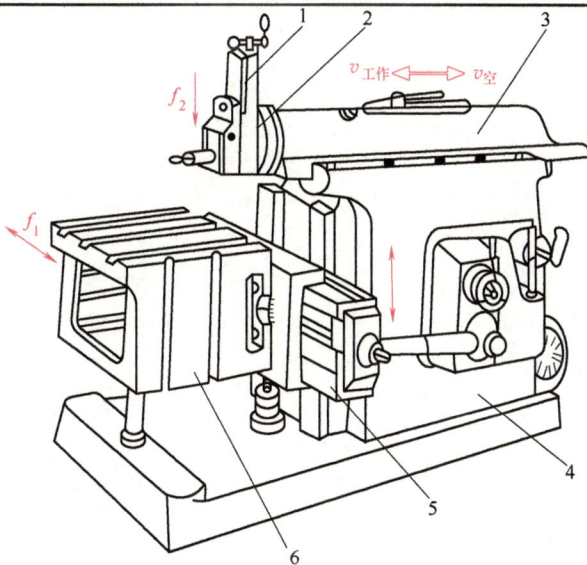

图 6-2 牛头刨床

2. 分析龙门刨床运动与牛头刨床运动的不同。

（三）刨刀

1. 直头刨刀和弯头刨刀的应用场合有何不同？弯头刨刀有什么特点？

_____

_____

2. 指出图 6-3 所示刨刀的名称。

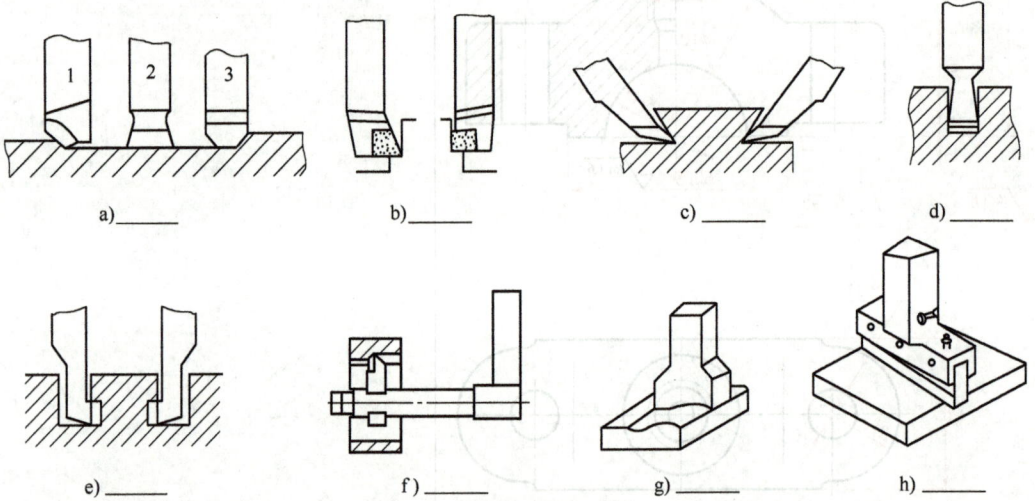

图 6-3　刨刀

（四）刨削加工方法

刨削用量要素有哪些？单位各是什么？

_____

_____

（五）插削加工

1. 插削加工和刨削加工有何不同？有何相同之处？

_____

_____

2. 如图 6-4 所示，插刀刀杆各是什么类型？各有什么特点？

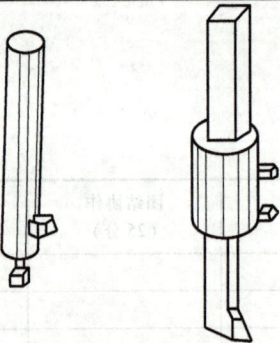

图 6-4　插刀刀杆

二、拓展训练

刨削工艺

根据图 6-5 所示轴承盖零件图，写出轴承盖底面的刨削加工过程。

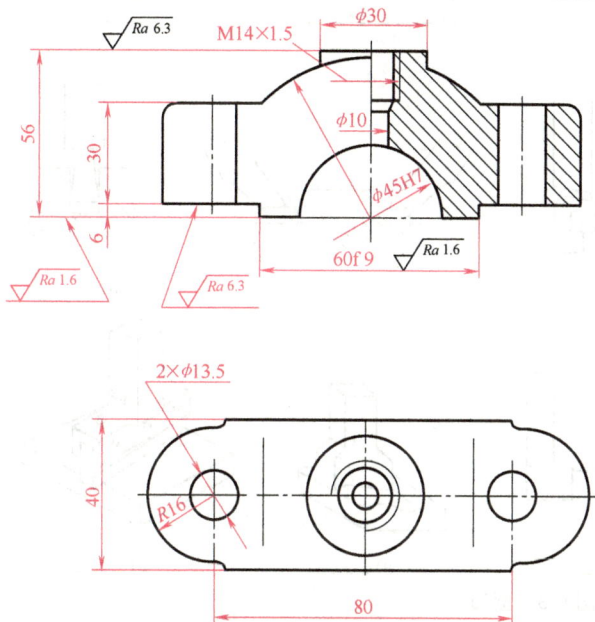

图 6-5 轴承盖零件图

三、总结及评估

1. 用思维导图总结本单元的学习内容。

2. 分析自己完成任务的情况及学习目标达成情况，并记录团队成员给自己的建议。

3. 活动过程评价表。

	参与讨论 （25分）	任务数量 （25分）	任务质量 （25分）	团结协作 （25分）	合计
自我评分					
同学评分					
教师评分					

一、基本训练

（一）钻、扩、铰的工作内容

1. 写出如图 7-1 所示的加工内容。

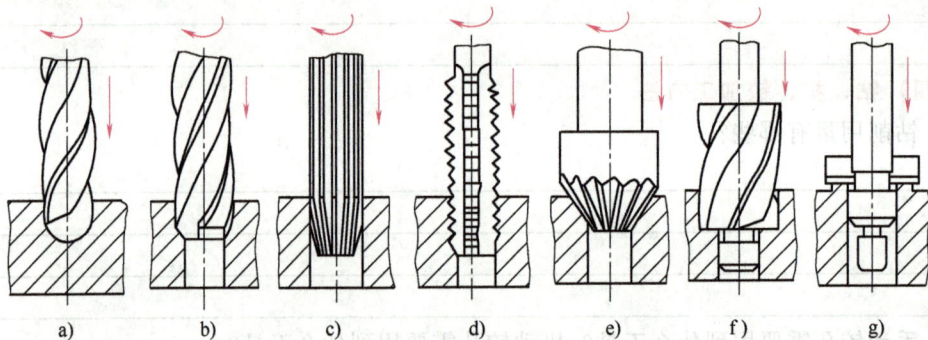

a) b) c) d) e) f) g)

图 7-1 钻、扩、铰加工

2. 钻削加工的主运动和进给运动各是哪部分做的什么运动？

（二）钻床

1. 常见的钻床有哪几种？只能手动的是哪种？

2. 写出图 7-2 所示摇臂钻床各部分名称，说明其辅助运动有哪些。

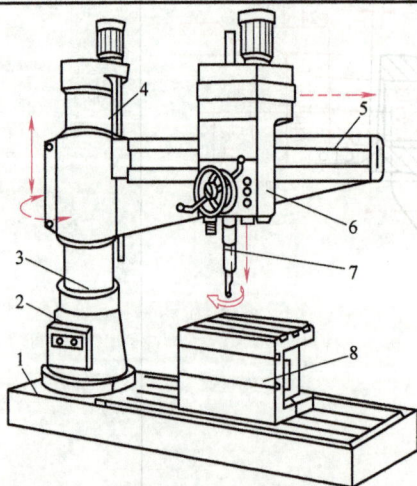

图 7-2 摇臂钻床

（三）加工孔的刀具

1. 标准麻花钻由几部分组成？

_____

2. 麻花钻有几条切削刃？各是什么？

_____

3. 小组制作麻花钻、扩孔钻、丝锥、铰刀。
4. 小锥孔怎样加工？

_____

（四）钻、扩、铰加工方法

1. 钻削用量有哪些？

_____

_____

_____

2. 手动铰孔需要用到什么工具？机动铰孔需要用到什么工具？

_____

_____

二、拓展训练

钻削工艺

写出图 7-3 所示支架销孔的加工过程。

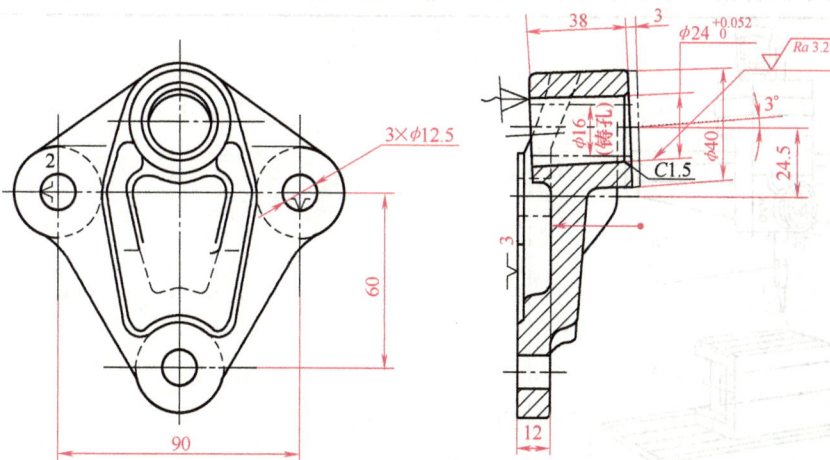

图 7-3　支架

三、总结及评估

1. 用思维导图总结本单元的学习内容。

2. 分析自己完成任务的情况及学习目标达成情况，并记录团队成员给自己的建议。

3. 活动过程评价表。

	参与讨论 （25分）	任务数量 （25分）	任务质量 （25分）	团结协作 （25分）	合计
自我评分					
同学评分					
教师评分					

一、基本训练

（一）分析图 8-1 所示箱体零件

1. 零件有什么特征？

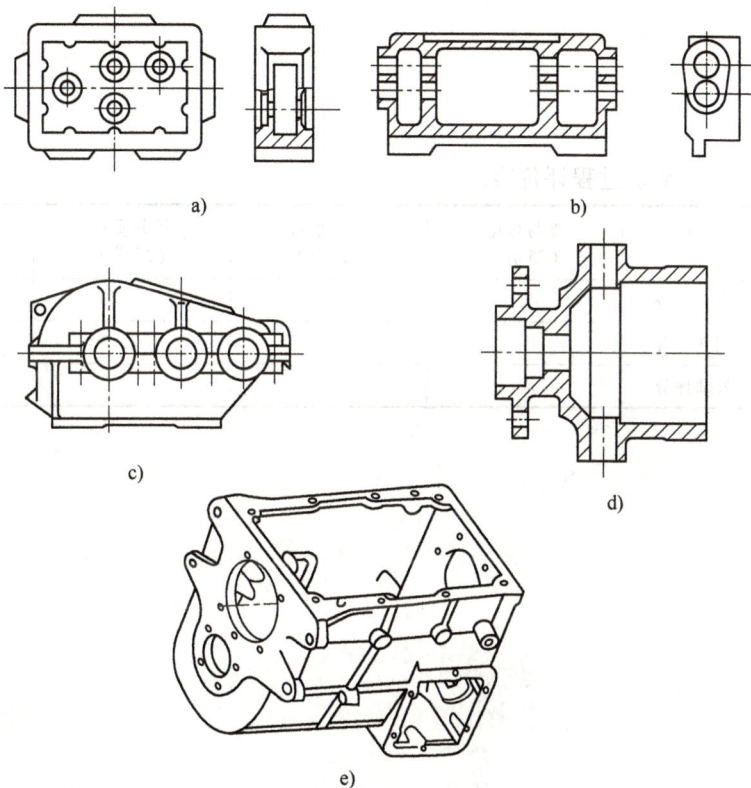

2. 如何加工这些表面？

图 8-1　箱体零件

（二）镗削工作内容

写出图 8-2 所示的加工内容。

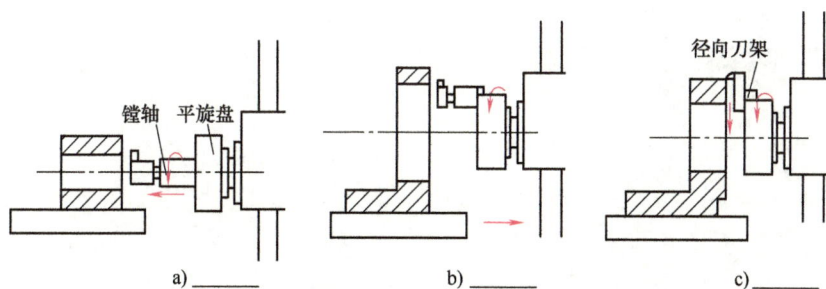

图 8-2　镗削加工内容

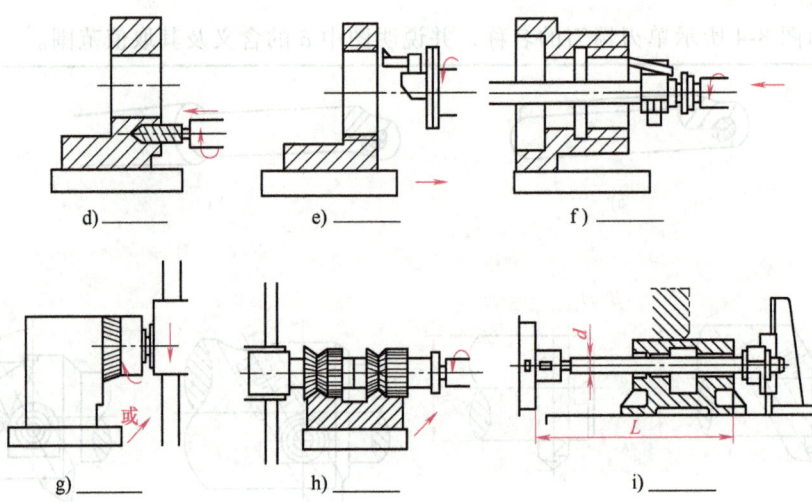

图 8-2　镗削加工内容（续）

（三）镗床

1. 写出图 8-3 所示镗床各部分的名称。

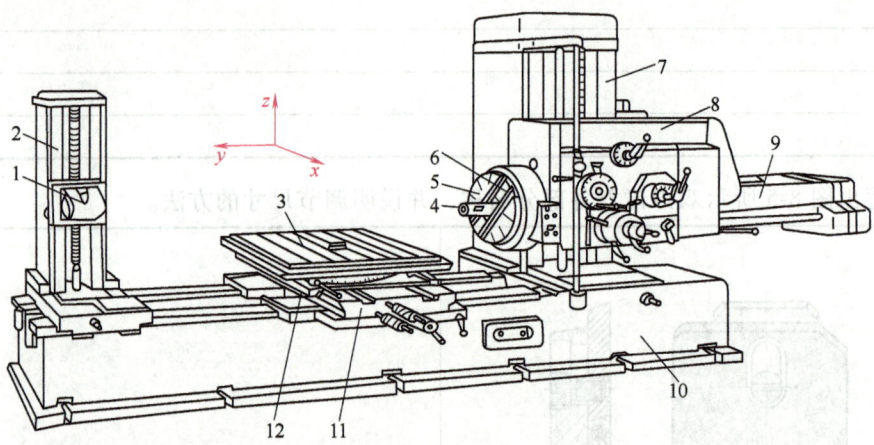

图 8-3　镗床

_____

_____

_____

2. 卧式铣镗床的工作运动有哪些？

_____

_____

_____

_____

（四）镗孔刀具

1. 写出图 8-4 所示单刃镗刀的名称，并说明图中 δ 的含义及其取值范围。

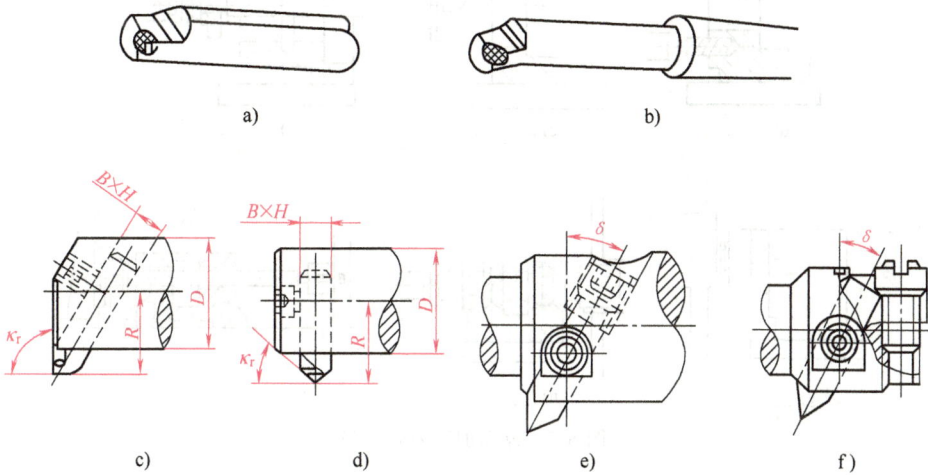

图 8-4　单刃镗刀

_____

_____

_____

_____

2. 写出图 8-5 所示双刃镗刀各部分名称，并说明调节尺寸的方法。

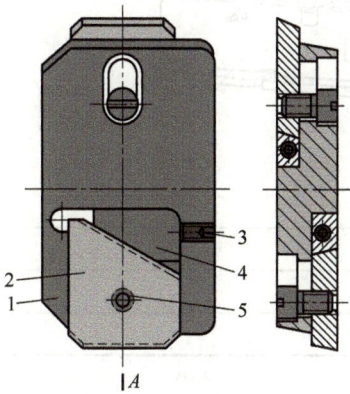

图 8-5　双刃镗刀

（五）镗削方法

指出图 8-6 所示孔系的类型。

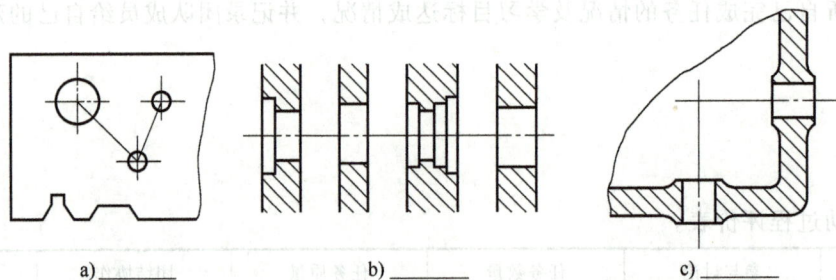

a) _____   b) _____   c) _____

图 8-6   孔系

二、拓展训练

镗削工艺

图 8-7 所示的工件中，有哪些表面需要镗削加工？

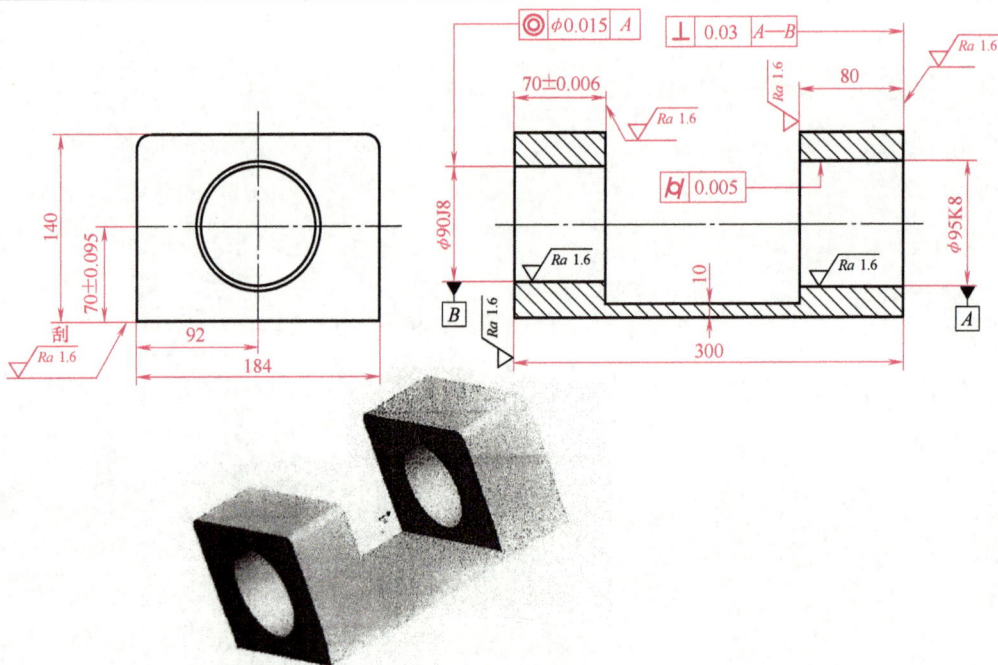

图 8-7   箱体零件图

三、总结及评估

1. 用思维导图总结本单元的学习内容。

2. 分析自己完成任务的情况及学习目标达成情况，并记录团队成员给自己的建议。

3. 活动过程评价表。

	参与讨论 （25分）	任务数量 （25分）	任务质量 （25分）	团结协作 （25分）	合计
自我评分					
同学评分					
教师评分					

一、基本训练

（一）磨削工作内容

1. 写出图 9-1 所示的加工内容，并指出其主运动、进给运动。

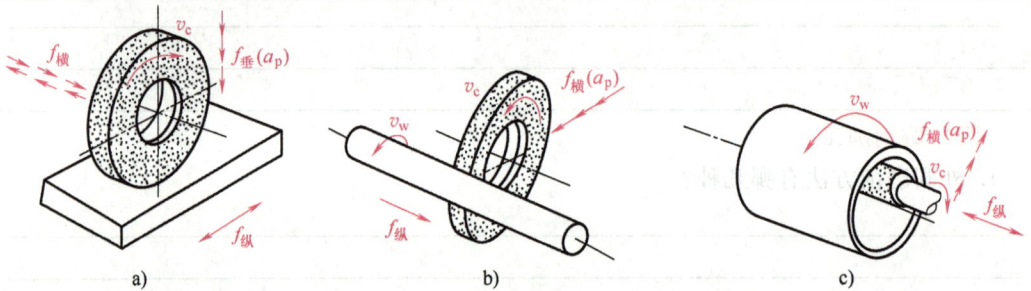

图 9-1　磨削加工

2. 磨削加工有什么特点？

_____

_____

（二）磨床

写出图 9-2 所示磨床各部分的名称。

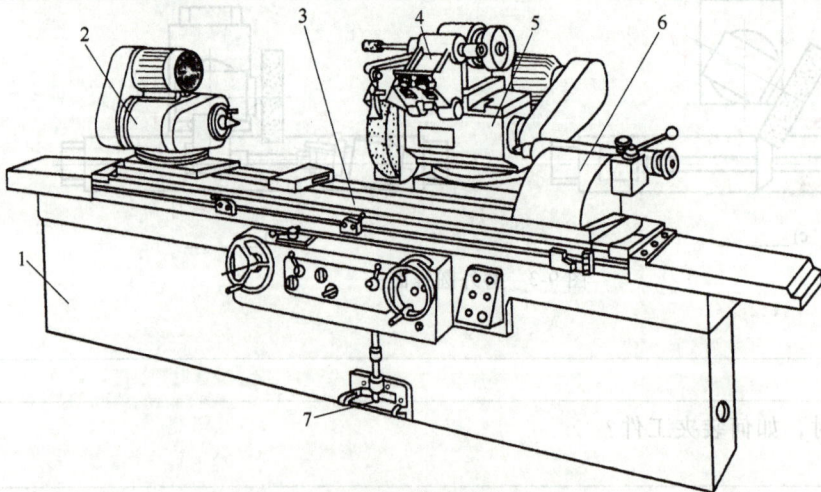

图 9-2　磨床

（三）砂轮

1. 组成砂轮的三要素是什么？

_____

2. 砂轮的组成要素有哪几项？

_____

_____

3. 砂轮的硬度指什么？什么是砂轮的自锐性？

_____

_____

_____

（四）磨削加工

1. 外圆磨削方法有哪几种？

_____

_____

_____

2. 如图 9-3 所示，外圆锥面的磨削方法有哪几种？各适合什么情况？

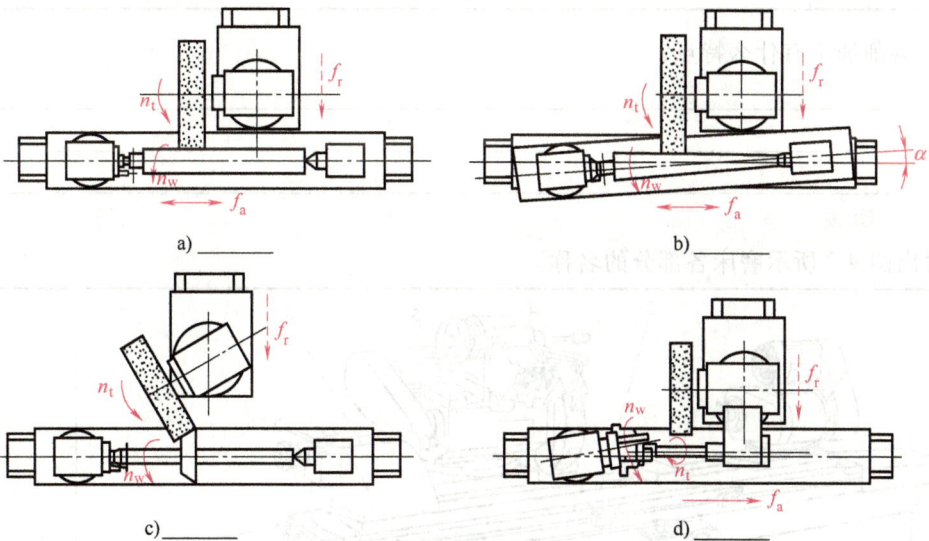

a) _____   b) _____

c) _____   d) _____

图 9-3　磨外圆锥面

_____

3. 平面磨削时，如何装夹工件？

_____

4. 如图 9-4 所示，平面磨削方式有哪些？哪种效率高？哪种精度高？

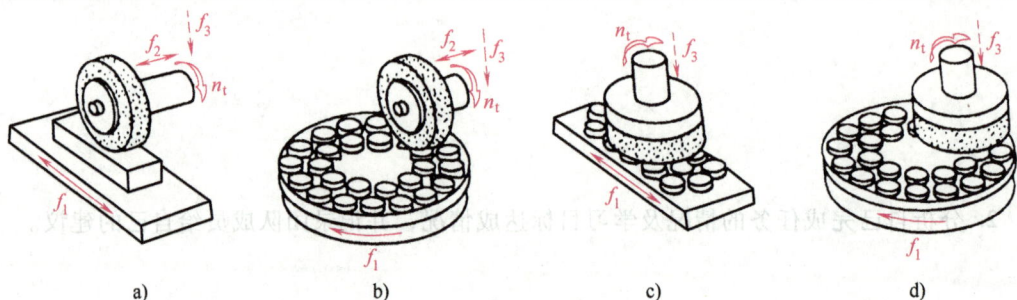

图 9-4　磨平面

二、拓展训练

磨削工艺

磨削加工图 9-5 所示零件各表面，写出所选的装夹方法、砂轮及设备。

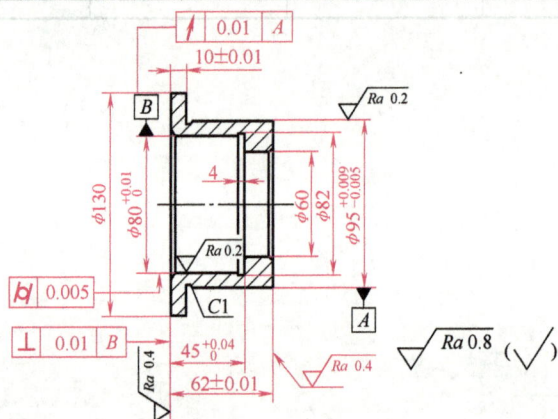

图 9-5　台阶套

三、总结及评估

1. 用思维导图总结本单元的学习内容。

2. 分析自己完成任务的情况及学习目标达成情况，并记录团队成员给自己的建议。

3. 活动过程评价表。

	参与讨论 （25分）	任务数量 （25分）	任务质量 （25分）	团结协作 （25分）	合计
自我评分					
同学评分					
教师评分					

一、基本训练

（一）齿轮加工

1. 齿轮加工方法，从原理上分有哪几种？

2. 下表为齿轮铣刀刀号，如选用 4 号刀，加工什么齿数的齿轮形状最准确？为什么？

刀号	1	2	3	4	5	6	7	8
加工齿数范围	12~13	14~16	17~20	21~25	26~34	35~54	55~134	135 以上

3. 展成法有哪些加工方法？各用于齿轮粗加工、淬前精加工还是淬后精加工？

4. 在图 10-1 中标出各运动代号，并说明滚齿的主运动和进给运动各是什么。

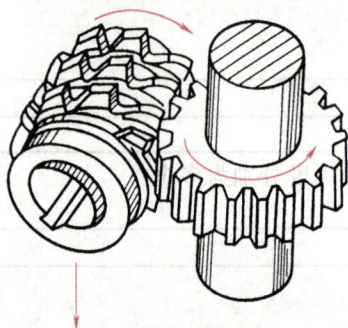

图 10-1　滚齿

5. 如图 10-2 所示为插齿，在箭头附近标出各运动名称，并指出主运动是什么。

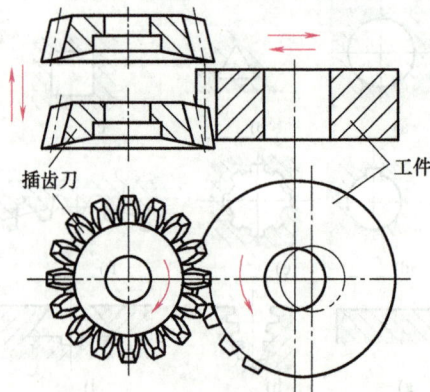

图 10-2　插齿

6. 指出 5 级以上精度、6~7 级精度和 8 级以下精度齿轮的加工方案。

_____

_____

_____

（二）螺纹加工方法

1. 螺纹加工方法有哪些？

_____

2. 图 10-3 所示为手工加工螺纹，指出其加工内容及加工工具，并说明是加工的内螺纹还是外螺纹。

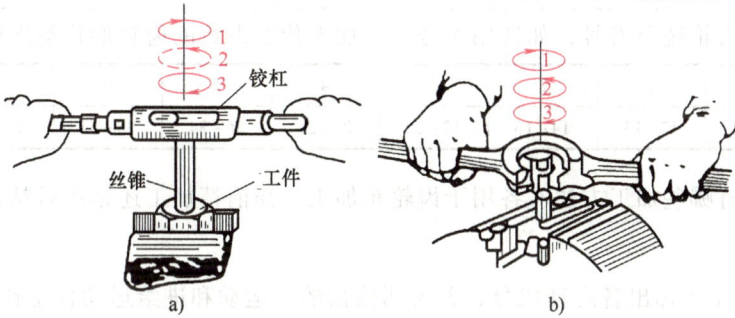

图 10-3　手工加工螺纹

_____

_____

3. 在钢料上攻 M12×1、深 20 的内螺纹，钻孔的大小和深度分别为多少？

_____

（三）拉削加工

1. 拉削加工的切削运动是什么？

_____

2. 指出图 10-4 所示拉削加工的内、外表面名称。

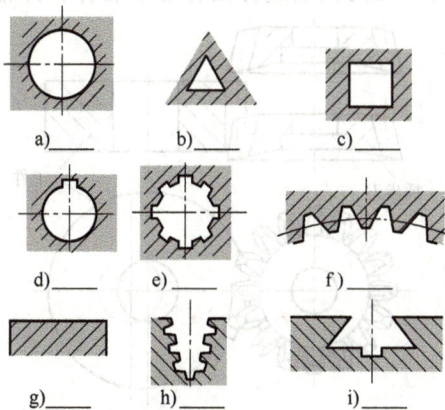

图 10-4　拉削加工

（四）珩磨与研磨

1. 什么是珩磨？珩磨主要用于什么表面的超精加工？适合什么批量的生产？不适合加工什么材料的工件？

_____

_____

2. 什么是研磨？研磨的加工范围是什么？

_____

_____

（五）特种加工

1. 特种加工主要依靠哪些能量去除材料？

_____

2. 目前在生产中应用的特种加工方法有哪些？

_____

_____

二、拓展训练

齿轮加工工艺

分析如图 10-5 所示齿轮零件图，制订其加工工艺。

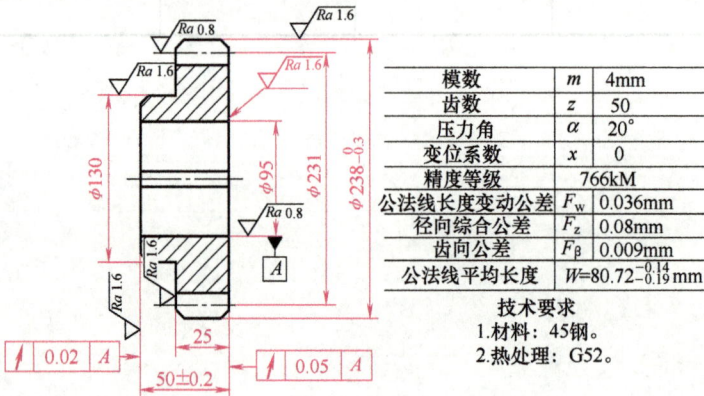

模数	m	4mm
齿数	z	50
压力角	α	20°
变位系数	x	0
精度等级		766kM
公法线长度变动公差	F_w	0.036mm
径向综合公差	F_z	0.08mm
齿向公差	F_β	0.009mm
公法线平均长度	$W=80.72^{-0.14}_{-0.19}$mm	

技术要求
1. 材料：45钢。
2. 热处理：G52。

图 10-5 齿轮

	工序号	工序内容
齿坯加工		
齿轮加工		

三、总结及评估

1. 用思维导图总结本单元的学习内容。

2. 分析自己完成任务的情况及学习目标达成情况，并记录团队成员给自己的建议。

3. 活动过程评价表。

	参与讨论 （25分）	任务数量 （25分）	任务质量 （25分）	团结协作 （25分）	合计
自我评分					
同学评分					
教师评分					

课程：机械制造基础		学年/学期：
工作页 11	机械加工工艺基本概念、工艺规程、分析零件图	
班级：	姓名：	学号：

一、基本训练

（一）机械加工工艺基本概念

1. 什么是工序？划分工序的主要依据是什么？

_____

_____

2. 什么是生产纲领？如何计算？

_____

_____

（二）机械加工工艺规程

1. 机械加工工艺过程卡片适用于什么场合？机械加工工序卡片适用于什么场合？两种卡片内容主要有何不同？

_____

_____

2. 机械加工工序卡片上的工序简图如何绘制？

_____

_____

（三）零件图的工艺分析

修改下表中零件结构工艺性不好的地方。

零件图	修改内容
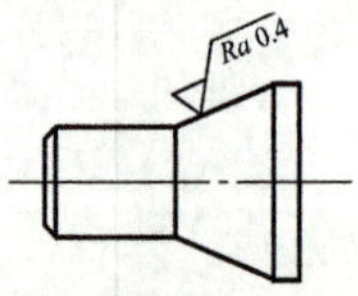	
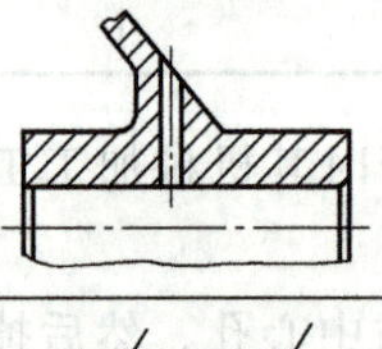	
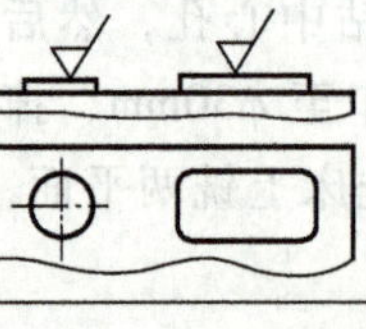	

零件图	修改内容
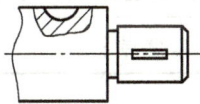	

二、拓展训练

（一）计算生产纲领，确定生产类型

某厂年产某四缸柴油机 1000 台，已知连杆的备品率为 5%，机械加工废品率为 1%。试计算连杆的生产纲领，确定其生产类型，说明其主要工艺特征。

（二）分析工艺过程的组成

1. 如图 11-1 所示零件，单件小批生产时其机械加工工艺过程如下所述，试分析其工艺过程的组成。

机械加工工艺过程：在刨床上分别刨削六个表面，达到图样要求；粗刨导轨面 A，分两次切削；刨削两越程槽；精刨导轨面 A；钻孔；扩孔；铰孔；去毛刺。

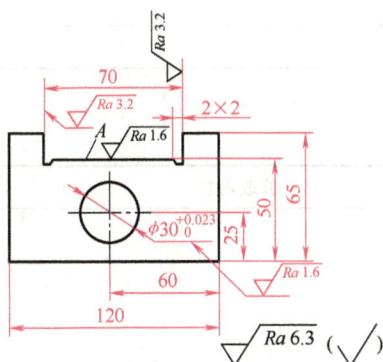

图 11-1 导轨

工序号	工序内容	工步	进给	安装

2. 如图 11-2 所示零件，毛坯为 $\phi 35\text{mm}$ 棒料，批量生产时其机械加工工艺过程如下所述，试分析其工艺过程的组成。

机械加工工艺过程：在锯床上切断下料，车一端面并钻中心孔，然后掉头，车另一端面，钻中心孔；在另一台车床上将整批工件靠螺纹一边都车至 $\phi 30\text{mm}$，掉头再调刀车削整批工件的 $\phi 18\text{mm}$ 外圆；又换一台车床车 $\phi 20\text{mm}$ 外圆；在铣床上铣两平面，转 90° 后，铣另外两平面；最后车螺纹、倒角。

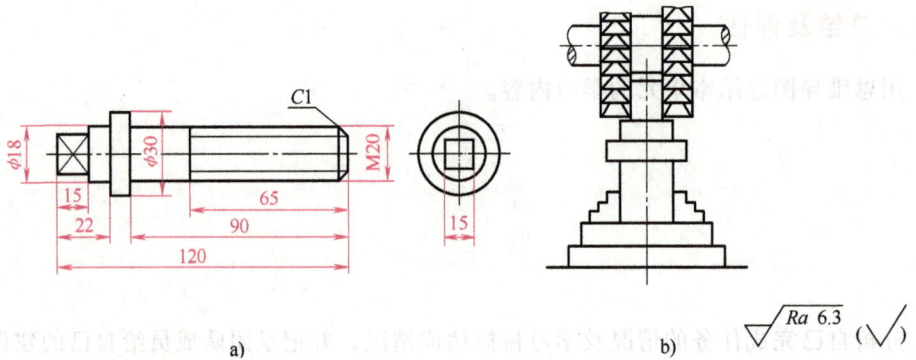

a)

b)

$\sqrt{Ra\ 6.3}$ ($\sqrt{}$)

图 11-2　轴

工序号	工序内容	工步	进给	安装

（三）改进下表中零件不合理的结构工艺性

零件图	修改内容

三、总结及评估

1. 用思维导图总结本单元的学习内容。

2. 分析自己完成任务的情况及学习目标达成情况，并记录团队成员给自己的建议。

3. 活动过程评价表。

	参与讨论 （25分）	任务数量 （25分）	任务质量 （25分）	团结协作 （25分）	合计
自我评分					
同学评分					
教师评分					

一、基本训练

（一）毛坯的选择

1. 毛坯主要有哪些类型？

_____

2. 试根据以下情况选择毛坯。

灰铸铁材料		大型、简单结构零件	
钢质材料		小型零件	
大批生产		板状钢质零件	
单件小批生产		轴类零件	

（二）定位基准及其选择

1. 写出图 12-1 所示阶梯轴中 B 面的设计基准、工序基准，E 面的定位基准、测量基准。

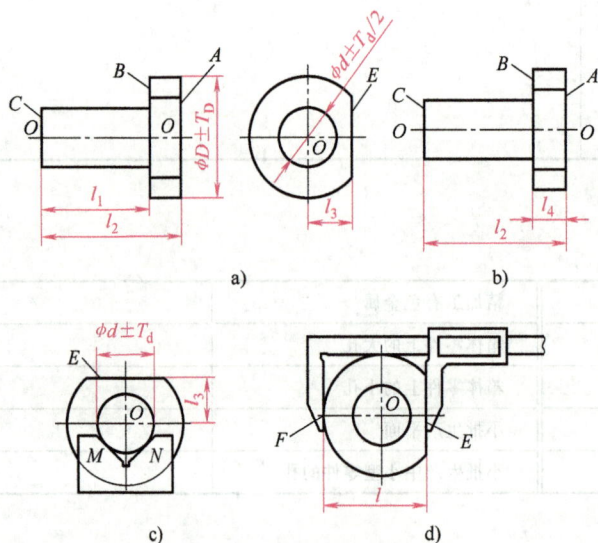

a) b)

c) d)

图 12-1 阶梯轴

1）图 12-1a 为零件图：

台阶面 B 的设计基准是_____

外圆 φD 的设计基准是_____

平面 E 的设计基准是_____

2）图 12-1b 为工序图：

台阶面 B 的工序基准是_____

3）图 12-1c 为定位图：

铣削平面 E 用 V 形块定位，平面 E 的定位基准是_____，定位基准面是_____

4）图 12-1d 为测量图：

平面 E 的测量基准是_____

2. 请指出在表 12-1 中的各种情况下，应选择什么表面作为精基准。

45

表 12-1 选择基准

铣台阶

车阶梯轴

珩磨内孔
(珩磨头与主轴浮动连接)

未注倒角C1

平面 C 的设计基准：	各外圆表面的设计基准：	内孔的设计基准：
铣平面 C 的精定位基准：	车各外圆的精定位基准：	内孔的精基准：
体现什么原则：	体现什么原则：	体现什么原则：

3. 分析如图 12-2 所示阶梯轴零件，选用哪个外圆面作为粗基准？为什么？

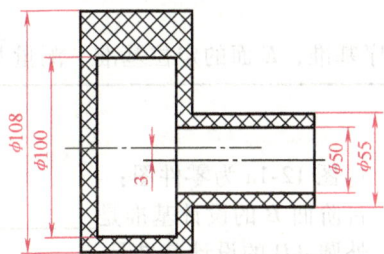

图 12-2　阶梯轴

（三）工艺路线的拟订

填写以下表面的加工方法。

精加工淬硬钢件		精加工有色金属	
中小型零件的高精度大孔		箱体零件上的大孔	
中小型零件的高精度小孔		箱体零件上的小孔	
大批生产平面		小批生产平面	
大批生产中小型零件的孔		小批生产中小型零件的孔	

二、拓展训练

（一）基准辨认

1. 如图 12-3 所示为箱体的零件图及工序图，试在图中标出：

（1）平面 2 的设计基准、定位基准及测量基准；（2）镗孔 4 的设计基准、定位基准及

测量基准。

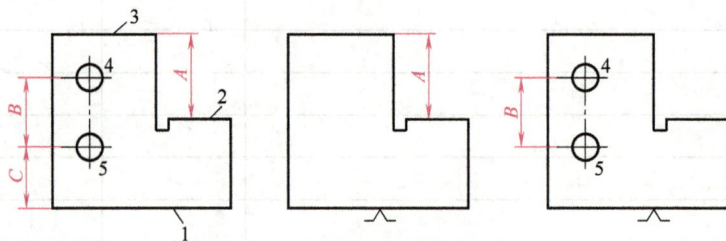

图 12-3　箱体零件图及工序图

2. 试分析下列加工情况的定位基准。

拉齿坯内孔	浮动铰刀铰孔	珩磨内孔	攻螺纹	无心磨削销轴外圆	磨削车床床身导轨面

（二）工艺路线的拟订

试拟订如图 12-4 所示半联轴器零件的机械加工工艺路线，零件为批量生产。

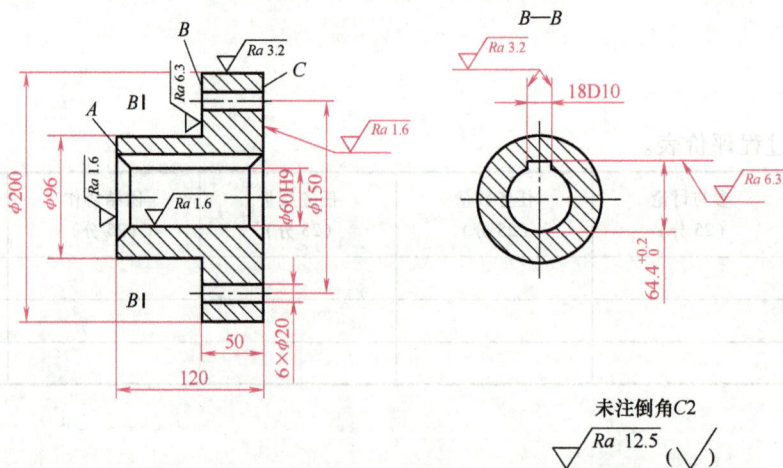

图 12-4　半联轴器

工序号	工序内容	机床	刀具	夹具

工序号	工序内容	机床	刀具	夹具

三、总结及评估

1. 用思维导图总结本单元的学习内容。

2. 分析自己完成任务的情况及学习目标达成情况，并记录团队成员给自己的建议。

3. 活动过程评价表。

	参与讨论 （25分）	任务数量 （25分）	任务质量 （25分）	团结协作 （25分）	合计
自我评分					
同学评分					
教师评分					

一、基本训练

（一）加工余量的确定

某零件孔在浮动镗前、后直径分别为 $\phi 99.9^{+0.087}_{0}$ mm 和 $\phi 100^{+0.035}_{0}$ mm，计算浮动镗工序的基本余量 Z、最大余量 Z_{max}、最小余量 Z_{min} 及余量公差 T_Z。

_____

_____

（二）工序尺寸及其公差的确定

1. 基准重合时，工序尺寸及其公差的计算步骤是什么？

_____

2. 如图 13-1 所示，某零件孔的设计要求为 $\phi 60^{+0.03}_{0}$ mm，Ra 为 $0.8\mu m$，加工路线为：毛坯—粗镗—精镗—磨孔，求各工序尺寸并填在表中。

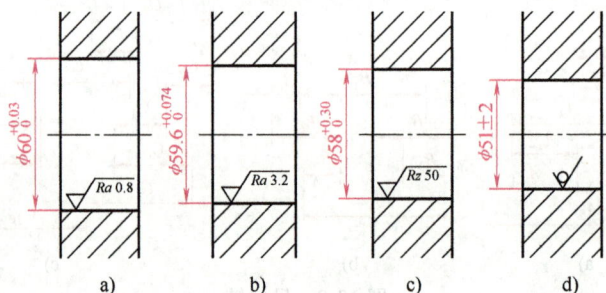

图 13-1 零件的工序尺寸

工序名称	工序余量	工序的经济精度	工序公称尺寸	工序尺寸
磨孔				
精镗				
粗镗				
毛坯				

（三）机械加工生产率

1. 什么是时间定额？什么是单件时间定额？

_____

2. 时间定额包括哪些组成部分？

二、拓展训练

（一）基准重合时工序尺寸的计算

有一轴类零件，经过粗车—精车—粗磨—精磨达到设计尺寸 $\phi30_{-0.013}^{0}$ mm。现给出各工序的加工余量及工序尺寸公差，见下表。试计算各工序尺寸及其极限偏差。

工序名称	加工余量/mm	工序尺寸公差/mm	工序公称尺寸/mm	工序尺寸/mm
毛坯		±1.5		
粗车	6	0.210		
精车	1.5	0.052		
粗磨	0.4	0.033		
精磨	0.1	0.013		

（二）基准不重合时工序尺寸的计算

1. 试判别如图 13-2 所示各尺寸链中哪些是增环，哪些是减环。

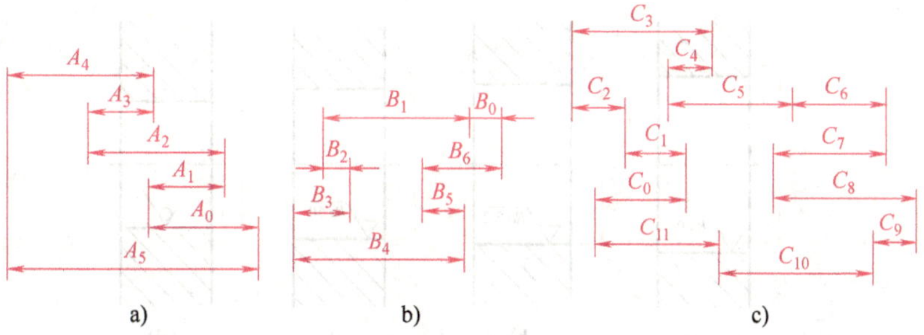

图 13-2　尺寸链

a）	b）	c）

2. 如图 13-3 所示零件，尺寸 $30_{-0.2}^{0}$ mm 已经保证，现以 1 面定位并用调整法铣削 2 面，试标出工序尺寸。

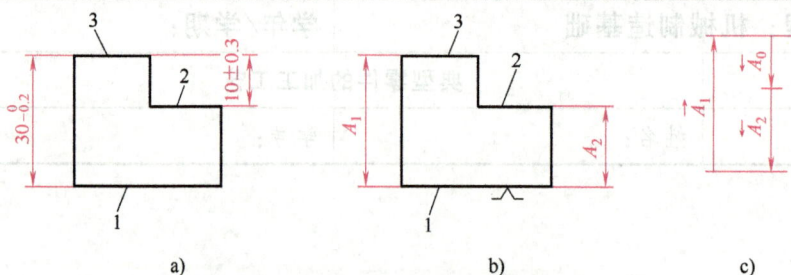

图 13-3 定位基准与设计基准不重合的尺寸计算

三、总结及评估

1. 用思维导图总结本单元的学习内容。

2. 分析自己完成任务的情况及学习目标达成情况，并记录团队成员给自己的建议。

3. 活动过程评价表。

	参与讨论 （25分）	任务数量 （25分）	任务质量 （25分）	团结协作 （25分）	合计
自我评分					
同学评分					
教师评分					

一、基本训练

典型零件加工

1. 拟订成批生产如图 14-1 所示传动轴的工艺过程。

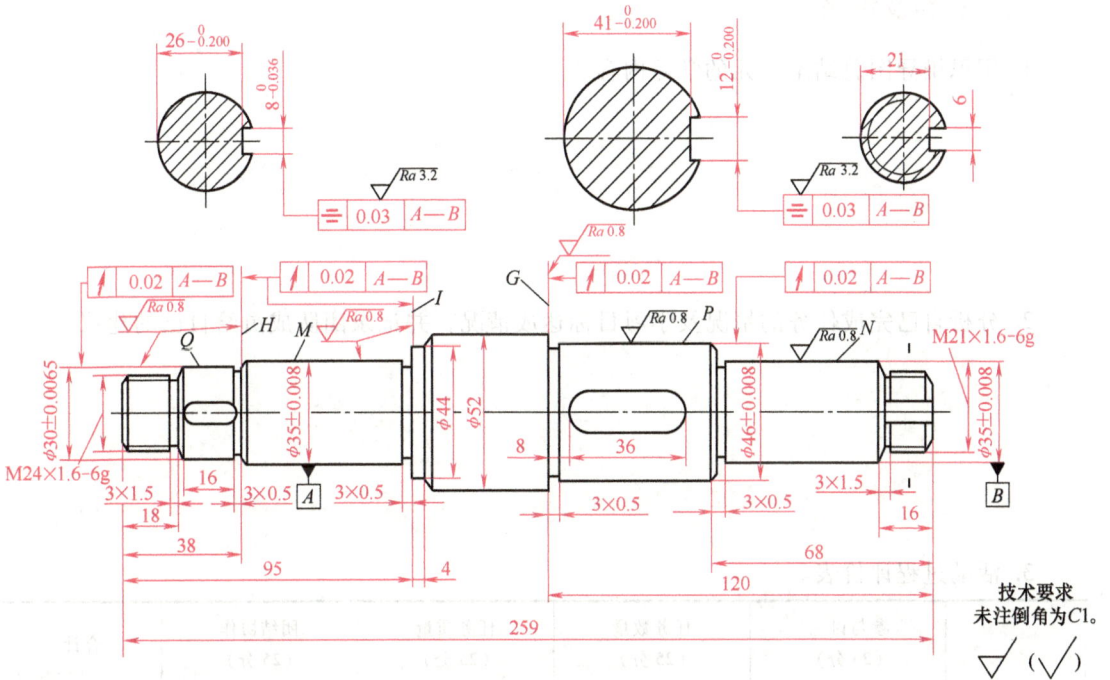

图 14-1 传动轴

工序号	工序内容	设备	夹具	刀具

2. 箱体的小批生产和大批生产的工艺过程有什么特殊性？

粗基准的使用：

_____

精基准的选择：

_____

所用设备：

_____

二、拓展训练

（一）主轴加工

拟订 CA6140 型车床主轴主要表面的加工顺序时，可以列出若干方案。试分析比较下述各方案的特点，指出最佳方案，并说明原因。

（1）钻通孔—外表面粗加工—锥孔粗加工—外表面精加工—锥孔精加工。

（2）外表面粗加工—钻深孔—外表面粗加工—锥孔粗加工—锥孔精加工。

（3）外表面粗加工—钻深孔—锥孔粗加工—锥孔精加工—外表面精加工。

（4）外表面粗加工—钻深孔—锥孔粗加工—外表面精加工—锥孔精加工。

（二）齿轮零件加工

如图 14-2 所示为一变速叉，为该零件制订合理的机械加工工艺。

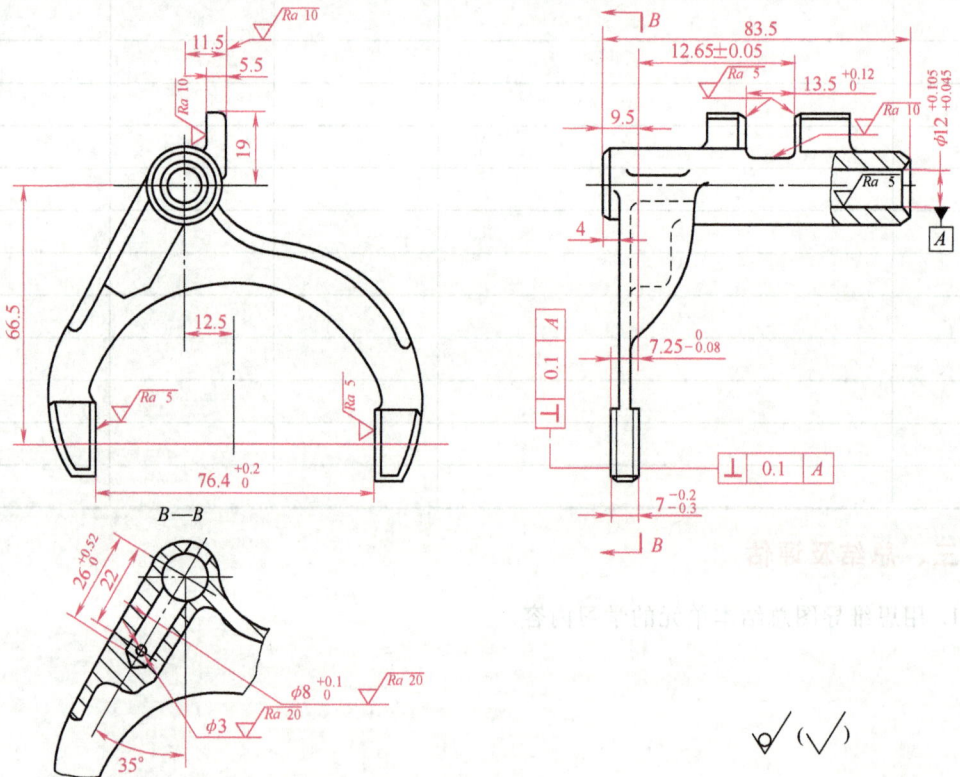

图 14-2　变速叉

53

工序号	工序内容	机床	夹具	刀具

三、总结及评估

1. 用思维导图总结本单元的学习内容。

2. 分析自己完成任务的情况及学习目标达成情况，并记录团队成员给自己的建议。

3. 活动过程评价表。

	参与讨论 （25分）	任务数量 （25分）	任务质量 （25分）	团结协作 （25分）	合计
自我评分					
同学评分					
教师评分					

课程：机械制造基础	学年/学期：
工作页 15	机械加工质量分析
班级：	姓名：	学号：

一、基本训练

（一）机械加工精度

1. 什么是工艺系统？什么是原始误差？原始误差等于加工误差吗？

_____

_____

2. 主轴回转轴线运动误差主要有哪几种形式？

_____

3. 导轨误差有哪几种形式？

_____

（二）机械加工的表面质量

1. 机械加工表面质量的含义是什么？

_____

_____

_____

2. 从影响机械加工表面粗糙度的因素分析，怎样减小表面粗糙度值？

_____

_____

_____

二、拓展训练

（一）机械加工精度

1. 如图 15-1 所示，在车床上加工心轴时，粗、精车外圆 B 及台肩面 A 后，经检验发现 B 有圆柱度误差，A 对 B 有垂直度误差。试从机床几何误差的影响分析产生以上误差的主要原因。

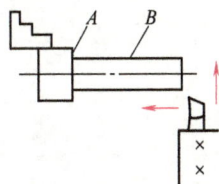

图 15-1 车心轴误差分析

2. 如图 15-2 所示，在外圆磨床上磨削薄壁套筒，工件安装在夹具上，当磨削外圆至图样要求尺寸（合格）卸下工件后，发现工件外圆呈鞍形。试分析造成此误差的原因。

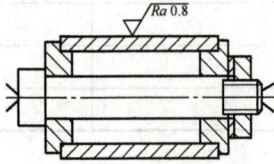

图 15-2　磨削薄壁套筒

（二）机械加工表面质量

1. 为什么细长轴冷校直后会产生残余内应力？其分布情况怎样？对加工精度将带来什么影响？

_____

_____

2. 拓展练习：在精密丝杠车床上加工长度 $L=2000$mm 的丝杠，室温为 20℃，加工后工件的温度升至 45℃，车床丝杠温度升至 25℃。若车床丝杠与工件材料均为 45 钢（$\alpha = 11 \times 10^{-6}$/℃时），试求被加工的丝杠由于热变形而引起的螺距累积误差为多少。

_____

_____

三、总结及评估

1. 用思维导图总结本单元的学习内容。

2. 分析自己完成任务的情况及学习目标达成情况，并记录团队成员给自己的建议。

3. 活动过程评价表。

	参与讨论 （25分）	任务数量 （25分）	任务质量 （25分）	团结协作 （25分）	合计
自我评分					
同学评分					
教师评分					

课程：机械制造基础		学年/学期：
工作页 16		**工件的定位**
班级：	姓名：	学号：

（一）机床夹具的组成

如图 16-1 所示钻床夹具，说明工件的绘制线型，定位元件、夹紧装置、刀具导向元件的序号和名称。

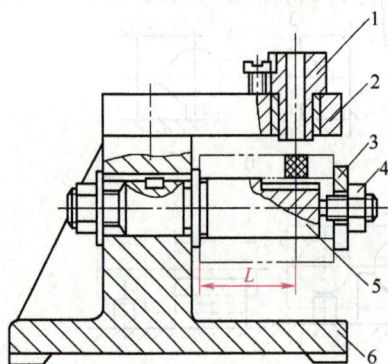

图 16-1　钻床夹具

（二）工件的定位

什么是六点定则？

（三）定位元件

工件以平面定位时，主要使用哪些定位元件？

（四）定位误差

产生定位误差的原因有哪些？分别是怎样定义的？

二、拓展训练

（一）定位分析

根据六点定则，分析图 16-2 所示各定位方案中定位元件所消除的自由度，说明有无过定位现象及对应的改正方法。

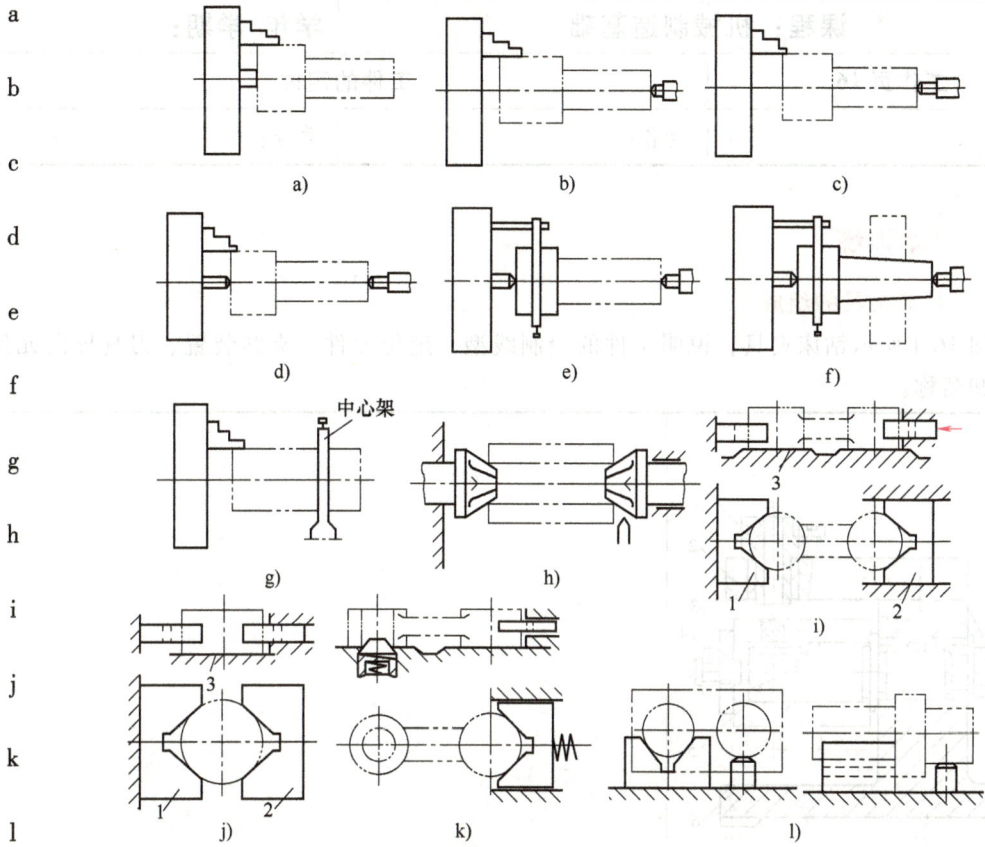

图 16-2 定位分析

（二）定位设计

如图 16-3 所示的支架零件，试分析 φ12H7 孔的设计基准及应限制的自由度，并选择加工的定位基准面，在零件图上注出定位符号，并另外绘制定位元件，至少两个视图，工件用双点画线的透明体表示，不标注尺寸。

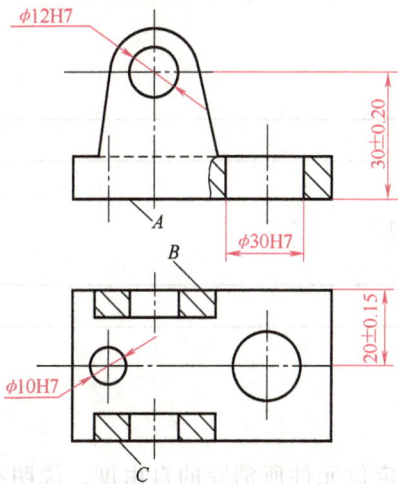

图 16-3 支架零件

60

三、总结及评估

1. 用思维导图总结本单元的学习内容。

2. 分析自己完成任务的情况及学习目标达成情况，并记录团队成员给自己的建议。

3. 活动过程评价表。

	参与讨论 （25分）	任务数量 （25分）	任务质量 （25分）	团结协作 （25分）	合计
自我评分					
同学评分					
教师评分					

课程：机械制造基础	学年/学期：
工作页 17	**工件的夹紧**
班级：	姓名：	学号：

一、基本训练

（一）认识夹紧装置

写出图 17-1 所示夹紧装置中各零件的名称，分析其工作过程。

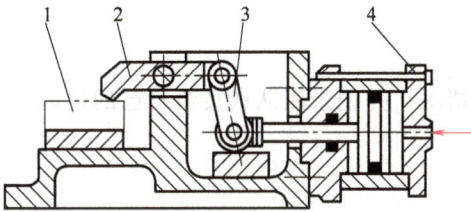

图 17-1　夹紧装置

（二）确定夹紧力

1. 试判断如图 17-2 所示的夹紧力方向，哪个是正确的？为什么？

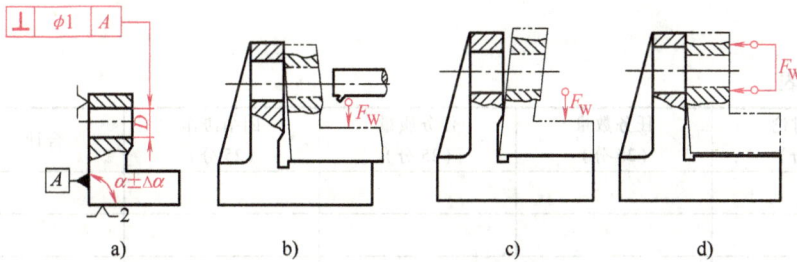

图 17-2　夹紧力方向

2. 如图 17-3 所示为 F、Q 和 G 三力方向之间关系的几种示意情况。分析哪个图中的力的方向最合理，哪个图最不合理，说明为什么。

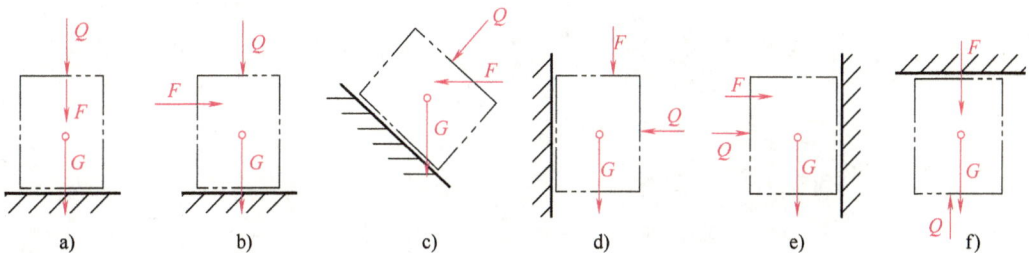

图 17-3　夹紧力方向

（三）典型夹紧机构

比较不同夹紧机构，填写下表。

典型夹紧机构	斜楔夹紧机构	螺旋夹紧机构	偏心夹紧机构
扩力比 i_p			
升角 α			
自锁性能			
夹紧行程			

二、拓展训练

（一）夹紧力

1. 如图 17-4 所示，指出图中夹紧力作用点正确的图（打√），并简单说明原因。

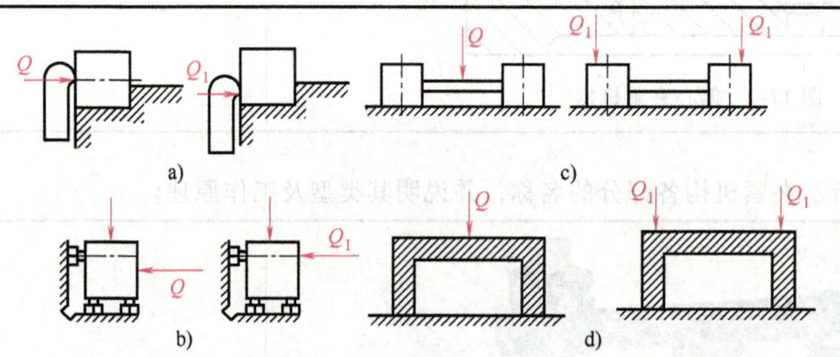

图 17-4　夹紧力作用点的布置

a	
b	
c	
d	

2. 图 17-5 中，夹紧力作用点正确的是哪个图？简单说明原因。

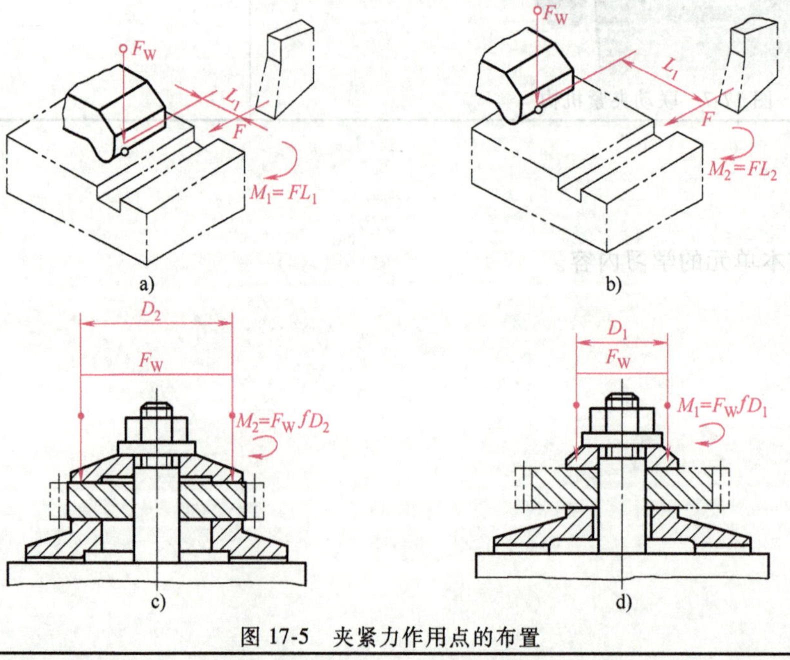

图 17-5　夹紧力作用点的布置

（二）夹紧机构

1. 标注如图 17-6 所示夹紧机构各部分的名称。

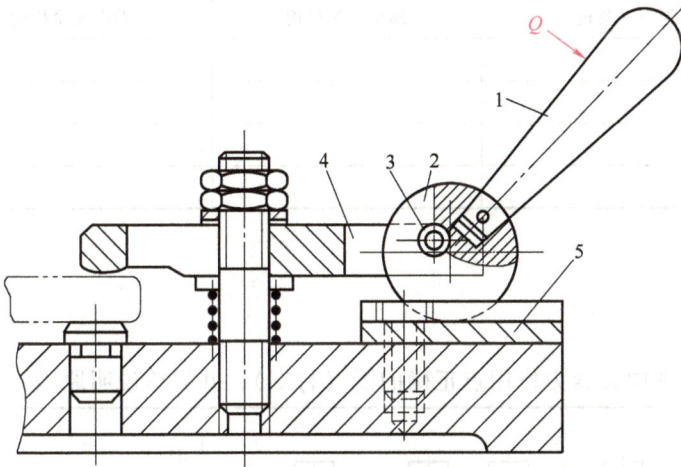

图 17-6　偏心夹紧机构

2. 标注如图 17-7 所示夹紧机构各部分的名称，并说明其类型及工作原理。

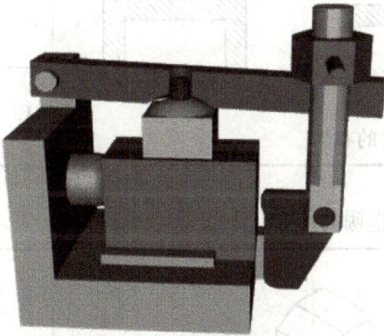

图 17-7　联动夹紧机构

三、总结及评估

1. 用思维导图总结本单元的学习内容。

2. 分析自己完成任务的情况及学习目标达成情况，并记录团队成员给自己的建议。

3. 活动过程评价表。

	参与讨论 （25分）	任务数量 （25分）	任务质量 （25分）	团结协作 （25分）	合计
自我评分					
同学评分					
教师评分					

一、基本训练

各类机床夹具

1. 车床夹具如图 18-1 所示，指出各部分的名称，并分析定位元件分别限制的自由度。

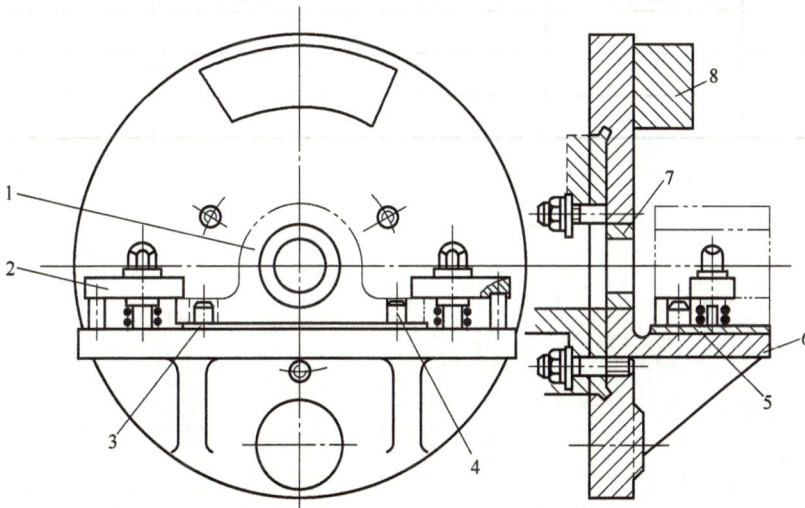

图 18-1 花盘角铁式车床夹具

各部分名称：

分析自由度：

2. 试改正下表中钻套画法的错误。

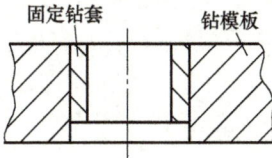

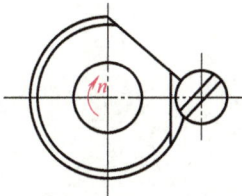

固定钻套 钻模板

3. 各类机床夹具结构特点不同，若包含如下元件，则在下表中打√。

机床夹具结构	车床夹具	钻床夹具	镗床夹具	铣床夹具
定位元件				
夹紧装置				
夹具与机床的连接元件				
对刀或导向元件				
夹具体				

二、拓展训练

专用夹具设计

1. 图 18-2 所示为轴套零件钻床夹具，写出各部分名称。

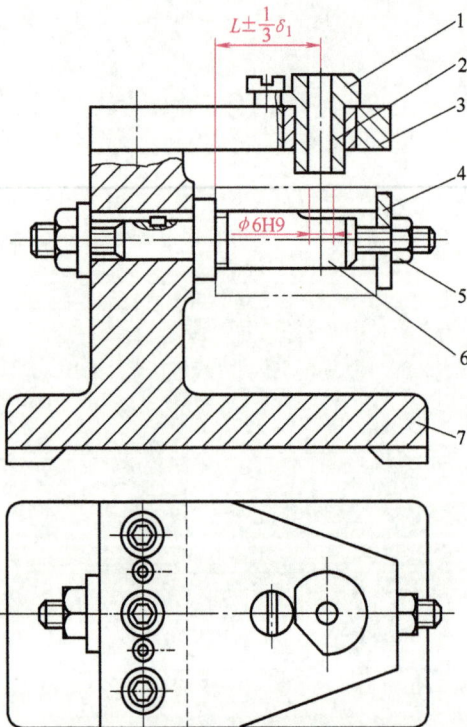

图 18-2　钻床夹具

2. 钻模总图如图 18-3 所示，指出各尺寸表示什么尺寸。

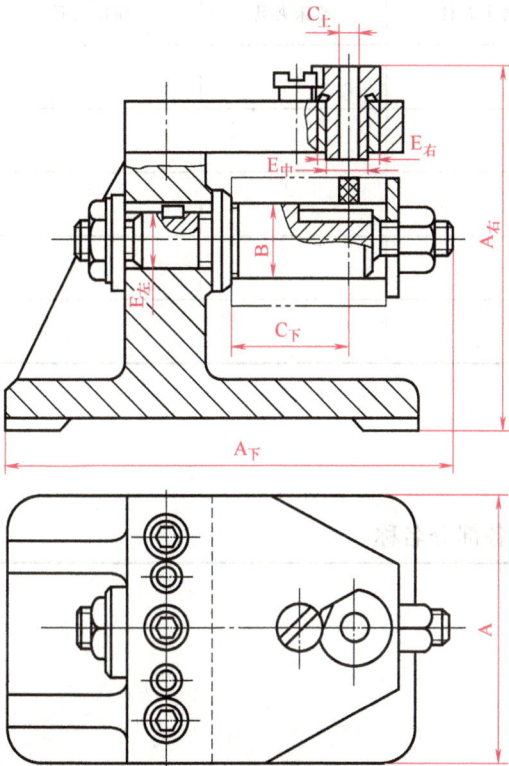

图 18-3　钻模五类尺寸

主视图：

A_下：　　　　　　　A_右：

B：

C_上：　　　　　　　C_下：

E_左：　　　　　　　E_中：　　　　　　　E_右：

俯视图：

A：

三、总结及评估

1. 用思维导图总结本单元的学习内容。

2. 分析自己完成任务的情况及学习目标达成情况，并记录团队成员给自己的建议。

3. 活动过程评价表。

	参与讨论 （25分）	任务数量 （25分）	任务质量 （25分）	团结协作 （25分）	合计
自我评分					
同学评分					
教师评分					

课程：机械制造基础		学年/学期：
工作页 19	机械装配工艺	
班级：	姓名：	学号：

一、基本训练

（一）装配的概念

1. 什么是组装、部装、总装？

_____

_____

2. 装配在机器产品的生产中起什么作用？

_____

_____

_____

3. 大批大量生产和单件小批生产，装配的组织形式有何不同？

_____

_____

_____

（二）保证装配精度的工艺方法

1. 什么是互换法？完全互换法和不完全互换法有何不同？

_____

_____

_____

2. 什么是选配法？直接选配法、分组装配法和复合选配法有何不同？

_____

_____

_____

_____

（三）装配尺寸链

1. 什么是装配尺寸链？

2. 装配尺寸链与一般尺寸链的不同之处是什么？

_____

_____

_____

_____

（四）装配工艺规程的制订

装配工艺规程的制订原则是什么？

_____

_____

_____

二、拓展训练

装配工艺

如图 19-1 所示为活塞与活塞销的连接情况，根据装配技术要求，活塞销孔与活塞销外径在冷状态装配时应有 0.025~0.075mm 的过盈量，如果仅靠加工保证装配精度，困难且不经济。请选用适当的装配工艺来保证装配精度。

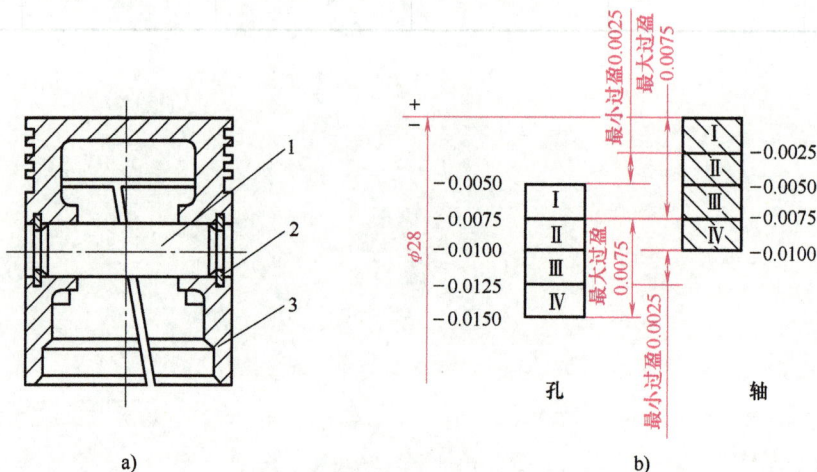

图 19-1　活塞与活塞销连接情况
1—活塞销　2—挡圈　3—活塞

三、总结及评估

1. 用思维导图总结本单元的学习内容。

2. 分析自己完成任务的情况及学习目标达成情况，并记录团队成员给自己的建议。

3. 活动过程评价表。

	参与讨论 （25分）	任务数量 （25分）	任务质量 （25分）	团结协作 （25分）	合计
自我评分					
同学评分					
教师评分					

机械制造基础
学生工作页

班级：＿＿＿＿＿＿＿＿

姓名：＿＿＿＿＿＿＿＿

学号：＿＿＿＿＿＿＿＿

汪晓云　主编

机械工业出版社

度。残余应力的产生是由于金属内部组织发生了不均匀的体积变化，因此，必须采取措施来减少残余应力对加工精度的影响。

产生残余应力的主要原因有：铸、锻、焊等毛坯制造过程中产生残余应力；切削加工中，由于切削力和切削热的作用，工件在冷校直时产生残余应力。

为了减少残余应力对加工精度的影响，可在毛坯制造及零件粗加工后进行时效处理，常用的方法有人工时效和自然时效。铸件、锻件、焊件在进入机械加工之前，应进行退火等热处理，加速内力变形的进程；对箱体、床身、主轴等重要零件，在机械加工工艺中需适当安排时效处理工序。

毛坯制造产生的内应力

冷校直

合理安排工艺过程，可以减小残余应力对加工精度的影响，例如粗加工和精加工宜分阶段进行，使工件在粗加工后有一定的时间来让残余应力重新分布，以减少对精加工的影响。

12.1.2 加工误差的综合分析

实际生产中，影响加工精度的因素往往是错综复杂的，只能通过对实际加工出的一批工件进行检查、测量，运用数理统计的方法加以处理和分析，从中找出误差的原因和规律，并加以控制或消除，以保证工件达到规定的加工精度。

影响加工精度的误差因素按其性质不同可分为两大类：系统误差和随机误差。

系统误差又分为常值系统误差和变值系统误差两大类。在顺序加工的一批零件中出现的大小和方向不变的误差称为常值系统误差，如原理误差、工艺系统的制造误差、调整误差、受力变形引起的误差等。大小和方向按一定的规律变化的误差，称为变值系统误差，如机床和刀具的热变形和刀具磨损引起的误差。

随机误差是用调整法在一次调整后，顺序加工的一批零件中出现的大小和方向都无规律变化的误差，如毛坯误差的复映、工件定位误差、夹紧误差、操作误差、内应力引起的变形等。

不同性质的误差，解决途径不同。对于常值系统误差，可以通过调整或检修工艺装备或人为地制造一反向的常值误差来补偿原来的常值误差；对于变值系统误差，可以通过自动补偿的方法来解决；对于无明显变化规律的随机误差，很难消除其来源，只能对其产生源采取适当措施。

常用的统计分析方法有两种：分布曲线法和点图法。

12.1.3 提高机械加工精度的途径

1. 直接消除或减小误差法

直接消除或减小误差法是在生产中应用较广泛的一种基本方法，它是在查明产生加工误差的主要因素之后，设法对其直接进行消除或使其减小。

例如，加工细长轴时，如图 12-8a 所示，由于工件刚性很差，切削时受切削力和切削热的作用，工件容易产生弯曲和振动，影响工件的几何精度。若采用"大进给反向切削法"，同时使用弹性的尾座顶尖，如图 12-8b 所示，则消除了限制拉伸变形和热变形伸长的因素，基本消除了因进给力和受热伸长引起的弯曲变形所产生的加工误差。

2. 误差补偿法

误差补偿法是人为地造出一种新的误差，去抵消工艺系统中原有的原始误差，并尽量使

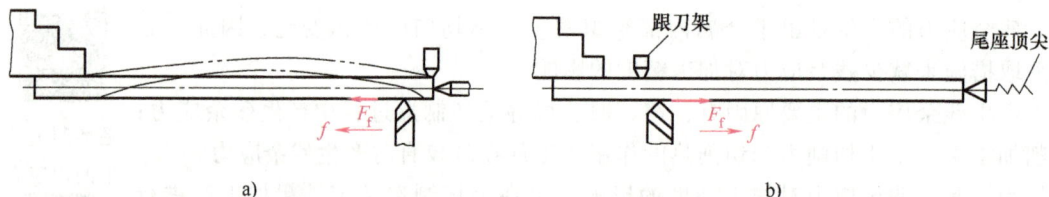

a)

b)

图 12-8 顺向进给和反向进给车削细长轴的比较

两者误差大小相等且方向相反，从而达到减小加工误差，提高加工精度的目的。例如，在滚齿加工中，分度蜗轮的安装偏心误差会使工件产生运动偏心误差，其大小和方向在机床工作台上是固定的，在精确测量出分度蜗轮的安装偏心误差大小和方向之后，在安装工件时就可以用人为的工件安装偏心所产生的几何偏心误差去补偿机床固有的运动偏心。

3. 误差分组法

补偿或抵消
原始误差
（立铣头）

在机械加工中有时会遇到这样的情况，本工序的工艺精度是稳定的，可是前一道工序或毛坯的精度太低，引起定位误差或复映误差过大，若按原来的工艺加工，就会超差。要解决这类问题，最好采用误差分组法。误差分组法是把毛坯或前一道工序加工的工件尺寸经测量按大小分为 n 组，每组工件的尺寸误差就缩小为原来的 $1/n$，然后按各组的误差范围分别调整刀具和工件的相对位置或调整定位元件，就可使整批工件的尺寸分布范围大大缩小。

4. 误差转移法

误差转移法实质上是将工艺系统的几何误差、受力变形和热变形转移到不影响加工精度的方向上，例如，如图 12-9 所示的转塔车床的转塔在使用中经常不断地转来转去，其转位时的分度误差将将直接影响有关表面的加工精度，要长期保持六个位置的定位精度很困难。若采用"立刀"安装法，可将转塔刀架转位时的重复定位误差转移到工件内孔加工表面的误差不敏感方向上，以减少加工误差的产生，提高加工精度。

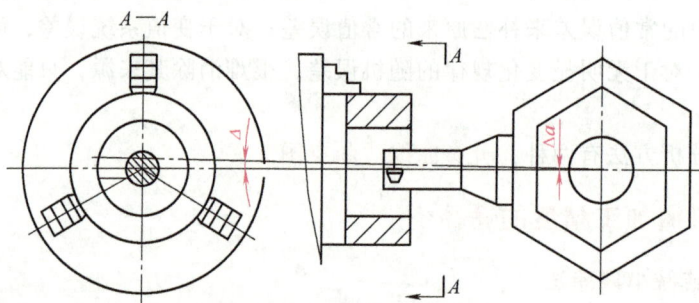

图 12-9 刀具转位误差的转移

5. 误差均分法

误差均分法就是使被加工表面原有的误差不断缩小而使误差均分的方法，利用有密切联系的表面之间的相互比较和相互修正或者利用互为基准进行加工，以达到很高的加工精度。例如，研磨时的研具精度并不很高，但它能在和工件做相对运动中对工件进行微量切削，工件与研具相互修整，接触面不断增大，高低不平处逐渐接近，形状精度也逐步共同提高，并进一步使误差均化，最终达到很高的精度。

6. 加工过程中的积极控制

加工过程中的积极控制是在加工过程中，利用测量装置连续地测出工件的实际尺寸（或形状及位置精度）并将它与基准值进行比较，随时修正刀具与工件的相对位置，直至二者差值不超过预定的公差为止。在机械加工中，对于常值系统误差，可以应用前述的误差补偿方法进行消除或使其减小，但对于变值系统误差，就必须采用积极控制方法进行补偿。可以在加工过程中用可变补偿的方法来减小加工误差，或者在数控机床上根据变值系统误差的变化规律，利用程序进行自动补偿。例如在外圆磨床上，利用气压传感器监测工件直径尺寸，当工件尺寸达到设定值时，砂轮架自动退出，这样就可以消除由于砂轮磨损和修正而产生的变值系统误差。

12.2　机械加工表面质量

机械加工表面质量是指零件加工后的表面层状态，它是判定零件质量的主要依据之一。机械零件的破坏大多是从表面开始的，而任何机械加工都不可能获得理想表面，总会存在一定程度的微观不平度和表面层的物理力学性能变化。

表面质量包含两方面的含义：一是表面层的几何形状特征（包括表面粗糙度和表面波纹度），二是表面层物理力学性能的变化（主要指表面层的加工硬化、金相组织变化和残余应力）。

12.2.1　影响零件表面粗糙度的因素

产生表面粗糙度的主要原因是加工过程中切削刃在已加工表面上留下的残留面积、切削过程中产生的塑性变形及工艺系统的振动等。

1. 切削加工对表面粗糙度的影响因素

（1）切削刃几何形状及切削运动的影响　刀具相对于工件做进给运动时，在加工表面留下了切削层残留面积，从而产生表面粗糙度，残留面积的形状是切削刃几何形状的复映，如图 12-10a 所示，残留面积的高度 H 受刀具的几何角度和切削用量的大小影响。减小进给量 f、主偏角 κ_r、副偏角 κ_r' 以及增大刀尖圆弧半径 r_ε，均可减小残留面积的高度，如图 12-10b 所示。此外，适当增大刀具前角以减小切削时塑性变形的程度，合理选择切削液和提高刀具刃磨质量以减小切削时的塑性变形，抑制积屑瘤、鳞刺的生成，这些措施也能有效地减小表面粗糙度值。

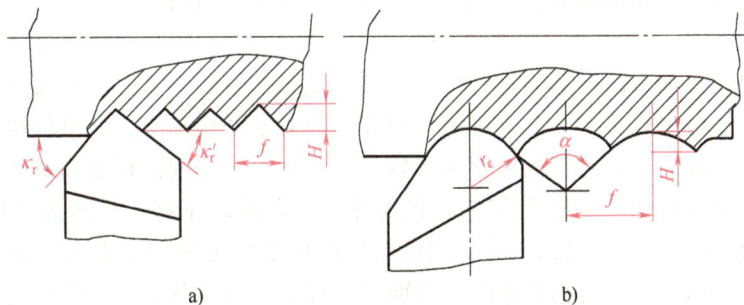

图 12-10　车削时工件表面的残留面积

（2）工件材料性质的影响　工件材料的力学性能对切削过程中的切削变形有重要影响。加工塑性材料时，刀具对加工表面的挤压和摩擦使之产生较大的塑性变形，加之刀具迫使切屑与工件分离时的撕裂作用，使表面粗糙度值加大。工件材料的韧性越好，金属的塑性变形越大，加工表面越粗糙。加工脆性材料时，塑性变形很小，易形成崩碎切屑，由于切屑的崩碎而在加工表面留下许多麻点，使表面粗糙。

（3）积屑瘤的影响　在切削过程中，当刀具前刀面上存在积屑瘤时，由于积屑瘤的顶部很不稳定，容易破裂，一部分黏附于切屑底部而排出，一部分则残留在加工表面上，使表面粗糙度值增大。积屑瘤突出切削刃部分的尺寸变化，会引起切削层厚度的变化，从而使加工表面的表面粗糙度值增大。因此，在精加工时应该避免或减小积屑瘤。

（4）切削用量的影响　切削用量中，切削速度对切削塑性材料和切削脆性材料的影响不同。加工塑性材料时，在一定的切削速度（20～80m/min）下，易产生积屑瘤和鳞刺，使表面粗糙度值增大；在高速切削时，由于变形的传播速度小于切削速度，表面层金属的塑性变形较小，因而高速切削时表面粗糙度值较小。加工脆性材料时，由于塑性变形很小，主要形成崩碎切屑，切削速度的变化对脆性材料的表面粗糙度影响较小。

减小进给量 f 可减小表面粗糙度值，还可以减小切削时的塑性变形。但进给量 f 过小，会增加刀具和工件表面的挤压次数，使塑性变形增大，反而增大了表面粗糙度值。

背吃刀量对表面粗糙度的影响不明显，一般可忽略，但在精密加工中，过小的背吃刀量将使切削刃圆弧对加工表面产生强烈的挤压和摩擦，引起附加的塑性变形，增大表面粗糙度值。

2. 影响磨削加工表面粗糙度的因素

在磨削加工中，影响表面粗糙度的因素有砂轮的粒度、砂轮的硬度、砂轮的组织、磨削用量、工件材料、切削液等。

12.2.2　影响零件表面层物理力学性能的因素

在切削加工中，工件由于受到切削力和切削热的作用，表面层金属的物理力学性能发生变化，最主要的变化是表面层金属层硬度的变化、金相组织的变化和残余应力的产生。切削热使磨削加工时的塑性变形比切削刃切削时更为严重。

1. 表面层加工硬化

机械加工过程中，在切削力的作用下，被加工表面产生强烈的塑性变形，使工件表面层的塑性、韧性下降，而硬度、强度提高的现象称为表面层的加工硬化。

影响表面层加工硬化的因素有刀具、切削用量、被加工材料。

2. 表面层金相组织变化及磨削烧伤

机械加工中，在加工区及其附近，由于切削温度急剧升高，有时会导致表面层金相组织发生变化。在一般切削加工中，温升不至于很高，而对于磨削加工，其单位切削面积切削力比其他加工方法大数十倍，且切削速度也特别高，所以单位切削面积的功率消耗远远超过其他加工方法。如此大的功率消耗大部分转化为热量，若冷却不好，这些热量仅有一小部分（10%）被切屑带走，大部分传入工件。因此，磨削加工易出现加工表面金相组织变化，这种现象称为磨削烧伤。磨削烧伤严重时，表面会出现黄、褐、紫、青等烧伤色，这是工件表面在瞬时高温下产生的氧化膜颜色，不同的烧伤着色，表明工件表面受到的磨削烧伤程度不同。在磨削淬火钢时，可能产生以下三种烧伤：回火烧伤、淬火烧伤、退火烧伤，三种烧伤中，退火烧伤最严重。

磨削烧伤使零件的使用寿命缩短，性能大大降低，有些零件甚至因此报废，所以磨削时应尽量避免烧伤。引起磨削烧伤的直接因素是磨削温度。大的磨削深度及过高的砂轮线速度是引起零件表面烧伤的重要因素。此外，零件材料也是不能忽视的一个因素。一般而言，热导率低、比热容小、密度大的材料，磨削时容易烧伤。使用硬度太高的砂轮，也容易发生磨削烧伤。

避免磨削烧伤主要是设法减少磨削区的高温对工件的热作用，方法有：磨削时采用强有力的、效果好的切削液，能有效地防止烧伤；合理地选用磨削用量，适当地提高工件转动的线速度，也是减轻烧伤的方法之一，但过大的工件线速度会影响工件表面粗糙度；合理地选择砂轮的硬度。

3. 表面层残余应力

在切削和磨削过程中，工件表面发生形状变化或组织改变时，在表面层与基体交界处的晶粒间或原始晶胞内会产生相互平衡的弹性应力，这种应力属于微观应力，称为表面层残余应力。其产生的主要原因如下：

1）冷塑性变形在表面金属层产生残余压应力，而在里层金属中产生残余拉应力与之相平衡。

2）热塑性变形在表面层产生了残余拉应力，里层产生了残余压应力。当残余拉应力超过材料的强度极限时，表面层出现微裂纹。

3）金相组织变化。若表面层体积膨胀，产生了压应力；反之，表面层体积缩小，则产生拉应力。如磨削淬火钢时，表面层产生了回火烧伤，马氏体转变为接近珠光体的屈氏体或索氏体，表面层金属体积缩小，于是产生了残余拉应力。

加工后表面层的实际残余应力是以上三方面原因综合的结果。在切削过程中，当切削热不多，表面层中没有热塑性变形，而是以冷塑性变形为主时，表面层产生的是残余压应力；磨削时因磨削热较高，常以相变和热塑性变形产生的拉应力为主，故表面层常有残余拉应力。

12.2.3 提高机械加工表面质量的方法

1. 精密加工

精密加工要求机床运动精度高，刚性好，有精确的微量进给装置，工作台有很好的低速运动稳定性，能有效消除各种振动对工艺系统的干扰，同时要求环境温度稳定等。

（1）精密车削　精密车削的切削速度 v_c 在 160m/min 以上，背吃刀量 $a_p = 0.02 \sim 0.2$mm，进给量 $f = 0.03 \sim 0.05$mm/r。由于切削速度高，切削层截面小，故切削力和热变形影响很小，加工精度可达 IT5～IT6，表面粗糙度值为 $Ra0.2 \sim 0.8\mu$m。

（2）高速精镗（金刚镗）　高速精镗广泛用于不适宜用内圆磨削加工的各种结构零件的精密孔，如活塞销孔、连杆孔、箱体孔等，切削速度 $v_c = 150 \sim 500$m/min。为保证加工质量，一般分为粗镗和精镗两步进行，粗镗时一般取 $a_p = 0.12 \sim 0.3$mm，$f = 0.04 \sim 0.12$mm/r，精镗时 $a_p < 0.075$mm，$f = 0.02 \sim 0.08$mm/r。高速精镗的切削力小，切削温度低，加工表面质量好，加工精度可达 IT6～IT7，表面粗糙度值为 $Ra0.1 \sim 0.8\mu$m。

高速精镗要求机床精度高、刚性好、传动平稳、能实现微量进给。它一般采用硬质合金刀具，主要特点是主偏角较大（45°~90°），刀尖圆弧半径较小，故径向切削力小，有利于减小变形和振动。当要求表面粗糙度值小于 $Ra0.08\mu m$ 时，须使用金刚石刀具。金刚石刀具主要适用于铜、铝等有色金属及其合金的精密加工。

（3）**宽刃精刨**　宽刃精刨的刃宽为 60~200mm，适用于在龙门刨床上加工铸铁和钢件。它的切削速度低（$v_c = 5~10m/min$），背吃刀量小（$a_p = 0.0005~0.1mm$）。如刃宽大于工件加工面宽度时，无须横向进给。加工直线度可达 0.0005mm/1000mm，平面度不大于0.02mm/1000mm，表面粗糙值 Ra 在 0.8μm 以下。

宽刃精刨要求机床有足够高的刚度和很高的运动精度。刀具的材料常用 YG8、YT5 或W18Cr4V。加工铸铁时前角 $\gamma_o = -10°~15°$，加工钢件时 $\gamma_o = 25°~30°$。为使刀具平稳切入，一般采用斜角切削。加工中最好能在刀具的前刀面和后刀面同时浇注切削液。

（4）**高精度磨削**　高精度磨削可使加工表面获得很高的尺寸精度、位置精度和形状精度以及较小的表面粗糙度值。通常，表面粗糙度值为 $Ra0.1~0.5\mu m$ 时，称为精密磨削；表面粗糙度值为 $Ra0.012~0.025\mu m$ 时，称为超精密磨削；表面粗糙度值 Ra 小于 0.008μm 时，称为镜面磨削。

2. 光整加工

光整加工是用粒度很小的磨料（自由磨粒或烧结成的磨条）对工件表面进行微量切削、挤压和刮擦的一种加工方法。它的目的主要是减小表面粗糙度值并切除表面变质层，加工特点是余量极小，磨具与工件定位基准间的相对位置不固定，不能修正表面的位置误差。它的位置精度只能靠上道工序来保证。

光整加工中，磨具与工件之间压力很小，切削轨迹复杂，相互修整均化了误差，从而可获得小的表面粗糙度值和高于磨具原始精度的加工精度，但切削效率很低。

光整加工方法主要有研磨、超精研磨、珩磨、抛光等。

抛光是利用布轮、布盘等软性抛光器具的高速旋转，靠抛光器具上的抛光膏的机械刮擦和化学作用去除掉工件表面上微观的顶峰，使工件表面获得光泽的一种光整加工方法。抛光时，一般不去除加工余量，因而不可能提高工件的精度，甚至有时还会损伤上道工序已获得的精度，抛光也不能减小零件的几何误差，但经抛光后，表面层的残余拉应力会有所减小。

3. 表面强化工艺

表面强化工艺能改善工件表面的硬度、组织和残余应力状况，提高零件的物理、力学性能，从而获得良好的表面质量。

表面强化是指在常温下通过冷压力加工方法，使表面层产生冷塑变形，表面硬度增大，在表面层形成残余应力，提高表面的抗疲劳性能，同时将微观不平的顶峰压平，表面粗糙度值减小，加工精度有所提高的工艺方法。如图 12-11 所示为几种表面机械强化工艺。

（1）**滚压加工**　滚压加工是利用经过淬硬和精细抛光过的、可自由旋转的滚柱或滚珠，对工件表面进行挤压，以提高加工表面质量的一种表面强化加工方法。滚压加工可以加工外圆、内孔和平面等不同表面，滚压加工工序常安排在精车后或粗磨后进行，滚压加工可减小表面粗糙度值，使硬度提高 10%~40%，表面层耐疲劳强度一般可提高 30%~50%，其效果与工件材料、滚压前表面状态、滚压工具和滚子表面性能及采用的工艺参数有关。

孔的滚压加工更为普遍，不少工厂采用滚压加工代替珩磨作为终加工工序。

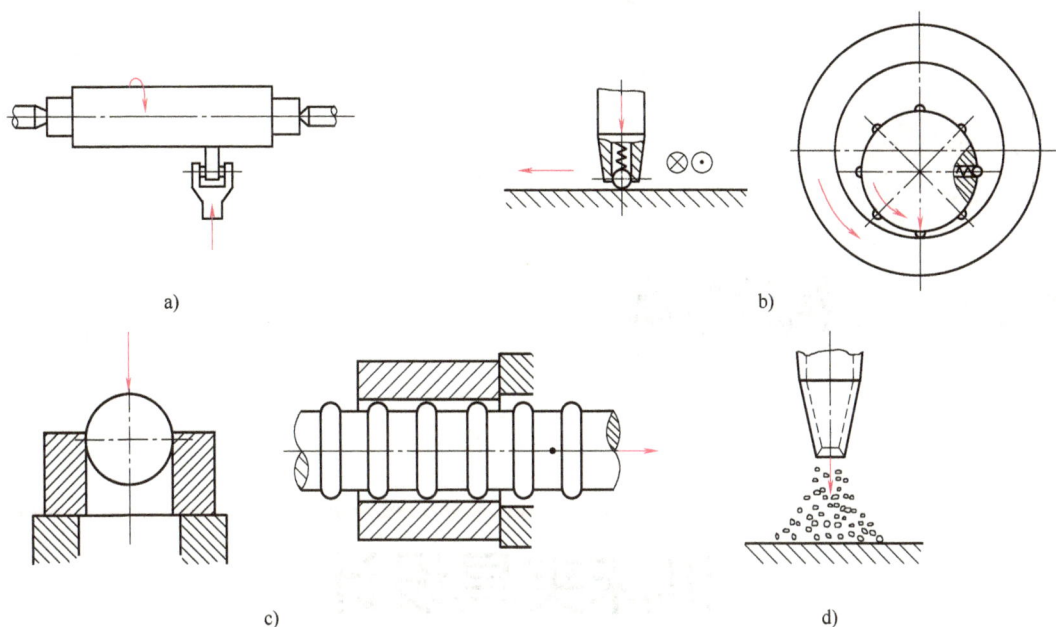

图 12-11　常用的表面机械强化工艺

a）单滚柱或多滚柱滚压　b）单滚珠或多滚珠滚压　c）钢珠挤压和胀孔　d）喷丸加工

（2）**挤压加工**　挤压加工是利用截面形状与工件孔形相同的挤压工具（胀头），在工件与挤压工具间有一定过盈量的前提下，推孔或拉孔而使表面强化的一种表面强化加工方法。它的效率较高，可采用单环或多环挤刀。多环挤刀与拉刀相似，挤压后工件孔的质量有所提高。

（3）**喷丸加工**　喷丸加工是用压缩空气或机械离心力将小珠丸以高速（35~50m/s）喷出来打击工件表面，使工件表面产生冷硬层和残余压应力，从而显著提高零件的疲劳强度和使用寿命。

喷丸所用珠丸可以是铸铁丸也可以是砂石，还可以是钢丸，其尺寸为 0.4~4mm，对软金属可用铝丸或玻璃丸。

喷丸加工后的表面粗糙度值与珠丸的直径成正比。尺寸较小、表面粗糙度值要求较小的工件，用较细小的珠丸，但珠丸过小则强化作用不大，只能增加美观性。

喷丸加工主要用于强化形状比较复杂的零件，如直齿轮、连杆、曲轴等；也可用于强化一般零件，如板弹簧、螺旋弹簧、焊缝等。

模块4

机床夹具设计

单元13

机床夹具的基础知识

为了保证工件的加工精度，在加工之前使工件相对刀具和机床占据某一正确位置，这就是定位。工件定位后用一定的装置将其固定，使其在加工过程中保持定位位置不变，这就是夹紧。工件从定位到夹紧的整个过程就是安装。在机床上用于安装工件的工艺装备就是机床夹具。

机床夹具按应用范围分类有通用夹具、专用夹具、组合夹具和成组夹具等。

通用夹具是结构和尺寸已经规格化、具有一定通用性的夹具，如自定心卡盘、单动卡盘、机用平口钳、万能分度头、电磁吸盘等。

专用夹具是针对某一工件某一工序的加工要求专门设计和制造的夹具，它没有通用性。在批量生产中和形状复杂、精度要求高的工件加工中，常用各种专用夹具，以获得较高的生产率和加工精度。

13.1 工件的定位

13.1.1 工件定位的方法

工件定位的方法有直接找正定位、划线找正定位和利用夹具定位三种。

按夹具上各部分元件和装置所起的功用，夹具一般由以下几个组成部分，如图13-1所示。

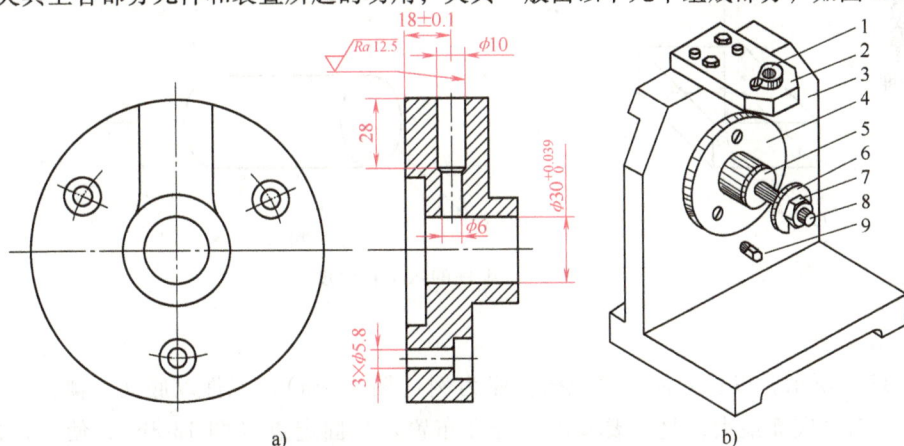

图 13-1 简易钻模夹具

a）后盖零件简图 b）钻 ϕ10mm孔的钻床夹具

1—钻套 2—钻模板 3—夹具体 4—支承板 5—圆柱销 6—开口垫圈 7—螺母 8—螺杆 9—菱形销

（1）**定位元件** 定位元件用于确定工件在夹具中的正确位置，它是夹具的主要功能元件之一。图 13-1 中的圆柱销 5、菱形销 9 和支承板 4 都是定位元件，它们使工件在夹具中占据正确位置。

（2）**夹紧装置** 夹紧装置用于保证工件在加工过程中受到外力（如切削力、重力、惯性力等）作用时，已经占据的正确位置不被破坏。图 13-1 中的开口垫圈 6 是夹紧元件，与螺杆 8、螺母 7 一起组成夹紧装置。

（3）**对刀—导向元件** 对刀—导向元件用于确定刀具相对于夹具的正确位置和引导刀具进行加工。其中，对刀元件是在夹具中起对刀作用的零部件，如铣床夹具中的对刀块；导向元件是在夹具中起对刀和引导刀具作用的零部件，图 13-1 中的钻套 1 就是导向元件。

（4）**夹具体** 夹具体是机床夹具的基础件，它用于连接夹具上各个元件或装置，使之成为一个整体，并与机床有关部件相连接，如图 13-1 中的夹具体 3。

（5）**连接元件** 连接元件是确定夹具在机床上正确位置的元件，如定位键、定位销及紧固螺栓等。

（6）**其他元件和装置** 包括根据夹具上特殊需要而设置的装置和元件，如分度装置、上下料装置、吊装元件、工件的顶出装置（或让刀装置）、顶器或平衡块等。

在上述各组成部分中，定位元件、夹紧装置、夹具体是机床夹具的基本组成部分。

13.1.2　工件定位的基本原理

1. 工件的自由度

一个尚未定位的工件，其空间位置是不确定的。如图 13-2 所示，将未定位的长方体（图 13-2a）、轴类工件（图 13-2b）放在空间直角坐标系中，可沿 X、Y、Z 轴有不同的位置，称为移动自由度，用 $\vec{X}$、$\vec{Y}$、$\vec{Z}$ 表示；也可以绕 X、Y、Z 轴有不同的角度，称为转动自由度，用 $\hat{X}$、$\hat{Y}$、$\hat{Z}$ 表示。因此一个未定位的自由工件有六个自由度。

工件定位的实质就是限制对加工有不良影响的自由度。

六个自由度

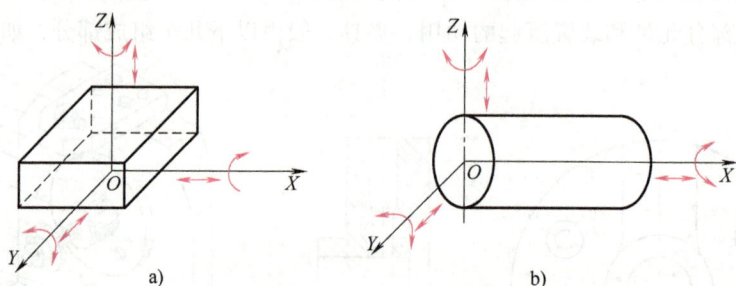

图 13-2　工件的六个自由度

2. 六点定则

如图 13-3 所示，以长方体工件铣槽工序为例（图 13-3a），工件以底面、侧面、端面为定位基准，其中底面最大，是主要基准。合理布置六个固定点（图 13-3b），使工件的底面与不共线的三个固定点 1、2、3 保持接触，限制了 $\hat{X}$、$\hat{Y}$、$\vec{Z}$ 三个自由度；工件的侧面较端面狭长一些，使工件的侧面与固定点 4、5 保持接触，限制了 $\vec{X}$、$\hat{Z}$ 两个自由度；使工件的端面与固定点 6 保持接触，限制了 $\vec{Y}$ 自由度，于是工件的六个自由度都被限制了。限制工件自由度的固定点称为定位支承点，简称支承点。支承点是由定位元件抽象而来的，如图 13-3c 所示是工件在夹具中的定位图。

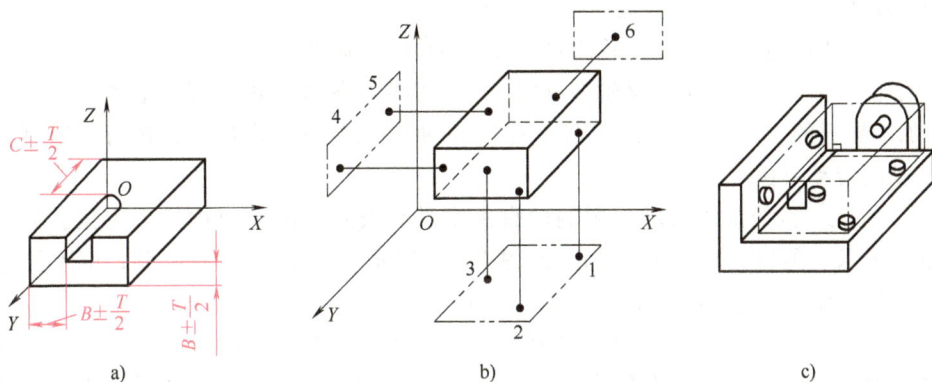

图 13-3　长方体工件定位

　　无论工件的形状和结构如何，其六个自由度都可以用六个支承点限制，只是六个支承点的分布形式有所不同。在夹具中合理布置六个支承点，使工件的定位基准与其相接触，以限制工件的六个自由度，从而使工件在夹具中的位置完全确定的方法，就是六点定则。

　　应用六点定则实现工件在夹具中的正确定位时，应注意以下几点。

　　1）支承点的分布必须合理，否则六个支承点限制不了工件的六个自由度。例如，与工件底面保持接触的三个支承点限制 $\vec{X}$、$\vec{Y}$、$\vec{Z}$，它们应布置成三角形，三角形的面积越大，定位越稳。与工件侧面保持接触的两个支承点限制 $\vec{X}$、$\widehat{Z}$，它们的连线不能平行于 Z 轴，否则工件绕 Z 轴的转动自由度 $\widehat{Z}$ 便不能限制。

　　2）定位支承点与工件的定位基准面应始终保持接触，才能起到限制自由度的作用。

3. 工件的定位形式

　　（1）**完全定位**　不重复地限制了工件六个自由度的定位称为完全定位。当工件在 X、Y、Z 三个坐标方向上均有尺寸要求或位置精度要求时，一般采用这种定位方式。例如，铣如图 13-4a 所示工件上的键槽，键槽宽度由刀具保证，且需要保证 x、y、z 三个尺寸。此时应将工件完全定位。

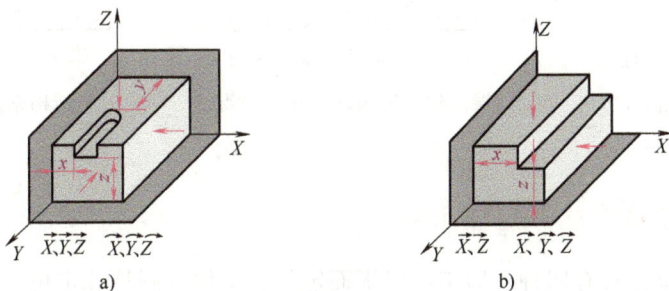

图 13-4　完全定位和不完全定位

（2）**不完全定位** 不需要限制工件的六个自由度就能满足加工要求的定位称为不完全定位。例如，铣如图 13-4b 所示的台阶，因台阶在 Y 方向上的位置无要求，故 $\vec{Y}$ 可以不限制，只需限制其余五个自由度。

在工件定位时，以下几种情况允许不完全定位。

1）加工通孔或通槽时，沿贯通轴的位置自由度可不限制。

2）毛坯（本工序加工前）是轴对称时，绕对称轴的转动自由度可不限制。

3）加工贯通的平面时，除可不限制沿两个贯通轴的位置自由度外，还可不限制绕垂直加工面的轴的转动自由度。

（3）**欠定位** 按照加工要求应限制的自由度没有被限制的定位称为欠定位。欠定位无法保证加工要求，所以是绝不允许的。如图 13-4b 所示，如果 $\vec{Z}$ 没有限制，就不能保证尺寸 x，铣出来的台阶侧面无法保证与工件两侧面平行。

（4）**过定位** 夹具上两个或两个以上的定位元件重复限制工件同一个自由度的定位称为过定位。过定位是否允许，要看是否对加工产生有害影响。若过定位产生了有害影响，则不允许；若过定位不但不产生有害影响，反而可增加工件的安装刚度，则允许。

如图 13-5 所示为插齿时常用的夹具，工件（齿坯）以内孔在心轴 1 上定位，限制四个自由度；又以端面在支承凸台 2 上定位，限制三个自由度，其中 $\vec{X}$、$\vec{Y}$ 被重复限制。由于加工齿坯时工艺上已保证内孔和端面具有很高的垂直度，且定位心轴和支承凸台之间也具有很高的垂直度，因而此过定位是允许的，它提高了齿坯在加工中的刚性和稳定性。但如果齿坯内孔与端面的垂直度误差较大，工件的定位将如图 13-6 所示，这时端面与凸台只有一点接触，夹紧后不是心轴变形就是工件变形，在这种情况下过定位就是不允许的。

避免过定位的方法就是改变定位装置的结构。如图 13-7 所示，在工件与支承凸台之间加球面垫圈就可避免过定位。

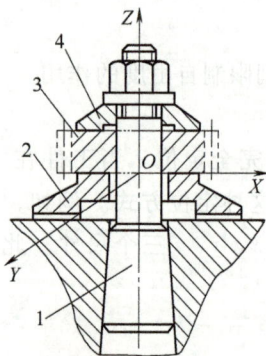

图 13-5 插齿夹具
1—心轴 2—支承凸台
3—工件 4—压板

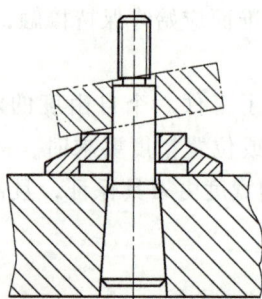

图 13-6 内孔与端面垂直度误差较大时齿坯的定位情况

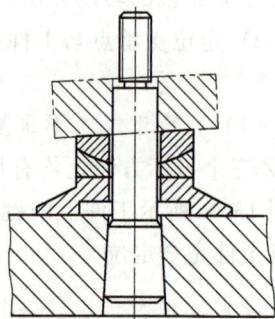

图 13-7 改变定位装置的结构来避免过定位

13.1.3 常用的定位方式和定位元件

常见的工件定位方式有四种，即工件以平面定位、工件以圆柱孔定位、工件以圆锥孔定位和工件以外圆柱面定位。

1. 工件以平面定位

工件以平面定位时，常用的定位元件有固定支承（包括支承钉和支承板）、可调支承和自位支承三种形式。支承钉、支承板和可调支承的尺寸结构已标准化（行业标准），可在夹具设计手册中查到。

（1）固定支承　固定支承有各种支承钉和支承板，它们装在夹具上后一般不能再调节。

支承钉用于面积较小的基准面定位。图 13-8a～c 所示为三种标准支承钉，A 型平头支承钉（见图 13-8a）与工件接触面积大，用于精基准面（加工过的平面）定位；B 型球头支承钉（见图 13-8b）与工件接触面积小，用于粗基准面（未经加工的毛坯面）定位；C 型齿纹头支承钉（见图 13-8c）能增大接触面间的摩擦，但落入齿纹间的切屑不易清除，常用于侧面和顶面定位。

支承钉与夹具体孔的配合采用 H7/n6 或 H7/r6，支承钉磨损后较难更换。需要经常更换的支承钉应加衬套，如图 13-8d 所示，衬套外径与夹具孔的配合一般采用 H7/n6 或 H7/r6，衬套内径与支承钉的配合采用 H7/js6。

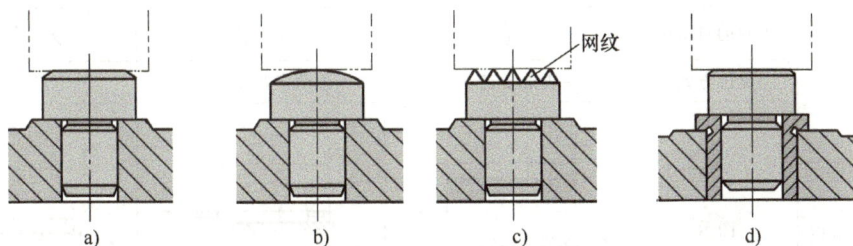

图 13-8　支承钉

支承板用于面积较大的精基准面定位。图 13-9 所示为两种标准支承板，A 型支承板结构简单，但不易清除落入沉孔中的切屑，适用于侧面和顶面定位；B 型支承板在工作面上开了斜凹槽，沉孔在凹槽内，易于保证工作表面清洁，适用于底面定位。

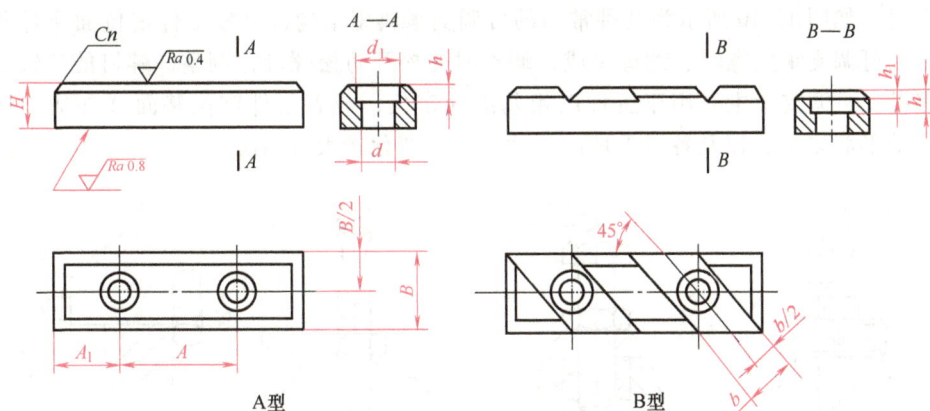

图 13-9　支承板

支承板常用 2～3 个 M4～M10 的螺钉紧固在夹具体上。受力较大、有移动趋势或支承板在某一方向有位置尺寸要求时，应安装定位销或将支承板嵌入夹具体槽内。

当使用几个支承钉或支承板定位同一个平面时，应在夹具体上装配支承钉或支承板后一次磨平其工作表面，也可对支承钉和支承板的高度及装配公差严加控制。

根据定位的需要，也可按照工件定位平面的形状设计非标准支承板。

表 13-1 为支承钉和支承板所能限制的工件自由度的示例。

表 13-1　支承钉和支承板所能限制的工件自由度

工件的定位面	定位元件	定位情况			
平面	支承钉	定位方式	一个支承钉	两个支承钉	三个支承钉
		图示			
		限制的自由度	$\vec{X}$	$\vec{Y}$ $\vec{Z}$	$\vec{Z}$ $\widehat{X}$ $\widehat{Y}$
	支承板	定位方式	一块条形支承板	两块条形支承板	一块矩形支承板
		图示			
		限制的自由度	$\vec{Y}$ $\vec{Z}$	$\vec{Z}$ $\widehat{X}$ $\widehat{Y}$	$\vec{Z}$ $\widehat{X}$ $\widehat{Y}$

（2）可调支承　可调支承是高度可根据需要调整的支承钉，一个可调支承限制工件的一个自由度。如图 13-10 所示为几种常用的可调支承典型结构，可按工件定位面质量和面积大小选用。可调支承由螺钉、螺母组成，调整时先松开防松螺母，调整好螺钉的位置后再锁紧防松螺母。可调支承主要用于工件以粗基准面定位，或者工件定位基面（如成型面、台阶面等）的形状复杂，以及各批毛坯的尺寸、形状变化较大等情况。

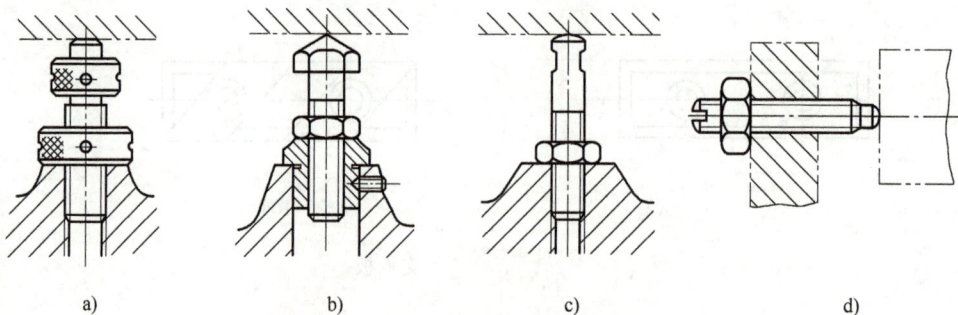

可调支承

a)　　　　　b)　　　　　c)　　　　　d)

图 13-10　几种常用的可调支承典型结构

加工形状相同而尺寸不同的规格化零件时，夹具上也通常采用可调支承。如图 13-11 所示，在销轴端部铣槽，对于长度不等的销轴工件，只要调整支承钉的高度便可实现轴向定位。

必须注意，可调支承在一批工件加工之前需调整一次，在同批工件的加工中不再调整，作用与固定支承相同。

（3）自位支承　自位支承是在工件定位过程中，能随工件定位基准面的变化而自动与之适应的多点接触的浮动支承，其作用相当于一个支承点，只限制一个自由度。如图 13-12 所示，常见的自位支承有两点、三点式自位支承。由于自位支承与工件接触点数目增多，可提高工件的支承刚度和定位稳定性，适用于工件以粗基准面（毛坯面）定位或刚性不足的场合。

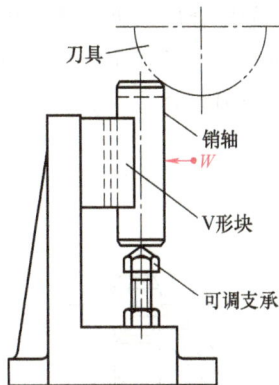

图 13-11　可调支承用于轴向定位

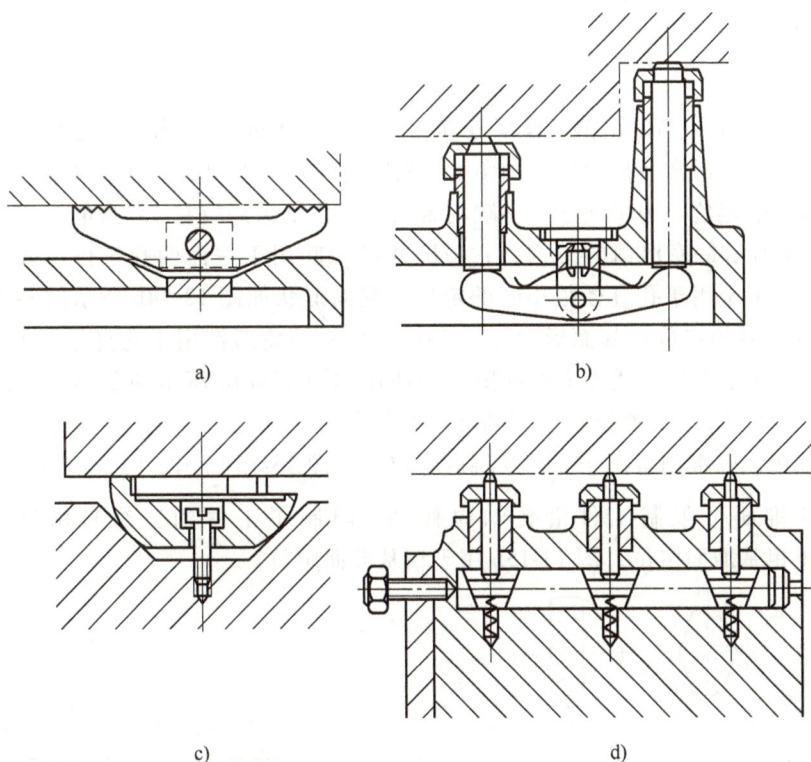

a)

b)

c)

d)

图 13-12　几种常用的自位支承方式

浮动支承

2. 工件以圆柱孔定位

生产中，工件以圆柱孔定位的应用较广，如各类套筒、盘类、连杆、拨叉等，所采用的定位元件有定位销、圆锥销和心轴，工件的定位孔与定位元件相配合。孔定位经常与平面定位联合使用。

（1）定位销　定位销有圆柱销和菱形销两种，尺寸结构已标准化（行业标准），也可根据定位需要设计非标准的定位销。定位销工作部分直径可根据工件的加工要求和安装方便，按 g5、g6、f6、f7 的精度制造。如图 13-13a、b、c 所示是固定式圆柱销，可用 H7/r6 或 H7/n6 的配合压入夹具体孔中。大批生产时为了便于更换定位销，可采用如图 13-13d 所示的带衬套的可换式定位销，衬套外径与夹具体的配合为 H7/n6，衬套内径与定位销的配合为 H7/h6 或 H6/h5。

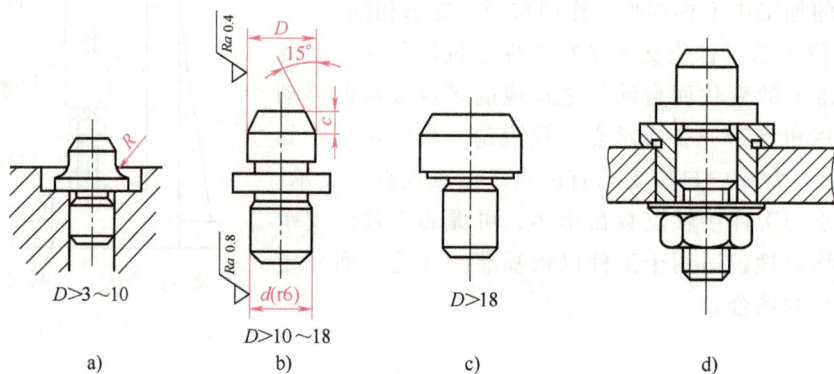

图 13-13 圆柱销

如图 13-13a 所示，当定位销工作部分直径 D 为 3～10mm 时，为避免定位销因撞击而折断或热处理时淬裂，通常将根部倒成圆角 R。相应的夹具体上要有沉孔，使定位销圆角部分沉入孔内而不影响定位。为了便于工件顺利装入，定位销头部应有 15°倒角。

如图 13-14 所示是菱形销的结构，它与圆柱销一起用于一面两孔定位。截面形状如图 13-14a 所示的菱形销用于孔直径很小时的定位；截面形状如图 13-14b 所示的菱形销用于孔直径为 3～50mm 时的定位；截面形状如图 13-14c 所示的菱形销用于孔直径大于 50mm 时的定位；如果进一步增大连心线方向的间隙，则使用如图 13-14d 所示的菱形销定位，其中 b_1 为菱形销留下的宽度，b 为修圆后留下的圆柱部分宽度。

（2）圆锥销 圆锥销常用于工件孔端的定位。如图 13-15 所示，圆锥销与工件的交线是一个圆，且其锥面可限制工件沿孔轴向移动，限制了工件的三个自由度 $\vec{X}$、$\vec{Y}$、$\vec{Z}$。图 13-15a 用于粗基准面定位，图 13-15b 用于精基准面定位。

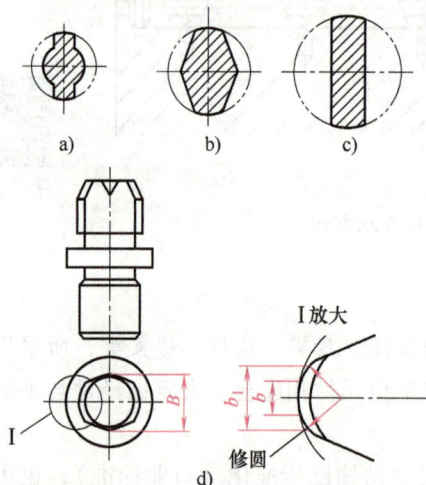

图 13-14 菱形销及其不同截面形状

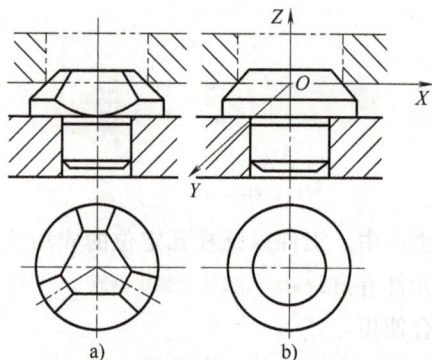

图 13-15 圆锥销

工件以单个圆锥销定位时易倾斜，故在定位时可成对使用，如图 13-16a 所示，图中左端为固定圆锥销，右端为活动圆锥销；或与其他定位元件联合使用，如图 13-16b 所示，采用圆锥—圆柱销组合定位，圆锥部分使工件定心准确，圆柱部可防止工件倾斜，组合使用还可使工件装卸方便；如图 13-16c 所示为采用浮动圆锥销和固定支承组合定位，此时工件底面为主要定位基准，浮动圆锥销起径向定心的作用。以上三种联合定位方式均限制了工件的五个自由度。

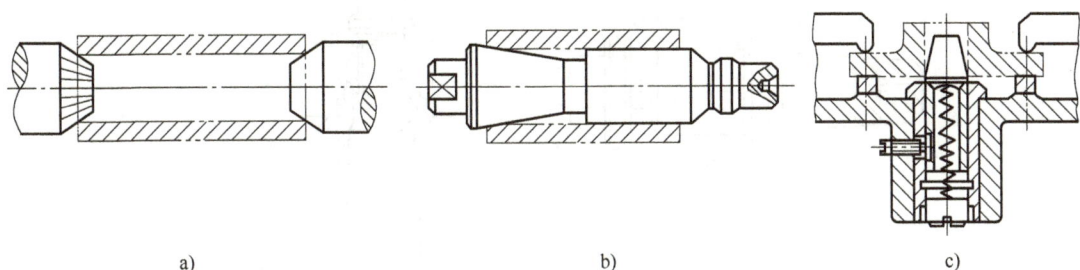

a)　　　　　　　　　　b)　　　　　　　　　　c)

图 13-16　圆锥销组合定位

（3）心轴　心轴常用于套筒、空心盘类工件内孔的定位，且要求工件定位孔已精加工。

图 13-17a 所示为间隙配合心轴，其定位部分直径的公称尺寸与工件定位孔的公称尺寸相同，公差一般按 h6、g6 或 f7 制造，装卸工件方便，但定心精度不高。为了实现轴向定位并能承受切削力，工件常以孔和端面联合定位，靠端部螺旋夹紧，故要求工件内孔与端面之间有较高的垂直度。

图 13-17b 所示为小锥度心轴，工件楔紧在心轴锥面上，无需另行夹紧。其定心精度高，装卸工件较为方便，但工件能承受的切削力较小，且轴向无法定位，因此适用于精车和磨削加工，不能加工端面。

图 13-17c 所示为膨胀心轴，又称可胀心轴。工件装入心轴后，通过机械或液压传动，使胀套膨胀定位并夹紧工件。其定心精度高，夹紧力大且装卸工件方便，但自身结构较复杂，适用于批量生产。

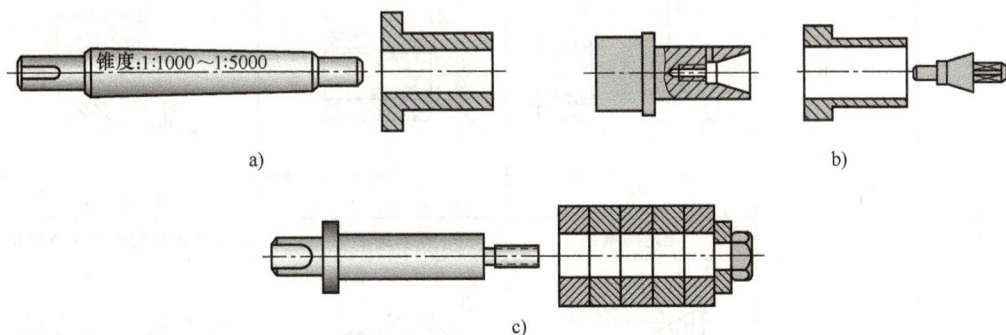

a)　　　　　　　　　　　　　　　b)

c)

图 13-17　几种常用的心轴

心轴在机床上的安装方式如图 13-18 所示。

表 13-2 为定位销、圆锥销和心轴所能限制的工件自由度的示例。

a)　　　　　　　　　　b)

c)　　　　　　　　　　d)

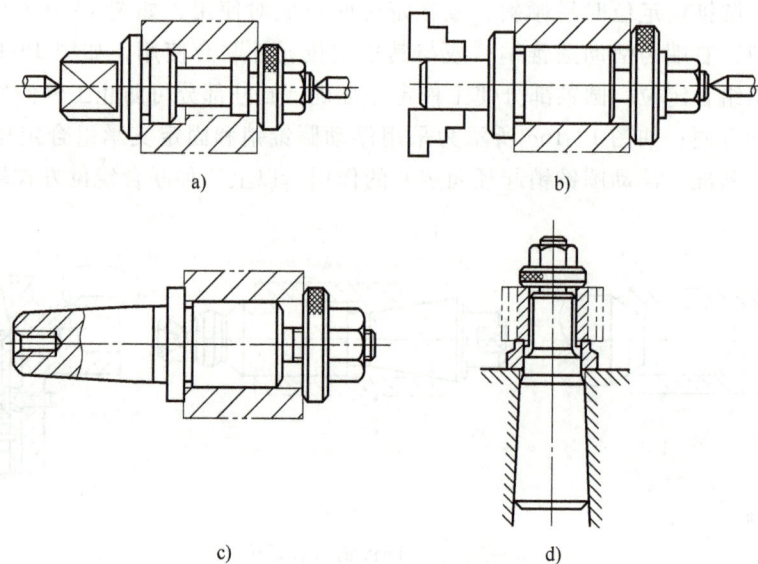

图 13-18 心轴在机床上的安装方式

表 13-2 圆孔定位元件所能限制的工件自由度的示例

工件的定位面	定位元件	定位情况			
圆孔	定位销	定位方式	短圆柱销	长圆柱销	两段短圆柱销
		图示			
		限制的自由度	$\vec{Y}$ $\vec{Z}$	$\vec{Y}$ $\vec{Z}$ $\widehat{Y}$ $\widehat{Z}$	$\vec{Y}$ $\vec{Z}$ $\widehat{Y}$ $\widehat{Z}$
		定位方式	菱形销	长销小平面组合	短销大平面组合
		图示			
		限制的自由度	$\widehat{Z}$	$\vec{X}$ $\vec{Y}$ $\vec{Z}$ $\widehat{Y}$ $\widehat{Z}$	$\vec{X}$ $\vec{Y}$ $\vec{Z}$ $\widehat{Y}$ $\widehat{Z}$
	圆锥销	定位方式	固定圆锥销	浮动圆锥销	固定圆锥销与浮动圆锥销组合
		图示			
		限制的自由度	$\vec{X}$ $\vec{Y}$ $\vec{Z}$	$\vec{Y}$ $\vec{Z}$	$\vec{X}$ $\vec{Y}$ $\vec{Z}$ $\widehat{Y}$ $\widehat{Z}$

（续）

工件的定位面	定位元件	定位情况			
		定位方式	长圆柱心轴	短圆柱心轴	小锥度心轴
圆孔	心轴	图示			
		限制的自由度	$\vec{X}\ \vec{Z}\ \overset{\frown}{X}\ \overset{\frown}{Z}$	$\vec{X}\ \vec{Z}$	$\overset{\frown}{X}\ \overset{\frown}{Z}$

3. 工件以圆锥孔定位

工件以圆锥孔定位时，常用的定位元件有锥度心轴、顶尖等。

（1）锥度心轴　如图 13-19a 所示为工件以圆锥孔在锥度心轴上定位，心轴锥面制成与工件锥孔相同的锥度，因此定心精度较高，其轴向定位精度取决于工件孔和心轴的尺寸精度。锥度心轴限制了除绕工件轴线转动外的五个自由度。当圆锥角小于自锁角时，为了便于拆下工件，可在心轴大端装一个推出工件用的螺母，如图 13-19b 所示。

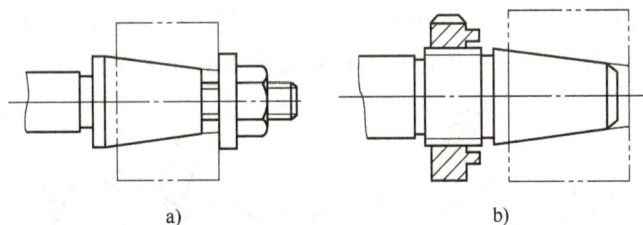

a)　　　　　　　　　b)

图 13-19　工件在锥度心轴上定位

（2）顶尖　在加工轴类或某些要求准确定心的工件时，在工件上专为定位加工出工艺定位面——中心孔，中心孔即为圆锥孔。中心孔与顶尖配合，即为锥孔与锥销配合。图 13-20a 所示为两顶尖定位，其定心精度高，还可实现定位基准统一，限制了除绕工件轴线转动外的五个自由度。

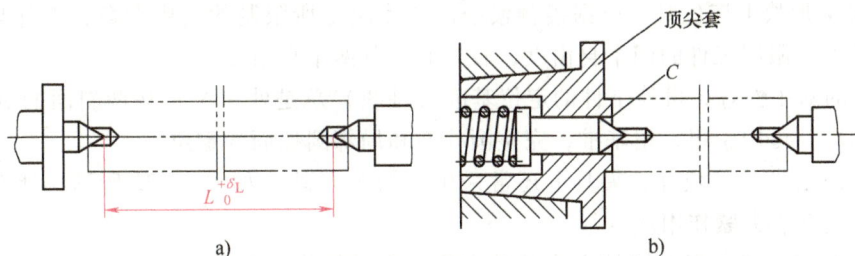

a)　　　　　　　　　b)

图 13-20　顶尖定位

a）两顶尖定位　b）轴向浮动的前顶尖定位

工件以中心孔定位时，轴向定位精度不高，可改用轴向浮动的前顶尖定位，如图 13-20b 所示，前顶尖只起定心作用，顶尖套端面定位工件端面 C，从而减少工件的轴向定位误差。

表 13-3 为顶尖、锥度心轴所能限制的工件自由度的示例。

表 13-3　圆锥孔定位元件所能限制的工件自由度的示例

工件的定位面	定位元件	定位情况			
		定位方式	固定顶尖	浮动顶尖	锥度心轴
圆锥孔	顶尖和锥度心轴	图示			
		限制的自由度	$\vec{X}\ \vec{Y}\ \vec{Z}$	$\vec{Y}\ \vec{Z}$	$\vec{X}\ \vec{Y}\ \vec{Z}\ \widehat{Y}\ \widehat{Z}$

4. 工件以外圆柱面定位

工件以外圆柱面定位时，根据外圆柱面的完整程度、加工要求的不同，常用的定位元件有 V 形块、定位套、半圆套和圆锥套等，其中 V 形块应用最广。

（1）V 形块　V 形块已标准化。如图 13-21 所示为常用 V 形块的结构形式，其中图 13-21a 用于较短的外圆柱面定位；其余三种用于较长的外圆柱面或阶梯轴定位，其中图 13-21b 用于粗基准面定位，图 13-21c 用于精基准面定位，图 13-21d 用于工件较长、直径较大的重型工件定位，这种 V 形块一般做成在铸铁底座上镶淬火钢板的结构。

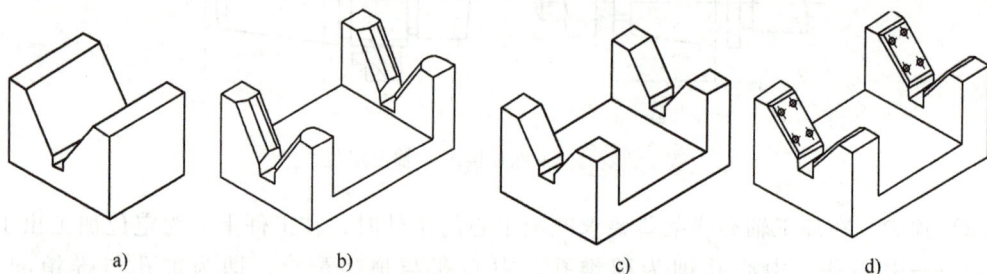

a)　　　　　　　　b)　　　　　　　　c)　　　　　　　　d)

图 13-21　常用 V 形块的结构形式

工件在 V 形块上定位时，根据接触素线的长度决定所限制的自由度数，工件与 V 形块相对接触较长时限制工件的四个自由度，较短时限制两个自由度。

V 形块的对中性好，可使工件的定位基准（轴线）总是处在 V 形块两斜面的对称面内。它应用范围广，可用于粗、精基准，完整圆柱面和局部圆柱面的定位。

除上述固定式 V 形块外，夹具上还常采用活动 V 形块。如图 13-22 所示，活动 V 形块除定位外，还兼有夹紧作用。

（2）定位套　工件以外圆柱面为基准在定位套的圆孔中定位，适用于精基准定位。如图 13-23 所示为常用定位套，为了限制工件的轴向移动自由度，常与端面联合定位。图 13-23a 所示为带小端面的长定位套，长定位套限制工件的四个自由度，小端面限制工件的一个自由度，共限制工件的五个自由度。图 13-23b 所示为带大端面的短定位套，短定位套限制工件的两个自由度，大端面限制工件的三个自由度，共限制工件的五个自由度。图 13-24 所示为工件在定位套中的定位示意图。

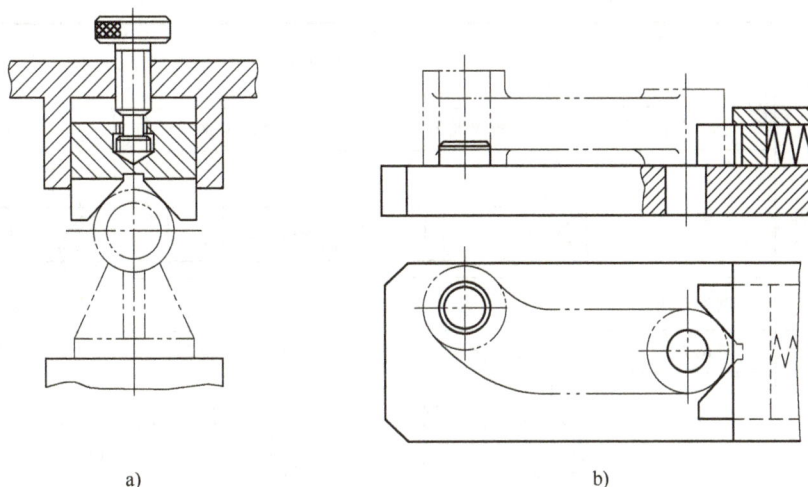

a)   b)

图 13-22 活动 V 形块的应用

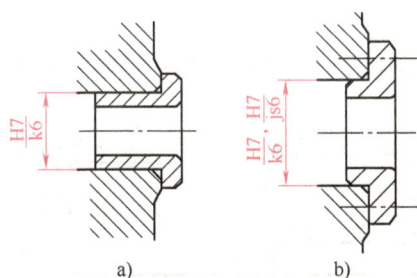

a)   b)

图 13-23 常用定位套

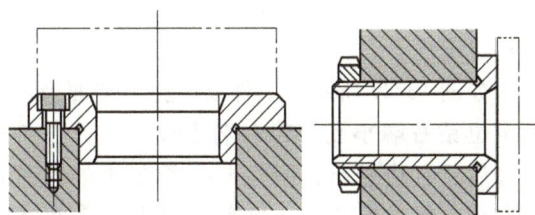

图 13-24 工件在定位套中的定位示意图

（3）半圆套 半圆套用于大型轴类工件及不便于轴向装卸的工件的定位。如图 13-25 所示，下半圆起定位作用，上半圆起夹紧作用。由于上半圆可卸去或掀开，所以下半圆孔的最小直径取工件定位基准外圆的最大直径，不需留配合间隙。

（4）圆锥套 工件以圆锥套定位时，常与后顶尖配合使用。如图 13-26 所示，工件左端圆柱面在齿纹锥套中定位，限制工件的三个移动自由度；右端锥孔在可移动的后顶尖上定位，限制工件的两个转动自由度。夹具体锥柄插入机床主轴，通过传动螺钉与齿纹锥套带动工件转动。

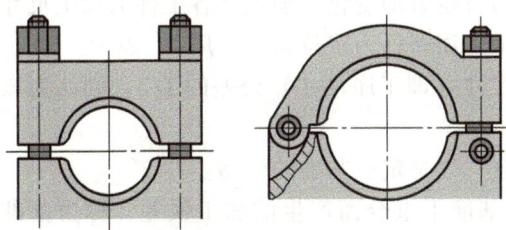

图 13-25 半圆套

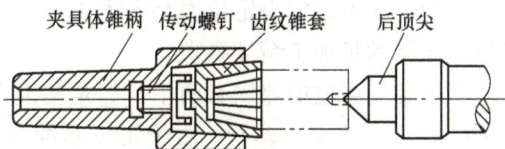

图 13-26 工件以圆锥套定位

表 13-4 为 V 形块、定位套所能限制的工件自由度的示例。

表 13-4　外圆定位元件所能限制的工件自由度的示例

工件的定位面	定位元件	定位情况			
外圆	V 形块	定位方式	一块短 V 形块	两块短 V 形块	一块长 V 形块
		图示			
		限制的自由度	$\vec{X}\ \vec{Z}$	$\vec{X}\ \vec{Z}\ \hat{X}\ \hat{Z}$	$\vec{X}\ \vec{Z}\ \hat{X}\ \hat{Z}$
	定位套	定位方式	一个短定位套	两个短定位套	一个长定位套
		图示			
		限制的自由度	$\vec{X}\ \vec{Z}$	$\vec{X}\ \vec{Z}\ \hat{X}\ \hat{Z}$	$\vec{X}\ \vec{Z}\ \hat{X}\ \hat{Z}$

5. 辅助支承

辅助支承是在工件定位后才参与支承的元件，不限制工件自由度，用于提高工件装夹刚度和稳定性。

如图 13-27 所示，工件以内孔、端面及右后面定位钻右端小孔。若右端不设支承，工件安装好后，右边悬空，刚性差。若在 A 处设置固定支承，属过定位。在这种情况下，宜在 A 处设置辅助支承。工件定位时辅助支承是可调的，待工件夹紧后再固定下来，以承受切削力。每安装一个工件就要调整一次辅助支承。

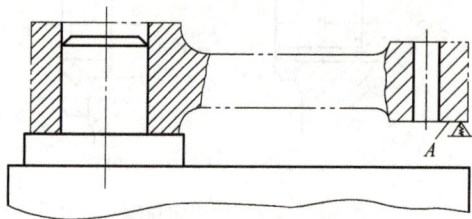

图 13-27　辅助支承的应用

辅助支承的类型有螺旋式辅助支承、自位式辅助支承、推引式辅助支承等。

13.1.4　定位误差的分析和计算

1. 定位误差及其产生的原因

工件的加工精度取决于刀具与工件的相互位置关系。当一批工件逐个在夹具上定位并用调整法加工时，由于工件及定位元件存在公差，使得各个工件在夹具中所占据的位置不完全一致。这种位置的不一致性必然引起工件相对于刀具位置的变化，加工后各工件的加工尺寸必然大小不一，形成误差。这种由于定位引起的加工误差称为定位误差，用 Δ_D 表示。

一般情况下，如果定位误差不大于工件加工尺寸（即工序尺寸）公差的 1/3，则认为该定位方案能满足加工精度要求。

产生定位误差的原因有两个：一是基准不重合；二是定位基准的位移。

（1）**基准不重合误差**　由于定位基准与工序基准不重合而产生的加工误差，称为基准不重合误差，用 Δ_B 表示。工序基准与定位基准间的距离尺寸称为定位尺寸。当定位尺寸与加工尺寸方向一致时，基准不重合误差等于定位尺寸的公差；当定位尺寸与加工尺寸方向不一致时，基准不重合误差等于定位尺寸公差在工序尺寸方向上的投影。

（2）**基准位移误差**　工件定位基准面与夹具定位元件共同构成定位副，由定位副的制造误差及定位副间的配合间隙引起的工件定位基准相对于定位元件在加工尺寸方向上的最大位置变动量，称为基准位移误差，用 Δ_Y 表示。

定位误差是基准不重合误差和基准位移误差的综合结果，可表示为

$$\Delta_D = \Delta_Y \pm \Delta_B$$

当工序基准在定位基面上时，需判断"＋""－"号；工序基准不在定位基面上时，直接取"＋"号。

2. 常见定位方式的定位误差计算

（1）**工件以平面定位**　图 13-28 所示为工件以平面定位铣台阶面 C，下面分析和计算采用图 13-28a 所示定位方案时，加工尺寸 20±0.15mm 的定位误差。

由图可知，尺寸 20±0.15mm 的工序基准是 A 面，定位基准是 B 面，定位基准与工序基准不重合，必然存在基准不重合误差。两者之间的定位尺寸是 40±0.14mm，与加工尺寸方向一致，所以基准不重合误差就是定位尺寸的公差，即 $\Delta_B = 0.28$mm。

工件以平面定位时，工件定位基准面与定位元件接触，不会产生基准位移误差，故 $\Delta_Y = 0$mm。所以定位误差为 $\Delta_D = \Delta_B + 0 = 0.28$mm。

而加工尺寸 20±0.15mm 的公差为 $T = 2 \times 0.15$mm = 0.3mm，此时，$\Delta_D = 0.28$mm$> T/3 = 0.3$mm$/3 = 0.1$mm。

由以上分析计算可知，定位误差太大，留给其他加工的误差只有 0.02mm，实际加工容易加工出废品，因此这一定位方案在没有其他工艺措

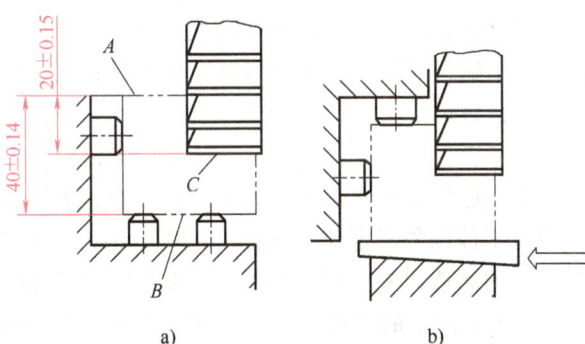

图 13-28　铣台阶面的两种定位方案

施保证的条件下不宜采用。若改为图 13-28b 所示的定位方案，使工序基准与定位基准重合，则定位误差为零，但工件需从下向上夹紧，夹紧方案不够理想，且夹具结构复杂。但通常为了保证加工精度，选择图 13-28 所示的定位方案。

（2）**工件以圆柱孔定位**　如图 13-29 所示，工件以内孔在圆柱心轴上定位铣键槽，工件

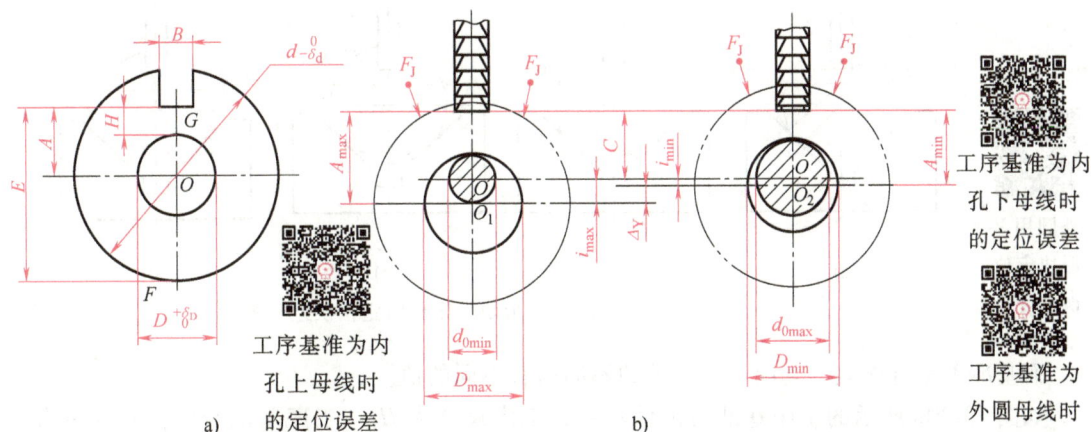

工序基准为内孔上母线时的定位误差

工序基准为内孔下母线时的定位误差

工序基准为外圆母线时的定位误差

图 13-29　工件在心轴上定位时定位误差分析

内孔与心轴是间隙配合。图 13-29a 所示为工序简图，图 13-29b 所示为加工示意图，加工尺寸为 A 和 B，尺寸 C 是确定夹具（心轴中心 O）与刀具相互位置的对刀尺寸，在一批工件的加工过程中 C 的大小不变。

尺寸 A 的工序基准是孔中心线，定位基准也是孔中心线，两者重合，$\Delta_B = 0$。但由于定位副（工件内孔面与心轴圆柱面）有制造公差和配合间隙，当心轴水平放置时，工件在重力、夹紧力的作用下单边搁置在心轴的上素线上，如图 13-29b 所示。当工件内孔的直径为最大（D_{max}）、心轴直径为最小（d_{0min}）时，定位基准处于最低位置 O_1，得到最大加工尺寸 A_{max}；当工件内孔直径为最小（D_{min}）、心轴直径为最大（d_{0max}）时，定位基准处于最高位置 O_2，得到最小加工尺寸 A_{min}。定位基准位置的变动影响加工尺寸 A 的大小，造成了 A 的误差，这个误差就是基准位移误差。因此

$$\Delta_Y = A_{max} - A_{min} = O_1 O_2 = \frac{\delta_D + \delta_{d0}}{2}$$

式中，δ_D 是工件孔径的制造公差；δ_{d0} 是心轴直径的制造公差。

要注意的是：当定位心轴垂直放置时，工件内孔与定位心轴表面可能在任意边接触，且孔轴的最小配合间隙无法在对刀时预先予以补偿。因此，内孔中心的最大位置变动量即基准位移误差，为

$$\Delta_Y = \delta_D + \delta_{d0} + X_{min}$$

式中，X_{min} 是孔和定位心轴的最小配合间隙，等于孔的下极限尺寸与轴的上极限尺寸之差。

（3）工件以外圆定位　如图 13-30 所示，工件以外圆在 V 形块上定位铣键槽，若不考虑 V 形块的制造误差，则工件的定位基准（工件轴线）处于 V 形块的对称面上，因此定位基准在水平方向上的位移为零。但在垂直方向上，因工件外圆直径有制造误差而产生基准位移误差，如图 13-30a 所示，其值为

$$\Delta_Y = O_1 O_2 = \frac{O_1 M}{\sin\dfrac{\alpha}{2}} - \frac{O_2 N}{\sin\dfrac{\alpha}{2}} = \frac{\dfrac{1}{2}d}{\sin\dfrac{\alpha}{2}} - \frac{\dfrac{1}{2}(d-\delta_d)}{\sin\dfrac{\alpha}{2}} = \frac{\delta_d}{2\sin\dfrac{\alpha}{2}}$$

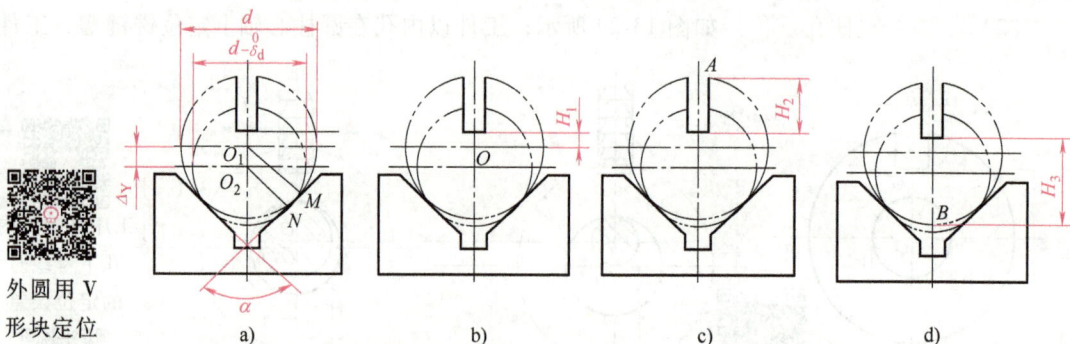

外圆用 V 形块定位误差分析

图 13-30　工件在 V 形块上定位时定位误差分析

而基准不重合误差，则因工序基准的不同而有不同的值。

如图 13-30b 所示的工序基准为工件轴线，工序尺寸为 H_1。工序基准与定位基准重合，则 $\Delta_B = 0$，而定位基准位移的方向又与加工尺寸方向一致，所以加工尺寸 H_1 的定位误差为

$$\Delta_\mathrm{D} = \Delta_\mathrm{Y} = \frac{\delta_\mathrm{d}}{2\sin\dfrac{\alpha}{2}}$$

如图 13-30c 所示的工序基准为工件外圆上素线 A，工序尺寸为 H_2，工序基准与定位基准不重合，不仅有基准位移误差 $\Delta_\mathrm{Y} = \dfrac{\delta_\mathrm{d}}{2\sin\dfrac{\alpha}{2}}$，还有基准不重合误差 $\Delta_\mathrm{B} = \dfrac{\delta_\mathrm{d}}{2}$。定位尺寸和基准位移的方向均与加工尺寸方向一致。

因工序基准在定位基面（工件外圆）上，需判断公式 $\Delta_\mathrm{D} = \Delta_\mathrm{Y} \pm \Delta_\mathrm{B}$ 中的"+""−"号。其确定方法为"同−异+"：在工序尺寸方向上，工件的工序基准与工件和定位元件的定位接触点位于工件定位基准的同侧时取"−"号，异侧时取"+"号。在图 13-30c 中，工序基准和定位接触点在定位基准的异侧，取"+"号，所以加工尺寸 H_2 的定位误差为

$$\Delta_\mathrm{D} = \Delta_\mathrm{Y} + \Delta_\mathrm{B} = \frac{\delta_\mathrm{d}}{2\sin\dfrac{\alpha}{2}} + \frac{\delta_\mathrm{d}}{2}$$

如图 13-30d 所示的工序基准为工件外圆下素线 B，工序尺寸为 H_3。加工尺寸 H_3 的 Δ_Y 和 Δ_B 值均与加工尺寸 H_2 的相同，因工序基准在定位基面上，同样需判断公式 $\Delta_\mathrm{D} = \Delta_\mathrm{Y} \pm \Delta_\mathrm{B}$ 中的"+""−"号。工序基准在定位基准下方，工件和定位元件的定位接触点也位于定位基准下方，取"−"号，所以加工尺寸 H_3 的定位误差为

$$\Delta_\mathrm{D} = \Delta_\mathrm{Y} - \Delta_\mathrm{B} = \frac{\delta_\mathrm{d}}{2\sin\dfrac{\alpha}{2}} - \frac{\delta_\mathrm{d}}{2}$$

通过上述各工序尺寸的定位误差可以看出，当 V 形块的 α 角相同时，以工件下素线为工序基准时，定位误差最小；以工件上素线为工序基准时，定位误差最大。另外，随着 V 形块夹角 α 的增大，定位误差减小，但夹角过大时，将引起工件定位不稳定，故一般多采用 90°的 V 形块。

13.2　工件的夹紧

13.2.1　夹紧装置的组成和基本要求

工件定位后，必须采用一定的装置将工件压紧、夹牢，防止工件在加工时因受到切削力、重力、惯性力等外力作用而发生位移或振动，从而导致加工无法进行。这种将工件压紧、夹牢的装置称为夹紧装置。

1. 夹紧装置的组成

夹紧装置由力源装置和夹紧机构两部分组成。

（1）力源装置　提供原始夹紧力的装置称为力源装置。常用的力源装置有液压装置、气压装置、电磁装置、电动装置、气-液联动装置和真空装置等。如图 13-31 中的气缸 1 便是力源装置。以人力为力源时称为手动夹紧，没有力源装置。

（2）夹紧机构　夹紧机构的作用是将力源装置所产生的原始作用力或人力正确地作用到工件上。它包括传力机构和最终作用在工件上的夹紧元件。传力机构是在力源装置和夹紧元件之间，传递夹紧力的机构，如图13-31中的斜楔2。夹紧元件是实现夹紧的最终执行元件，如图13-31中的压板3，通过它和工件直接接触而完成夹紧任务。

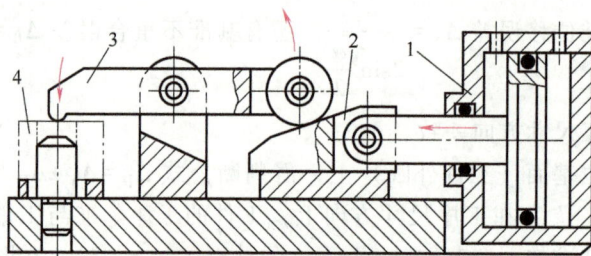

图 13-31　夹紧装置的组成示例

1—气缸　2—斜楔　3—压板　4—工件

2. 对夹紧装置的基本要求

1）在夹紧和加工过程中，应能保持工件定位位置不变。

2）夹紧力大小应适当。既要保证工件在整个加工过程中的位置稳定不变，不振动，又要保证工件不产生夹紧变形和表面损伤。

3）使用性好。夹紧装置的操作应方便、快捷、安全、省力。

4）经济性和工艺性好。夹紧装置的复杂程度和自动化程度应与生产纲领相适应，在保证生产率的前提下，力求结构简单，便于制造和维修。

13.2.2　夹紧力的确定

确定夹紧力就是确定夹紧力的大小、方向和作用点三个要素。

1. 夹紧力方向的确定

1）夹紧力的方向应朝向主要定位基准，这样有利于保证工件定位的准确性和可靠性。如图13-32所示，要求孔中心线与A面垂直，故应以A面为主要定位基准，且夹紧力方向与之垂直，则较容易保证加工质量。反之，若夹紧力的方向朝向B面，当工件A、B两面有垂直度误差时，就会使孔中心线不垂直于A面而可能报废。

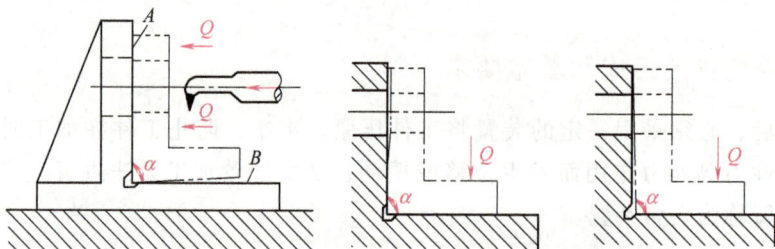

图 13-32　夹紧力方向对镗孔垂直度的影响

2）夹紧力应朝向工件刚度较好的方向。尤其在夹压薄壁工件时，更需注意。如图13-33所示套筒，用自定心卡盘径向夹紧其外圆，显然要比用特制螺母从轴向夹紧的变形大。

3）**夹紧力方向应尽可能与切削力、工件重力同向**，以减小夹紧力。如图 13-34 所示在工件上钻孔，即为夹紧力、切削力和工件重力三者同向，这种情况下所需的夹紧力最小。

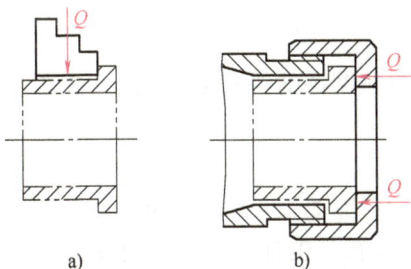

图 13-33　套筒夹紧力方向与工件刚度的关系

a）自定心卡盘夹紧　b）特制螺母轴向夹紧

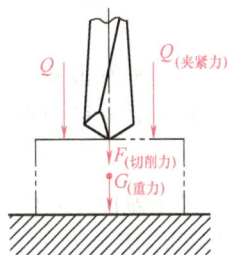

图 13-34　在工件上钻孔

2. 夹紧力作用点的选择

1）**夹紧力作用点应落在支承元件上或几个支承元件所形成的支承区域内**。如图 13-35a 所示为夹紧力作用在支承面范围之外，而如图 13-35b 所示为夹紧力作用在支承点之外，这两种情况都会破坏工件定位。正确的夹紧力作用点应落在支承区域内并尽量靠近其几何中心或落在支承元件上。

2）**夹紧力作用点应落在工件刚度较好的部位上**，这对刚度较差的工件尤其重要。如图 13-36 所示，将作用点由中间的单点改成两旁的两点夹紧，工件变形大为改善，且夹紧也较可靠。

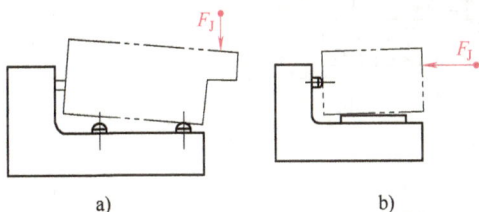

图 13-35　夹紧力作用点的位置不正确

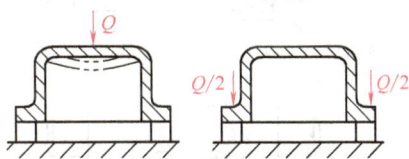

图 13-36　夹紧力作用点与工件刚度的关系

3）**夹紧力作用点应尽可能靠近被加工表面**。必要时应在工件刚度差的部位增加辅助支承并施加夹紧力，以免振动和变形。如图 13-37 所示，辅助支承应尽量靠近被加工表面，同时施加夹紧力 Q_2，这样切削力形成的翻转力矩小又增加了工件的刚性，既保证了定位夹紧的可靠性又减小了振动和变形。

3. 夹紧力大小的确定

夹紧力大小要适当。夹紧力过大会使工件变形，过小则在加工时工件会松动，可能造成工件报废甚至发生事故。采用手动夹紧时，可凭人力来控制夹紧力的大小，一般不需要算出所需夹紧力的确切数值，只在必要时根据受力平衡进行粗略估算。当设计机动夹紧装置时，则需要计算夹紧力的大小，以便决定动力部件的尺寸，如气缸、活塞的直径等。

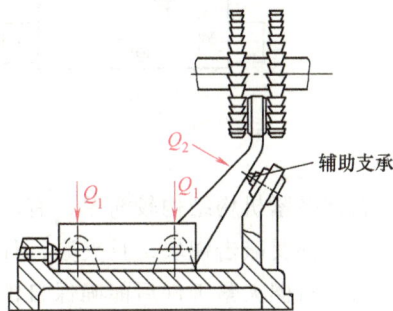

图 13-37　夹紧力作用点应靠近被加工表面

夹紧力三要素的确定实际上是一个综合性的问题，必须全面考虑工件的结构特点、工艺方法、定位元件的结构和布置等多种因素，才能最后确定并具体设计出较为理想的夹紧机构。

13.2.3　基本夹紧机构

夹紧机构的种类虽然很多，但其结构大都以利用机械摩擦的斜面自锁原理来夹紧工件的斜楔夹紧机构、螺旋夹紧机构和偏心夹紧机构为基础。

1. 斜楔夹紧机构

它是采用斜楔作为传力元件或夹紧元件的夹紧机构。如图 13-38 所示为几种斜楔夹紧机构的实例。图 13-38a 所示为在工件上钻互相垂直的两组孔，工件装入后，用锤敲击斜楔大头，夹紧工件；加工完成后，用锤敲击斜楔小头，松开工件。由于用斜楔直接夹紧工件夹紧力小且费时、费力，所以，生产实践中单独应用斜楔的情况不多，一般情况下是将斜楔与其他机构联合使用。如图 13-38b 所示为斜楔与滑柱压板组合而成的机动夹紧机构，图 13-38c 所示为端面斜楔与压板组合而成的手动夹紧机构。

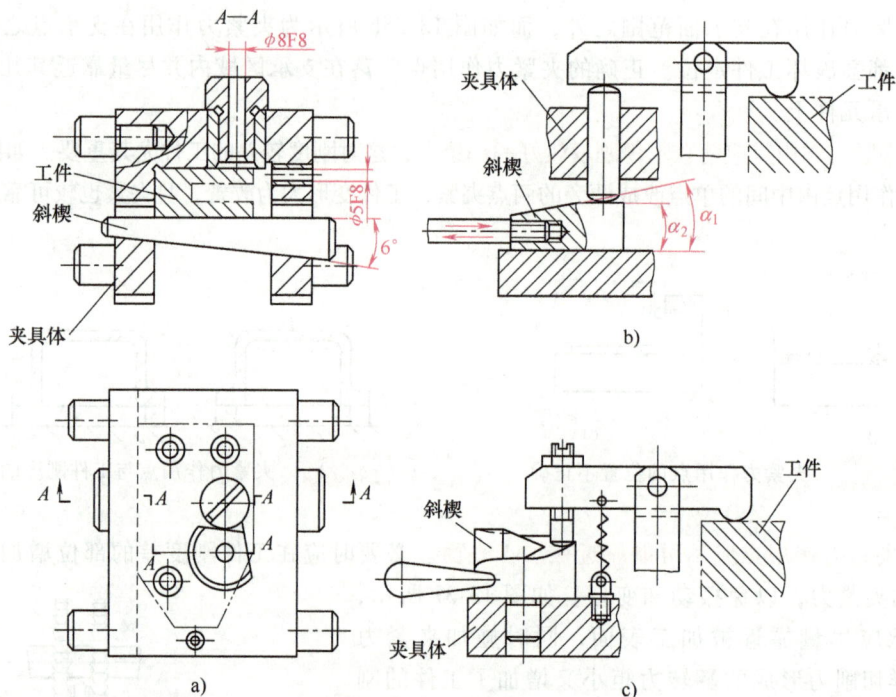

图 13-38　几种斜楔夹紧机构

斜楔夹紧机构结构较简单，有增力作用，一般扩力比 $i_P \approx 3$。但其操作不方便，夹紧和松开工件都要敲击楔块，且夹紧行程小，虽然增大斜楔升角可加大行程，但自锁性能变差。

为使斜楔夹紧工件后能确保自锁，一般取斜楔升角 $\alpha = 6° \sim 8°$。

2. 螺旋夹紧机构

将楔块的斜面绕在圆柱体上就成为了螺旋面，因此螺旋夹紧的原理与斜楔夹紧相似。螺旋夹紧机构结构简单，容易制造，自锁性能好，扩力比大，一般 $i_P \approx 65 \sim 140$，夹紧行程大，在手动夹紧时使用非常普遍。

螺旋夹紧机构主要有两种：单个螺旋夹紧机构和螺旋压板夹紧机构。

（1）单个螺旋夹紧机构　图 13-39a、c 所示为直接用螺钉或螺母夹紧工件的机构，称为单个螺旋夹紧机构。这种夹紧机构存在夹紧动作慢、工件装卸费时、易破坏工作表面及夹紧时可能带动工件旋转等缺点。因此，在实际使用中，常使用图 13-39b、d 所示的结构。图 13-39b 所示为在螺钉头部增加了压块，可避免破坏工件表面并避免了夹紧时工件的旋转，且使用手轮，使操作方便、快捷。图 13-39d 所示为使用了开口垫圈，所用螺母的外径小于工件的内孔，当松夹时，螺母拧松半扣，抽出开口垫圈，工件即可从螺母上卸下，以实现快速装夹。

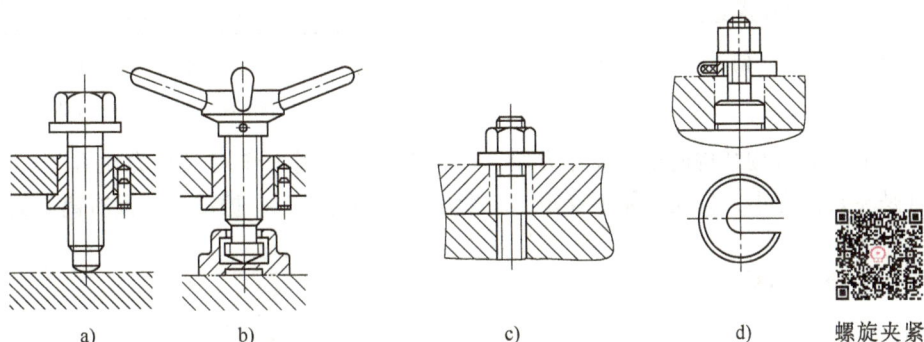

a)　　　　b)　　　　　　c)　　　　　　d)　　螺旋夹紧

图 13-39　单个螺旋夹紧机构

（2）螺旋压板夹紧机构　实际生产中，螺旋压板夹紧机构比单个螺旋夹紧机构应用更为广泛，结构形式也比较多样化。图 13-40 所示为较典型的螺旋压板夹紧机构的三种结构形式，其中图 13-40a、b 所示为移动压板结构，图 13-40c 所示为翻转压板结构，它们的扩力比 i_p 分别为 1/2、1 和 2。

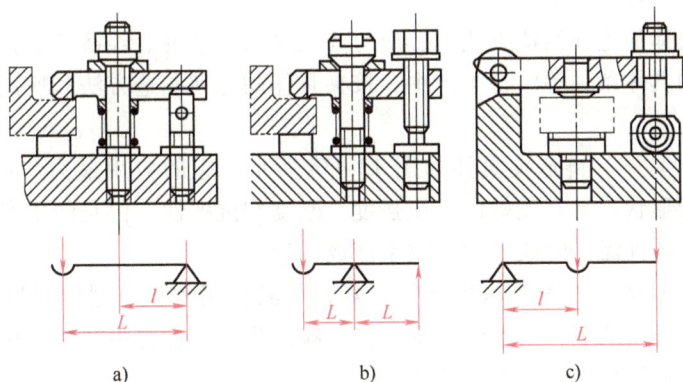

a)　　　　　　　　b)　　　　　　　　c)

图 13-40　螺旋压板夹紧机构

3. 偏心夹紧机构

偏心夹紧机构是一种用偏心件直接或间接夹紧工件的快速夹紧机构。常用的偏心件是偏心轮和偏心轴。偏心轮的工作原理是偏心件的几何中心和回转中心不同心，形成一个弧形楔块，逐渐楔入"基圆盘"与工件之间，从而夹紧工件，如图 13-41 所示。

在实际使用中，偏心轮直接作用在工件上的偏心夹紧机构不多见。偏心夹紧机构一般多与其他夹紧元件联合使用。如图 13-42 所示是偏心压板夹紧机构。

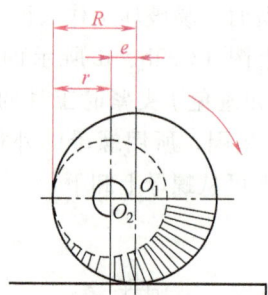

图 13-41　偏心轮工作原理

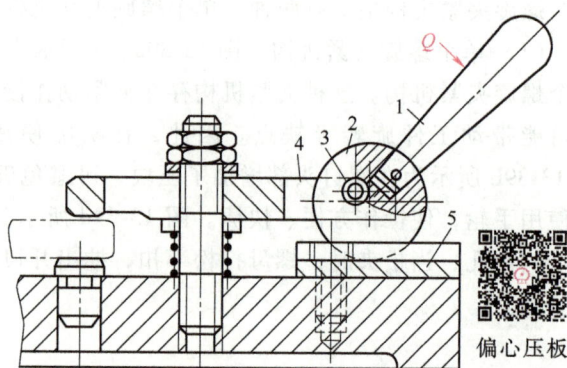

图 13-42　偏心压板夹紧机构

偏心压板夹紧机构

1—手柄　2—偏心轮　3—销　4—压板　5—垫板

偏心夹紧机构结构简单，操作方便，夹紧迅速，有增力作用（扩力比 i_p 为 7.5～12）。其缺点是夹紧行程小，自锁性能不稳定，一般用于切削力不大、振动小、没有离心力的加工中。

13.3　夹具体

夹具体是夹具的基础件，组成某种夹具所需的各种元件、机构和装置，都安装在夹具体上，并通过它将夹具安装在机床上。夹具体的结构形式和尺寸大小主要取决于被加工工件的尺寸和结构、夹具的受力状态（包括夹紧力、切削力、工件的重力和惯性力等）、夹具所选用的零件及其布局、夹具与机床的连接方式等。

夹具体一般是非标准件，需自行设计、制造。夹具体对整个夹具的强度和刚度、工件加工精度和安全生产等都有很大影响。

在选择夹具体的毛坯制造方法时，应考虑其结构工艺性、经济性、标准化可能性、制造周期以及工厂的具体条件等。在生产中，按夹具体的毛坯制造方法和所用材料的不同，将夹具体分为五类。

（1）铸造夹具体　铸造夹具体如图 13-43a 所示，它的应用最为广泛。其主要优点是，可铸出各种复杂形状，具有较好的抗压强度、刚度和抗振性。但它的生产周期较长，并且为消除残余应力，铸件需经时效处理，故生产成本较高。

（2）焊接夹具体　如图 13-43b 所示，焊接夹具体用钢板、型材焊接而成。其主要优点是易于制造，生产周期短，成本低，重量轻；缺点是焊接过程中产生的热变形和残余应力对精度影响较大，故焊接后需经退火处理。

（3）锻造夹具体　锻造夹具体如图 13-43c 所示，它只适用于形状简单、尺寸不大的场合，一般情况下较少使用。

（4）型材夹具体　型材夹具体可以直接用板料、棒料、管料等型材加工装配而成。这类夹具体取材方便、生产周期短、成本低、重量轻。

（5）装配夹具体　如图 13-43d 所示，装配夹具体由通用零件和标准零件组装而成，可大大缩短夹具体的制造周期，并可组织专业化生产，有利于降低成本。而要使装配夹具体在生产中得到广泛应用，必须实现夹具体结构标准化和系列化。

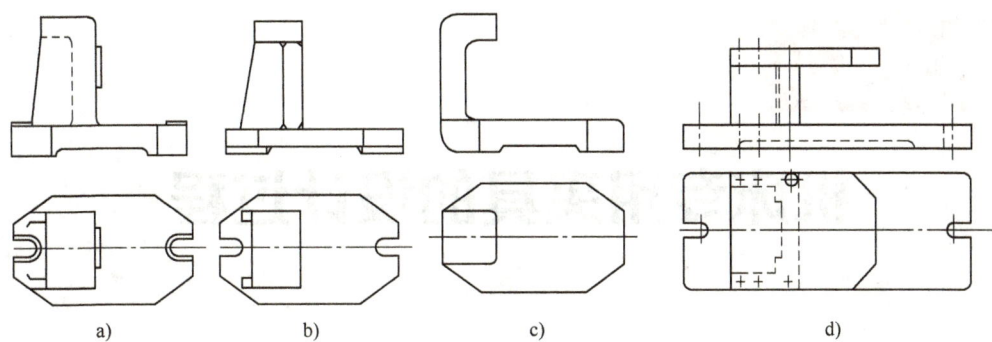

图 13-43　夹具体的种类

单元14

机床专用夹具的设计过程

14.1 各类机床夹具

14.1.1 车床夹具

车床夹具一般都安装在车床主轴端部，加工时夹具随车床主轴一起旋转，装在刀架上的切削刀具做进给运动。

1. 轴类车床夹具

1）过盈配合圆柱心轴，如图 14-1 所示。

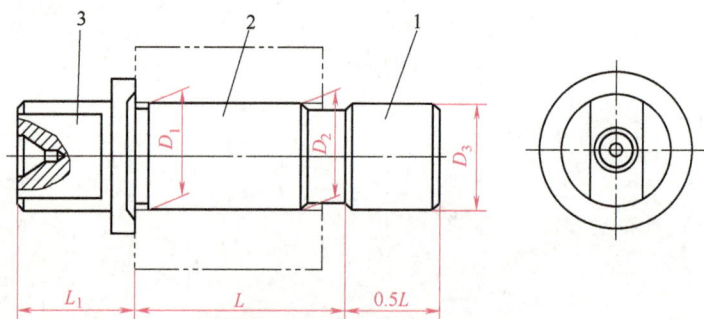

可涨心轴

图 14-1 过盈配合圆柱心轴

1—导向部分　2—定位部分　3—传动部分

2）间隙配合圆柱心轴，如图 14-2 所示，工件以内孔在心轴上以间隙配合 H7/g6 定位，通过开口垫圈、螺母夹紧。

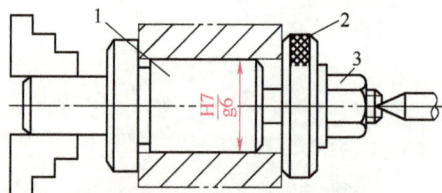

圆柱心轴

图 14-2 间隙配合圆柱心轴

1—心轴　2—开口垫圈　3—螺母

一般心轴是以两顶尖孔装在车床前后两顶尖上，用拨叉或鸡心夹头传递动力。

2. 卡盘类车床夹具

其结构特点与自定心卡盘类似，装夹的工件大都是回转体、对称体，回转时不平衡影响较小，并且必须外加防护罩以保证安全。

3. 花盘类车床夹具

其结构特点与车床花盘相似，装夹工件后一般需要配平衡重。如图 14-3 所示，夹具以止口面安装于主轴端部，并用螺钉紧固；工件以一面两孔在一面两销上定位，并用螺旋压板夹紧。

设计卡、花盘类车床夹具应注意事项：结构要紧凑，轮廓尺寸要小，夹具重心应尽可能靠近回转轴线，以减少离心力和回转力矩；应设有平衡重，并能调节；避免尖角、突出部分，要加防护罩；夹紧装置应安全可靠。

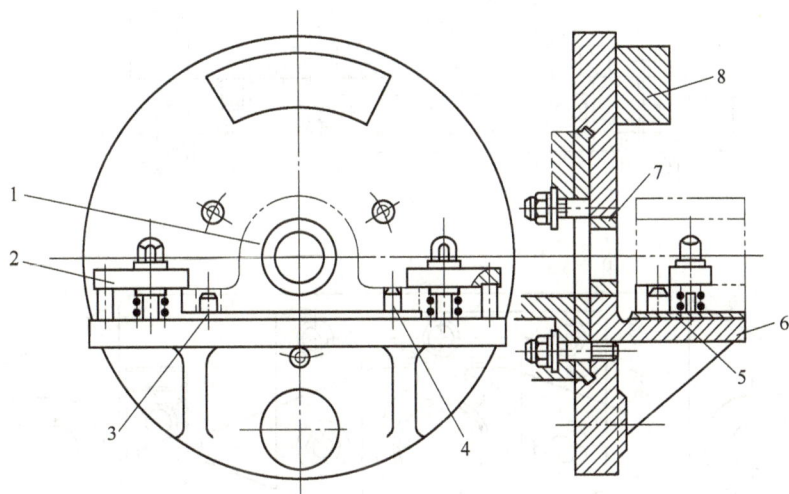

图 14-3　花盘角铁式车床夹具

1—工件　2—压板　3—菱形销　4—圆柱销　5—支承板　6—夹具体　7—导向套　8—配重

车床夹具

14.1.2　铣床夹具

1. 典型铣床夹具结构分析

如图 14-4 所示为加工壳体的铣床夹具。工件以端面、$\phi58mm$ 大孔和 $\phi5.2mm$ 小孔作为定位基准，定位元件为支承板 2 与安装在其上的大圆柱销 6 和菱形销 10（一面两销）。夹紧装置是采用螺旋压板的联动夹紧机构。操作时，只需拧紧螺母 4，就可使左、右两个压板同时夹紧工件。夹具上还有对刀块 5，用来确定铣刀的位置。两个定向键 11 用来确定夹具在机床工作台上的位置。

2. 铣床夹具的设计要点

由于铣刀是多刃刀具，切削力大，铣削振动大，因此设计铣床夹具的夹具体时，除考虑一般夹具体的设计要点外，更应注意提高夹具体的刚性和工作稳定性。因此，应尽可能控制铣床夹具夹具体的高度，减小它所承受的切削力，如图 14-5 所示。

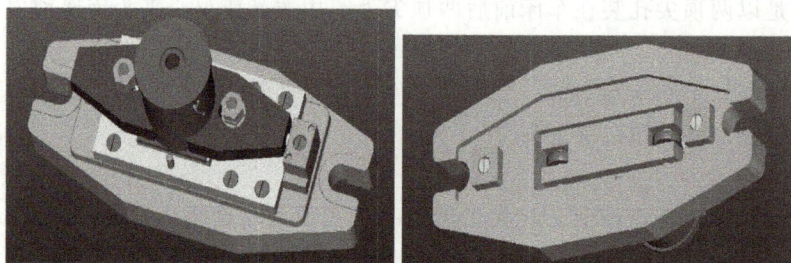

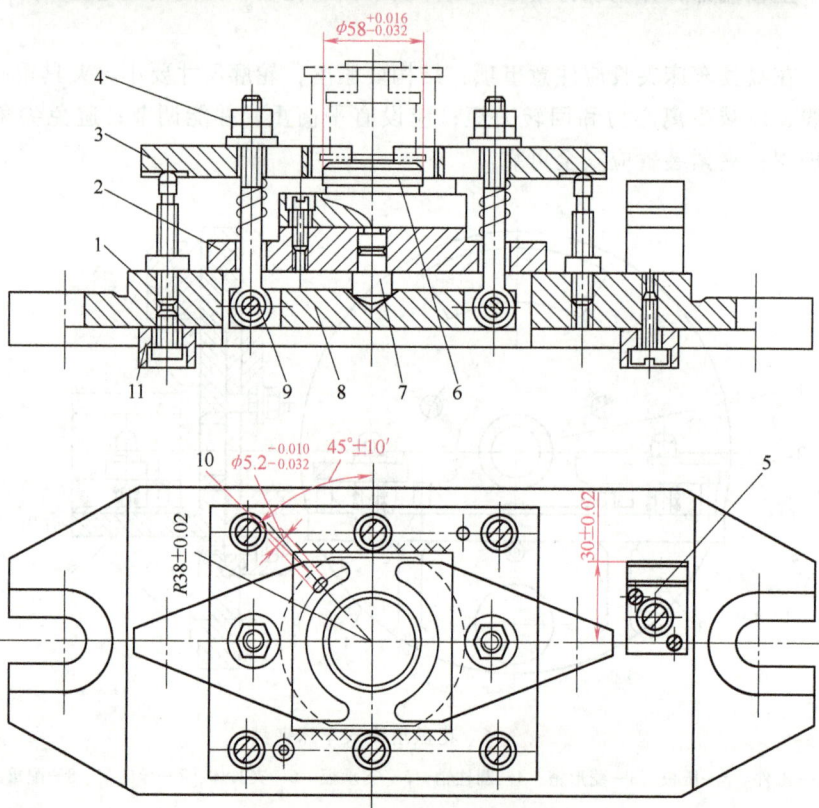

图 14-4 加工壳体的铣床夹具

1—夹具体　2—支承板　3—压板　4—螺母　5—对刀块　6—大圆柱销
7—球头钉　8—铰接板　9—螺杆　10—菱形销　11—定向键

（1）对刀装置　用于确定刀具与夹具的相对位置，主要由对刀块和塞尺构成。

如图 14-6 所示为几种常见铣刀的对刀装置，图 14-6a 所示为高度对刀装置，用于铣平面时对刀；图 14-6b 中 3 是直角对刀块，用于加工键槽或台阶面时对刀；图 14-6c、d 所示为成形刀具对刀装置，用于加工成形表面时对刀；图 14-6e 所示为组合刀具对刀装置，3 是方形对刀块，用于组合铣刀的垂直和水平方向对刀。

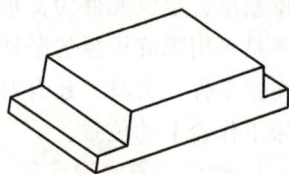

图 14-5 铣床夹具体

对刀时，铣刀不能与对刀块工作表面直接接触，以免损坏切削刃或造成对刀块过早磨损，应通过塞尺来校准它们之间的相对位置，即将塞尺放在刀具与对刀块的工作表面之间，凭抽动塞尺的松紧感觉来判断铣刀位置的正确与否。

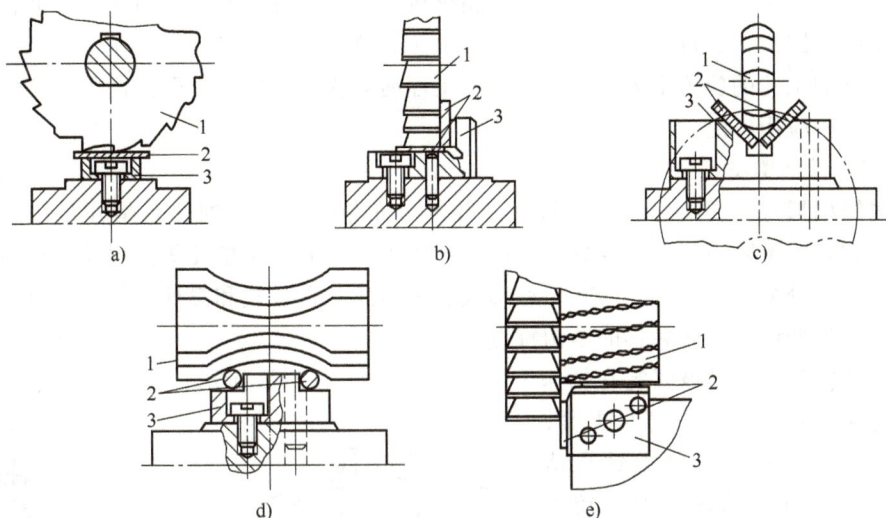

图 14-6　对刀装置

1—刀具　2—塞尺　3—对刀块

（2）定位键　为确定夹具与机床工作台的相对位置，应在夹具体底面设置定位键。铣床夹具通过两个定位键与机床工作台上的 T 形槽配合，来确定夹具在机床上的位置。

定位键有矩形和圆形两种形式。常用的矩形定位键有 A 型和 B 型两种结构形式，如图 14-7a、b 所示。A 型定位键适用于夹具定向精度要求不高的场合。B 型定位键的侧面开有沟槽，沟槽上部与夹具体的键槽配合，在制造定位键时，尺寸 B_1 应留有 0.5mm 的修磨量，以便与工作台 T 形槽修配，达到较高的配合精度。图 14-7c 所示为与矩形定位键相配件的尺寸。图 14-7d 所示为圆形定位键。

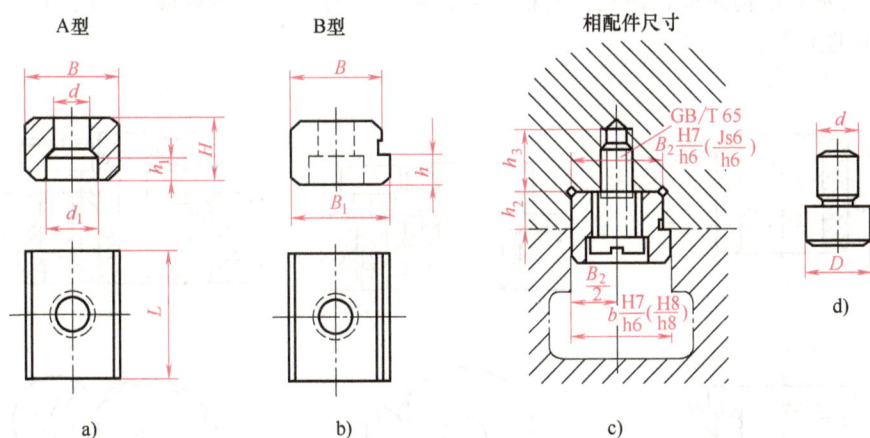

图 14-7　定位键

14.1.3　钻床夹具

钻床夹具俗称钻模，它的上面一般都有与定位元件有一定尺寸要求的钻套和安装钻套的钻模板。通过钻套引导刀具进行加工是钻模的主要特点。钻削时，被加工孔的尺寸精度主要由刀具本身的尺寸精度来保证，而孔的位置精度则是由钻套在夹具上相对于定位元件的位置精度来确定的。因此，通过钻套引导刀具进行加工，既可提高刀具系统的刚性，又可防止钻头引偏，而且加工孔的位置不需划线和找正，工序时间大大缩短，显著提高了生产率，故钻模在成批生产中应用广泛。

1. 钻床夹具结构类型及特点

钻模的结构形式主要决定于工件被加工孔的分布情况，如有的孔系是分布在同一平面上，或分布在几个不同表面上，或分布在同一圆周上，还有的是单孔等。因此，钻模的结构形式很多，一般分为固定式、回转式、移动式、翻转式、盖板式和滑柱式等几种类型。下面以固定式钻模为例说明钻床夹具的结构特点。

固定式钻模使用时是被固定在钻床工作台上的。如图 14-8 所示，工件以一面两孔在一面两销上定位，用快速夹紧螺母夹紧，钻工件上的斜孔。固定式钻模钻孔精度较高，常用在立式钻床上加工较大的单孔或用在摇臂钻床上加工平行孔系。

2. 钻床夹具设计要点

（1）**钻套的类型** 钻套按其结构形式可分为固定钻套、可换钻套、快换钻套和特殊钻套四类。

1）固定钻套如图 14-9a 所示，分为带肩和不带肩两种。钻套安装在钻模板或夹具体中，其配合为 H7/n6 或

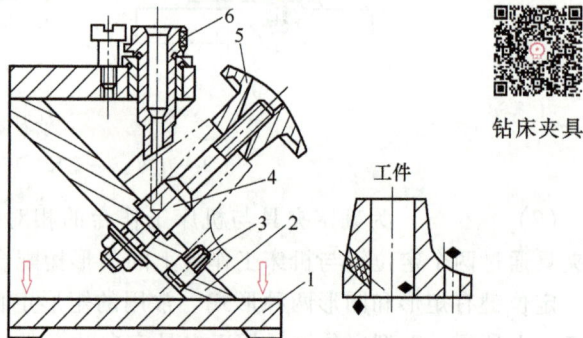

钻床夹具

图 14-8 固定式钻模

1—夹具体 2—平面支承 3—削边销定位 4—圆柱定位销 5—快速夹紧螺母 6—特殊快换钻套

H7/r6。固定钻套结构简单，钻孔位置精度高，缺点是磨损后不易更换，一般用于单一钻孔工序和中小批生产。

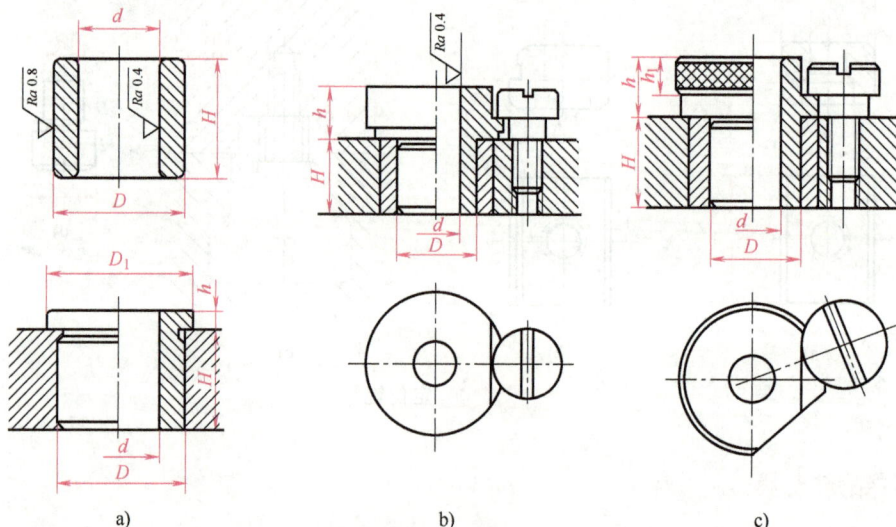

a)   b)   c)

图 14-9 钻套的结构

2）可换钻套如图 14-9b 所示，为保护钻模板，在钻套与钻模板之间加了一个衬套。钻套与衬套之间采用 F7/m6 或 F7/k6 配合，衬套与钻模板之间采用 H7/n6 配合。当钻套磨损后，可卸下螺钉，更换新的钻套，螺钉能防止加工时钻套转动或退刀时随刀具拔出。可换钻套一般用于大批大量生产中。

3）快换钻套如图 14-9c 所示，它的凸缘除有供螺钉压紧的台肩外，同时还铣出了一削边平面，当转动钻套使削边平面对准螺钉时，便可取出钻套，进行快速更换。但削边方向应考虑刀具的旋向，以免钻套随刀具的旋转而自行拔出。快换钻套多用在加工过程需要连续更换刀具的场合，如一个孔需经钻、扩、铰等多个工步的加工。

4）特殊钻套如图 14-10 所示。当工件的形状或孔的位置等情况特殊而难以采用标准钻套时，需要专门设计特殊钻套。图 14-10a 所示为用于在凹形平面上钻孔的钻套；图 14-10b 所示为用于在斜面上钻孔的钻套；图 14-10c 所示为用于两孔中心距很近的钻套；图 14-10d 所示为利用钻套下端面的内圆锥来定位夹紧工件的钻套。

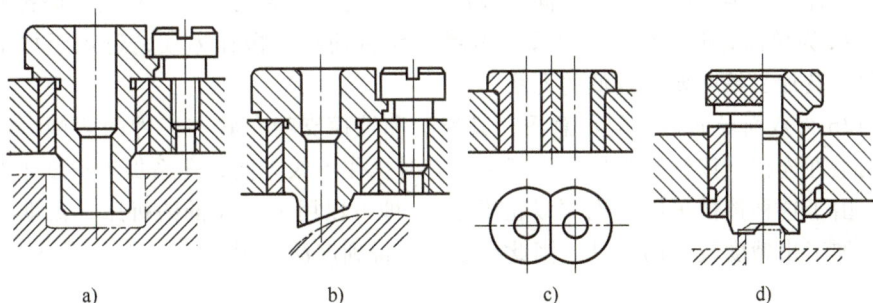

a)　　　　　　　b)　　　　　　　c)　　　　　　　d)

图 14-10　特殊钻套

（2）**钻套尺寸、公差及材料**　设计钻床夹具时，在选定钻套的结构形式后，需要确定钻套的内孔尺寸、公差及其他有关尺寸，如图 14-11 所示。

1）确定钻套内径尺寸 d。钻套内径的公称尺寸应为所用刀具的上极限尺寸。因为钻头、扩孔钻、铰刀都是标准的定尺寸刀具，所以钻套内径应按基轴制选取。一般根据所用刀具和工件上的加工精度要求来选取钻套内径的公差配合，钻孔和扩孔时选用 F7 或 F8；粗铰孔时选用 G7；精铰孔时选用 G6。若钻套引导的是刀具的导柱部分，则可按基孔制的相应配合选取，如 H7/f7、H7/g6、H6/g5 等。

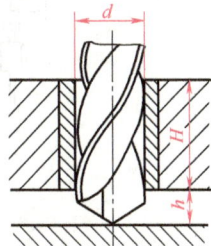

图 14-11　钻套尺寸

2）随着钻套的高度 H 的增大，钻套的导向性能、刀具刚度和加工精度都会有所提高，但会加剧它与刀具的磨损。孔距精度要求一般时，$H=(1.5\sim2)d$；孔距精度要求较高时，$H=(2.5\sim3.5)d$。

3）排屑空间指钻套底部与工件表面之间的空间。增大排屑空间的高度 h，会使排屑方便，但刀具的刚度和孔的加工精度都会降低。加工铸铁时，取 $h=(0.3\sim0.7)d$；加工钢时，取 $h=(0.7\sim1.5)d$。当孔的位置精度要求较高时，可取 $h=0$，使切屑全部从钻套中排出；对于带状切屑，h 取大值，易断屑时，h 取小值。

在加工过程中，钻套会与刀具产生摩擦，故钻套必须有很好的耐磨性。当钻套内径 $d\leqslant$ 26mm 时，用 T10A 钢制造，热处理硬度为 58~64HRC；当 $d>$26mm 时，用 20 钢制造，渗碳深度为 0.8~1.2mm，热处理硬度为 58~64HRC。

（3）钻模板设计　钻模板通常装配在夹具体或支架上，或与夹具上的其他元件相连接。常见的钻模板的类型有固定式钻模板、铰链式钻模板、可卸式钻模板、悬挂式钻模板。

（4）夹具体　钻模的夹具体一般不设定位或导向装置，夹具通过夹具底面安放在钻床工作台上，可直接用钻套找正并用压板压紧（或在夹具体上设置耳座并用螺栓压紧）。

14.1.4　镗床夹具

镗床夹具又称镗模，它与钻床夹具相似，除具有一般元件外，也采用了引导刀具的镗套。镗套按照被加工孔系的坐标布置在导向支架（镗模架）上。镗模主要用于保证箱体、支架等工件各孔间、孔与其他基准面之间的相互位置精度。

按所用机床的不同，镗模可分为立式镗模和卧式镗模，二者分别用于立式镗床和卧式镗床；按镗套及镗模支架的布置形式不同，镗模又可分为单面导向镗模和双面导向镗模。

图 14-12a 为单面导向镗模的示意图，其镗套结构简单，操作方便，适用于加工孔径较大而长度较短及加工精度要求较低的孔系。

图 14-12b 为双面导向镗模的示意图，其镗套和镗模支架布置在工件的两侧，镗杆与机床主轴采用柔性连接。该镗模结构较为复杂，有时操作不太方便，孔系加工精度主要取决于镗模精度。由于这种镗模可以实现"以粗干精"，即可以用精度较低的机床，借助于精密化工艺装备，加工出精度较高的工件，因此在生产中得到广泛应用。

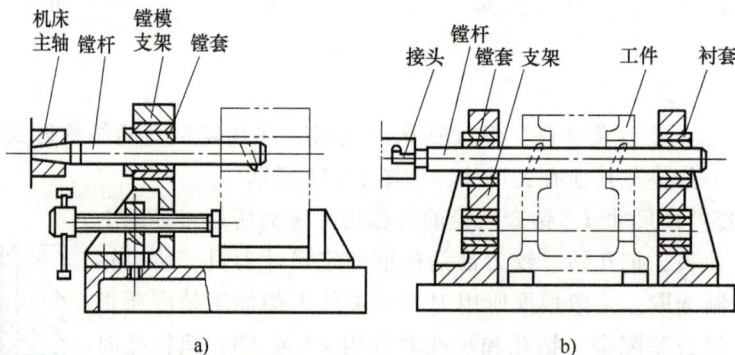

图 14-12　镗模的两种结构形式

如图 6-22 所示为镗削车床尾座孔的镗模。

14.2　专用夹具设计

14.2.1　专用夹具设计的方法步骤

1. 已知条件

工艺人员提出的夹具设计任务书，内容主要包含：工序加工尺寸、位置精度要求，定位基准，夹紧力作用点、方向，机床，刀具，辅具，所需夹具数量。

2. 设计的方法步骤

夹具设计生产过程一般可简单表示为如图 14-13 所示。

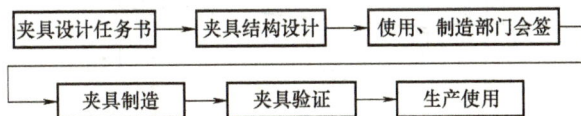

图 14-13　夹具设计生产过程

夹具设计生产的具体步骤为：搜集机床及工艺装备等资料→设计定位、夹紧、对刀、夹具体等结构方案→绘制夹具装配图（主视图尽量选与操作者正对的位置，比例尽量为 1∶1）及非标准夹具零件图等。

14.2.2　专用夹具设计实例

如图 14-14 所示为某连杆零件图，生产类型为大批生产。

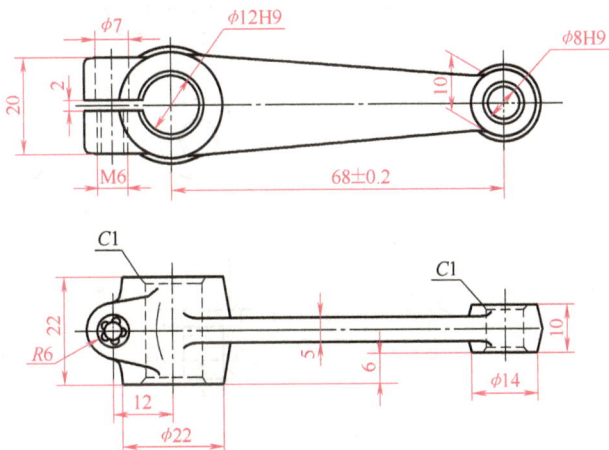

图 14-14　某连杆零件图

该连杆的机械加工工艺过程及所使用的机床设备见表 14-1。

表 14-1　该连杆的机械加工工艺过程及设备

工序号	工序内容	设备
10	同时铣大、小端面	X5025
20	同时铣大、小另一端面	X5025
30	钻铰 $\phi 12H9$ 孔并倒角	Z5125
40	钻铰 $\phi 8H9$ 孔并倒角	Z5125
50	钻 $\phi 7mm$ 孔和螺纹底孔 $\phi 5mm$	Z5125
60	铣 $2mm$ 槽	X6026
70	攻螺纹 M6	Z5125

工序 50 专用夹具的设计步骤如下：

1）根据零件图和工艺过程确定工件定位夹紧方案，如图 14-15 所示。

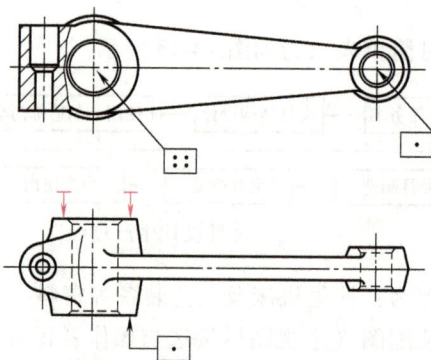

图 14-15 工序 50 的定位夹紧方案

2）根据定位夹紧方案设计夹具总体结构，见表 14-2。

表 14-2 夹具总体结构设计步骤

设计步骤	绘图步骤
布置定位元件	
布置导引元件	

（续）

设计步骤	绘图步骤
布置夹紧装置	
设计夹具体，完成夹具总图	

14.2.3　夹具总图上尺寸、公差配合、技术条件的标注

1. 夹具总图上应标注的尺寸

1）外形轮廓尺寸（A 类尺寸）：长、宽、高（不包含被加工工件、定位键），当夹具结

构中有可动部分时，应包括可动部分处于极限位置时在空间所占的尺寸。

2）**工件与定位元件的联系尺寸（B 类尺寸）**：把工件顺利装入夹具所涉及的尺寸，与工件尺寸相关。

3）**夹具与刀具的联系尺寸（C 类尺寸）**：指定位元件与对刀元件之间的位置尺寸，与工件尺寸相关。

对于钻床夹具：

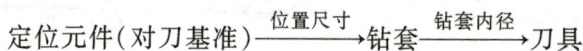

$$定位元件（对刀基准）\xrightarrow{位置尺寸}钻套\xrightarrow{钻套内径}刀具$$

对于铣床夹具：

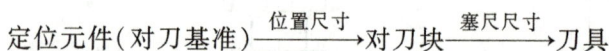

$$定位元件（对刀基准）\xrightarrow{位置尺寸}对刀块\xrightarrow{塞尺尺寸}刀具$$

车床夹具无此类尺寸。

4）**夹具与机床的联系尺寸（D 类尺寸）**：把夹具顺利装入机床所涉及的尺寸，与机床尺寸相关。

对于车床夹具：夹具与机床的联系尺寸是夹具与车床主轴端部圆柱面的配合尺寸。

对于铣床夹具：夹具与机床的联系尺寸是定位键与铣床 T 形槽的配合尺寸。

以上尺寸若以配合形式标注，要用双点画线画出主轴端部、T 形槽形状。

钻床夹具无此类尺寸。

5）**其他装配尺寸（E 类尺寸）**：上述几类尺寸之外的尺寸。

2. 尺寸标注示例

1）如图 14-16 所示为钻床夹具尺寸标注示例。

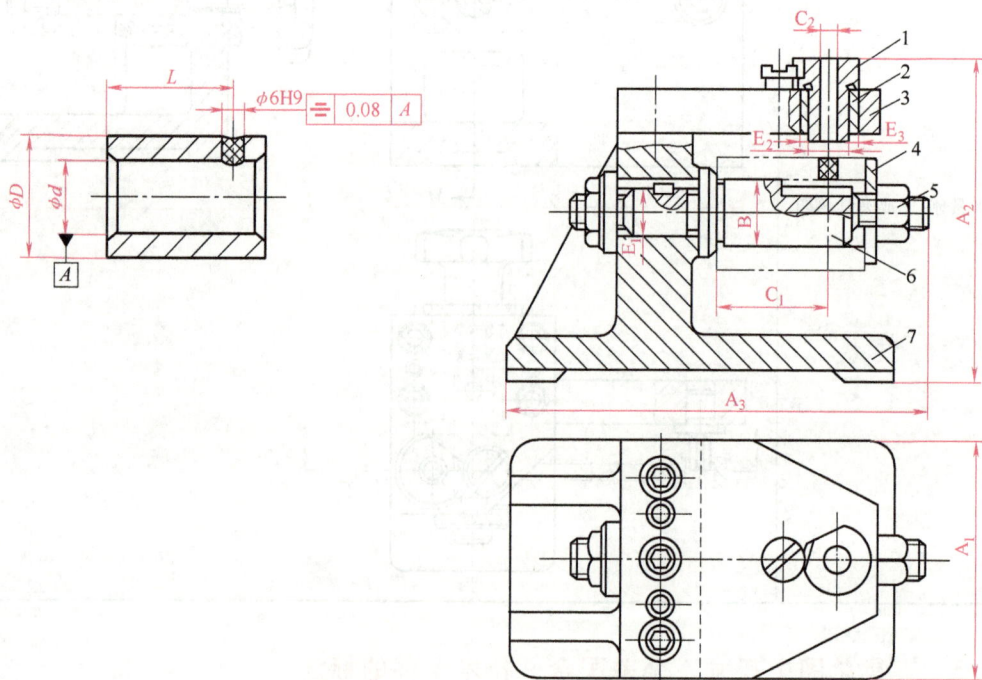

图 14-16 钻床夹具尺寸标注示例

1—钻套 2—衬套 3—钻模板 4—开口垫圈 5—螺母 6—定位心轴 7—夹具体

2）如图 14-17 所示为铣床夹具尺寸标注示例。

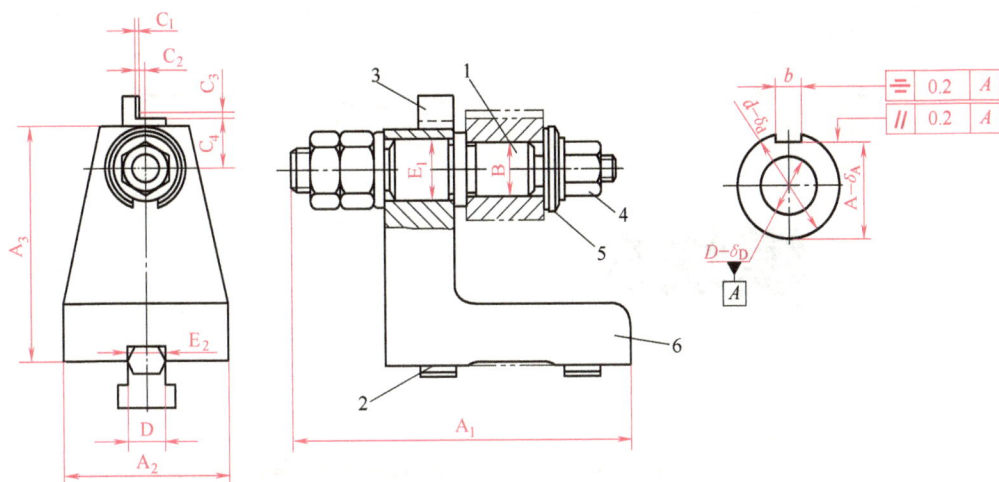

图 14-17　铣床夹具尺寸标注示例

1—定位心轴　2—定位键　3—对刀块　4—螺母　5—开口垫圈　6—夹具体

模块5

机械装配工艺

单元15

机械装配工艺的基础知识

15.1 保证装配精度的工艺方法

15.1.1 装配概述

1. 机器装配的基本概念

机械产品是由若干个零件和部件组成的。所谓装配就是按规定的技术要求和精度，将构成机器的零件结合成组件、部件或产品的工艺过程。把零件装配成组件，把零件和组件装配成部件，把零件、组件和部件装配成最终产品的过程分别称为组装、部装和总装。

装配的准备工作包括零部件清洗、尺寸和重量分选、平衡等；装配工作具体包括零件的装入、连接、部装、总装以及装配过程中的检验、调整、试验和装配后的试运转、油漆和包装等。

装配是决定产品质量的重要环节，通过装配还可以发现产品设计、零件加工以及装配过程中存在的问题，为改进和提高产品质量提供依据。

装配工作量在机器制造过程中占很大的比重。尤其在单件小批生产中，因修配工作量大，装配工时往往占机械加工工时的一半左右，即使在大批生产中，装配工时也占有较大的比例。目前，在多数工厂中，装配工作大部分靠手工劳动完成。因此，装配工艺更显重要。选择合适的装配方法、制订合理的装配工艺规程，不仅是保证产品质量的重要手段，也是提高劳动生产率、降低制造成本的有力措施。

2. 装配工作内容

机器的装配是整个机器制造过程中的最后一个阶段，是最终保证产品质量的重要环节。常见的装配工作内容有如下几项。

（1）清洗　装配前要对检验合格的零件进行认真清洗。其目的是去除粘附在零件上的灰尘、切屑和油污。清洗后的零件通常还具有一定的防锈能力。

（2）连接　装配工作的完成要依靠大量的连接，连接方式一般有可拆卸连接（如螺纹连接、键连接和销连接等）和不可拆卸连接（如焊接、铆接和过盈连接等）。如轴承与轴的装配有三种基本方法：冷装配合法、热装配合法、液压装配法。

（3）校正、调整与配作　在机器装配过程中，特别是单件小批生产条件下，完全靠零件互换法去保证装配精度往往不经济，甚至是不可能的。因此，常常需要进行一些校正、调整和配作工作来保证部装和总装的精度。

校正是指产品中相关零部件相互位置的找正、找平及相应的调整工作，在产品总装和大型机器的基体件装配中应用较多。例如，在卧式机床总装过程中，床身安装水平及导轨扭曲的校正、主轴箱主轴中心与尾座套筒中心等高的校正、溜板移动对主轴轴线平行度的校正，以及丝杠两轴承轴线和开合螺母轴线对床身导轨等距的校正等。

调整指相关零部件相互位置的具体调节工作。它除了用于配合校正工作去调节零件的位置精度以外，为了保证机器中运动零部件的运动精度，还用于调节运动副间的间隙，例如轴承间隙、导轨副的间隙及齿轮与齿条的啮合间隙等。

配作通常指配钻、配铰、配刮和配磨等，这是装配中附加的一些钳工和机械加工工作，并应与校正、调整工作结合起来进行，因为只有经过校正、调整以后，才能进行配作。

（4）平衡　为了防止对运转平稳性要求较高的机器在使用中出现振动，在其装配过程中需对有关旋转零部件或整机进行平衡作业。部件和整机的平衡均以旋转体零件的平衡为基础。在生产中常用静平衡法和动平衡法来消除由于质量分布不均匀而造成的旋转体的不平衡。

（5）验收试验　机器装配工作完成以后，出厂前还要根据有关技术标准和规定，对其进行比较全面的检验和试验。各类产品的验收内容及方法有很大差别，表15-1简要介绍了金属切削机床验收试验工作的主要步骤。

表 15-1　金属切削机床验收试验工作的主要步骤

序号	主要步骤	说明
1	全面检查机床的几何精度	包括相对运动精度（如溜板在导轨上的移动精度、溜板移动对主轴轴线的平行度等）和相互位置精度（如距离精度、同轴度、平行度、垂直度等）两个方面，而相对运动精度的保证又是以相互位置精度为基础的
2	空运转试验	即在不加负荷的情况下，使机床完成设计规定的各种运动。对变速运动需逐级或选择低、中、高三级转速进行运转，在运转中检验各种运动及各种机构工作的准确性和可靠性，检验机床的振动、噪声、温升及其电气、液压、气动、冷却润滑系统的工作情况等
3	机床负荷试验	在规定的切削力、转矩及功率条件下使机床运转，在运转中所有机构应工作正常
4	机床工作精度试验	例如对车床检查所车螺纹的螺距精度、外圆的圆度及圆柱度以及所车端面的平面度等

3. 装配精度的概念

对一般机器而言，装配精度是为了保证机器、部件和组件具有良好的工作性能。机械产品的质量标准通常是用技术指标表示的，其中包括几何方面和物理方面的参数。

（1）物理方面　有转速、重量、平衡、密封、摩擦等。

（2）几何方面（即装配精度）　有距离精度、相互位置精度、相对运动精度、配合表面的配合精度和接触精度（表面间接触面积的大小和接触斑点分布状况）等。

4. 装配精度与零件精度的关系

机床的精度最终是在装配时达到的。保证零件的精度特别是关键零件的加工精度，其目的最终还在于保证机床的装配精度，因此机床的装配精度与零件精度密切相关。

零件的加工精度直接影响装配精度。进入装配的合格零件，总是存在一定的加工误差，当相关零件装配在一起时，这些误差就有累积的可能。提高零件加工精度可以减小累积误差，但增加了零件的制造成本。当装配精度要求很高，零件加工精度无法满足装配要求，或者提高零件加工精度不经济时，则必须考虑采用合适的装配工艺方法，达到既不增加零件加工的困难又能满足装配精度的目的。

因此，零件加工精度是保证装配精度要求的基础，但装配精度不完全由零件加工精度来决定，它是由零件的加工精度和合理的装配方法来共同保证的，以达到经济高效的目的。

15.1.2　保证装配精度的工艺方法

在长期的生产实践中，为保证装配精度，人们创造了许多巧妙的装配工艺方法。这些方法经过长期以来的丰富、发展和完善，已成为有理论指导、有实践基础的科学方法。这些方法可具体归纳为互换法、选配法、修配法和调整法四大类。

1. 互换法

用控制零件的加工误差来保证装配精度的方法称为互换法。按其互换程度的不同，分为完全互换法与部分互换法两种。

（1）完全互换法　完全互换法是机器在装配过程中每个待装配零件不需挑选、修配和调整，装配后就能达到装配精度要求的一种装配方法。其装配工作较为简单，生产率高，有利于组织生产协作和流水作业，对工人技术要求较低，也有利于机器的维修。

为了确保装配精度，要求各相关零件公差之和小于或等于装配允许公差。这样，装配后各相关零件的累积误差变化范围就不会超出装配允许的公差范围。这一原则用公式表示为

$$T_0 \geqslant T_1 + T_2 + \cdots + T_m = \sum_{i=1}^{m} T_i \tag{15-1}$$

式中，T_0 是装配允许公差；T_m 是各相关零件的制造公差；m 是组成环数。

因此，只要制造公差能满足机械加工的经济精度要求，不论何种生产类型，均应优先采用完全互换法。但当装配精度较高，零件加工困难而又不经济时，在大批生产中，可考虑采用部分互换法。

（2）部分互换法　部分互换法又称不完全互换法。它是将各相关零件的制造公差适当放大，使加工容易而经济，又能保证绝大多数产品达到装配精度要求的一种方法。

部分互换法是以概率论原理为基础的。在零件的生产数量足够多时，加工后的零件尺寸一般在公差带上呈正态分布，而且零件尺寸在公差带中点附近出现的概率很大，在接近上、下极限尺寸处出现的概率很小。在一个产品的装配中，各相关零件的尺寸恰巧都是极限尺寸的概率就更小了。当然，出现这种情况，累积误差就会超出装配允许公差。因此，可以利用这个规律，将装配中可能出现的废品控制在一个极小的比例之内。对于这一小部分不能满足要求的产品，也需进行经济核算或采取补救措施。

根据概率论原理，装配允许公差必须大于或等于各相关零件公差值平方之和的平方根，用公式表示为

$$T_0 \geqslant \sqrt{T_1^2 + T_2^2 + \cdots + T_m^2} = \sqrt{\sum_{i=1}^{m} T_i^2} \tag{15-2}$$

显然，当装配公差 T_0 一定时，将式（15-2）与式（15-1）比较，各相关零件的制造公差 T_m 增大了许多，零件的加工也就容易了许多。

2. 选配法

选配法是当装配精度要求极高，零件制造公差限制很严，致使几乎无法加工时，可将制造公差放大到经济可行的程度，然后选择合适的零件进行装配来保证装配精度的一种装配方法。按其选配方式的不同，分为直接选配法、分组装配法和复合选配法。

（1）直接选配法　零件按经济精度制造，凭工人经验直接从待装零件中选择合适的零件进行装配。这种方法简单，但因装配质量与装配工时在很大程度上取决于工人的技术水平而不稳定，一般用于装配精度要求相对不高、装配节奏要求不严的小批生产的装配中，如发动机生产中活塞与活塞环的装配。

（2）分组装配法　对于制造公差要求很严的互配零件，将其制造公差按整数倍放大到经济精度后加工，然后进行测量并按原公差分组，按对应组分别装配。这样，既扩大了零件的制造公差，又能达到很高的装配精度。分组装配法在内燃机、轴承等制造中应用较多。

活塞与活塞销的连接情况如图 15-1 所示。根据装配技术要求，活塞销孔与活塞销外径在冷状态装配时应有 0.0025~0.0075mm 的过盈量，但与此相应的配合公差仅为 0.005mm。

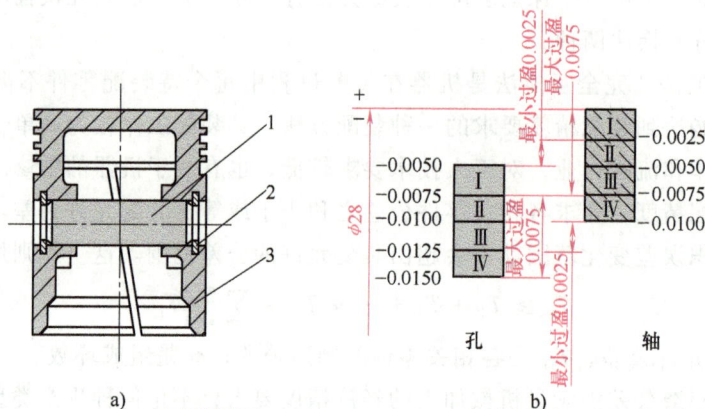

图 15-1　活塞与活塞销的连接情况

1—活塞销　2—挡圈　3—活塞

若活塞与活塞销采用完全互换法装配，且按"等公差"的原则分配孔与销的直径公差，则其各自的公差只有 0.0025mm；如果采用基轴制配合，活塞外径尺寸 $d=\phi 28_{-0.0025}^{0}$ mm，相应的孔的直径 $D=\phi 28_{-0.0075}^{-0.005}$ mm。加工这样精度的零件是困难的，也是不经济的。生产中将上述零件的公差放大四倍（$d=\phi 28_{-0.010}^{0}$ mm，$D=\phi 28_{-0.015}^{-0.005}$ mm），用高效率的无心磨床和金刚镗床加工，然后用精密量具测量，并按尺寸大小分成四组，涂上不同的颜色，以便进行分组装配。具体的分组情况见表 15-2。

表 15-2　活塞销与活塞孔直径分组　　　　　（单位：mm）

组别	标志颜色	活塞销直径 $d=\phi 28_{-0.010}^{0}$	活塞孔直径 $D=\phi 28_{-0.015}^{-0.005}$	配合情况	
				最小过盈	最大过盈
I	红	$\phi 28_{-0.0025}^{0}$	$\phi 28_{-0.0075}^{-0.0050}$	0.0025	0.0075
II	白	$\phi 28_{-0.0050}^{-0.0025}$	$\phi 28_{-0.0100}^{-0.0075}$	0.0025	0.0075
III	黄	$\phi 28_{-0.0075}^{-0.0050}$	$\phi 28_{-0.0125}^{-0.0100}$	0.0025	0.0075
IV	绿	$\phi 28_{-0.0100}^{-0.0075}$	$\phi 28_{-0.0150}^{-0.0125}$	0.0025	0.0075

从表 15-2 可以看出，各组公差和配合性质与原设计要求相同。

采用分组选配法应注意以下几点。

1）为了保证分组后各组的配合精度符合原设计要求，配合公差应当相等，配合件公差增大的方向应当相同，增大的倍数要等于分组数，如图 15-1b 所示。

2）分组不宜过多，以免使零件的贮存、运输及装配工作复杂化。

3）分组后零件表面粗糙度及几何公差不能扩大，仍按原设计要求制造。

4）分组后应尽量使组内相配零件数相等，如不相等，可专门加工一些零件与其相配。

如果互配零件的尺寸在加工中服从正态分布规律，零件分组后是可以互相配套的。如果由于某种因素造成互配零件的尺寸不是正态分布，而是如图 15-2 所示的偏态分布，就会产生各组零件数量不等，不能配套的情况。这种情况在生产上往往是难以避免的，只能在聚集了相当数量的不配套件后，专门加工一批零件来与其配套。

分组装配法对配合精度要求很高，在互配的相关零件只有两三个的大批大量生产中十分适用。

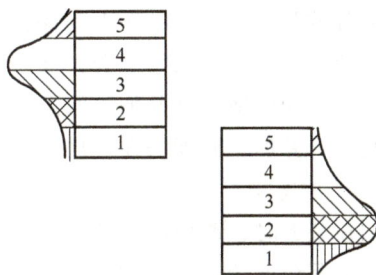

图 15-2　偏态分布

（3）复合选配法　此法是上述两种方法的复合。先将零件测量分组，装配时再在各对应组内凭工人的经验直接选择装配。这种装配方法的特点是配合公差可以不等，装配质量高，速度较快，能满足一定生产节拍的要求。在发动机的气缸与活塞的装配中，多采用这种方法。

3. 修配法

预先选定某个零件为修配对象并预留修配量，在装配过程中，根据实测结果，用锉、刮、研等方法，修去多余的金属，使装配精度达到要求，称为修配法。修配法的优点是能利用较低的制造精度来获得很高的装配精度；缺点是修配工作量大，且多为手工劳动，对操作技术的要求较高。此法只适用于单件小批生产。

实际生产中，利用修配法来达到装配精度的具体方法有很多，现将常用的几种方法介绍于下。

（1）按件修配法　装配时，对预定的修配零件采用去除金属材料的办法改变其尺寸，以达到装配要求的方法，称为按件修配法。例如，车床主轴顶尖与尾座顶尖的等高性要求是一项装配要求，就是先确定尾座垫块为修配对象，预留修配量，装配时通过刮研尾座垫块平面，改变其尺寸来达到等高性要求的。

采用按件修配法，首先要正确选择修配对象。要选择只与本项装配要求有关而与其他装配要求无关（尺寸链中的非公共环），且易于拆装及修配面积不太大的零件作为修配对象。其次要运用尺寸链原理，合理确定修配件的尺寸与公差，使修配量既足够又不过大。最后，还要考虑尽量减少手工操作，尽可能采用电动或气动修配工具，以精刨代刮、精磨代刮等。

（2）就地加工修配法　这种装配方法主要用于机床制造业。在机床装配初步完成后，运用机床自身的加工手段，对该机床上预定的修配对象进行自我加工，以达到某一项或几项装配要求的方法，称为就地加工修配法。

机床制造中，不仅有些装配精度要求很高，而且影响这些精度要求的零件数量又往往较多。零件的制造公差受经济精度的制约，装配时由于误差的累积，某些装配精度极难保证。因此，在零件装配结束后，运用自我加工的方法综合消除装配累积误差，以达到装配要求，有十分重要的意义。例如，牛头刨床要求滑枕运动方向与工作台面平行，影响这一精度要求的零件很多，就可以通过机床装配后自刨工作台来达到要求。其他如平面磨床自磨工作台面，龙门刨床自刨工作台面及立式车床自车转盘平面、外圆等均是采用了就地加工修配法。

（3）合并加工修配法　将两个或多个零件装配在一起后，进行合并加工修配，以减少累积误差和修配工作量的方法，称为合并加工修配法。例如车床尾座与垫块，先进行组装，再对尾座套筒孔进行最后的镗削，于是本来应由尾座和垫块两个高度尺寸进入装配尺寸链，变成了合件的两个尺寸进入装配尺寸链，从而减小了刮削余量。其他如车床溜板箱中开合螺母部分的装配、万能铣床上为保证工作台面与回转盘底面的平行度而采用的工作台和回转盘的组装加工等，均采用了合并加工修配法。

在装配中使用合并加工修配法时，要求零件对号入座，给组织生产带来了一定的麻烦。因此，合并加工修配法在单件小批生产中使用较为合适。

4. 调整法

在装配时，改变调整件在机器中的位置，或者增加一个定尺寸零件如垫片、套筒等，以达到装配精度的方法，称为调整法。用来起调整作用的零件，都起到了补偿装配累积误差的作用，称为补偿件。

调整法应用很广。在实际生产中，常用的调整法有以下三种。

（1）可动调整法　通过移动调整件位置来保证装配精度，调整过程中无需拆卸调整件，比较方便。采用可动调整法的实际应用例子有很多，如图 15-3 所示轴承间隙的调整。

如图 15-4a 所示为机床封闭式导轨的间隙调整装置，压板 1 通过螺钉紧固在运动部件 2 上，平镶条 4 装在压板 1 与支承导轨 3 之间，用带有锁紧螺母的螺钉 5 来调整平镶条的上下位置，使导轨与平镶条接合面之间的间隙控制在适当的范围内，以保证运动部件能够沿着导轨面平稳、轻快而又精确地移动；如图 15-4b 所示为滑动丝杠螺母副的间隙调整装置，该装置利用调节螺钉 6 使楔块 9 上下移动来调整丝杠 7 与螺母 8 之间的轴向间隙。以上各调整装置分别采用螺钉、楔块作为调整件，生产中根据具体要求和机构的具体情况，也可采用其他零件作为调整件。

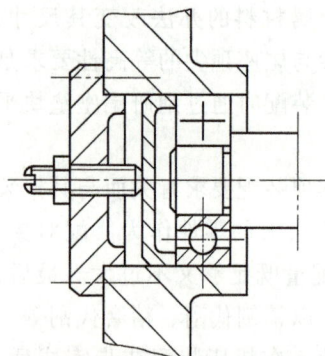

图 15-3　轴承间隙的调整

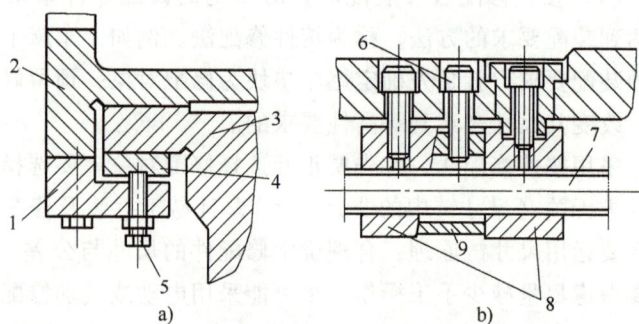

图 15-4　可动调整法实例

a) 用螺钉垫板调整　b) 用螺钉楔块调整

1—压板　2—部件　3—导轨　4—平镶条　5—螺钉
6—调节螺钉　7—丝杠　8—螺母　9—楔块

（2）固定调整法　选定某一零件为调整件，根据装配要求来确定该调整件的尺寸，以达到装配精度的方法，称为固定调整法。由于调整件尺寸是固定的，所以该方法称为固定调整法。

图15-5所示为固定调整法实例，箱体孔中轴上装有齿轮，齿轮的轴向窜动量 A_Σ 为装配要求，可以在结构中专门加入一个厚度尺寸为 A_k 的垫圈作为调整件。装配时，根据间隙要求，选择不同厚度的垫圈垫入。垫圈预先按一定的尺寸间隔做好几种：如4.1mm、4.2mm、…、5.0mm等，供装配时选用。

调整件尺寸的分级数和各级尺寸的大小，应按装配尺寸链原理进行计算确定。

（3）误差抵消调整法　通过调整某些相关零件误差的大小、方向使误差互相抵消的方法，称为误差抵消调整法。采用这种方法，各相关零件的公差可以扩大，同时又能保证装配精度。

本小节讲述了四种保证装配精度的装配方法。在选择装配方法时，要先了解各种装配方法的特点及应用范围。一般来说，应优先选用完全互换法；在生产批量较大、组成环又较多时，应考虑采用不完全互换法；在封闭环的精度较高、组成环的环数较少时，可以采用选配法；只有在应用上述方法使零件加工很困难或不经济时，特别是在中小批、单件生产时，才采用修配法或调整法。

在确定部件或产品的具体装配方法时，要认真地研究产品的结构和精度要求，深入分析产品及其相关零部件之间的尺寸联系，建立整个产品及各级部件的装配尺寸链。尺寸链建立后，可根据各级尺寸链的特点，结合产品的生产纲领和生产条件来确定产品的具体装配方法。各生产类型的装配工作特点见表15-3。

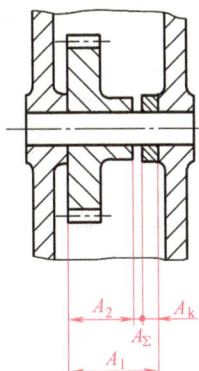

图15-5　固定调整法实例

表15-3　各生产类型的装配工作特点

生产类型	大批大量生产	成批生产	单件小批生产
基本特征	产品固定,生产活动长期重复,生产周期一般较短	产品在系列化范围内变动,分批交替投产或多品种同时投产,生产活动在一定时期内重复	产品经常变换,不定期重复生产,生产周期一般较长
组织形式	多采用流水装配线,有连续移动、间歇移动及可变节奏移动等方式,还可采用自动装配机或自动装配线	笨重的、批量不大的产品多采用固定流水装配,批量较大时采用流水装配,多品种平行投产时用多品种可变节奏流水装配	多采用固定装配或固定式流水装配进行总装
装配工艺方法	按互换法装配,允许有少量简单的调整,精密偶件成对供应或分组供应装配,无任何修配工作	主要采用互换法,但也可以灵活运用其他保证装配精度的装配工艺方法,如调整法、修配法和合并修配法,以节约加工费用	以修配法及调整法为主,互换件比例较小
工艺过程	工艺过程划分很细,力求达到高度的均衡性	工艺过程的划分须适合于批量的大小,尽量使生产平衡	一般不制订详细的工艺文件,工序可适当调整,工艺也可灵活掌握

（续）

生产类型	大批大量生产	成批生产	单件小批生产
工艺装备	专业化程度高,宜采用专用高效的工艺装备,易于实现机械化、自动化	通用设备较多,但也采用一定数量的专用工、夹、量具,以保证装配质量和提高工效	一般为通用设备及通用工、夹、量具
手工操作要求	手工操作比重小,熟练程度容易提高,便于培养新工人	手工操作比重大,对技术水平要求较高	手工操作比重大,要求工人有高的技术水平和多方面的工艺知识
应用实例	汽车、拖拉机、内燃机、滚动轴承、手表、缝纫机、电器开关	机床、机车车辆、中小型锅炉、矿山采掘机械	重型机床、重型机器、汽轮机、大型内燃机

15.2 装配尺寸链简介

1. 基本概念

装配尺寸链是在产品或部件的装配过程中,由相关零件的尺寸或位置关系所组成的封闭的尺寸系统。由于产品或部件的装配精度与构成产品或部件的零件精度有着密切关系,为了定量地分析这种关系,将尺寸链的基本理论用于装配过程,即可建立起装配尺寸链。它由一个封闭环和若干个与封闭环关系密切的组成环组成。将尺寸链画出来就成了尺寸链简图。装配尺寸链虽然起源于产品设计,但可以应用装配尺寸链原理来指导装配工艺的制订,合理安排装配工序,分析产品结构的合理性等,以解决装配中的质量问题。

装配尺寸链是尺寸链的一种,它与一般尺寸链相比,具有以下显著的特点。

1) 装配精度只有在机械产品装配后才能测量。因此,封闭环只有在装配后才能形成,不具有独立性。

2) 装配尺寸链的封闭环一定是机器产品或部件的某项装配精度,因此装配尺寸链的封闭环是十分明显的。

3) 装配尺寸链中的各组成环不是仅在一个零件上的尺寸,而是在几个零件或部件之间与装配精度有关的尺寸。

4) 装配尺寸链的形式较多,常见的形式为线形尺寸链,其他形式还有角度尺寸链、平面尺寸链和空间尺寸链等。

2. 装配尺寸链的建立

建立装配尺寸链就是准确地找出封闭环和组成环,并画出尺寸链简图的过程。只有正确地建立起装配尺寸链,正确地确定封闭环,并根据封闭环的要求查明各组成环,才能运用尺寸链的原理去分析和解决装配精度问题。

装配尺寸链的封闭环为产品或部件的装配精度。为了正确地确定封闭环,必须深入了解产品的使用要求及各部件的作用,明确设计者对产品及部件提出的装配技术要求。为了正确地查找各组成环,须仔细分析产品或部件的结构,了解各零件连接的具体情况。查找组成环的一般方法是:取封闭环两端的两个零件为起点,沿着装配精度要求的位置和方向,以相邻件装配基准间的联系为线索,分别由近及远地去查找装配关系中影响装配精度的有关零件,直至找到同一个基准零件或同一基准表面为止。这样,各有关零件上直线连接相邻零件装配基准间的尺寸或位置关系，即为装配尺寸链中的组成环。组成环又分为增环和减环。

如图 15-6a 所示为车床主轴与尾座套筒中心线在垂直方向上的不等高要求，在机床检验标准中规定为 0~0.06mm，且只许尾座高，这就是封闭环。分别由封闭环两端的两个零件，即主轴轴线和尾座套筒孔的中心线起，由近及远，沿着垂直方向可以找到三个尺寸，即 A_1、A_2 和 A_3，由于它们直接影响装配精度，故为组成环。其中 A_1 是主轴轴线至主轴箱的安装基准之间的距离，A_3 是尾座套筒孔中心线至尾座的装配基准之间的距离，A_2 是尾座的安装基准至尾座垫板的安装基准之间的距离。A_1 和 A_2 以导轨平面为共同的安装基准，尺寸封闭。图 15-6b 所示为其尺寸链简图。

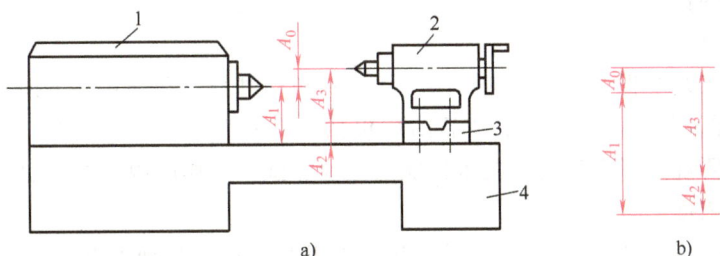

图 15-6 车床主轴与尾座套筒中心线不等高简图

1—主轴箱 2—尾座 3—尾座垫板 4—床身

3. 装配尺寸链的计算

尺寸链的计算方法有两种：极值法和概率法。下面介绍极值法在装配尺寸链上的应用。

极值法的基本公式是 $T_\Sigma \geq \sum T_i$。该计算式用于装配尺寸链时，常有下列三种情况。

1) 正计算。用于验算设计图样中某项精度指标是否能够达到，即装配尺寸链中各组成环的公称尺寸和公差定得是否正确。这项工作在制订装配工艺规程时也是必须进行的。

2) 反计算。就是已知封闭环，求解组成环，用于产品设计阶段根据装配精度指标来计算和分配各组成环的公称尺寸和公差。这种问题解法多样，需根据零件的经济加工精度和恰当的装配工艺方法来具体确定分配方案。

3) 中间计算。常用在结构设计时，将一些难加工的和不宜改变其公差的组成环的公差先确定下来，然后将一个比较容易加工或容易装拆的组成环作为试凑对象，这个环称为协调环，再按照尺寸链公式进行计算。

15.3 装配工艺规程的制订

将合理的装配工艺过程按一定的格式编写成书面文件，就是装配工艺规程。它是组织装配工作、指导装配作业、设计或改建装配车间的基本依据之一。

15.3.1 制订装配工艺规程的基本原则和原始资料

1. 制订装配工艺规程的基本原则

1) 确保产品的装配质量。装配是机器制造过程的最后一个环节。不准确的装配，即使是高质量的零件，也可能导致机器的质量不高。像清洗、去飞边等辅助工作，看来无关紧要，但若缺少了这些工序，会危及整个产品。准确、细致地按规范进行装配，就能达到预定的质量要求，并且还可以争取到较大的精度储备，以延长机器的使用寿命。

2）钳工工作应尽量减少，努力降低手工劳动的比重。例如，做到合理安排作业计划与装配顺序，采用机械化、自动化手段进行装配等。

3）尽可能缩短装配周期。最终装配与产品出厂仅一步之差，装配周期拖长，必然阻滞产品出厂，造成半成品的堆积和资金的积压。缩短装配周期对加快工厂资金周转和使产品占领市场十分重要。

4）节省装配面积，提高面积利用率。例如，在大量生产的汽车工厂中，组织部件、组件平行装配，总装在强制移动的流水线上按严格的节拍进行，装配效率高，车间布置又极为紧凑，是一个好的典型。

2. 制订装配工艺规程的原始资料

在制订装配工艺规程之前，为使该项工作能够顺利进行，必须具备下列原始资料。

1）产品图样及验收技术条件。产品图样包括全套总装配图、部件装配图及零件图等；验收技术条件主要规定了产品主要技术性能的检验、试验工作的内容及方法，这是制订装配工艺规程的主要依据之一。

2）产品的生产纲领。生产纲领不同，生产类型就不同，从而使装配的组织形式、工艺方法、工艺过程的划分及工艺装备的多少、手工劳动的比例均不相同，具体见表15-3。

3）现有生产条件。包括现有的车间面积、装配设备、工人技术水平、时间定额标准等。

15.3.2 制订装配工艺规程的步骤

1. 产品图样分析

制订装配工艺规程时，要通过对产品图样及技术要求的研究，对与制订装配工艺规程有关的一些原则性问题做出决定：如采取何种装配组织形式、装配方法及检查和试验方法等。此外，还要进行审查，如发现问题应及时提出，由设计人员研究后予以修改。下面针对产品结构的装配工艺性问题加以阐述。

产品结构的装配工艺性是指在一定的生产条件下，产品结构符合装配工艺上的要求。产品结构的装配工艺性主要有以下几个方面的要求。

1）整个产品能被分解为若干独立的装配单元。满足了这一要求，就可以组织装配工作的平行作业、流水作业，以使装配工作专业化，有利于装配质量的提高，缩短整个装配工作的周期，提高劳动生产率。装配单元是指机器中能独立装配的部分，它可以是零件、部件，也可以是像连杆盖和连杆体（及螺钉）组成的套件，或丝杠螺母副组件。

2）便于装配。零件和部件的结构应能顺利地装配成机器。

如图15-7所示为一配合精度要求较高的定位销。在图15-7a中，由于在基体上未开气孔，故压入时空气无法排出，可能导致定位销压不进去。图15-7b、c所示的结构则可将定位销顺利压入。若基体不便钻排气孔，也可考

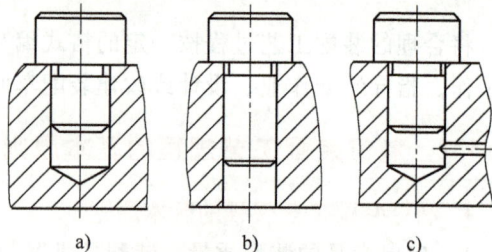

图 15-7 定位销的装配
a）不合理 b）、c）合理

虑在定位销上钻排气孔（定位销的直径应较大）。

零件相互位置对装配的影响可用如图 15-8 所示的例子说明，此例是将一个已装有两个单列深沟球轴承的轴装入箱体内。图 15-8a 所示为两轴承同时进入箱体孔，这样在装配时不易对准。如图 15-8b 所示，若将左、右两轴承之间的距离在原有基础上扩大 3～5mm，则安装时右轴承将先进入箱体孔中，然后再对准左轴承，就会方便许多。为使整个轴组件能从左端装入，设计时还应使右轴承外径及齿轮外径均小于左箱壁孔径。

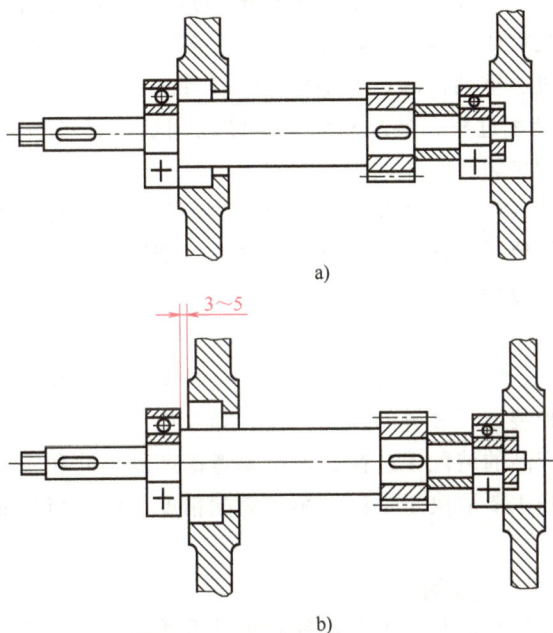

图 15-8　零件相互位置对装配的影响

a）不合理　b）合理

此外，便于装配还应体现在所设计的产品结构上，应有助于在装配过程中实现机械化及进一步实现自动化流水作业。为此，工具应能方便地达到作业部位；配合件双方应有良好的进入性；对于质量较大的零部件，应适应起重设备工作的需要（如在零部件上设有专门为吊钩或链条吊挂的元件，如吊环、凸耳等），以便利用起重运输设备使其尽快进入装配。

3）如发生装配不当需进行返工，以及今后修理和更换配件时，应便于拆卸。如图 15-9 所示，图 15-9a 所示为在结构设计时，使箱体的孔径 d' 大于轴承的外径 d，以便直接拆卸；图 15-9b 所示为在箱体壁上钻 2～4 个小孔，这样可用小棒打出轴承。两者相比，第一种方法更为简便。若 $d'=d$，则是错误的。

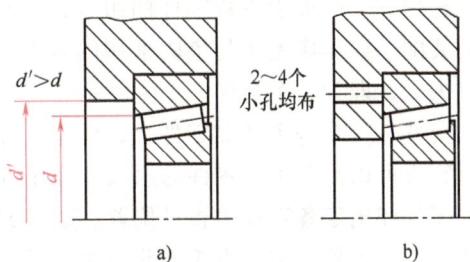

图 15-9　圆锥滚子轴承外径的拆卸

a）直接拆卸法　b）采用拆卸孔法

4）最大限度地减少装配过程中的机械加工和钳工修配工作量。应该指出，对结构装配工艺性的要求与生产规模有着密切的关系。产量大则要求组织流水生产，装配工艺性要求也就高一些，装配时的补充机械加工和调整工作则要尽量少而简单，以保证装配过程的节奏性；单件小批生产对装配工艺性的要求则相对低一些。

2. 确定装配的组织形式

产品装配工艺方案的制订与装配的组织形式有关。例如，总装、部装的具体划分，装配工序划分时的集中或分散程度，产品装配的运输方式，以及工作地的组织等均与装配的组织形式有关。装配的组织形式要根据生产纲领及产品结构特点来确定。

（1）**固定式装配** 全部的装配工作在一个固定的工作地上进行，装配过程中装配对象的位置不变，装配所需要的零部件都汇集在工作地附近。固定式装配的特点是装配周期长，装配面积利用系数低，且需要技术水平较高的工人，多用于单件小批生产，尤其适合于批量不大的笨重产品，如飞机、重型机床、大型发电设备等。

（2）**移动式装配** 装配过程在装配对象的连续或间歇的移动中完成。当生产批量很大时，采用移动式流水装配更为经济。此时装配对象有节奏地从一个工作地点运送到另一个工作地点。为实现流水装配，产品的装配工艺性要好，装配工艺规程应制订得与流水装配相适应，流水线上的供应工作要予以保证。对批量很大的定型产品，还可以采用自动装配线进行装配。汽车、拖拉机等一般均采用移动式装配。

3. 装配方法的选择

这里所指的装配方法，其含义包含两个方面，一是指手工装配还是机械装配；二是指保证装配精度的工艺方法和装配尺寸链的计算方法，如互换法、分组装配法等。对前者的选择主要取决于生产纲领和产品的装配工艺性，但也要考虑产品尺寸和质量的大小以及结构的复杂程度；对后者的选择则主要取决于生产纲领和装配精度，但也与装配尺寸链中组成环的多少有关。

4. 划分装配单元及规定合理的装配顺序

将产品划分装配单元是制订装配工艺规程时极其重要的一个步骤，对于大批生产且较复杂的机器尤为重要。只有在合理划分装配单元后，才能确定装配顺序及划分工序。

（1）**装配单元的划分** 研究产品分解成装配单元的方案，以便组织平行、流水作业。一般情况下装配单元可划分为五个等级：零件、合件、组件、部件和机器。大部分零件先装成套件、合件、组件和部件后再进入总装配。

零件——构成机器和参加装配的最基本单元。

合件——一般指少数零件的组合，可形成独立装配单元并作为整体参加装配。如车床尾座与垫块采用的合并加工修配法，是将尾座和垫块合二为一，即为一个合件。

套件——在一个基准零件上，装上一个或若干个零件即构成一个套件，它也可以是若干个零件的永久性连接（如焊、铆等），其作用是连接相关零件和确定各零件的相对位置。如图15-10所示的双联齿轮即为一个套件。若小齿轮1和大齿轮2设计成一个整体而二者之间又不设插齿用的退刀槽，则是无法加工的。为此，采取将大、小齿轮分别加工后套装的方法，在以后的装配中，二者作为一个套件不再分开，其中小齿轮1为基准零件。

组件——在一个基准零件上，装上若干套件及零件即构成一个组件，其作用与套件基本相同。如主轴组件，主轴为基准零件，装配有轴承、

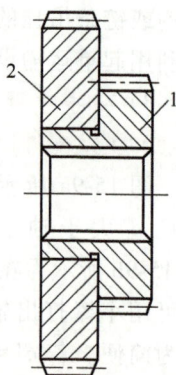

图15-10 套件

1—小齿轮（基准零件）
2—大齿轮

零件等。合件在以后的装配过程中，有时还会进行补充加工；组件一般不进行补充加工，但在以后的装配过程中可能会拆开重装。

部件——在一个基准零件上，装上若干个组件、套件及零件则构成部件，有时允许一个部件只由若干组件和零件构成而没有套件，如车床尾座即为一个部件。

机器——在一个基准零件上，装上上述各装配单元组合而成的整体。如车床就是由主轴箱、尾座、进给箱、溜板箱等部件及若干组件、套件及零件组成的，床身为基准零件。有时，某些机器仅由若干部件及零件所构成。

（2）装配顺序的确定　装配单元划分好后，就可以确定组件、部件及整个产品的装配顺序。首先要选择装配的基准件，装配基准件可以是一个零件，也可以是一个组件。基准件首先进入装配，然后根据装配结构的具体情况，按照先下后上、先内后外、先难后易、先精密后一般、先重后轻的一般规律确定其他零件或装配单元的装配顺序。合理的装配顺序应在实践中逐步完善。

台式钻床装配

产品装配单元的划分及其装配顺序的确定，可以通过装配单元系统图直观地表示，如图 15-11 所示。对于零部件数量较多的复杂产品，既要绘制产品的装配系统图，又要绘制部件的装配系统图；对结构简单、零部件数量很少的产品，如千斤顶、台虎钳，只要绘制产品装配系统图即可。

装配单元系统图是用图解来说明产品及各级装配单元的组成和装配程序，从中可了解整个产品的装配过程，它是产品装配的主要技术文件之一。它有助于拟订装配顺序并分析产品结构的装配工艺性。在设计装配车间时，可以根据它组织装配单元的平行装配，并按装配顺序合理布置工作地点。

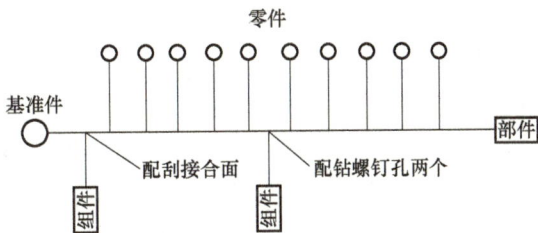

图 15-11　装配单元系统图

在编制装配单元系统图时，应根据产品的装配图，熟悉每个零件的形状、性能及其装配要求，相互配合零件间的接合方法，以及各级装配单元的组成方法。在分析过程中要首先找出每一装配单元的基准件和总装配的基准件，以决定该装配单元或整个机器中各个组成元件之间的相对位置，便于确定装配工作从何处开始。

在绘制出装配单元系统图以后，通常还要画出装配工艺流程图。该图是用各种符号直观地表示装配对象由投入到产品，经过一定的顺序加工（含清洗、连接、校正、平衡等装配内容）、搬运、检验、停放、贮存的全过程。装配顺序确定以后，还要将装配工艺过程分为若干工序，并确定各个工序的工作内容。

5. 编制装配工艺文件

装配工艺规程设计完成后，以文件的形式将其内容固定下来就是工艺文件，也称之为工艺规程。其主要内容包括装配图（产品设计的装配总图）、装配工艺系统图、装配工艺过程卡片或装配工序卡片、装配工艺设计说明书等。

装配工艺规程中装配工艺过程卡片和装配工序卡片的编写方法与机械加工的工艺过程卡片和工序卡片基本相同。

在单件小批生产时，通常不需要编制装配工艺过程卡片，而是用装配工艺流程图来代替。装配时，工人按照装配图和装配工艺流程图进行装配。

　　成批生产时，通常需要制订部件装配及总装配的装配工艺过程卡片。它是根据装配工艺流程图将部件或产品的装配过程分别按照工序的顺序记录在单独的卡片上。卡片的每一工序内应简要地说明该工序的工作内容、所需要的设备和工艺装备的名称及编号、时间定额等。

　　在大批大量生产中，要制订装配工序卡片，详细说明该装配工序的工艺内容，以直接指导工人进行操作。

　　对成批生产中的关键装配工序，最好也能制订装配工序卡片，以确保重要装配工序的装配质量，从而保证整台机器的装配质量及工作性能。

　　除了装配工艺过程卡片和装配工序卡片外，还应有装配检验卡片和试验卡片，有些产品还应附有测试报告、修正（校正）曲线等。

参 考 文 献

[1]   汪晓云. 普通机床的零件加工 [M]. 3 版. 北京：机械工业出版社，2022.

[2]   机械工业职业技能鉴定指导中心. 镗工技术 [M]. 北京：机械工业出版社，2005.

[3]   李秀智. 工件钻削与镗削速算 [M]. 北京：机械工业出版社，2007.

[4]   韩洪涛. 机械加工设备及工装 [M]. 北京：高等教育出版社，2004.

[5]   刘守勇，李增平. 机械制造工艺与机床夹具 [M]. 3 版. 北京：机械工业出版社，2018.

[6]   杜可可. 机械制造技术基础 [M]. 北京：人民邮电出版社，2007.

[7]   盛永华，徐洁. 磨削加工禁忌实例 [M]. 北京：机械工业出版社，2007.

[8]   康志威. 磨工现场操作技能 [M]. 北京：国防工业出版社，2007.

[9]   薛源顺. 磨工：中级 [M]. 北京：机械工业出版社，2005.

[10]   胡家富. 铣工技能 [M]. 北京：机械工业出版社，2010.

[11]   焦小明，孙庆群. 机械加工技术 [M]. 北京：机械工业出版社，2005.

[12]   李华. 机械制造技术 [M]. 4 版. 北京：高等教育出版社，2015.

[13]   刘杰华，任昭蓉. 金属切削与刀具实用技术 [M]. 北京：国防工业出版社，2006.

[14]   梁燕飞，潘尚峰，王景先. 机械基础 [M]. 北京：清华大学出版社，2005.

[15]   徐小国. 机加工实训 [M]. 北京：北京理工大学出版社，2006.

[16]   聂建武. 金属切削与机床 [M]. 西安：西安电子科技大学出版社，2006.

[17]   陈文. 刨工操作技术要领图解 [M]. 济南：山东科学技术出版社，2005.

[18]   杨俊峰. 机床及夹具 [M]. 北京：清华大学出版社，2005.

[19]   陈根琴. 金属切削加工方法与设备 [M]. 北京：人民邮电出版社，2008.

[20]   何七荣. 机械制造方法与设备 [M]. 北京：中国人民大学出版社，2000.